U0673857

“十三五”国家重点图书出版规划项目

梁方仲遗稿

梁方仲 著 / 梁承邺 李龙潜 黄启臣 刘志伟 整理

信札、珍藏书画、遗墨观痕

SPM
南方出版传媒
广东人民出版社
·广州·

图书在版编目（CIP）数据

梁方仲遗稿/梁方仲著；梁承邺等整理. —广州：广东人民出版社，2019. 1
ISBN 978-7-218-13211-2

Ⅰ. ①梁… Ⅱ. ①梁… ②梁… Ⅲ. ①中国经济史-研究-文集 Ⅳ. ①F129-53

中国版本图书馆 CIP 数据核字（2018）第 235808 号

LIANG FANGZHONG YIGAO
梁方仲遗稿
梁方仲 著
梁承邺 李龙潜 黄启臣 刘志伟 整理

出 版 人：肖风华

出版统筹：柏 峰 周惊涛
责任编辑：陈其伟 周惊涛 柏 峰
装帧设计：彭 力
责任技编：周 杰 吴彦斌

出版发行：广东人民出版社
地 址：广州市大沙头四马路 10 号（邮政编码：510102）
电 话：（020）83798714（总编室）
传 真：（020）83780199
网 址：http：//www. gdpph. com
印 刷：广东信源彩色印务有限公司
开 本：787mm×1092mm 1/16
印 张：257. 5 **字 数**：3600 千
版 次：2019 年 1 月第 1 版 2019 年 1 月第 1 次印刷
定 价：960. 00 元（全八册）

如发现印装质量问题，影响阅读，请与出版社（020-83795749）联系调换。
售书热线：（020）83793157 83795240 邮购：（020）83795240

整理说明

本册收集了梁方仲遗存的一批与之有关的信札、墨翰等。如同印行其《案头日历记事》等一样，目的在于试图从多方面了解梁方仲这位学者在交友、读书、授业、著述以及家庭等方面之情况；同时，也希冀为有关学术史研究增添若干资料，为书法、美术爱好者提供一些欣赏作品和研究素材。整理时有几点做法须交代：

一、本册内容包括三个部分：

甲、梁方仲写给亲友和亲友、机构致梁方仲之信札。

乙、友人赠梁方仲之墨宝。

丙、梁方仲文稿原件选辑。

二、所收信札、墨翰基本上都予以影印，以保存原貌，仅梁方仲子女信札除外。个别信札因各种原因无法找到原件，故影印复印件。

三、信札、墨翰（除《遗墨观痕》和公文外）都加以作者简介、释文和必要的注释。

四、信札、墨翰按作者姓名之汉语拼音先后顺序排列；同一作者的不同作品则按其写作时间先后顺序排列。

五、纠正讹字置于〈 〉内，增补脱字置于〔 〕内，情况较为特殊的则在脚注中说明。字句残缺或难以辨认，确知字数者每字用□表示，字数不明者用□□□□表示。

六、个别信札因各种原因有失页现象，未能保持全貌，但从字迹判断，特别依其所反映的内容有价值考虑，仍选用之。同样，亦有两函（即罗勤生、彭庄函），虽其上款并非梁方仲本人，其实是作者本人或代替其亲人想用间接方法写给梁方仲的（致函者亦曾向整理者表达过这一点），本书亦将之收入。

七、梁基永和陈炜煁先生在释文辨认上给予了很多帮助，谨致深切谢忱。

目录 Contents

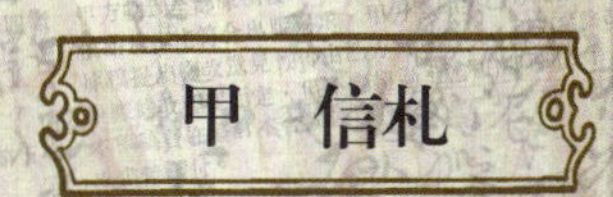

甲 信札

壹 友人致梁方仲

乙　珍藏书画

丙 遗墨观痕

信札
甲
中華書局
人民出版社

壹　友人致梁方仲

蔡克轩致梁方仲（一封）

蔡克轩是岭南大学经济商学系1950届毕业生，东南亚归国侨生，毕业后分配到外贸部工作。干部下放时调到黑龙江省佳木斯市工作，后调回广州市工作。他与老师梁方仲时有联系。

梁主任：

今天罗勤生同志到医院看我时，告知前几天你曾来一信给我们在京的几位同学，要我们给你提供一些有关思想改造的意见。这一消息，够倏然高兴及愉快的，这充分地说明了你是下很大的决心要通过这次的“思改”彻底改造自己，这不独是你本人的光荣，同时亦是毛泽东思想的教育的成功及光荣。

我所体会到的一点，就是：“你重视科学智识，忽视政治，对社会科学的钻研性很强，但对政治却是漠不关心，亦不太感觉兴趣，以致在你所领导顾问的经济系，未能将学习政治及重视政治的空气带动起来并逐步地提高。”当时，你往往对于经济〔系〕同学在一般的功课上的学习不够紧张而极感不满，当时你没有找到症结之所在，乃由于同学之政治觉悟没有提高，没有认识到自己的学习，就是人民所交给的任务，自己有责任准备好将来为人民服务的本领（技能），学会并有所创造及成就；因此，他们（指同学）是采取敷衍的学习态度来对待功课，是为读书而读书的。这样的学习态度怎能将功课学好并有杰出的成绩。扭转这种态度及全系的风气的根本办法，是必须从政治上的提高政治觉悟及培养正确的人生观这方面入手。为达到这一目的，则必须努力加强政治学习。政治学习这一工作，学校固然没有政梁宗岱：

今天黄蕙先同志到医院看我时，告诉我明天你将要来一谈，请我们先前的几位同学，要我们给你提供一些有关思想改造的意见和材料。我认为这是很好的，这充分地说明了你是下了很大的决心要通过这次的"思改"彻底改造自己，这不独是你个人的光荣，同时亦是毛泽东思想的教育的伟大的光荣。

我所体会到的一点，首先是："你重视科学知识，忽视政治，[illegible]对于政治的重要性和作用认识不够，使得对政治都是漠不关心，亦不太感觉兴趣，以致对你所谈专业以外的学问都难得有兴趣，至于政治的水平更难适当地提高。"同时，你对于培养同学是一般的仅限于业务上的学习和对学习的兴趣和情感的。同时你没有想到要教育好同学的政治觉悟，没有认识到自己的学生就是人民所需要的公务员，自己有责任培养好将来为人民服务的干部（技能）学会真有所创造的成就者。因此，他们（指同学）只是接受了教授所传授的知识而学习的，是为读书而读书的，所培养的学生當然能得到學生以前有傑出的成績。把鑽研精神發展到全系的風氣的根本辦法，是使鑽研與政治上的提高政治覺悟和培養正確的人生觀[illegible]方法加入[illegible]一同的。因此需要加強政治學習。政治學習是一切工作[illegible]。學校固然應該有政治課等等來提高全系的覺悟。但學生的鑽研作用也是不可缺少的。要系裡真正的實行到第一就全系教授，其次第二就全系同學是具有領導性的力量。正如[illegible]所提出的「[illegible]」是[illegible]）。關於這一方面，我個人的主觀意見，三年以前是沒有重視起來，也是沒有做到。

由於以上所述的情況，我們今年的歷史系政治空氣的濃厚，對於課業的鑽研[illegible]，全系的教授與同學當然是去年以上的進步，但對自覺[illegible]，缺乏思想領導，[illegible]。[illegible]

[illegible]先生[illegible]，[illegible]。[illegible]「中央對外貿易部國際貿易研究所」工作，[illegible]先生在一起，[illegible]「[illegible]」。

[illegible]

此致

[illegible]

[illegible]
九月[illegible]

治课及应负最主要的责任，但系的领导作用也是不可缺少的，系主任首先以身作则带动全系教授进而带动全系同学，是具有推动性的力量；正如近来许多报纸杂志所提出的“领导干部应该带头学习理论”是起决定性的作用的。（当然一般干部的积极响应号召、配合行动起来是很重要的。）关于这一方面，以我个人的主观看法，当时，你是没有重视起来，也更没有做到。

由于以上所述的情况，形成当时的经济系政治空气不浓厚，对功课的钻研性也不够，这一问题，全系的教授及同学当然是应负很大的责任，但你身居领导地位，缺乏“思想领导”这一点也是必须负很大的责任。相信在是次思改运动里面，你是会体会到这一点的。

以前你托肖先生[①]转给我之经济导报年刊，他已交给我，谢谢你。现在我已是调至“中央对外贸易部国际经济研究所”工作，与罗勤生先生在一起。今后盼常来信，请投“北京护国寺大街7号中进出宿舍”。

最末，祝你们在思改运动中取得彻底的胜利。

其他各位老师均此问候。

此致

敬礼

生克轩启

九月十□日[②]

---

①即肖步才，梁方仲之学生。

②思想改造运动开展于1952年，故此函应写于1952年。

曹国祉致梁方仲（一封）

曹国祉，历史学家。1958年毕业于中山大学历史系，后至江西大学执教。曹氏在学生时期已致力于太平天国史研究，写出一些有关论文，引起学界关注。

曹国祉在学生时期与梁方仲常有来往，曾拟与梁氏合作研究撰写太平天国土地政策、赋役制度等方面的论文。

梁老师：

生来此间已是半年了，由于工作比较繁忙，故未能给先生上函问好，请原谅。

生在此间担任的课程是：中国近代史（本学期）和中国通史隋唐以后阶段（下学期开出），以后还有可能担任中国国民经济史（亦隋唐以后阶段）。虽然这些课程非对历史系（因本校暂无该系）所开设，但以生之水平，而且又要求如此多面，实非生之能力所及。好在领导上对我们年青教师大力支持，自己只好全力以赴，不辜负党和中大诸师对我多年培养和祈望。

现生所感到上述课程最困难的，是中国国民经济史，因为迄今不但不能找到一本较好的教科书，就是生对这门课程的知识也十分贫乏，自己未曾系统地学习过。因此深深地感到，不要说系统地讲授感到万分困难，即拟订一份适合本校要求的中国国民经济史的教学大纲，也感到非常辣手。日昨曾得刘节师函告，云先生下学期将开出中国国民经济史，心甚快慰，因为生可以得到先生的大力资助。所以特函先生，希望日后能寄赠教学大纲及讲义一份。先生是素对青年下辈关心的，对生之资助，定能乐意为之。在此，生致以真诚谢意。

江西大學

梁老师：生来此间已是半年了，由于工作比较繁忙，致未能给 先生上函问好，请原谅。

生在此间担任的课程是：中国近代史（本学期）和中国通史隋唐以后阶段（下学期开出），以后还有可能担任中国国民经济史（亦隋唐以后阶段）。虽然这些课程非对历史系（因本校暂无该系）所开设，但以生之水平，而且又要求如此之高，实非生之能力所及。好在领导上对我们青年教师大力支持，自己只好全力以赴，不负组党和中大诸师对我多年培养和期望。

现生所感到上述课程最困难的，是中国人民经济史，因为迄今不但不能找到一本较好的教科书，就是生对这门课程的知识也十分贫乏，自己未曾系统地学习过，因而深深地感到不要说系统地讲授感到万分困难，即拟订一分适合本校要求的中国人民经济史的教学大纲也感到非常棘手。日昨曾得到节师函告云，先生下学期将开出中国人民经济史，心甚快慰，因为生可以得到先生的大力资助。所以特函 先生希望日后能寄赠教学大纲及讲义一份。先生素来对青年一辈关心的，对生之资助，更能乐意为之。在此，生致以真诚谢意。

生前与 先生合作之"论太平天国的土地政策及赋税制度"一文，于二月间已寄交中大学报，先生想已審查过了，不知能否合乎中大学报要求，请 先生提出一些具体意见，以备该稿不用时重新改写。

先生近来作何科学研究？"中国历代土地、人口统计表"已想将出版了吧？生在此间，对史学界消息甚为闭塞，便中能否见告一二，以增知识。

李龙潜同志时有函给生，前信言及 先生对其科研工作大力支持

地址：南昌市第五交通路　电話：3153　2102　3159

江西大學

及对学生之关心，感甚。先生以长者之德，教导后辈，表明先生对后辈的爱护，生无以表谢，在此谨祝先生身体安康，工作顺利，并颂

撰祺

生曹国祉上 一九五九年四月廿九日

敬问

师太师母身体安康

赐教处：

南昌市，江西大学社会科学系转

地址：南昌市第五交通路 电話：3153 2102 3159

生前与先生合作之《论太平天国的土地政策及赋税制度》一文，于二月间已寄交中大学报，先生想已审查过了，不知能否合乎中大学报要求？请先生提出一些具体意见，以备该稿不用时重新改写。

先生近来作何科学研究？《中国历代土地、人口统计表》（？）想将出版了吧？生在此间，对史学界消息甚为闭塞，便中能否见告一二，以增知识？

李龙潜同志时有函给生，前信言及先生对其科研工作大力支持及对生等之关心，感甚。先生以长者之德，教导后辈，表明先生对后辈的爱护。生无以表谢，在此谨祝先生身体安康，工作顺利。并颂
撰祺

生曹国祉上

一九五九年四月廿九日

敬问

师太师母身体安康

赐教处：

南昌市江西大学社会科学系转

岑仲勉致梁方仲（一封）

岑仲勉，历史学家，广东顺德（今佛山市顺德区）人。1903年入读两广大学堂。1908年入读北京高等专门税务学校，毕业后先后供职于海关、税务、财政、中学等机构，坚持业余研究，并于40岁左右决意转入专业研究。1934年出版了第一部专著《〈佛游天竺记〉考释》，引起史学界的广泛关注。1937年经陈垣推荐，到中央研究院历史语言研究所任研究员。1948年7月南归，入中山大学历史系任教授。

岑、梁两家为世交，来往一直频繁。抗战期间梁方仲曾以《自题明代民兵卷后》一诗送岑氏；在中山大学历史系共事时，梁方仲时常在学术上与岑氏切磋求益；1961年岑氏辞世时，梁方仲曾急就《岑仲勉先生挽词（四首）》痛悼。

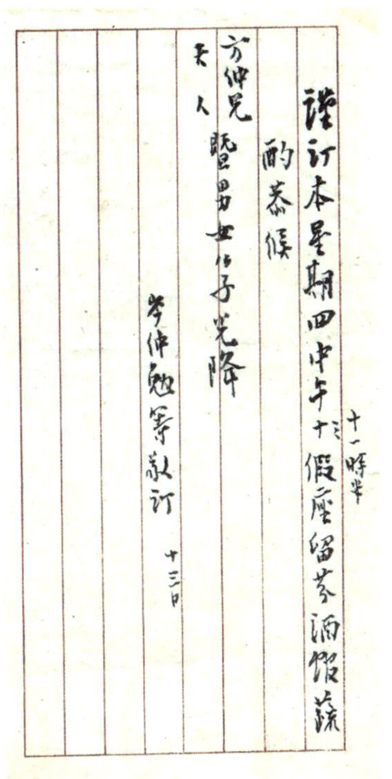

謹訂本星期四中午十三十一時半假座留芬酒館蔬酌恭候
方仲兄
夫人暨男女公子光降
岑仲勉等敬訂
十三日

谨订本星期四（十三）中午十一时半假座留芬酒馆蔬酌恭候方仲兄、夫人暨男女公子光降。

岑仲勉等敬订

十三日

陈国强致梁方仲（三封）

陈国强，经济学家、管理学家，广东南海（今佛山市）人。1951年考入中山大学经济系，1955年毕业于中南财经学院。毕业后，留中南财经学院政治经济学教研室工作，曾在该院中共党委工作过并当过马哲民院长的秘书。1979年调回中山大学经济系任教。后任中山大学管理学院讲师、副教授、教授。曾任经济系、管理系副主任，管理学院副院长。

1952年院系调整时，岭南大学经济商学系并入中山大学，梁方仲等原岭南大学经济商学系老师曾在中山大学经济系任教一年。1953年秋，中山大学经济系全体师生（多数老师和全部学生）转到中南财经学院工作、学习。梁方仲与陈国强曾有一年的师生关系，且关系甚好，直至分隔两地后仍保持联系，梁方仲曾有调陈氏到自己身边当研究助手的想法。

一

方仲我师：

不见面已经两年了，同学们都想念着您，我也想念着您。原想暑期返穗一行，那时可以和老师见面，也能够看看别离了两年的学校，无奈最近患了肺病，这个主意只好打消了。现在毕业考试不能参加，功课与工作都抛荒了，真令人惋惜，将要逝去的时光，只好等待来日更勤恳和更努力来弥补。您寄给我的科学论文和前所寄来的中国经济史参考书目都是我所十分珍惜的，后者对我们自修这门功课有很大帮助。来武昌后，我们的学习时间都集中在政治经济学专题作业（资本论、帝国主义论、社会主义经济问题等原著学习）和近代经济学说史这两门功课上，您所教的功课只好利用课余时间来进行一些涉猎，四年来我还没有学好您的功课，心里感到很惭愧也很难过，它毕竟是学习政治经济学的人所应该认真钻研的，我必须继续努力去学习它、去研究它。这一年来我已完成了政治经济学的两个专题作业，一个题目是"商品生产和价值法则"，一个题目"我国农业生产合作社的地租问题"，这两个专题报告虽然都不能令人满意，但对我来说终归是一次独立思考的锻炼。四年来的大学阶段是过去了，现在使人更深深体会到"学而然后知不足"这句老话，我不愿意放过能够向老师学习的机会，恳切地期望着将来同样能得到您的教导。原中大的同学在财院上届毕业的大都分配到各大学当理论教员，其中也有两个同学到科学院，一个到马列学院。这期中大同学毕业后分配工作的情况，我们一定会告诉您，因为您是经常关心着我们的。

向师母和兄弟问好。代我向王老师、谭老师[1]问好。祝您

健康！

生国强顿

一九五五年五月五日

①即王正宪、谭彼岸。王正宪原在岭南大学经济商学系和院校调整后的中山大学经济系任教。1953年中山大学取消经济系后曾在中山大学地理系任教。谭彼岸在岭南大学时在社会系、经济系工作，1952—1953年在中山大学经济系工作，1953年后与梁方仲一起留在中山大学历史系执教。

成了政治经济学的两个专题作业，一个题目是"商品生产和价值法则"，一个题目是"我国农业生产合作社的地租问题"，这两个专题报告似乎都不能令人满意，但对我来说总归是一次独立思考的锻炼。四年来的大

第二页

学院

学阶段是过去了，现在使人深深体会到"学而后知不足"这句老话，我不愿意放过继续向老师学习的机会，热切地期望着将来同样地得到您的教导。原中大的同学在财院上届毕业的大都分配到各大学当理论教员，其中也有两个同学到科学院，一个到马列学院，这期中大同学毕业后分配工作的情况，我们一定会告诉您，因为您是经常关心着我们的。

向师母和兄弟问好。代我向王老师、谭老师问好。

祝您

健康！

生 周训娟 一九五五年五月三日

第三页

方仲我師：

不見面已經兩年了，同學們都想念着您，我也想念着您。原想暑期返校一行，那時可以和老師見面，也能够看看別離了兩年的學校。無奈最近患了肺病，這個主意只好打消了。現在畢業考試不能參加，功課與工作都拋荒了，真令人惋惜，將要逝去的時光，只好等待來日更勤懇和更努力來彌補。您寄給我的科學論文和前所寄來的中國經濟史參考書目都是我所十分珍惜的，從而對我們自修這門功課有很大幫助。

來試這後，我們的學習皆都集中在政治經濟學

第一頁

中南财

專題作業（資本論、帝國主義論、社會主義經濟問題等原著學習）和近代經濟學說史這兩門功課上，您所教的功課只好利用課餘時間來進行一些涉獵，四年來我還沒有學好您的功課，心裡感到很慚愧也很難過。它

電話總機71171

二

梁老师：

你托世农[①]老师送给我的书已收到了，谢谢你。使我感到你对我经常亲切的关怀。去年你送给我的奶粉也早已收到，当时是托利生[②]同志面谢你，大概后来他忙着去复旦进修，把这事忘却了。去年七八月时病还未好，医生又嘱咐不准外出，经常还须卧床静养。后来自己坚持了体疗，功效十分好，经过一个疗程以后就可以半工作半休息了。我是去年年底通过毕业考试，今年二月初到政治经济学教研室当助教。暑期后又调至党委宣传部工作，案牍劳烦，学习时间是比较少，只能利用夜间时间自修。大学期间我的社会工作又较多，很多课程均未学好，目前自己主要是下功夫去打基础，那才进一步谈得上担任教学和研究工作，即使是在一个小问题上进行探讨，没有巩固的科学基础，没有一定的资料，

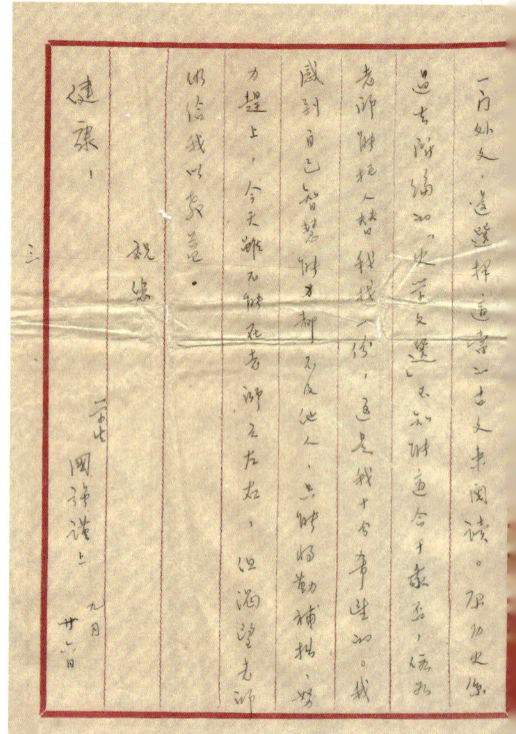

一门外文，选择适当的古文来阅读。你如史学过去系编的"史学文选"，不知能适合于我否，请求老师能托人替我找一份，这是我十分希望的。我感到自己智慧能力都不及他人，只能将勤补拙，努力赶上，今天虽不能在老师之左右，但渴望老师能给我以教益。

祝您

健康！

周锦港上

一九五七 九月廿六日

三

---

①即卢世农。院系调整后，卢世农调至中南财经学院任教。

②即方利生。方利生原先是岭南大学经济商学系和中山大学经济系学生，后到中南财经学院学习、工作。

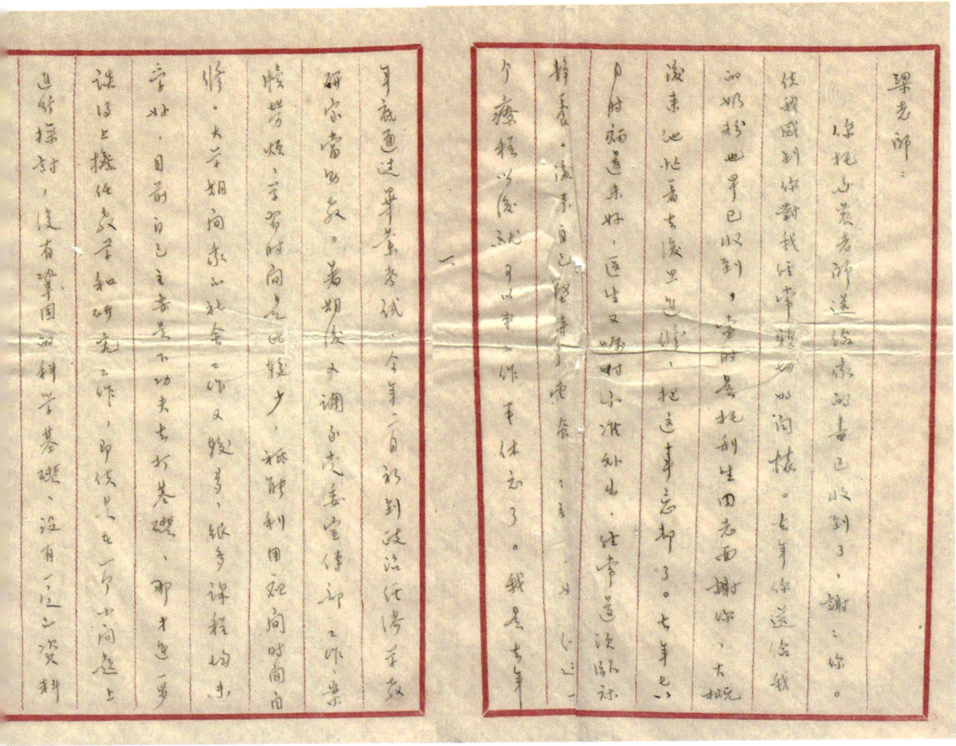

那都是不可能的。最近主要是集中力量去学好一门外文，还选择适当的古文来阅读。原历史系过去所编的“史学文选”不知能适合于我否，假如老师能托人替我找一份，这是我十分希望的。我感到自己智慧、能力都不及他人，只能将勤补拙，努力赶上。今天虽不能在老师之左右，但渴望老师仍给我以教益。

祝您

健康！

学生国强谨上

九月廿六日[1]

①1955年陈国强大学毕业，函中云“当年年底通过毕业考试”，故此函当写于1956年。

三

梁老师：

您送给我和秀鸾[①]同志的《明代粮长制度》一书本已寄来很久，因我在一月廿七日去北京，二月十一日才返汉，故直到今天才接到。接到您的著作后，我和秀鸾同志都高兴极了，我们虽然离校很久，但是您还一直关心着我们的学习和生活。我很久没有给您写信，想您也渴望知道我们学习和工作的近况。我在这学期已调回政治经济学教研室工作，辅导五个班，还兼作一部分函授教学，您寄来的书，我们一定会仔细地学习。秀鸾同志和她的爱人德馨[②]同志在国民经济史教研室工作，他们经常和彭老师[③]联系，他们学习上进步很快，去年我院举行科学讨论会，他俩都提出了论文。秀鸾同志最近生一女孩，还经常卧床休息，她说改日才给您写信。我毕业后已工作一年多了，由于身体不好，在教学工作上还没有一个坚实的基础，所以我还没有考虑建立家庭，我的爱人福芸同志是在北京工厂工作，是车间计划组的组长，院系调整到武汉后我们才认识的，一直感情都很好，她爸爸是个很好的医生，我在五五年患病期间，她对我细微的照顾，是我能及早痊愈的一个很重要的原因。到我们结婚的时候，我一定告诉您。这次我到北京也见到了谭彼岸老师和李淑璧老

---

①即周秀鸾，梁方仲之学生。

②即赵德馨。赵德馨，经济史学家，湖南湘潭人。1956年中国人民大学经济史专业研究生毕业。先后在中南财经学院、中共湖北省委理论工作领导小组办公室、华中农学院、中南财经政法大学等单位工作。曾任中国经济史学会副会长、荣誉会长。

③即彭雨新，岭南大学经济商学系教授。1952年院系调整时转至中山大学经济系任教，1953年调至武汉大学任教。

师[①]，在北京工作的同学锡挥、遐济、淑英、桂煌[②]等都要我代他们向您问好。师母身体健康比前好吗？代我问好。

祝您

健康！

生国强谨上

五七年二月十三日

①谭彼岸、李淑璧皆为中山大学历史系教师，其时分别在北京大学进修和攻读研究生。

②锡挥即许锡挥，遐济即黄遐济，淑英即李淑英，桂煌即江桂煌。许、黄、李、江四人原来皆为中山大学经济系学生，是陈国强的同学。许锡挥，1932年生，广东广州人。1949年秋，加入中共秘密外围组织——地下学联。1954年加入中国共产党。1955年大学毕业后被选派到北京大学攻读研究生，1957年毕业。1957年起在中山大学从事教学工作，历任助教、讲师、副教授、教授。主要从事哲学教学工作和港澳问题研究。曾任《中山大学学报》编辑部主任、港澳研究中心主任。黄遐济毕业后与许锡挥一道在北京大学攻读研究生，后在广州工作，曾任广州中医药大学教授。江桂煌毕业后分配在中南行政区（局）计划委员会工作。

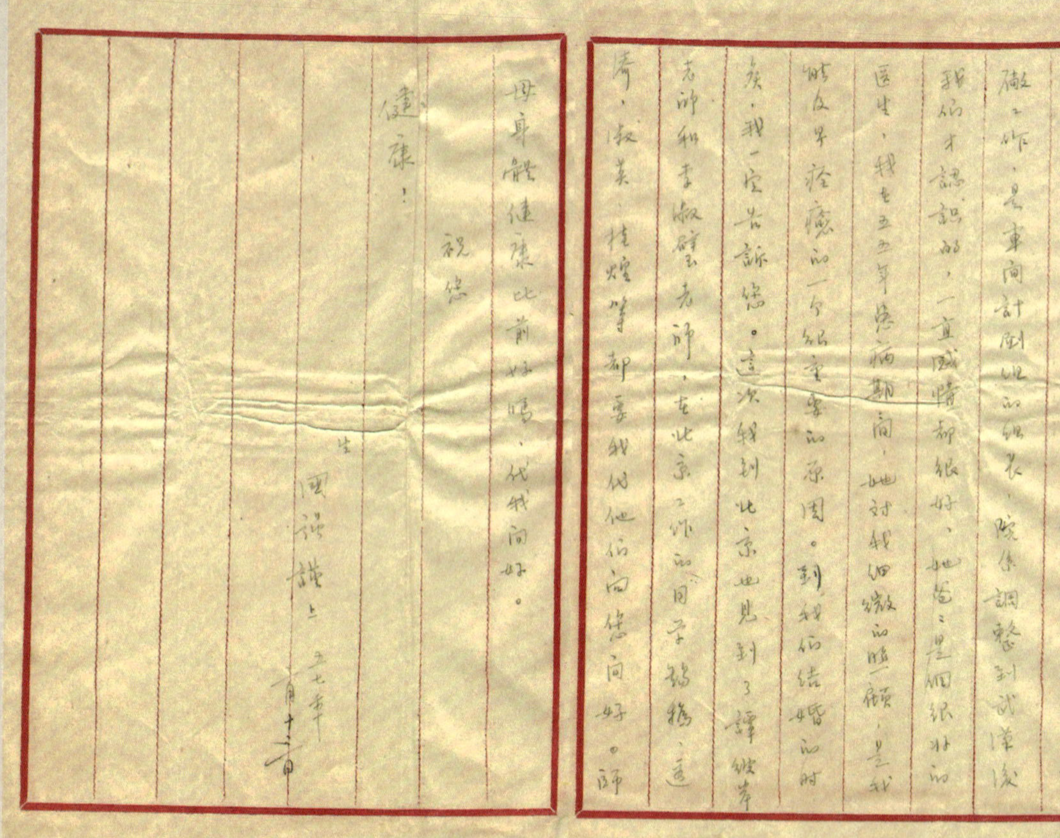

作工作，是專向計劃組的組長，院系調整到武漢後我們才認識的，一直感情都很好，她總是個很好的醫生，我在五五年患病期間，她對我細緻的照顧，是我能及早痊癒的一個很重要的原因。到我們結婚的時候，我一定告訴您。這次我到北京也見到了譚維英老師和李淑璧老師，在北京工作的同學錢鶴、達濤、淑英、桂煌等都要我代他們向您問好。師母身體健康比前好嗎，代我向好。

祝您

健康！

生 國強 謹上

五七年一月十二日

梁老师：

您送给我和秀蓉同志的《明代粮长制度》一书今已寄来很久，因我在一月廿七日去北京，二月十一日才返汉，故直到今天才接到。接到您的著作后我和秀蓉同志都高兴极了，我们虽然离校很久，但是您还一直关心着我们的学习和生活。我很久没有给您写信，想您也渴望知道我们学习和工作的近况。我在这学期也调回政治经济学教研室工作，辅导五个班，还兼作一部分函授教学，您寄来的书，我们一定会仔细地学习。秀蓉同志和她的爱人汪馨同志在国民经济史教研室工作，他们经常和彭雨新老师联系，他们学习上进步很快，去年我院举行科学讨论会，他们都提出了论文。秀蓉同志最近生一女孩，还经常卧床休息，她说过几日才给您写信。

我毕业后已工作一年多了，由于身体不好，在

陈梦家致梁方仲（一封）

陈梦家，考古学家、古文字学家，浙江上虞人。1931年毕业于中央大学法律系。1936年毕业于燕京大学研究院。曾任燕京大学助教，西南联大副教授、教授。1944年赴美讲学并搜集流于海外的中国青铜器资料。1947年回国后，历任清华大学教授、中国科学院考古研究所研究员。著有《殷墟卜辞综述》（科学出版社，1956年）、《汉简缀述》（中华书局，1980年）、《尚书通论》（中华书局，1985年）等。他早年曾发表一批新诗，为“新月派”成员之一。晚年好收藏鉴赏，其明代家具收藏尤富。

方仲兄：

想已回到哈佛，请将在加情形见告一二。弟回芝[①]后一切如常，著弟铜器目录，至觉忙碌。幸此间气候亦尚凉爽，今昨热度九十三四度，亦不觉太难过。弟在哈佛预言日本将在一二个月停战，居然命中矣。信外附寄E.Dingle *On Foot Cross China*[②]，系1912年出版，记游川滇事尚详。收到后请示信。此间尚有一本1900年大本照相说明中国各地风光者，索价15元，弟拟自购，因价太贵不能得，不悉兄需此否？[③]

---

①即芝加哥。

②中文译为《徒步穿越中国》。

③梁方仲后同意购之，此书和*On Foot Cross China*现存于梁氏捐赠中山大学图书馆的图书中。

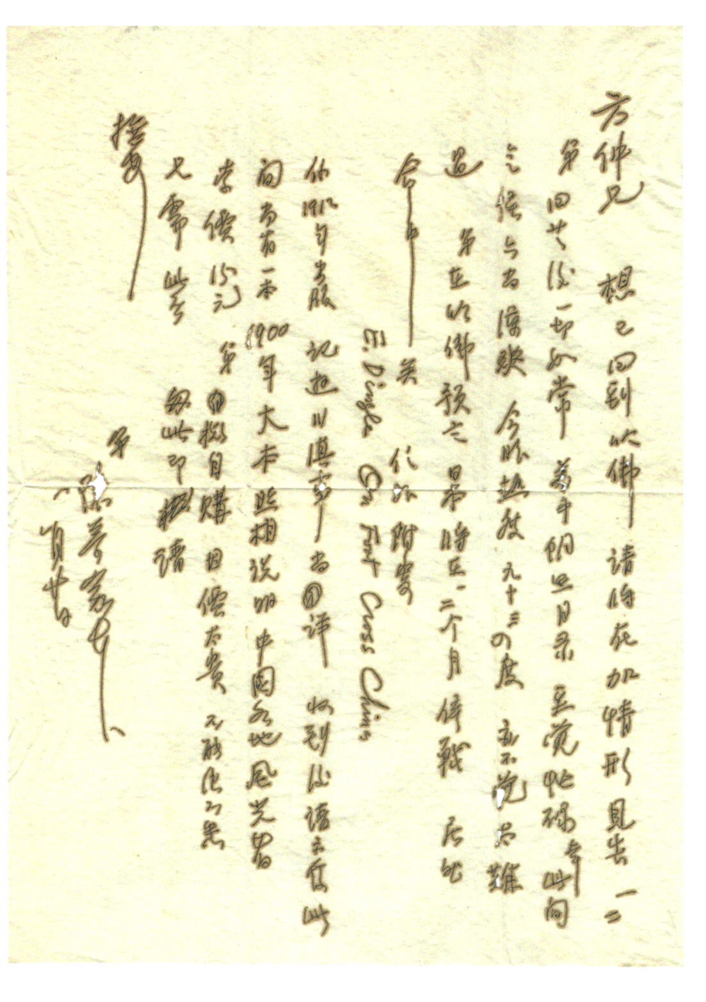

勿此，即请

撰安

弟陈梦家

八月廿日[1]

①陈函中云“弟在哈佛预言日本将在一二个月停战，居然命中矣”一句，可知此函当写于1945年。

陈序经致梁方仲（一封）

陈序经，历史学家，广东文昌（今海南文昌）人。1925年毕业于复旦大学社会科学院。1928年获美国伊利诺伊大学博士学位。回国后在岭南大学、南开大学、西南联大任教。后历任岭南大学校长、中山大学副校长、暨南大学校长、南开大学副校长等职。著有《中国文化史略》（上海商务印书馆，1935年）、《疍民的研究》（上海商务印书馆，1946年）、《文化学概论》（商务印书馆，1947年）、《南洋与中国》（岭南大学西南社会经济研究所，1948年）等。

1949年以前，陈序经与梁方仲彼此仅认识而已，虽然梁方仲到岭南大学任教是陈序经、王力和冯秉铨邀约的。1949年后于岭南大学、中山大学时期，陈序经与梁方仲逐渐加深了解，双方的情谊不断增长，最后成为无话不谈、倾力相助的莫逆之交。他们的友谊在学术上、工作上、思想上、生活上乃至经济上皆有“同道”互助的表现。1964年11月28日陈序经给梁方仲的信所涉及的内容，也是一明证。

方仲兄：

来信得收，你关心我的工作，关心家人康健，至为感铭。关于岭南校史，我是在〔被〕再三说服的情况之下才同意谈谈。我与他们谈了三次，除第一次外，其他二次都谈不多，当时只想说明钟荣光与美帝分子斗争经过，但他们要求高而多。现在看起来还要全面，这是我没有料到，因为当时声明每人谈一点一滴一个题目，应该说正如你所说，我说出的话会为岭南辩护，这是主观主义。他们从各方面找材料，比我清楚又全面。请兄为我告诉潘同志他们，可以把有关美帝出钱少而收效多这一点的材料增加进去，删去其他有为岭南辩护的方面。①

潘国讵同志在市政协工作，办公处在沙面旧英领事馆楼下，电话为12207，你可到我家用电话联系。②

我到此后心情十分不安，真有点作不下去，可是作为一个干部要服务组织，奈何奈何！③

我始终没有到过北京亚非学会，理事会原定十一月中开会，但最近得通知改期至明年。听说全国政协无论如何本年底将开一次会，但现在距年底也不远，我打算开会后就回广州。如会不开，我也定春节前回去。我盼你春节后北来，据说今年北方冬天将比往年更冷，下雪更多，所以希望吾兄待严冬过后才来，何时我也有机会在广州与兄多谈谈。小七④常有信否？叶小姐⑤经常回康乐否？嫂夫人现况如何？均在念中！听说郭老也下乡，不知属实否？耑此，即颂

康健

---

①可推知陈序经曾把其有关的稿子先交给梁方仲阅议。同时也可看出，他们慑于当时政治环境的压力，生怕所写东西，一不小心会被人抓辫子之心态。

②1964年陈序经调至南开大学后，其女儿穗仙、渝仙等仍住中山大学原宿舍。

③陈序经从暨南大学调至南开大学是名副其实的“被调”，他自己是不愿意“被调”的，信里此处是向好友透露其心声。

④小七为梁方仲之子梁承邺之乳名，其时不在广州而长年于外地进修学习。

⑤即叶秀彝，时与梁承邺热恋，尚未成婚。在他俩确定其关系前，梁方仲曾请陈序经帮忙过目“鉴定”，后者在认真观察分析后，力表赞成。其后，陈氏一直关心梁承邺与叶秀彝事。同样，陈氏也为其子其津婚事与梁方仲谈议过：“下午　序经来，约8月1日在北园为其子结婚设喜宴。”（梁方仲《案头日历记事》一九六二年七月二十五日）由此可见，他们之间私谊深厚，陈氏为其子成婚曾向梁方仲借过一笔钱。借钱此种事情，对于陈氏这种身份的人通常是不应存在的，或者即使有此必要，也难以启齿。从此事可知，堂堂一大学校长的陈氏确为一清廉领导，也反映出陈氏与梁氏之间友谊之深，彼此不见外。

周一良父亲周叔弢（天津副市长）一再说我的工作主要在北京。

弟序经

十一、廿八[1]

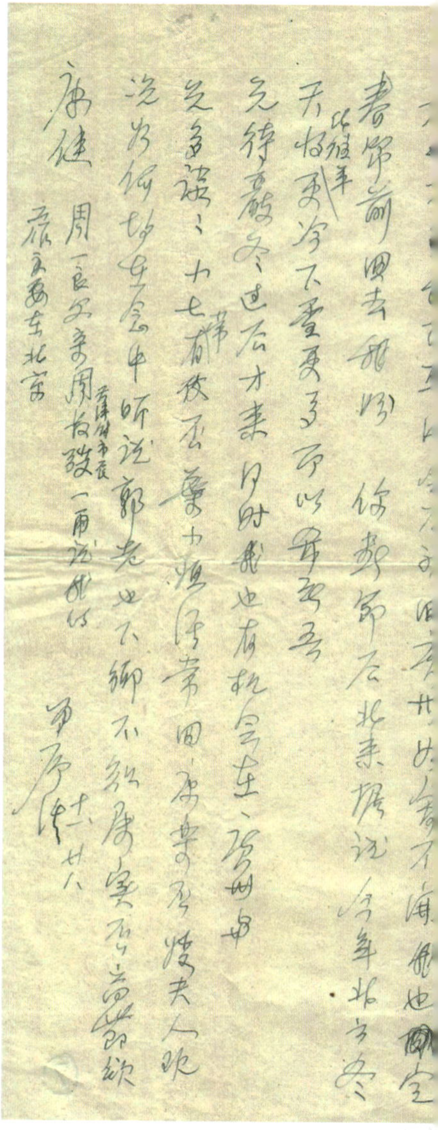

①1964年陈序经调至南开大学，梁方仲于次年（1965年）北上京、津等地出差，此函应写于1964年。

方仲兄：来信收到，你关心我们工作、关心家人，厚谊至为感激。关于岭南校史，我是在再三说明的情况之下才同意谈，二

我与他们谈了三次，除第一次与其他二次都谈不多，查对以较说明钟荣光与美帝的关系，并争论，但他们要我写而多取在看资来源全面，这是我没有材料，因当时所见的人谈一点，简一个题目去谈，说近况，你可说我说出的话会为岭南辩护，这是帝国主义他们强各方面材料比我清楚又全面。请兄为我告诉潘同志他们，可以把有关美帝出钱少而收效多这些的资料增加进去，删去其他有为岭南辩护的方面。潘同志在市政协工作，办公处在沙面旧美领馆，楼下电话为12207，你可到我家用电话联系。

我到此后心情十分不安，真有点做不下去，可是作为一个干部要服从组织，奈何奈何！我始终没有到世界史家西班牙学会理可会室十一月中旬会，但是没有通过下篇就将维持到年

陈寅恪致梁方仲（二封）

陈寅恪，历史学家，江西修水人。早年留学日本、欧美多国十多年。回国后历任清华大学、北京大学、长沙临时大学、西南联大、香港大学、广西大学、岭南大学、中山大学教授，中央研究院第一届院士、中国科学院哲学社会科学部委员、中央文史馆副馆长。著有《隋唐制度渊源略论稿》（中华书局，1963年）、《唐代政治史述论稿》（三联书店，1956年）、《元白诗笺证稿》（文学古籍刊行社，1955年）等。

梁方仲为陈寅恪的学生晚辈，在清华大学求学阶段，因专业不同缘故，他并未修过陈寅恪的课。在抗战期间，中央研究院历史语言研究所和社会科学研究所曾在长沙、桂林、昆明、四川驻扎过，梁方仲得以正式拜见、结识陈氏。而从1949年起于岭南大学、中山大学工作期间，两人始接触多起来，产生了很好的师生情谊。那段时间里，梁方仲认真旁听了陈寅恪的“元白诗证史”“两晋南北朝史料”两门课，并得到许多教益。梁方仲在帮助陈氏物色研究助手、找借有关参考论著等方面尽心尽力，更在1958年陈寅恪遭受学术思想批判时发出质疑之声。

一

尊作有真感情，故佳。

太平洋战后，弟由香港至桂林，曾赋一律。仲勉先生时在李庄，见之寄和一首，不知尚存其集中否？和诗仅记一二句，殊可惜也。拙作附录，以博一笑。

方仲兄

弟寅恪敬启

十月十六日[①]

壬午春日有感

寅　恪

沧海生还又见春，岂知春与世俱新。
读书渐已师秦吏，钳市终须避楚人。
九鼎铭辞争颂德，百年粗粝总伤贫。
周妻何肉尤吾累，大患分明有此身。

方仲兄吟正

---

①此函估计写于1960年或1956年。推断为1960年，其依据是：1960年岑仲勉病逝，梁方仲写有四首悼诗，并送给陈寅恪阅目，同时，也可能将其20世纪40年代用陈氏“壬午春日有感”韵写的一首诗一起送给陈氏。梁氏诗为：历劫诗怀已不春，秋晴鼓吹竞声新。琼壶一片冰调泪，古月三分色示人。蓺灶漫兴（早漫）童子喟，闭门唯食后山贫。南园寂寞今谁主，管领风骚要此身。函写日期另一可能为1956年，则因为，1956年吴晗夫人袁震给梁方仲一信（见本书第255页）中谈到拓王国维纪念碑文事已完成，估计此事是陈寅恪请梁方仲转托吴晗、袁震夫妇代办之。拓片可得，陈氏高兴之下，抄送其诗送梁方仲。不过，1956年书写的可能性远低于1960年。

尊作有真感情故佳
太平洋戰後弟由香港至桂林曾賦一律
仲勉先生時在李莊見之寄和一首不知尚存
其集中否和詩僅記一二句殊可惜也拙作附錄以博
一笑
方仲兄
弟
寅恪敬啓　十月十六日

壬午春日有感　寅恪

滄海生還又見春豈知春與世俱新讀書漸
已師秦吏鉗市終須避楚人九鼎銘辭爭
頌德百年粗糲總傷貧周妻何肉尤吾累
大患分明有此身

方仲兄　吟正

二

请代借或购下列二书：

1．金梁《光宣人物志》（不是《光宣人物传》，北京图书馆及中大图书馆都弄错了。此书乃是索引性质，将《湘绮楼日记》《越缦堂日记》《翁文恭日记》中涉及诸人作一索引）。

2..陈夔龙《梦蕉堂笔记》。

方仲兄

寅恪

八月十二日九时[①]

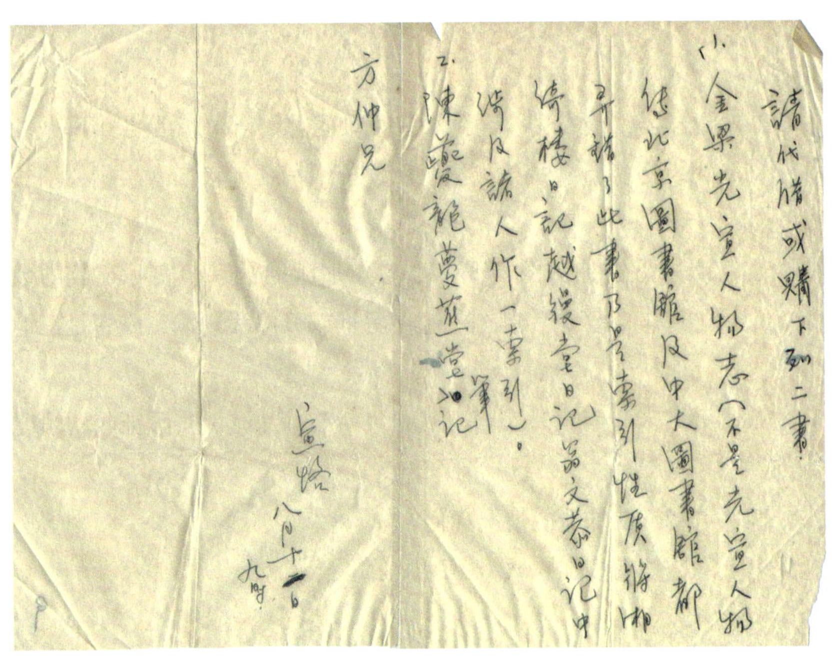

請代借或購下列二書：

1. 金梁光宣人物志（不是光宣人物傳北京圖書館及中大圖書館都弄錯了此書乃是索引性質將湘綺樓日記越縵堂日記翁文恭日記中涉及諸人作一索引）。

2. 陳夔龍夢蕉堂筆記

方仲兄

寅恪

八月十二日九時

①此函应写于20世纪50年代初，陈寅恪那时因眼睛失明，身体又不好，需托人帮忙借一些参考论著，故有此短简。后来中山大学为陈氏安排了助手黄萱和周连宽，基本上解决了借找参考书的困难。

陈振中致梁方仲（一封）

陈振中，经济史学家，甘肃定西人。1953年毕业于兰州大学历史系。1956年中国人民大学经济史研究生毕业后留校从事中国经济史的教学和科研工作。1980年调至中国社会科学院经济研究所，累升至研究员。著有《青铜生产工具与中国奴隶制社会经济》（中国社会科学出版社，1992年）等。

梁翁：

我最近学习明清史中，遇到一些疑难问题。请求您帮助一下：

一、明万历实行“一条鞭法”后，征银和征米粮二者之间的消长情况如何？

二、明末三饷加派的情况，如各年加派的数字，实际征收的数字，最后加练饷时辽饷、剿饷一起停罢抑或只停罢剿饷，或者是三饷并征？

三、天启末和崇祯时全国田赋（包括三饷加派）实际征收的情况如何？

四、清初三饷加派的情况如何？

以上问题烦您多加赐教，不胜感激之至。

中国人民大学经济系国民经济史教研室　陈振中

1964.1.15

第　　页

梁翁：

我最近学習明清史中，遇到一些疑难問題。請求您幫助一下：

一、明万曆实行一条鞭法後，征银和征米粮二者之間的消長情况如何？

二、明末三餉加派的情况，及各年加派的数字，实际征收的数字，最後加練餉時遼餉、剿餉一起停罢抑或只停罢剿餉，或者是三餉並征？

三、天啟末和崇禎時全国田赋（包括三餉加派）实際征收的情况如何？

四、清初三餉加派的情况如何？

以上問題煩您多加賜教，不勝感激之至。

中国人民大学经济系国民经济史教研室　陳振中　1964.1.15.

20×20=400（甘印）　北京市文化用品公司发行

丁文治致梁方仲（一封）

丁文治，经济学家，江苏泰兴人。1936年毕业于燕京大学经济系。1940年获德国耶拿大学经济学博士学位。1941年到中央研究院社会科学研究所工作，1944年任该所研究员。1950年应梁方仲之邀到岭南大学，后任中山大学经济系教授。1953年秋后，调至武汉大学经济系任教授，后任武汉大学图书馆馆长。

丁氏出身于江苏望族，其兄丁文江为我国地质学界的先驱，其另一兄弟丁文渊曾任过同济大学校长。丁氏与梁方仲是老同事、老朋友，两人在工作、生活以及思想上常有交流或合作，其子女间亦多有来往。

方仲兄：

暑期中从七月廿二至八月卅日我是在北京过的，济瀛①和嵋儿②要我代向你问好，也问你全家好。他们两人在北京的情况也还好。底下报告你一点我在北京的见闻。

我离开北京已有20年，这次去看看，城内轮廓大体似昔，但马路和交通改善了，建筑物增加了。更多的建设是在城外——德胜门外、西直门外、阜成门外、复兴门外，特别是复

①即史济瀛，丁文治之妻。
②即丁海曙，丁文治之子。

兴门外的新北京的建设真是一个壮观。我曾去科学院看了陶先生[①]，他问起你的健康、你的家庭和工作，我就我所知的简单告诉了他。他的精神似不坏，但今年年初曾重病（心脏）过一次，经休养后才恢复健康。经济研究所的同志们，除张之毅已调工作至外交部，未获见外，其他诸人都曾看到。他们在海甸附近的中关村新盖的楼屋内办公，办公楼附近建有宿舍，一部分同志和家属住宿舍内，每家的房间不算多，房子也不很好，开间与峨嵋路的丙种[②]相似，但是在北京已经是难得了。尚有一部分新的家庭宿舍正在建筑，是为高级研究人员、行政人员住的，可能较好，单身人则有单身人宿舍。这些老朋友都问起你来，我也只能向他们报告一九五三年度的梁方仲。中平[③]结了婚，生了小孩。义生[④]确是改叙为副研究员，他自己的情绪并不坏。宝三[⑤]的家住在城内后海附近，房子是他爱人娘家出钱买的，相当好。许多人都加入了民主党派，宝三是民促，启桐[⑥]、中平、敬虞[⑦]、有义[⑧]等

---

①即陶孟和。

②即原中央研究院在南京峨嵋路（村）的职工宿舍。

③即严中平。

④即徐义生。徐义生，政治学家、经济史学家，江苏武进人。1931年毕业于清华大学政治学系，1936年获美国哥伦比亚大学硕士学位。1937年任中央研究院社会科学研究所副研究员，1943年任研究员。大概因其专长在政治学（且属“旧”者），中华人民共和国成立早期受冷落导致改低聘，梁方仲、丁文治等老同事颇愕然且不理解。后来徐氏改搞经济史料研究，调任安徽大学教授、图书馆馆长等职。

⑤即巫宝三。巫宝三，经济学家，江苏句容人。1932年毕业于清华大学经济系，后在中央研究院社会科学研究所工作。1936年留学美国，1948年获美国哈佛大学博士学位。1949年后任中国科学院经济研究所研究员、副所长。

⑥即韩启桐。韩启桐，农学家。1934年到中央研究院社会科学研究所工作。20世纪50年代中期前后调到北京农业大学任教授。

⑦即汪敬虞。汪敬虞，经济史学家，湖北蕲春人。1943年毕业于武汉大学经济系。1945年中央研究院社会科学研究所研究生毕业后留在该所工作。1949年在中国科学院社会科学研究所、中国社会科学院经济研究所工作。在中国近现代经济史研究上贡献突出，是中国社会科学院荣誉学部委员。

⑧即章有义。章有义，经济史学家，安徽桐城人。1943年毕业于湖南大学经济系，1945年中央研究院社会科学研究所研究生毕业后留所工作。1949年在中国科学院社会科学研究所、中国社会科学院经济研究所工作。历任助理研究员、副研究员、研究员。

加入了民盟，黎元[1]早就是青年团团员。经济研究所分为三大组，副所长、代所长狄超白[2]领导经济问题组，这组现在的中心工作是派人参加国家计划委员会的黄河水利设计；巫宝三领导手工业调查组，肖步才在此组；严中平领导经济史组，很多老的人都在此组，中心工作是要写出鸦片战争后的中国经济史稿，本组还有孙毓棠[3]参加，我因和他不熟，未曾访问。所以，在他们办公室看到的特点是每人案头都有些古书，另一个特点是到他们家中吃饭时，了解到极大多数的太太都有适当的工作，这是组织的照顾。我这次曾费了点口舌好好劝告肖步才，劝他对老同志应该虚心学习，不要只看见人家的缺点，看不见优点，对于经研所的工作的推进不要主观地作过急躁的要求，应该有原则地搞好群众关系。他自许是所中的革命派，是对于领导意见最多的（现在狄超白到职后，他是对狄有信仰的，因而情绪稍好）。另一方面，我从严、巫、韩[4]等人方面都听到了对他的许多意见，一句话，他年纪轻，而“有一手”的包袱重，表现得很自高自大。我想有机会通信时，你最好也对他劝告劝告。对领导和同志提意见当然是好的、应该的，但必须是为工作出发，而且要实事求是，否则就减轻了所提意见的意义。当然，我希望你给他信时不要直接引出我的话，以免他万一不接受时，在他们所内再引起纠纷和误会。这

①即马黎元。马黎元，经济学家，河南新野人。1943年毕业于西南联大经济系，1945年中央研究院社会科学研究所研究生毕业。1946年留所当助理研究员。1949年在中国社会科学院经济研究所工作。

②狄超白，经济学家，江苏溧阳人。1931年入中央大学学习，同时加入中国共产党。曾任中共溧阳县特别支部书记、安徽省抗战动员委员会宣传部副部长、香港达德学院教师。1949年后，历任政务院财经委员会统计处处长、中国科学院经济研究所代理所长、中国科学院社会科学部委员、第一届全国人大代表。

③孙毓棠，经济史学家，江苏无锡人。1933年毕业于清华大学历史系。1935—1937年在日本东京帝国大学文学部大学院学习。历任西南联大副教授、清华大学历史系教授、中国科学院经济研究所研究员、中国科学院历史三所研究员。他是中国经济史研究的开拓者之一。

④严、巫、韩即严中平、巫宝三、韩启桐。

是更不好的，因为你和我的目的只是想对肖作点帮助。

我到北大去了一次，在振汉[①]家吃的午饭，在仁赓[②]家吃的晚饭，并用下午的时间看了侯仁之[③]和樊志平[④]。仁赓夫妇都胖了，还是那样好客。志平在马列学院学习结束，他和我谈，他认识到从前自己原来本一点不通马列主义，这大概是在思想提高过程中必然发生的事。仁之还是那样忙、积极，他是北大选出的人民代表。我和振汉谈得比较多，严、侯、樊都有书生气，我喜欢他的书生气。他很埋怨你总是不覆他的信。我告诉他说，老兄的尺牍稀贵得很，对一般朋友皆然。他说他给你的信是事务，是企望得到回信的。北大经济史的情况是这样：解放前只开外国经济史，解放后只开中国经济史。关于后一课，据振汉说，鸦片战争后的还开过几学期，他自己有点讲稿，而鸦片战争以前是难得很，材料多得很，人才非常少，他给你信乃是请你去北大，他表示关于待遇、住屋以及教学助理人员方面北大经系都能妥为准备。[⑤]我也把中大一贯留你，甚至53年度不让你来武大的情形告诉了他，他似乎并未死心。

记得在康乐时，科学院曾多次找你，当时你对于留穗或

---

①即陈振汉。

②即严仁赓。

③侯仁之与丁文治都是燕京大学毕业生。1952年岭南大学思想改造运动时，侯氏曾奉派来帮助进行。

④即樊弘。樊弘，经济学家，四川江津人。1925年毕业于北京大学政治系。后任职于北平社会调查所（后改称中央研究院社会科学研究所）。曾留学英国伦敦大学和剑桥大学，是我国最早研究凯恩斯经济理论的学者。回国后任复旦大学、湖南大学、中央大学经济系教授，中央研究院社会科学研究所研究员。1949年起任北京大学经济系教授。1950年加入中国共产党。

⑤陈振汉时任北京大学经济系教授兼任代理系主任。陈振汉，经济学家、经济史学家，浙江诸暨人。1935年毕业于南开大学。1936年赴哈佛大学深造，1940年获博士学位后回国，曾任南开大学、燕京大学教授，中央研究院社会科学研究所通讯研究员。1949年后，历任北京大学中国经济史研究室主任，经济系代理主任。1953年参加中国民主同盟，任民盟北京大学副主委。1957年因主笔民盟六教授的《我们对于当前经济科学工作的一些意见》而被划为资产阶级极右分子。1979年重新走上科研教学岗位，开设“经济史学概论”“经济史名著选读”“中外经济史专题”等课程。

武漢大學

頭都有些古書，另一些精些送到他們家中吃飯嗎了解到極大多數的大都有適當的工作，這是他們的照顧。我這次曾費了點口舌好好勸告蕭君才，勸他對老同志應該虛心學習，不要只看見人家的缺點，看不見優點。對於研究所的工作的推進，不要主觀地作過急躁的要求，應該有原則的搞好群眾團結。他自許是所中的革命派，是對於領導意見最尊重的（但是服從性不夠好）。這回到職後他是對我有信仰的，因為情緒轉好）。另一方面，我因從嚴巫韓等人方面都聽到了對他的許多意見，一向說他年紀輕，而「有一手」的自然重表現得很自高自大。我想有機會通信時，你最好也對他勸告勸告。對領導和同志提意見，當然是好的，應該的，但也須是為工作出發，而且要實事求是，

武漢大學

否則就誤解了所提意見的意義。當然，我希望你給他信時不要直接引出我的話，以免他可能一不接受時，在他們所內再引起糾紛和誤會來。這是更不好的，因為你和我的目的，是想對蕭作點幫助。

我到北大去了一次，在振漢家吃的午飯，在仁庵家吃的晚飯。並用了不多的時間看了侯仁之和樊志平。仁庵夫婦都胖了，還是那樣好客。志平在調到學院學習結束，他和我談，他認識到錯誤自己原來一些不適當的主義，這大概是在思想改造過程中必然發生的事。仁庵還是那樣忙，[illegible]，他是北大選出的人民代表。我和振漢談得比較多（[illegible]）他的書生氣。他很埋怨你很不覆他的信。我告訴他說，老兄的尺牘是稀貴得很，對一般朋友皆然。他說他給你的信是有事務，是企望得到回信的。北大經濟史的情況是這樣，許[illegible]

武汉大学

方仲兄：

暑期中从七月廿二至八月廿日我是在北京过的，陈瀛和娟兒要我代向你问好，也问你全家的好。他们两人在北京的情况也还好。底下报告你一些我在北京的见闻。

我离开北京已有四年，这次去看看，城内轮廓大体似昔，但马路和交通改善了，建筑物增加了。更多的建设是在城外——德胜门外，西直门外，阜成门外，复兴门外，特别是复兴门外的新北京的建设，真是一个壮观。

武汉大学

我曾去科学院看了陶孟和先生，他问起你的健康，你的家庭和工作，我就我所知的简单告诉了他。他的精神似不坏，但今年年初曾重病（心臟）过一次，经休养後才恢复健康。经济研究所的同志们，除张之毅已调工作至外交部，未获见外，其他诸人都曾看到。他们在海甸附近的中关村新盖的楼屋内办公，办公楼附近建有宿舍，一部分同志和家属住宿舍内，每家的房间不等多，房子也不很好，间间与峨嵋路的两种相似，但是在北京已经是难得了。尚有一部分新的家庭宿舍正在建筑，是为高级研究员和工人员住的，可能较好，单身人则有单身人宿舍。这些老朋友都问起你来，我也只能就他们报告一九五三年度的梁方仲。中年结了婚，生了小孩。义生现是副教授兼副研究员，他自己的情绪並不坏。宝三的家住在城内後海附近，房子是他爱人娘家出钱买的，相当好。许多人都加入了民主党派，宝三是民促，[illegible]桐、中平、[illegible]广、有义等加入了民盟，紫元是青年团员。经济研究所分有三大组，副所长代所长狄超白兼领导经济向组，这组被认为的中心工作是派人参加国家计划委员会的经济小组复核设计；巫宝三较善于工作，调查统计[illegible]才在此组，严中平领导经济史组，经[illegible]老的古书贵得很，一部商务版的四部备要，在新华书店古典书部的售价是1500万元，旧的读书杂志（上面有中国社会性质论战的一些文章）在东安市场旧书摊每本售价六万元（并且只有大洋版），全套四本24万，比原本高差一倍。其他的中国历史文学以及旧刊物，无一不贵，在私营书店

武汉大学

简直是拿古董订价。因而，我想到了你所买的明会典，想到你那小斋内的那些线装的中文书籍，都是些价值很高的东西。顺便提一句，容老的那个书斋更是了珍贵的了。

武大经济系教师多，专业少，学生少，教师一般都难备这部门的工作。现在学校正在就系不系同的情况，研究办法，对于这一类人员的制度总是要贯彻的。经济系除了信用和国家财政学两课还不是政治经济学当时的课程，今后要向的是财政与信贷，此课於55年度开出，由李崇淮、张月祺（经系助教）和我三人准备此课。此外，我还在考虑做一个科学研究题目，尚未决定题目。

此致

敬礼

弟 文照 九月十二日

武汉大学

外国经济史，解放后只開中国经济史。関於后一课，据振汉说，鸦片战争后的还開过专题，他自己有些讲稿，而鸦片战争以前的是难得很，材料多得很，非人才常少，他给你信乃是请你去北大，他表示关于待遇住屋以及教学助理人员方面北大很多都能安排准备。我也把中大一再留你，甚至57年度不让你来武大的情形告诉了他，他似乎并未死心。

记得我在康乐时，科学院曾有意找你，当时你对于留穗或北上时时犹疑，我因不了解北京的情况，也难对此提供意见。现在我则有比较具体的意见能提供你的参考。经济研究所与北大虽是十分钟自行车距离，然而北大要如回所。在北大教学，就是将研究的体会得用来实践。北京有三个历史研究所，一个经济所，一个北大，书籍和人才多，在工作上有很多便利。所

学

以从工作的观点出发，你去北大是好的，回研究所去也一好，但我觉得单纯做研究也许会感觉单调，会造成片面性。当然，我们的工作岗位是要服从国家需要，服从组织调配的，中大可能要留你，特别是前天黄燕夫来此时曾告我说中大也许要成立历史研究所。如果你还是不能去北京，我还要劝你至少和经济所

[illegible]

北上时时犹疑，我因不了解北京的情况，也难对此提供意见。现在我倒有比较具体的意见能提供你的参考。经济研究所与北大只是十分钟的步行距离，至北大一如回所。在北大教学，就是将研究的体系〈会〉心得用来实践。北京有三个历史研究所、一个经济所、一个北大，书籍和人才多，在工作上有很多便利。所以从工作的观点出发，你去北大是好的，回研究所当然也好，但我觉得单纯做研究也许会感觉单调，会造成片面性。当然，我们的工作岗位是要服从国家需要、服从组织调配的，中大可能要坚决留你，特别是前天黄英夫来此时曾告我说中大也许要成立历史研究所。如果你还是不能去北京，我还要劝你至少和经〔济〕所与北大在工作上多保持联系，能短期去看看，或者多通信也是好的，特别是，我听说这学年中大还不开中经史。

另一件事要报告你的：你原来是一位财主。现在在北京，古书贵得很，一部商务版的《四部备要》，在新华书店古典门市部的售价是1500万元[①]，旧的《读书杂志》（上面有中国社会性质论战的一些文章）在东安市场书店每本售六万元并且没有大还价，全套四本24万，比《资本论》贵一倍。其他的中国历史、文学以及旧刊物，无一不贵，在私营书店简直是按古董订价。因而，我想到了你所买的《明会典》，想到你那小斋内的那些线装、洋装的中文书籍，都是身价很高的东西。顺便提一句，容老[②]的那个书斋更是可珍贵的了。

武大经系教师多，专业少，学生少，教师一般都难满足部定的工作量，现在学校正就各系不同的情况，研究办法，对于这一先进的制度总是要贯彻的。“货币流通与信用”和“国

①指旧人民币。

②即容庚。

家财政学”两课已不是政治经济学专业的课程，今后要开的是“财政与信贷”，此课于55年度开出，由李崇淮[①]、程乃祺（经〔济〕系助教）和我三人准备此课。此外，我还在考虑做一个科学研究题目，尚未决定题目。此致

敬礼

弟文治

九月十一日[②]

①李崇淮，经济学家，江苏淮阴人。1942年毕业于华西协合大学。后获美国耶鲁大学经济学硕士学位。曾任交通银行汉口分行襄理。1949年后，任武汉大学经济系教授、经济管理系主任，民革第五届中央副主席，第七届全国人大常委。

②1953年秋丁文治由中山大学经济系调至武汉大学经济系任教，一年后暑假到北京与其妻儿相聚。此函应写于1954年。

冯秉铨致梁方仲（一封）

冯秉铨，电子学家，河北安新人。1930年清华大学物理系毕业后即应聘到岭南大学任助教。1934年获燕京大学研究院硕士学位。后任岭南大学副教授。1946年获美国哈佛大学博士学位，并在该校任教。后回国任岭南大学教授、教务长，华南工学院首任教务长、副院长。著有《电声学基础》（高等教育出版社，1957年）、《无线电发送设备》（人民教育出版社，1963年）等。

冯秉铨和梁方仲为清华大学同级（1930级）不同系同学，在校时已相当熟悉（冯之夫人、光学专家高兆兰曾对整理者说，冯秉铨和梁方仲中学时也是同学，不知她是否指两人都上过北京汇文学校），都曾为《清华周刊》的编辑。20世纪40年代，冯秉铨和梁方仲在哈佛大学工作了近两年。1949年初梁方仲到岭南大学任教，与冯等的力邀很有关系。此后，两人在广州度过其一生的最后日子。

方仲兄：

“黑色金属”指钢铁、钨等矿物而言。母机即Primary Standard的Machine（用以制造其他机器者）。Fine Balance译为“精密天秤”。“轴铁”及“辗金”一时说不出来，容查出后奉告。祝愈安！

弟铨

弟近日肚泻病了几天，改日再来看兄。

方仲兄：「黑色金属」指钢铁、钨等矿物而言。「母机」即 Primary Standard 的 machine（用以制造其他机器者）。fine balance 译为精密天秤。「轴铁」及「辘金」一时说不出来，容查出后奉告。祝

痊安

千錡

弟近日肚泻病了几天，改日再来看之。

韩大成致梁方仲（一封）

韩大成，历史学家，山东胶南人。1952年毕业于山东大学历史系。1955年中国人民大学研究生毕业，师从尚钺等。此后，一直在中国人民大学历史系任教，曾任中国古代史教研室主任、教授。著有《明代社会经济初探》（人民出版社，1986年）、《明代城市研究》（中国人民大学出版社，1991年）等。

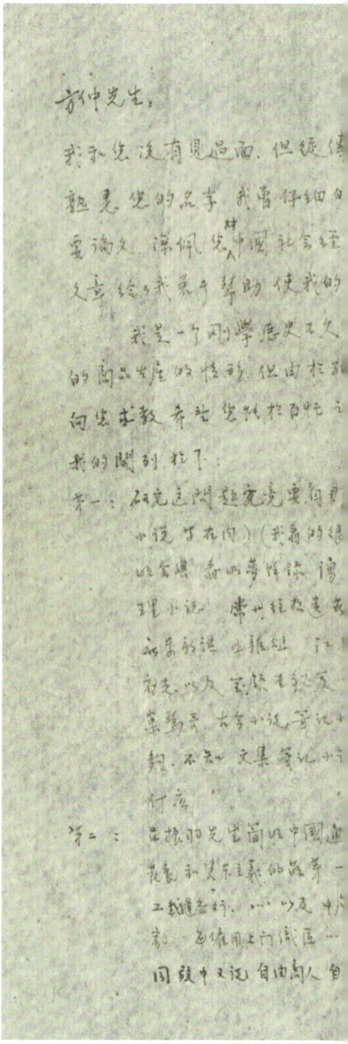

方仲先生：

我和您没有见过面，但从传闻中从报刊上却很早就熟悉您的名字，我曾仔细的拜读过您发表过若干重要论文，深佩您对中国社会经济问题研究的精深，这些文章给了我若干帮助，使我的知识增进了许多。

我是一个刚学历史不久的人，很想研究一下明代的商品生产的情形，但由于孤陋寡闻，困难很多，特此向您求教，希望您能于百忙之余惠于指导为盼，兹将我的〔问题〕开列于下：

第一，研究这问题究竟要看那些参考书？（包括方志、笔记、小说等在内）（我看的很少，只看了《天下郡国利病书》《日知录》《明会典》《春明梦余录》《涌幢小品》《农

纸工 付於工资 这种工场 首先在皖南徽州出现。以后池州
宣州等地 也都出现了这种新形态 不知道这是出自何书？
接着他又谈到 粮坊商人 雇用工人 及批商或闽地之雇工人造纸
的情况 又出自何书？
第三：中国古时 茶叶制造业的情形究竟怎样？应当看些什么
（我已看了[illegible]同志、[illegible]书）

此致

革命敬礼

韩大成敬上 3.9.

政全书》《天工开物》《物理小志》《常州往哲遗著》《武林往哲遗著》《吴兴掌故集》《广东新语》《五杂俎》《江南〔通志〕》《浙江通志》《松江府志》《苏州府志》以及《宝颜堂秘笈》等，小说中有《醒世恒言》《拍案惊奇》《古今小说》《笔记小说大观》等。材料还很不够，不知文集、笔记、小说、方志中，主要还应该看些什么？）

第二，吕振羽先生《简明中国通史》下册第十五章第二节工商业的发展和资本主义的萌芽一段中谈到鲁班会及木工、铁工、裁缝各行……以及中产之家多自家置机织布……富有之家……每雇用上门织匠……不知是出自何书？

同段中又说自由商人自备工具原料，交个别农家制成纺织品，付给工资，这种工场首先在皖南徽州出现。明亡前池州、台州等地也都出现了这种新形态，不知这又是出自何书？

接着他又谈到糖坊商人雇用工人及湖南武冈地主雇工人造纸的情况，又出自何书？

第三，中国当时制茶叶〈业〉、制陶瓷业、铁冶业的情形究竟怎样？应当看些什么？（我只看了《浮梁陶政志》《阳羡茗壶系》等。）

此致

革命敬礼

韩大成敬上

3.9[①]

---

①此函估计写于20世纪50年代上半期。

郝御风致梁方仲（一封）

郝御风，文学家，辽宁抚顺人。1931年毕业于清华大学中文系。1935年肄业于清华大学研究院中国文学研究所。曾参加清华中国文学会、唧唧诗社，从事新诗创作。后致力于诗歌理论研究。曾编辑中国文学会月刊及《清华周刊》。曾在同济大学、沈阳医学院、北京长白大学、长春大学等校任教。1949年后历任西北大学中文系教授、系主任，校务委员会常委，校图书馆馆长等。著有《论诗的语言》[《西北大学学报（人文科学版）》1957年第1期]等。

郝御风与梁方仲在清华大学本科与研究生阶段皆为同学，两人虽攻读学科不同，却因爱好诗歌而结识。

方仲学长：

弟即返井，月内恐不及晤谈。弟于旧诗苦无根柢，前此在大学诸多机会均失之交臂，徒呼负负。读兄诗，热肠古道，既知其为人，又辱承推爱，故敢请教。然此事可供兄知，幸勿为第二人言，免见笑耳。

诗之韵律属于形式不难校求，惟进一步以语，诗纵非上薄风骚亦当下规唐宋，此则恐非今后之人所能为力。今人之有此情致者多亦只能以余力出之，而此余力及情致之可否得有，此后将愈不可知。苦弟根本亦只求能欣赏而已。弟意百年以后中国科学的史学必有极光辉之成绩或若干惊人之发明，而中国固有艺事恐将衰歇而断绝，千百年传统吟坛将有封闭之一日，于词于曲既为显例，此则最可伤懼，然则此刻所谓无益之事或者亦不可不有人为之乎。偶感及此，匆匆不尽，诸

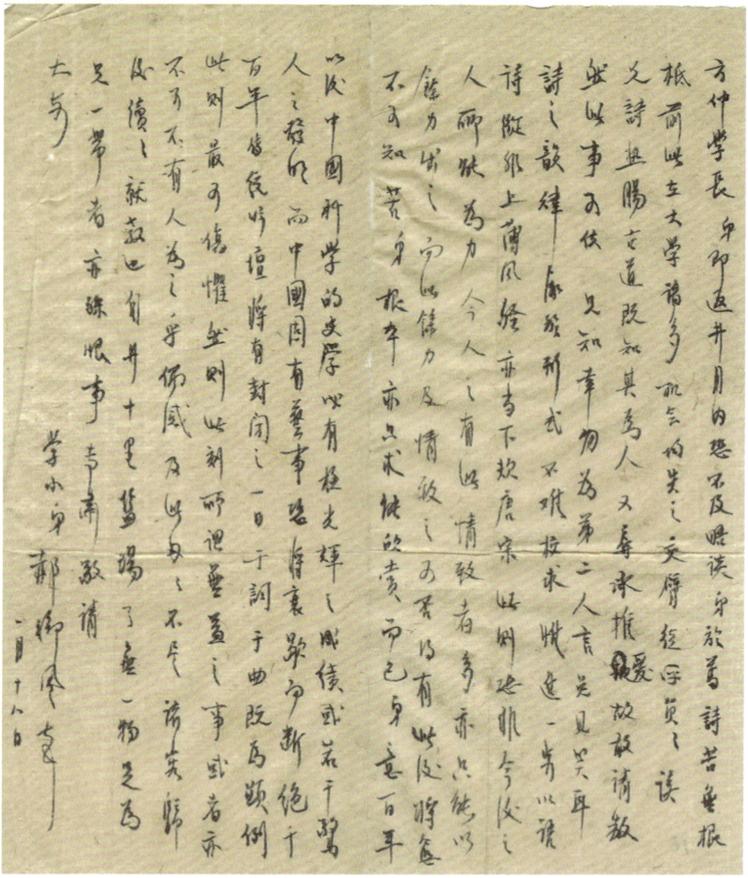

容归后续之就教也。自井十里盐场了无一物足为兄一带者，亦殊恨事。专肃，敬请

大安

学小弟郝御风顿首
一月十八日①

①此函可能写于1932—1934年间，即两人在清华大学研究院时期。郝御风1931年清华大学中文系毕业，1935年清华大学研究院肄业；梁方仲1930年入读清华大学研究院经济研究所。郝函中有“弟于旧诗苦无根柢，前此在大学诸多机会均失之交臂，徒呼负负”句可作年代判断之依据。

贺昌群致梁方仲（一封）

贺昌群，历史学家，四川乐山人。1921年考入上海沪江大学，因家庭经济困难只上了一学期，辍学另谋出路。1922年考入上海商务印书馆编译所，进所后不久，他加入文学研究会。1926年起，开始在各种杂志发表文章，内容涉及文学、哲学、心理学、语言学、古典哲学等领域。30年代初，他转而主攻西北地理、中西交通史和敦煌学研究，发表了一批高水平的论文。后在重庆中央大学历史系任教。中央大学迁回南京后，任历史系主任。1950年任南京图书馆馆长，后调任中国科学院历史研究所第二所研究员，兼中国科学院图书馆馆长。著有《古代西域交通与法显印度巡礼》（湖北人民出版社，1956年）、《汉唐间封建的国有土地制与均田制》（上海人民出版社，1958年）等。

1948年前后梁方仲曾在南京中央大学兼任教授，与贺昌群时有来往。

方仲兄：

廿六日惠书敬悉，日来运动与工作均非常紧张，稽迟奉复为歉。汉简照片全部为反动派劫往台湾，国内并无整套照片。前年闻考古所藏有少数，弟亦未得见。万斯年兄由文化部调历史第二所工作已近二年。通讯处请交“北京、东四、头条一号历史第二所”。山本达郎文，弟尚未得读，不知二所图书室藏有否。如能查到，当奉知。拙稿《论两汉土地占有形态的发展》第二次印刷本，书店只送弟二份，今以一份与此函同时寄上。二所明清史方面需要研究人员，兄有意北上来二所参加工作否？亦不知中山大学肯放兄北来否？专此不一，即颂

撰祺

弟昌群

四月十三日[①]

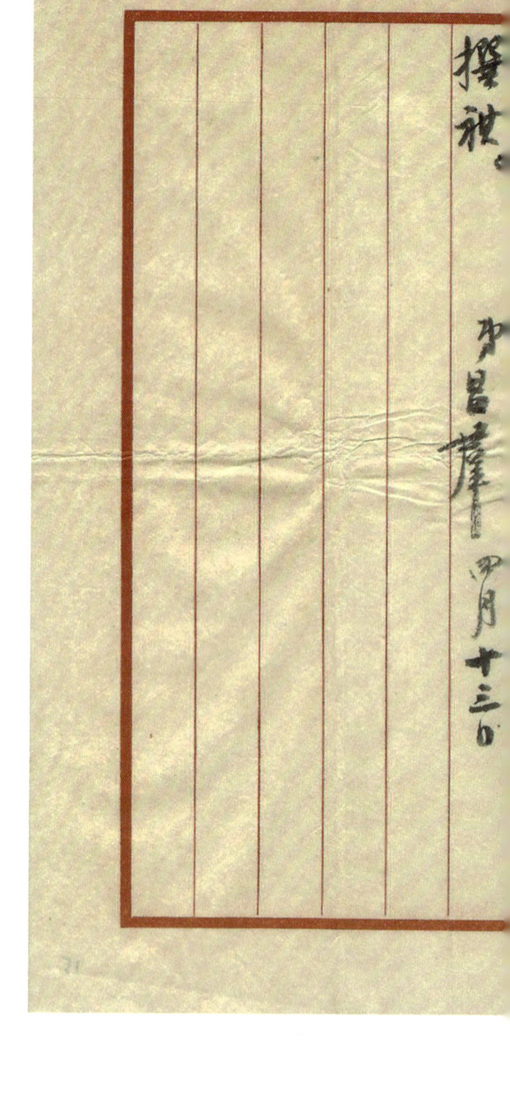

歷史研究所第二所

撰祺。

弟昌群

四月十三日

①此函未署年份，然函中云历史研究所第二所需研究人员和贺著《论两汉土地占有形态的发展》出版等语句来推测，此函大致写在1954—1955年间。

中國科學院歷史研究所第二所

方仲兄：

廿六日惠書敬悉。因集運動與工作均非常緊張，稽遲奉復為歉。漢簡照片全部為反動派劫往台灣，國內並無照存底片。前年聞考古所藏有少數，亦未得見。華斯年兄由文化部調歷史第二所工作已近二年，通訊處請交「北京、東四、頭條一號歷史第二所」。山東遠郎文，亦未得讀，不知二所圖書室藏有否。如能查到者，當知。拙稿第四次「論秦漢土地占有形態的發展」第二

中國科

印刷本，專在只送第二份，今以一份與此同時寄上。二所明清史方面需要研究人員，

洪美英致梁方仲（一封）

洪美英，广东番禺（今广州市）人。宋史专家陈乐素的夫人。陈乐素夫妇与梁方仲是老相识、老朋友。

方仲同志：

昨天你请我们[①]吃了一顿丰美的午饭，十分感谢！

临走时，我们忘记详细告诉你，应该怎样到兴化寺街五号去。你在西直门坐十一路无轨电车，到东官房下车，往北走到尽头就是兴化寺街。

电话是62.2862，可在星期六下午或晚上联系。

若果你想同我们一起去找老人家[②]的话，你就在办公时间（下午二时到六时）拨44.1501和乐素联系。

祝你身体健康！

洪美英

1965.9.13

说明：时陈乐素在人民教育出版社任编审。与陈氏夫妇共进午餐时，梁方仲表示拟去探望陈乐素的父亲陈垣。据整理者所知，后来梁氏去过陈垣家拜访。

①即陈乐素夫妇。

②即陈垣。

方仲同志：

昨天你请我们吃了一顿丰美的午饭，十分感谢！

临走时，我们忘记详细告诉你，应该怎样到兴化寺街五号去。你在西直门坐十一路无轨电车，到东官房下车，往北走尽头就是兴化寺街。

电话是62.2862，可在星期六下午或晚上联系。

若果你想同我们一起去找老人家的话，你就在办公时间（下午二时到六时）拨

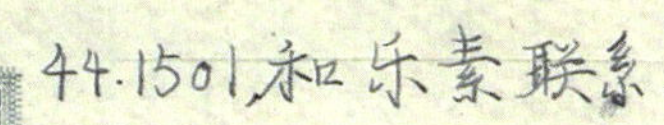

44.1501，和乐素联系。

祝你身体健康！

洪美英 1965.9.13.

侯仁之致梁方仲（一封）

侯仁之，历史地理学家，山东武陵人。1936年毕业于燕京大学历史系。1940年获燕京大学文科硕士学位。1949年获英国利物浦大学地质学博士学位，历任燕京大学教授，北京大学教授、副教务长、地质地理系和地理系主任。著有《步芳拿》（北京出版社，1962年）、《历史地理的理论与实践》（上海人民出版社，1984年）等。

方仲同志：

在广州时蒙您热情招待[①]，十分感激。回京后臂痛加剧，未能及早奉候为憾。早年习作《王鸿绪明史列传残稿》单印本一册已交中山大学地理系叶汇先生（他来京参加第四纪地质会议），请为批呈。他十六日就要回去，想您不久即可收到，但不知对您还有些用处否？

章鸿钊（地质学家）曾摄录古书集为《古矿录》一书，并以省为单位绘有矿产分布附录，不知对您的研究历史上的银矿问题有参考价值否？如广州见不到此书时，请来信告我，在这里还可找到。还要我找什么材料，即请告知，我当尽力办。臂疼不便多写。此致

敬礼

弟仁之

二月十日[②]

---

①梁方仲《案头日历记事》一九五七年一月二十三日："下午晤侯仁之，在愉园晚饭，容希白作陪。"容庚作陪大概是因侯、容两人曾在燕京大学共事。

②侯函中云"在广州时蒙您热情招待……回京后臂疼加剧，未能及早奉候为憾"，与上页注①梁方仲《案头日历记事》一九五七年一月二十三日结合分析，此函写于1957年的可能性最大。

北京大學

方仲同志：

在广州时承您热情招待，十分感激。回京后，琐事纷扰，未能及早奉候为歉。弟寄的"王临亨的史料价值"[?]单行本一册已由中山大学地理系黄汉先生（他来京参加第四纪地质会议）顺便捎去。他十六日就要回去，我请他代为印了收到，但不知对您还有些用处否？

章鸿钊（地质学家）曾撰有古矿录类的"古矿录"一书，并以省为单位绘有矿产分布附图，不知对您研究历史上的金银矿冶是否有参考价值否？如广州买不到此书时，请来信告我，在这里也可找到。还要我找什么材料，即请来信，我当尽力为之。请寄已复写了寄，此致

敬礼

侯仁之 二月十四日

胡嘉致梁方仲（一封）

胡嘉，编审，江苏无锡人。在苏州中学读书时，受业于钱穆。清华大学历史系毕业。历任上海光华大学、安徽大学、无锡国专教授，上海北新书局、开明书店、中国青年出版社、中国大百科全书出版社上海分社编委、编审。著有《滇越游记》（商务印书馆，1939年）、《中国古代天文书目》（延边教育出版社，1978年）等。

方仲学长：

手教敬悉，不胜快慰。[①]

七月中您来京，我曾两次去西苑旅社访问。适遇您外出，未能见面为怅！有一次遇金应熙同志[②]，他说您将赴东北旅行，要到开学后才能回校，因此又懒得写信。您需要《敦煌的故事》和《台湾史话》两书，已在上周寄出。《南方草木状》因已售完，现将我自己的一本和拙作《我们祖先在农业生产技术上的创造和发明》另邮寄奉。这几本书

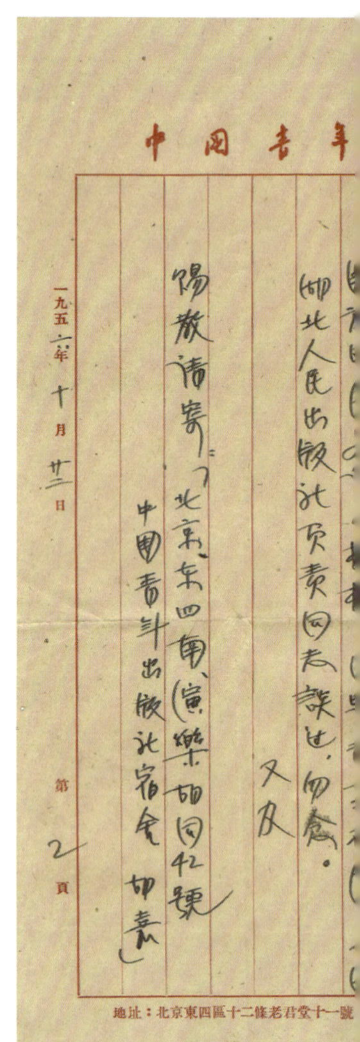

中國青年

湖北人民出版社负責同志談过，勿念。

又及

賜教請寄：北京东四南演樂胡同42號

中國青年出版社宿舍

胡嘉

一九五六年十月廿二日

第2頁

地址：北京東四區十二條老君堂十一號

①梁方仲曾应中国青年出版社之邀，答应撰写《中国历史上的农业发明创造》小册子，双方签订了合同。估计胡氏所说“手教敬悉，不胜快慰”与此有关。

②金应熙当时也代表中山大学参加高教部主持召开的综合性大学文史教学大纲审订会。

中国青年出版社

字第 號

方仲學長：

手教敬悉，不勝快慰。

七月中您來京，我曾兩次去西苑旅社訪問，適遇您外出，未能見面為憾！有一次遇金應熙同志，他說您將赴東北旅行，要到開學後才能回校，因此又懶得寫信。您需要"敦煌的故事"和"台灣失陷"兩書，已在上海寄出。"南方草木狀"因已售完，現將我自己的一本和拙作"我們祖先在農业生產技術上的創造和發明"另郵寄奉。這几本書都是送給您的。拙作是為了急於供應農村青年通俗讀物而趕寫出來的，对您來說，真是班門弄斧，不值得一翻，請您指教。

上次談到竺先生提到梯田制度的那篇文章，見一九五四年八月廿七日人民日報。我因对中国科学技術發明和中国經济史都有興趣，所以需要請教您的地方很多，請多錫教。此致

一九五 年 月 日 第 1 頁

地址：北京東四區十二條老君堂十一號 電報掛號：4357

都是送给您的。拙作是为了急于供应农村青年通俗读物而赶写出来的，对您来说，真是班门弄斧，不值得一翻，请你指教。上次谈到竺先生[①]提到梯田制度的那篇文章，见一九五四年八月廿七日《人民日报》。我因对中国科学技术发明和中国经济史都有兴趣，所以需要请教您的地方很多，请多赐教。此致

敬礼

弟胡嘉敬上

22/10[②]

关于《明清史论丛》校样问题，我上次在汉口已同湖北人民出版社负责同志谈过，勿念。又及。

赐教请寄“北京、东四南、演乐胡同42号中国青年出版社宿舍胡嘉”。

---

①即竺可桢。

②综合性大学文史教学大纲审订会于1956年7月举行。梁方仲代表中山大学参加了此次会议，会后又参加了广东省高等学校教授专家暑期参观团去东北、华东等地。此函当写于1956年。

孔经纬致梁方仲（一封）

孔经纬，经济史学家，黑龙江巴彦人。1951年东北人民大学研究生毕业。曾任吉林大学经济研究所教授、所长，中国经济研究室主任，东三省中国经济史学会理事长等职。著有《中国经济史问题论纲》（黑龙江人民出版社，1980年）、《中国近百年经济史纲》（吉林人民出版社，1980年）、《简明中国经济史》（吉林大学出版社，1986年）、《中国资本主义史纲要》（吉林文史出版社，1988年）等。

孔经纬与梁方仲素未谋面，仅有书信往来。

梁方仲教授：

这次来信，特为请教，望能予以帮助。

经过十二年来的学习，加之近年来的综合和提高，现已凑成下列稿件：

一、中国经济史稿

拟分两部分：一为半殖民地半封建经济史稿，一为中国专制主义封建经济史略。

二、中国经济史问题研究

拟分为两部分：一为中国经济史问题，内有唐朝田制赋役制的演变；宋朝私人工商势力的成长；明清时期手工业中的资本主义萌芽；关于中国资本主义近代企业的出现；近代中国手梁方仲教授：

这次来信，特为请教，望能予以帮助。

经过十二年来的学习，加之近年来的综合和提高，现已凑成下列稿件：

一、中国经济史稿

拟分两部分：一为中国地主制封建经济史稿，一为中国半殖民地半封建经济史略。

二、中国经济史问题研究

拟分两部分：一为中国经济史问题，内有唐朝田制赋役制的演变；宋朝私人工商势力的成长；明清时期手工业中的资本主义萌芽；关于中国资本主义近代工业的出现；近代中国手工业中的资本主义成分问题；论中国民族市场的形成。一为近代东北经济史问题，内有清初至甲午以前东北官田旗地的经营和民佃以及民地的发展；营口开港及其在甲午以前的经济影响；日俄战争至九一八前东北工业中的外国势力及民族工业的变化；一九三一至一九四五年间日伪在东北的工业扩张及其掠夺性质；一九三一至一九四五年间日本帝国主义移民我国东北的侵略活动。

三、日本帝国主义移民侵略东北史

共约十二万多字，内分五部分：第一部分移民侵略的野心及其组织活动，第二部分日本移民的入侵及其部署，第三部分对汉朝鲜族人民的排挤和压制，第四部分对土地的大规模掠夺及其农产品掠夺活动，第五部分日伪统治者对东北农民的残酷镇压和东北农民的反抗斗争。

正在广泛地征求意见，因只有抄稿，未能送上。虽然如此，我想您根据我的学术活动和您自己的经验，还是可以提出一些意见的。我很愿意听到您的指教，以便进行不断地修改。

孔经纬 敬礼

1963.6.8

工业中的资本主义成分问题；论中国民族市场的形成。一为近代东北经济史问题，内有清初至甲午以前东北官田旗地的经营和民佃以及民地的发展；营口开港及其在甲午以前的经济影响；日俄战争至“九一八”前东北工业中的外国势力及民族工业的变化；一九三一至一九四五年间日伪在东北的工业扩张及其掠夺性质；一九三一至一九四五年间日本帝国主义移民我国东北的侵略活动。

三、日本帝国主义移民侵略东北史

共约十二万多字，内分五部分：第一部分移民侵略的野心及其组织活动，第二部分日本移民的入侵及其部署，第三部分对汉、鲜族人民的排挤和管制，第四部分对土地的大规模掠夺及其农产品掠夺活动，第五部分日伪统治者对东北农民的残酷镇压和东北农民的反抗斗争。

正在广泛地征求意见，因只一份抄稿，奈难送上。虽是如此，我想您根据我的学术活动和您自己的经验，还是可以提出一些意见的。我很愿意听到您的指教。反正还得不断地修改。

孔经纬敬礼

1963.6.8

李光璧致梁方仲（三封）

李光璧，历史学家，河北安固人。1937年毕业于北京大学中文系。后历任北京大学文学院研究员兼中文系讲师、副教授，河北师范专科学校、中国大学副教授，兼任长白师范学院中文系教授、北京四中语文教员。中华人民共和国成立后，在华北大学政治研究所学习。1950年以后，历任北京历史博物馆干事、河北师范学院历史系教授兼系主任、天津师范大学历史系教授、河北大学历史系中国通史教研室主任。1951年参加创办《历史教学》杂志，并担任首任主编。撰写出中华人民共和国时期我国第一部明史通论的专著《明朝史略》（湖北人民出版社，1957年）。

李光璧和梁方仲虽然素未谋面，由于两人都致力于明史的研究，常有书信往来。

一

方仲先生：

上月收到大作《明代粮长制度》稿[①]后，曾奉上一函，此次先生来函（九月五日）云未接到弟信，想是迟到，来示提到上海人民出版社的建议，值得考虑（即避免重复），至于《明清史论丛》免收，则不必考虑，因为只要繁简不同，就不是“重复出书”。上次弟奉函也提到文稿长达三万字，也可能“湖北”有意见，先寄去再看等语，

①此《明代粮长制度》稿即为后来收入李光璧主编的《明清史论丛》（湖北人民出版社，1957年）中收录的《明代粮长制度述要》，而非后来上海人民出版社出版的梁方仲《明代粮长制度》。

今既有“上海”方面情况，正好如先生所云“压缩至一万五千字左右”，如此既不于“上海”出版重复，也合乎“湖北”《论丛》体裁，因此弟完全同意先生压缩原稿，收入《论丛》的意见，压缩后与“上海”单册大不相同，而又充实《论丛》内容，实为两全其美的办法。来函云拟请弟加以压缩，弟的意见是：若先生事忙，或认为不必往返邮寄，弟可以试作；但恐采骊遗珠，文章得失，只有作者本人知之最深，只恐将大作精义，体现不出来奈何？总之，此事听先生意见，您执笔精简或命弟试作精简，全由先生示教（函）决定。

《历史教学》十月号将出版（正印刷中），十一月号配合进度（课本第三册）即至清代，而且课本中提不到粮长，又一万五六千字文稿也较长，所以此稿不适宜于《历史教学》刊登（而且本稿目下尚未精简也不能立刻作，正学习，见后），《历史教学》需要（配合课本第一册）两晋南北朝经济的文稿，从两晋占田说到北朝均田（三国屯田如有必要也可谈），写一万字左右（却勿超过万字很多），本刊作论文发表。前些天弟虽与《历史教学》编辑部谈过，拟由他们备一函特约，附弟私人一函，已商量妥了，目下我们正学习，连系稍少，故尚未发信，今天提起，请先生考虑，赐复后，弟再请《历史教学》专函约稿。先生在贵校的科学论文①（去年虽寄赐一份），就是本题的内容，为避免完全重复及掌握万字左右的字数，如承允写此稿，弟建议即正面叙述分析问题：由占田到均田的发展变化及作用，较少的批判别人的文章（因无篇幅，有必要的自可批评，但不以批评为主），多谈大端关键性问题，照顾中学教师参考，如此一定深入浅出，对中学教师帮助很大，而全文又是论文水平，大学教学中也必须参考。虽记先生云，此稿似乎上海人民出版社也要出单册②？即使如此，也无关系，因为本文万余字，单册数万字，不算重复出版，因为

①1955年，梁方仲在中山大学科学讨论会上曾提出了一篇题为《户调制与均田制的社会经济背景》论文（铅印本）。

②《户调制与均田制的社会经济背景》被传阅后，上海人民出版社等几个出版单位颇有兴趣，上海人民出版社曾约请梁方仲扩充为一小册子正式出版，并与梁氏签订合同。

書，如得寫此稿，建議即正面敘述分析問題：由占田到均田的發展變化及作用，較少的批判別人的文章（因無篇幅，有些要的自可批評）。多談大端、關鍵性問題，照顧中學教師（但不以批評為主）。如此一定深入淺出，對中學教師幫助很大，而全文又是論文水平，大學教師中也必感參考。另記先生云，此稿似乎上海人民出版社也要出單冊？即使如此，也無關係，因為本文万把字，單冊數万字，不算重複出版，因為大不相同，——和《魏晉長期文稿》性質相同。先生如有時間，並且同意為《歷史教學》撰寫本文，希明告，當請該刊編輯部奉函約請，以表鄭重起聘之意。

（若同意撰稿，十一月下刊出，約十月十日前交稿。十二月下刊出，即約於十一月十日前[illegible]為適兩月下刊出均可。）

我院於暑期前曾展開反胡風斗爭，了解約一個月，即移暑假，九月二日開會，在上次學習基礎上，展開肅反斗爭，目下已進行十餘天，正在工作關頭。估計告一階段，尚須時日。匆匆奉復，聆示四二日。

此致

敬禮

弟 李光璧 敬上 9.14

論清代前期社會經濟的文稿，《歷史教學》亦很需要，先生若就此方面撰寫大作，也極盼望。（十分之九以上）

又《明清史論叢》因為肅反斗爭之故，遲到十月份交稿，個別文稿可遲至十一月底，因想到先生大作《魚鱗圖冊》，甚願惜撰一短文，万字左右，還來得及，請今夏黃冊魚鱗冊，略談一談，不及万字亦可。不知有時間否？

方仲先生：

上月收到大作《明代糧長制度》稿後，即奉上一函，此次先生來函（九月五日）云未接到弟信，想係遲到。來示提到上海人民出版社的建議，值得考慮（即避免重複），至於《明清史論叢》免收，則不必考慮，因為只要篇名不同，就不是重複出書。上次弟奉函也提到文稿長達三萬字，也可將《湖北》有意見，先寄去一用看看等語，今既有《上海》方面情況，正好如先生所云，壓縮至一萬五千字左右，如此既不於《上海》出版重複，也合乎《湖北》論叢體裁，因此弟完全同意先生壓縮原稿，收入論叢的意見。壓縮後與《上海》單冊大不相同，而又充實論叢內容，實為兩全其美的方法。來函云擬請弟加以壓縮，弟的意見是：若先生事忙，或認為不必經過動手，弟可以試作，但恐採擷遺珠，文章得失，只有作者本人知之最深，只恐將大作精義，體現不出來奈何？總之，此事聽先生意見，您執筆精簡或命弟試作精簡，全由先生示教決定。（[illegible]）

《歷史教學》十月號將出版，（正印刷中）十一月號取合進度（課本第三冊）即至清代，而且課本中提不到糧長，又一萬五六千字文稿也較長，所以此稿不適宜於《歷史教學》刊登。（而且本稿目下尚未精簡）也不時立刻作，正學習·兄收 《歷史教學》需要配合課本（第一冊）兩晉南北朝經濟的文稿，從西晉占田說到北朝均田，（三國屯田如有必要也可談），寫一萬字左右（本[illegible]起述[illegible]多），本刊作論文發表。前些天弟替《歷史教學》編輯部談過，擬由他們備一函特約，附弟私人一函，已商定矣，目下我們正等着，連繫稍少，故尚未發信，今天提起，請

[illegible]

大不相同，和《粮长制》文稿情形相同。先生如有时间，并且同意为《历史教学》撰写本文，希赐函，当请该刊编辑部奉函约请，以表郑重翘盼之意。若同意撰稿，十一月号刊出，须十月十号前交稿；十二月号刊出，即须于十一月十号前交稿。弟以为这两月号刊出均可。

我院于暑期前曾展开反胡风斗争，学习约一个月，即放暑假，九月二日开学后，在上次学习基础上，展开肃反斗争，目下已进行十余天，正在高潮中，估计告一阶段尚须时日。匆匆奉复，盼示回音。

此致

敬礼

弟李光璧敬上

9.14①

论清代前期社会经济的文稿，《历史教学》亦很需要，先生若就此方面撰赐大作，也极盼望。

又《明清史论丛》因为肃反斗争学习，迟到十月份交稿（十分之九以上），个别文稿，可迟至十一月底，因想到先生大作《鱼鳞图册》，若抽暇撰一短文，万字左右，还来得及，结合新发现鱼鳞册，略谈一谈，不及万字亦可，不知有时间否？

①李函中提到“先生在贵校的科学论文（去年虽寄赐一份）”与该论文为1955年铅印两者来看，此函应写于1956年。

二

方仲先生：

来函及寄下黄册、鱼鳞册照片三张，均已收到。先生允将珍藏图片惠寄制版，不胜感慰。今天已将原片照像，不过还不知道照得清楚否，等看过底版后，即将原照片尽速寄还。

来函提到新高中中国史课本内的一些问题，甚佩卓见。课本编写，弟曾参加一部分工作，原来人教社要求每一课时写两千五六百字。及至写完后，有关部门有指示，课本分量太重［主要由使用第一册（古代——南北朝部分）的各中学反映］，于是又决定大加精简。每一课时由2500字减至2000字以内，这时暑假已结束（暑假写的），人教社同志们社内修改，主要是删减，弟未参加工作，所以文辞有多处变化。例如先生所举军户和匠户含糊，即是经过变动的。弟核原稿，这两句原来无有，即写到“所以叫做赋役黄册”为止是一段。上文内有“户口分军户、民户、匠户三科，都登记在户籍里”（灶户无法提），这一句取消了，这是删改后更含糊不词的。至于先生所提里甲甲首一例，虽然课文和原稿也稍有出入，但这一问题，主要是弟未搞清楚，所以人教社改动，也还是不对头。先生来函提出甲首不轮流，是可消释弟的怀疑。因为弟虽怀疑甲首不轮流，但体会史料体会不到，不敢决定（先生想是看的明志很多，有其他证明）。如《明实录》卷135“岁役：里长一人，甲首十人，管摄一里之事”、《续通考》卷13“岁役：里长一人，甲首十人，董其事”、《明史·食货志》“岁役：甲长一人，甲首一人，董一里一甲之事”三种史料，前二者文字大体相同，后者云甲首一人，但是董一里之事，若董十甲，自然仍是十人，所以和前二者一样。又由于十年轮流，遂由此得合为轮流作里甲首。先生提出甲首是固定的，是否轮流的只是一甲十家，甲首不因十户轮流应役而变动？但若甲首当年应役过后，第二年是否还做甲首的事务，若担任，就是还要应役？若不担任，又有谁来管理一甲之事务？这一点

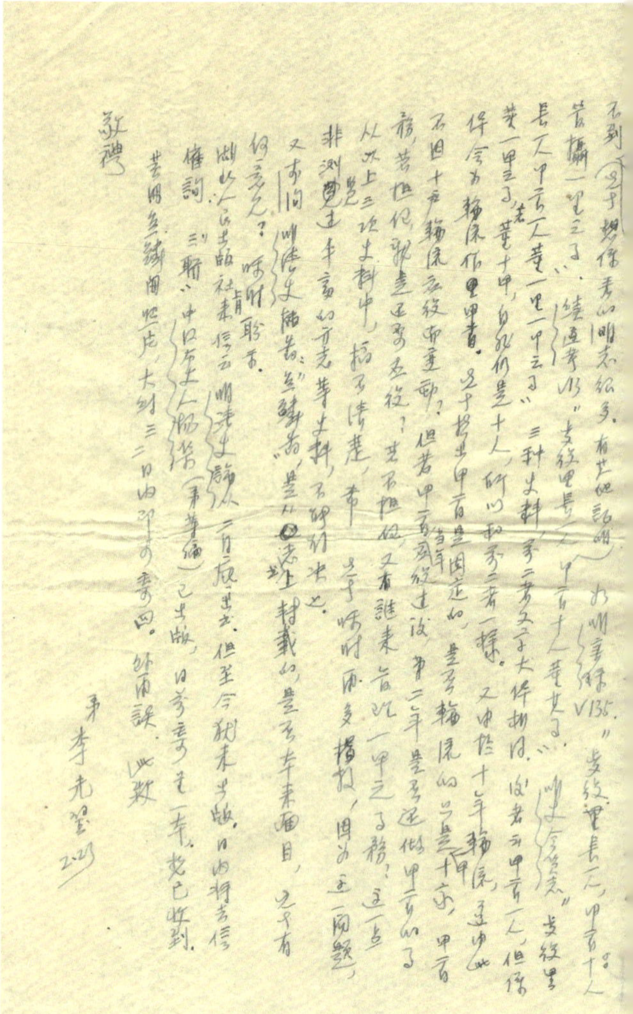

不到（见于鄞县志和明志较多，有些地说明）的明会典V135："每役里长一人，甲首十人"，岁编一里之了，续通考V13"每役里长一人，甲首十人"并使了，"明史食货志"：每役里长一人，甲首一人，董一里一甲之了"。三种史料，第二者文字大体相同，后者云甲首一人，但俱董一里之了，若董十甲，自然仍是十人，所以和第二者一样。

从以上三项史料中，搞不清楚，希先生暇时再多指教，因为这一问题非浏览过丰富的方志等史料，不能解决也。

又李洵"明清史"插图"鱼鳞图"是从志书上转载的，是否本来面目，先生有何意见？暇时盼示。

湖北人民出版社上月来信云"明清史论丛"二月底出书，但至今犹未出版，日内将去信催询。"三联""中国历史人物集"（弟等编）已出版，日前寄呈一本，想已收到。黄册鱼鳞册照片大约三二日内即可寄回。

敬礼

弟 李光璧 2.27

从以上三项史料中，搞不清楚，希先生暇时再多指教，因为这一问题非浏览过丰富的方志等史料，不能解决也。

又李洵《明清史》插图："鱼鳞图"是从志书上转载的，是否本来面目，先生有何意见？暇时盼示。

湖北人民出版社上月来信云《明清史论丛》二月底出书，但至今犹未出版。日内将去信催询。"三联"《中国历史人物集》（弟等编）已出版，日前寄呈一本，想已收到。黄册、鱼鳞册照片大约三二

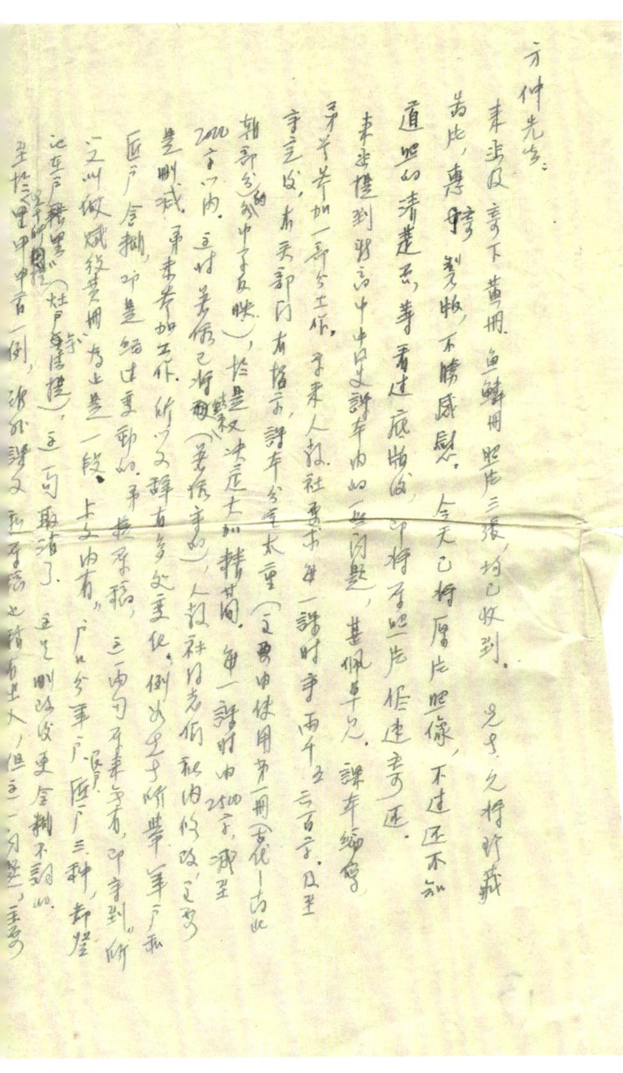

日内即可寄回。余再谈。此致

敬礼

弟李光璧

2.23[①]

---

①《明清史论丛》出版于1957年，李函中说：“湖北人民出版上月来信云《明清史论丛》二月底出书，但至今犹未出版”，此函应写于1957年。

三

方仲先生：

黄册、鱼鳞册已摄取影片，今将原片由航空寄上，对先生惠示珍藏图片的感情，不胜感激，以后在书中当特别提及，略表敬意。

《明清史论丛》本应56年底出版，后来湖北人民出版社来信云延至57年二月底出版，近已到期，弟去函询问，今日接到来信，云此书原在上海印刷厂改版，该厂将作者修改处未改版，擅制勘误表附出后，湖北人民出版社这时才发觉，已派人去上海，从新改版，来信云为此势必再延期限，方能出书。弟觉得这种情况，何以“湖北”早不知道，过去一向将迟迟不出版的原因，推在“改版费时间”上去，可见是不可靠的（过去何尝改版？）。因此，“湖北”不够负责，实无法否认，打算明天去信催他们早日改版，且速出书，谨先附陈，余容再叙。此致

敬礼

弟李光璧上

2.26[①]

---

①此函是紧接上函（1957年2月23日）而写的，故亦应写于1957年。

天津師範學院

方仲先生：

黄册、鱼鳞册已攝取影片，今將原片由航空奉上，对先生惠示珍藏函片的盛情，不胜感激。以後在書中当特別提及，略表敬意。

《明清史論叢》本在56年底出版，後来湖北人民出版社来信云延至57年二月底出版，近已到期，弟去函詢问，今日接到来信，云此书原在上海印刷厂改版，該厂將作者修改处未改版，擅制勘誤表附出後，湖北人民出版社当时才發觉，已派人去上海，从新改版。来信云为此勢須再延期限。方解出来，二個月弟竟得这种情况，但以"湖北"早不知道，前将过去迟迟不出版的原因，推在改版费时间上去，可見是不可靠的。（过去何需改版？）因此，"湖北"不够负责，亲弟请原諒。打算明天去信催"他們早日改版，迅速出書。謹此先行附陈，餘言再敘。此致

敬禮

弟李光璧上
二.26

李惠村致梁方仲（一封）

李惠村，经济学、统计学家，河北故城人。1944年毕业于天津工商学院国际贸易系。先后在天津津沽大学、南开大学任教。1958年后历任天津财经学院教授、学报副总编辑。著有《欧美统计学派发展简史》（中国统计出版社，1984年）等。

1961年，梁方仲为《中国历代户口、田地、田赋统计》一书写了“总序”（草稿），后分寄有关专家征求修改意见。李惠村阅后于1963年3月10日书写了一些意见或资料回复梁氏。

方仲教授：

三月一日来信，“总序”（打字稿）及“原论”（铅印本）两份均收阅，谢谢！

“总序”（打字稿）已拜读，遵嘱寄还，大著对于历史科学及经济科学研究者均有极大参考价值，匆匆拜读，获益良多，仅就个别地方，提供几点参考，不当之处，尚请指正。

一、关于“登人”的解释（第三页）

卫聚贤在其所著《历史统计学》曾有如下解释：“所谓‘登人’，当是古代以男女到了若干年龄在酋长前行成年礼（春秋时名为冠礼及笄礼），行礼时命名登记其人，以为国家的分子，享受国家的一切权利及义务。殷人与外人战争，当不令不成年的人也到阵上拼命，故依其登人而呼之使战。既为登人，当有登记的典册，是已发生统计的萌芽。”

卫聚贤：《历史统计学》，第88—89页。

二、关于“census”的拉丁文原字（第12页）

“有许多外国的‘人口普查’仍然沿用着‘census’这个拉丁名字。”按英文census系从拉丁文censere一词转来，拉丁文原意为估计（estimate）或课税（assess）。

三、关于挪威及丹麦的普查年份（14页）

有一些不和您的提法一致，说挪威（1769年）、丹麦（1769年及1787年）。

唯查阅日本森谷喜一郎译《统计学史》则是这样写的：“在挪威、丹麦等国也发生了有兴味的发达，两国都在1767年举行了国势调查，丹麦还在1787年实施了新的国势调查。”（第105页）

森谷喜一郎译：《统计学史》，日本栗田书店，第105页。

按森谷所译是丹麦统计学者威士特加特（H.L.Westergaard）所著*Contributions to the History of Statistics*一书，如译本年份未误排，则1767年较为可靠，因丹麦统计学者对其本国的统计史实可能知道的确实些。（原书是用英文在英国伦敦出版，曾在北京图书馆见过原书，现今手头无此书，不好查对。）

四、关于第三部分“从世界史看中国历史人口、土地和田赋数字记录之丰富及其制度上之特点”

这一部分关于人口方面甚详尽，关于土地和田赋方面似较少，可否略加补充。

例如，根据革命前俄国的统计史，在15世纪莫斯科国曾产生了“地籍册”，其中包括国内各地区经济情况的记载，包括城乡情况的记载和土地、采邑、世袭领地、人口等情况。

地籍簿由政府特派官员——地籍官——在书吏和司书的协助下编造。

编造地籍簿的根据是“犁书”，即关于“犁”（一种特殊的土地单位）的记录。“犁”的数目决定于农户数，或决定于土地面积。

在编制“犁书”时，采用派员法，地籍官及其助手应该巡回他们方仲教授：

三月一日来信、"总序"（打字稿）及"反读"（影印本）两份均收阅，谢谢！

"总序"（打字稿）已拜读，通畅紧凑。本书对于历史科学及经济科学研究者均有极大参考价值。匆匆拜读，获益良多。仅就个别地方，提供一点参考意见，不当之处，尚请指正。

一、关于"登人"的解释：（第三页）

衛聚贤在其所著"历史统计学"曾有如下解释：「所谓"登人"，当是古代以男廿到了当丁年者在庙前行成年礼（春秋时名为冠礼及笄礼），行礼时命之登记其人，以示为国家的份子，享受国家的一切权利及义务。殷人常以人战争，当不令不成年的人也到阵上拚命，故依其登人而呼之征伐。既为登人，当有登记的典册，是已发生统计的萌芽。」

衛聚贤："历史统计学"，第88-89页。

二、关于"census"的拉丁文原字：（第12页）

「或许当时以的"人口普查"仍然保留着"census"这个拉丁名字"，按英文 census 係从拉丁文 censere 一词转来，拉丁文原意为估计（estimat 或课税（assess）。

三、关于挪威及丹麦的普查年份（14页）

有一些不疑和您的提法一致，说挪威（1769年）丹麦（1769年及1787年）。

唯查阅日本森谷喜一郎译"统计学史"则是这样写的："在挪威、丹麦等国也发生了有兴味的发达，两国都在1769年举行了国势调查，丹麦在1787年实施了新的户口调查。"（第10页。）

森谷喜一郎译："统计学史"，日本栗田书店，第

按森谷所译係丹麦统计学者威士特加特（L. Westergaard）所著"Contributions to the History of Statistics"一书，如译本年份未误排，则1769年较为可靠，因丹麦统计学者对本国的统计史实可能知道的确实些。（原书系用英文在英国伦敦出版，曾在北京图书馆见过，但现今手头无此书，不好查对。）

关于第三节"从世界史看中国历史人口、土地和田赋记录之丰富及其制度"讨论"

该一节关于人口方面甚详备，关于土地和田赋方面似较少，可否略加补充。

例如：根据革命前俄国的统计史，在15世纪，莫斯科国曾产生了"地籍册"。其中包括国内各地区经济情况的记载，包括城乡情况的记载和土地、采邑、[illegible]领地、人口等情况。

地籍簿由政府特派官员——"地籍官"——在书吏和[illegible]的协助下编造。

编造地籍簿的根据是"犁木"，即关于"犁"（一种特殊的土地单位）的记录。"犁"的数目决定于农[illegible]数，或决定于土地面积。

在编制"犁木"时，采用派员法，地籍官及其助手应该巡回他们所管辖的地段，调查该地段的村庄，查明纳税人数，耕作地段面积及其收入等等。

编制犁木的方法，由于有[illegible][illegible]和"犁木指南"规定。

根据地籍簿编制"总册"，它是一个包括地籍簿综合资料的文件，也是关于[illegible]莫斯科[illegible]人口的记载。

随着农业以外的其他职业的增加，只计算土地地段作为课税对象已经不够了。因此，从十六世纪起"犁"（土地单位）就不再是课税单位，而"户"就变成课税单位了。由于这种关系，地籍簿即为"户籍簿"所代替。"户籍簿"中有着纳税户（即应付课税的户）及其居住人口的记载。

地籍簿和户籍簿都有法律文件的性质，根据其中的记录，不仅可以课征一定的租税，同时并确定农民对一定的领主的隶属关系。

"统计学一般理论教程"，统计出版社，1958年第303-304页。

我们编写的"统计史"讲义，将于下学期增补修订，内容很肤浅，将来增订后当呈请指正。即致

敬礼！

李惠村 1963.3.10.[illegible]

所管辖的地段，调查该地段上的村庄，查明纳税人数、耕作地段面积及其收入等等。

编制犁书的方法，由专门说明书（犁书指南）规定。根据地籍簿编制“总札”，它是一个包括地籍簿综合资料的文件，也是关于这个莫斯科国的记载。

随着农业以外的其他职业的增加，只计算土地地段作为课税对象已经不够了。因此，从十六世纪起“犁”（土地单位）就不再是课税单位，而“户”就变成课税单位了。由于这种关系，“地籍簿”即为“户籍簿”所代替。“户籍簿”中有着纳税户（即应行课税的户）及其居住人口的记载。

地籍簿和户籍簿都有法律文件的性质，根据其中的记录，不仅可以课征一定的租税，同时并确定农民对一定的领主的亲属关系。

《统计学一般理论教程》，统计出版社，1958年，第303—304页。

我们编写的“统计史”讲义，将于下学期增补修订，内容还很肤浅，将来增订后当呈请指正。即致

敬礼

李惠村

1963.3.10.夜

李龙潜致梁方仲（一封）

李龙潜，明清经济史学家，广东化州人。1956年毕业于中山大学历史系，后即由其工作单位派出作为进修青年教师跟随梁方仲学习多年。曾任暨南大学历史系教授、明清经济史研究室主任。毕生致力于明清社会经济史的研究和教学，发表了一系列甚具功力和新意的论著。著有《明清社会经济史》（广东高等教育出版社，1988年）、《明清广东社会经济研究》（上海古籍出版社，2006年）、《明清广东稀见笔记七种》（广东人民出版社，2010年）等。

方仲师：

想已由湛旅行归来，一切定是快慰。

我因读《明实录》，天天做中山图书馆的座上客。预计月底读毕，准备南返[①]，特此奉告。

梅〈杨〉聂廷有关材料，对于皇庄的了解，略有眉目。日本学者以及食货派的论文，在资料的梳理上，是下过功夫的，但在今天看来，尚感不足。至于论点方面，尚未建立在科学基础上，尤其未接触到关键性问题，如皇庄□□□□的生产关系，这是必须解决的问题，据材料看，好似是租佃关系，但又不像一般的租佃关系。在法律上规定生产工具是庄主供

①即回海南师专。

应，而实际又不是，其人□□□□□是比较强，经济剥削应很显著，其收租率太低是二分或五分，也有七倍官田一起科的。这究竟应如何看法，祈求您在我走前能告诉我。

经□□□材料，便中请检出，以便进一步追寻及提供研究条件。

您对我的关怀和帮助，终生不敢忘却。给我指导，使文章臻于完成或少犯错误，这是说对我、对学术上都有极大好处。

学生龙潜顿首

9.16[①]

①李龙潜在函中提到“想已由湛旅行”归来字语，查梁方仲去湛江休养旅行是1961年八九月间的事，此函应写于1961年。

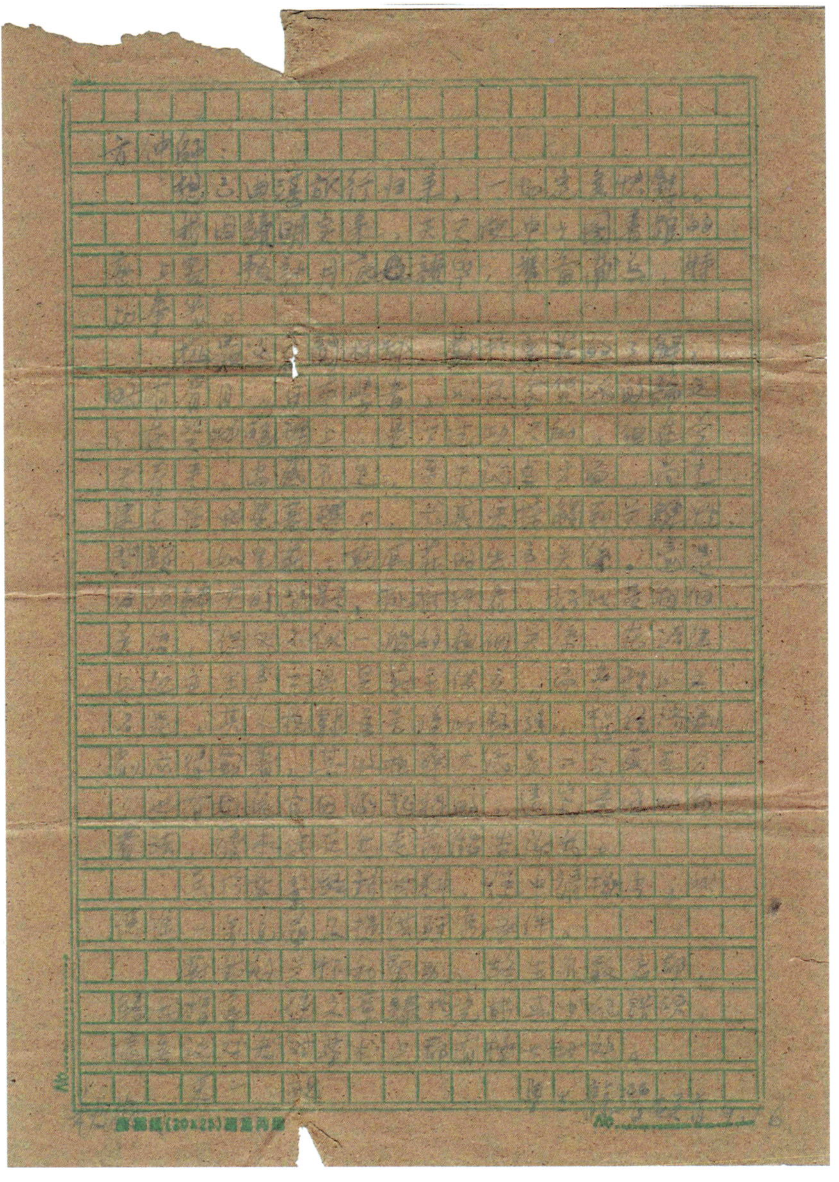

李圣华致梁方仲（一封）

李圣华，广东人。生平不详。他是广州地区基督教的知名牧师。

梁教授：

前承谭彼岸先生①嘱咐将韶关始兴教会土地问题函知阁下，现如命送上草稿一份。该草稿是由中华信义会牧师李汉光草拟。李牧从前是居住当地人士，且任信义会职守多年，所言当有可信。如有未明之处，或有其他问题见询者请径函白鹤洞山顶28号弟收便是，弟甚愿效劳。

李圣华②

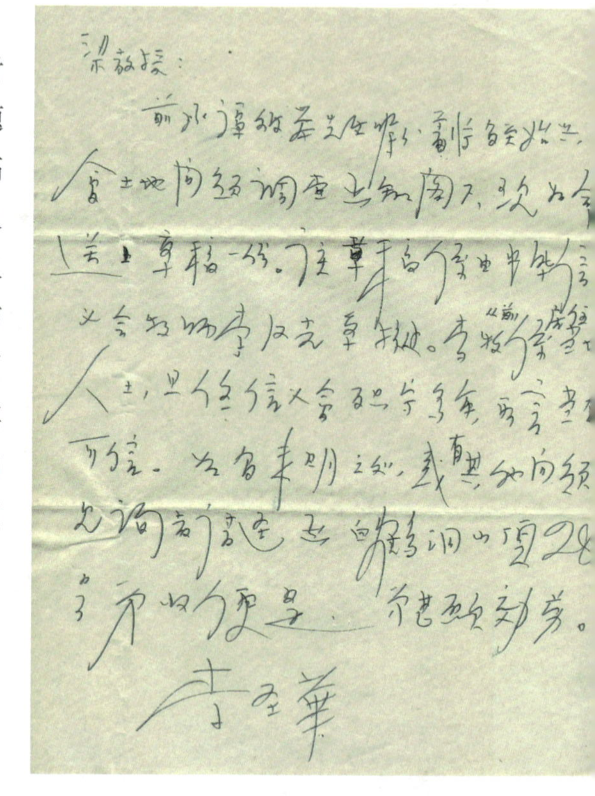

①梁方仲在其社会经济史研究中一直注意搜集和积极运用官方和民间的各类资料，诸如方志、族谱、户籍、地籍、租约、赋役册等。与梁氏共事近20年的谭彼岸经常为此项工作出力。

②原函未署日期，估计写于20世纪50年代或60年代初。

附：李汉光稿

有关始兴福音堂买受刘厚皮的田契一项，据我所能了解的，简复如下，以供参考。

一、该田契没有村名，只有坐落“亚婆树下”字样，不能肯定是什么地方。但按照契约所提供的界至“左与买者粪塘为界，后以路为界”，可能是在始兴刘镇营福音堂附近（刘镇营村距县城约三里）。该卖者刘厚皮，可能是刘镇营村人，因该村全是姓刘的，没有杂姓。

二、买受人曾嘉乐，这是一个德帝分子传教士（约于1902年来华，1930年回国），历任始兴和南雄福音堂的牧师。当时这间福音堂的名称可能是“大德国巴陵会福音堂”。

三、契约写明为“耶稣教公产”其实不属于教会（指差会）的产业，而是始兴福音堂耶稣诞会的产业（这个耶稣诞会是仿效封建迷信社会的庙会或神诞会餐的办法，每逢圣旦节举行叙餐，参加的信徒，每名科银壹元作为基金，将它典买田产，每年收入租谷，作为叙餐费用）。这张契约向由德帝分子传教士保管，可能在他回国时交与凌德渊的。

四、凌德渊，始兴狮石下村（距城约五里）人，由1919至1935年在始兴刘镇营福音堂当牧师，以后调任广州下芳村任中华信义会粤赣总会华人监督。1940—1945〔年〕，因广州沦陷，曾回始兴居住，1946年复员广州做监督，1948年调回始兴刘镇营做牧师，1951年冬去世。当他在始兴的三十年间，所有始兴耶稣诞会的契据、借约、收益和支销，都是由他一手经营，直至土改才被迫把它交出来。

有关始兴福音堂买受刘学皮的田契一项，据我所能了解的，简复如下，以供参考。

一、该田契未有村名，只有坐落"三堂树下"字样，不能肯定是在什么地方。但按照契约所提供的界至"右与买者麦姓田界，后以路为界"可能是在始兴刘镇营福音堂附近（刘镇营村距县城约三里）。该卖者刘学皮，可能是刘镇营村人，因该村全是姓刘的，没有杂姓。

二、买受人雷嘉乐，这是一个德帝分子传教士，（约于1902年来华，1930年回国）历任始兴和南雄福音堂的牧师。当时这间福音堂的名称，可能是"大德国巴陵会福音堂"。

三、契约写明为"耶稣教公产"其实不属于教会（指差会）的产业，而是始兴福音堂耶稣诞会的产业。（这个耶稣诞会是仿效封建迷信社会的神会或神诞会组织办法，每逢圣诞节举行叙餐，参加的信徒，每名科银若干作为基金，将它典买田产，每年收入租谷，作为叙餐费用）这张契约向由德帝分子传教士保管，可能在他回国时交与凌德澍的。

四、凌德澍，始兴狮子石下村（距城约四里）人，由1919至1935年在始兴刘镇营福音堂当牧师，以后调往广州下芳村任中华信义会粤赣总会华人监督。1940—1945，因广州沦陷，曾回始兴居住，1946年复员广州做监督，1948年调回始兴刘镇营做牧师，1951年病去世。当他在始兴的三十年间，所有始兴耶稣诞会的契据、借约、收益和支销，都是由他一手经管，直至土改才被迫把它交出来。

李文治致梁方仲（四封）

李文治，经济史学家，河北容城人。1937年毕业于北京师范大学历史系。1940年接受中华文化基金及中英庚款董事会补助到中央研究院社会科学研究所工作。1949年后历任中国科学院社会科学研究所、中国社会科学院经济研究所副研究员、研究员。著有《中国近代经济史（1840—1894）》（合著，人民出版社，1989年）、《明清时代封建土地关系的松懈》（中国社会科学出版社，1993年）等。

1940年，李文治到中央研究院社会科学研究所工作，与梁方仲发生了密切合作的工作关系（陶孟和指令由梁氏指导李文治开展研究）。李文治、江太新后来撰写出的《清代漕运》便是由梁氏提出而进行的。在中华人民共和国时期他们虽分隔两地，但资料搜集、学术切磋却没有停止。改革开放后，梁方仲遗集《梁方仲经济史论文集》（中华书局，1989年）出版前李氏曾协助编选工作；印行时李氏曾写有《严谨学风、卓越的贡献——〈梁方仲经济史论文集〉序言》长文纪念梁氏。除工作、学术上关系密切外，李氏长期对梁氏全家照顾有加。1944至1947年梁方仲去美、英期间，其留在国内的家人的生活由李文治全力照料，梁氏生前常道及并流露谢意。

一

方仲兄：

《明代一条鞭法年表》大著拜读一过，我对于表的本身没什么意见，只有在文字方面有一点点不成熟的见解。P.15，清水泰次等的著作“有许多非马列主义的地方”。我认为马列主义是一整体的，不能把一个人或一本著作分割开来说一部分合乎马列，一部分不合乎马列，清水泰次基本上是反马列的。P.33，刘光济“接受了人民一部分意见”，语气似可斟酌。P.35，“一条鞭法在当时可以说是一种利民新政”，我认为条鞭可能不利于地主中的官僚缙绅阶层，对一般地主是没有损害的，而且可能是有利的。在南方行租佃制，佃户得不到条鞭的好处，称“利民新政”似不妥，因为这个民包括不了占大多数的农民。P.36，“一条鞭法并未带给农民一个稍长时期的实际幸福”，

在封建统治下，农民无“幸福”可言，这种提法似宜斟酌。过去我们说的农民应该包括绝大多数的佃户。梁任公的《中国奴隶制度》，将丁入地为奴制消灭基本原因之一的说法，从事实上看并非如此。明代万历年间条鞭普遍推行，而明代奴仆实则在启祯之际最盛，嘉靖以前并不盛行。奴隶产生基本原因在土地集中，豪强兼并。在明代较靠最盛时期在条鞭已行之后，而不在条鞭已行之前，可为证明。P.39，朱元璋称帝之后“但不久，便背叛了自己出身的阶级”；其实朱早在称帝以前，就背叛了人民，他锄抑豪强也是为了自己。P.45（2）雇佣劳动，在农业生产中，雇佣农工制是带着浓厚的封建主义色彩，它没有脱离超经济剥削。一直发展到清朝后期以至于解放以前，雇主对雇工尚有打骂及任意支配劳动时间之权，雇工对雇主有忠于主人、顺从主人的义务，还有雇工倚恃主人的势力，主人把雇工视为私属……这都表现着超经济的封建关系。（3）“田赋与地租都由封建领主占

有”，在中国的早期封建社会似乎此种情形（我对材料不熟悉）。P.48，一条鞭法是“改良主义”底财政改革，我不知道是否“改良主义”？“一条鞭法缓和旧制度解体的危机”，假设“旧制度”指封建制度而言，一条鞭法可能是促进旧社会解体的因素。如指朱明封建王朝，似不应用旧制度，“尽管他们有了主观愿望，希望减轻一点贫民的负担”。我认为主持一条鞭法的官僚们，在一开始就没有这样好的动机。

以上是我的不成熟的意见。我兄的看法，基本上我是完全同意的，这种研究对研究历史的人会有很多的启发。我兄在百忙中还能抽出时间写文章，而且写这种分量很重的文章，即为钦佩。弟年来颇忙，很想写几篇练习练习，结果都未好好的写完。罗先生①过去倒写了几篇文章。最近他指导南京天国史料编纂，看到不少宝贵东西，更丰富了他天国史的内容。

吾兄如能回所是很好的，我同巫先生谈了一下。我的意思，吾兄与陶、巫、严诸位有多年关系，应该写信给他们，直接联系。陶、严在北京，巫在南京。罗先生和我在南京，当然盼你回所来，不仅对社会的贡献大些，对自己的改造也快些。现在我们的学习，只能脱离教条主义的学习，这是一个进步。

余再，此问

近好！

弟文治上

六月十二日②

---

①即罗尔纲。罗尔纲，历史学家，广西贵县（今贵港市）人。1926年入上海大学社会系，后转学中国公学文学系，1930年获学士学位。1937年后历任中央研究院社会科学研究所助理员、副研究员、研究员。1949年后，任中国科学院经济研究所研究员、近代史研究所研究员。

②梁方仲《明代一条鞭法年表》发表于《岭南学报》第12卷第1期（1952年12月）上，而书稿完成于1952年2月25日（见该文结语和后记）。显然此函应是李文治对梁氏完成稿提出了一些阅后看法。此函应写于1952年。

二

方仲兄长：

来示敬悉。之屏兄[①]自五二年以来，即患血压过高。去夏以来，继患腹泻，以为与血压有关。去冬到同仁医院检查，始知是肝上生毒瘤，致影响消化，而泻肚不止。（今春）乃转至中央人民医院，时已病入膏肓，无法医治，为挽救其生命，仍拟进行开刀割治，以希万一之瘥。迨开刀后，肝上之瘤大如拳如鸡卵，凡数枚，腹腔小瘤甚多，据云肠内亦有，割不胜其割，且割亦不能禁其再行蔓延，遂作罢。开刀后又过十数日，遂与世长辞。病中拒见亲友，弟未得看望，今犹悲憾。逝前有遗嘱（口告刘大年[②]）四条：一、中国历史分期问题同意郭院长[③]意见；二、盼将著作整理出版；三、所有书籍捐赠公家；四、父老无依，请所中照顾。一息尚存，不忘学术，尤令人怀想。刻伊父仍在京住，伊爱人仍在第三所工作。著作或物由第三所整理出版，拟暇往第三所探询究竟，然后函报。

经济史组近年来编著之经济史资料，孙毓棠[④]之工业史（1895年前），汪敬虞之工业史（1895—1913），均已印好；我与章有义所编农业史资料已交三联，今年底或明年春可以出版，当送兄请教。我所编是清代部分，约百万字，共分九章。今后工作，主要作补充工作，明年着手续编。又彭泽益之手工业史亦同时付印。此外，姚贤镐[⑤]之

①即王崇武。

②刘大年，历史学家，湖南华容人。1936年肄业于长沙国学专修学校，1939年毕业于延安抗日军政大学五期。中华人民共和国成立后，历任中国科学院近代史研究所研究员、中国科学院编译局副局长、中国科学院近代史研究所副所长、中国科学院哲学社会科学部委员、中国社会科学院近代史研究所所长。时任中国科学院近代史研究所所长，主持所务，所长范文澜专事研究写作。

③即郭沫若。

④孙毓棠时在经济研究所任职，后调去近代史研究所工作。

⑤姚贤镐，经济史学家。1942年毕业于武汉大学。1944年获武汉大学法科研究所硕士学位。后到中央研究院社会科学研究所工作。中华人民共和国成立后在中国科学院社会研究所（后改称经济研究所）工作。

贸易史，正在修改中。特此函报，敬问

近安！

文治

六月四日[1]

---

①王崇武辞世于1957年，此函应写于1957年。

方仲兄台：

来函敬悉。之屏兄自五六年以来，即患血压过高。去夏以来，迭患后泻，以为与血压有关。去冬至同仁医院检查，始知係肝上生毒瘤，致影响消化，而泻肚不止。（扩散）乃转至中央人民医院，时已病入膏肓，无法医治，为挽救其生命，仍拟进行开刀割治，以希万一之痊。迨开刀后，肝上之瘤大如拳如鸡卵，凡数枚，胰脏中瘤甚多，故之胰内亦有，割不胜其割，且割亦不能禁其再行蔓延，遂绝望。开刀后又延十数日，遂与世长辞。病中極思熟友，惜未得看視，今犹悲憾。据说其有遗嘱（口告其夫人），内係：一、中国历史分期问题同意郭沫若意见；二、将著作整理出版；三、所有书籍捐赠公

三

方仲长兄：

上月雨新兄来北京参加史学会学术讨论会，谈及吾兄健康问题，至为挂念。忆昔同在李庄时，吾兄在工作以及生活方面都不善于调剂。尤其是在工作方面，每连续工作，动辄数小时，乃至夜以继日。这种工作方式，对身体最为不利，务请吾兄注意。每工作一小时，必须休息或作室外活动一二十分钟，并适当注意文娱活动，对延年益寿大有裨益。弟经过肝病之后，对身体颇为注意，工作与休息适当安排，行之数月，颇为有效。请吾兄注意及之，所谓“放长线，钓大鱼”，在学术上之贡献将更大也。请兄注意休息，并能持之以恒，不出半年，身心健康并将大有进步。弟肝病接近痊愈，每日打太极拳三四次，食欲因之激增。过去每餐不逾贰两，最近接近三两矣。如有学拳机会，要学会一套，经常锻炼，则更好。

弟况想已由彼岸[①]兄转报。彼岸兄返广时，弟正卧病休养，现已开始工作。弟在史稿中承担一节，工作分量不重，严中平兄关注，要我留家中半休半工作。我的承担题目，为“官僚绅衿地主的土地兼并”。共分三子目：一、官绅阶层膨胀；二、土地活动；三、小土地所有者的地位和地权集中趋势。一、二两子目已完成初稿，但资料不够丰富，就地区而言尤其不平衡。第三子目当未着手。将来如能承兄台指教，甚所感盼。

特此函报，敬颂

教安！

弟文治上

6月17日

---

①即谭彼岸。

弟最近看到邬庆时写的《广东沙田之一面》一文（载《广东文史资料》第五辑页88），谈及番禺县梁耀枢[1]（字斗甫）与潘家涉讼事。谓潘家有两翰林，倚势占梁姓沙田。后梁中状元，又将沙田夺回。弟查番禺县志，载有潘宝璜、潘宝琳两翰林，却不载梁耀枢的名字。如确有梁耀枢中状元之事，县志为何不录，疑有错误。其人其事，吾兄知倘详，望便中函示。

①梁耀枢，广东顺德（今佛山市顺德区）人，同治十年（1871）状元。

四

方仲兄：

兹有事拜托者：

1．历史博物馆的同志前几天来找我，他们需要几个数字。我告诉他们的数字怕不准确，有的数字找不到，如果您那边方便的话，希望就表注明掷下为感。

2．明代耕地数原为八百多万顷，弘治到正德初期忽减为四百多万顷，而田赋数字并无多大变动，原因何在，吾兄定知其详，望示知。

3．史谓明代官田占耕地面积七分之一，此所谓官田是否包括皇室庄田及勋臣皇戚赏赐土地在内，请一并告知为盼。

又前嘱买之书，有的买不到，商同中平兄由所中送兄数册，此书早已于数月前寄出，想早已收到。此处仍存兄十元，拟即汇还。（是否还买其他书？望示知！）

此致

敬礼！

弟文治

四月十四日①

①1960年5月31日，中国历史博物馆亦曾寄函梁方仲了解李文治函（4月14日）中所提的明代耕地数字等问题，可推知此函应写于1960年。

方仲兄：

兹有事拜托者：

1. 历史博物馆的同志前几天来找我，他们需要几个数字。我告诉他们的数字怕不准确，有的数字找不到，如果您那边方便的话，希即就表内的填下为感。

2. 明代耕地数字为八百多万顷，张居正后据说减为四百多万顷，而田赋数字并无多大变动，原因何在，吾兄定知其详，便中示知。

3. 史谓明代官田估耕地总数七分之一，此所谓官田是否包括皇室庄田及勋臣贵戚豪绅土地在内，请一并告知为盼。

又前嘱买之书，有的买不到，有的闻中要先由所中送之数册，此书早已寄到，结果已收到。此处仍存兄十元，拟即缴还。（要否还买书，便希示知！）

此致

敬礼！

弟 [illegible] 四月十四日

岭南大学经济系全体同学致梁方仲（一封）

敬爱的梁先生：

你的检讨，不但教育了你自己，而且还鼓舞、教育了我们；那天，你检查时的掌声，检讨后同学们的趋前和你握手的情形，只要你每一回想到，也就觉得兴奋和快慰吧！这些兴奋和快慰，是你思想斗争的结果，是你的光荣，我们的荣誉，是祖国人民的胜利，是真理的力量！

梁先生，现在你已经是人民教师了，值得骄傲吗？值得！值得欢呼吗？值得！图书馆的纸花不能埋葬你的青春，不能，一点也不能！因为你不能自绝于人民呀！你的青春现在正开始！梁先生，好好保重身体吧！好好学习吧！你要投身入一切的实际斗争中去，将自己锻炼得更坚强，勇敢的人永远不会留恋过去丑恶的一切，不单不会留恋而且还给它致命的打击。梁先生，我们相信你会做

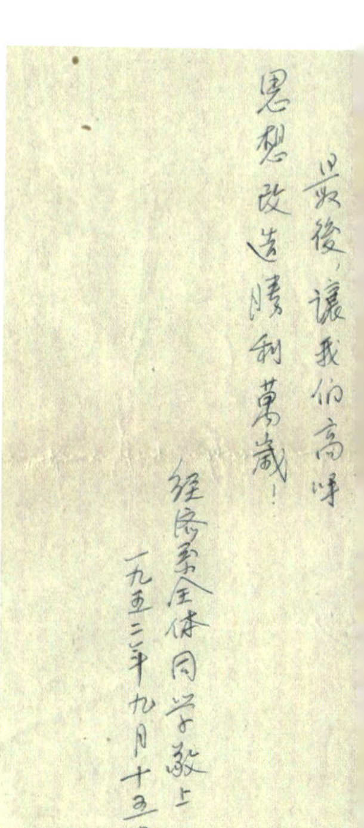

最後，讓我們高呼
思想改造勝利萬歲！
經濟系全體同學敬上
一九五二年九月十五日

①1952年，岭南大学开展思想改造运动。按照党中央的要求，运动的目的是要在知识分子中，清除帝国主义、封建主义和官僚资本主义的政治影响，划清敌我界限，同时批判资产阶级思想，树立为人民服务的思想。每一旧社会过来的知识分子都须按照要求认真检查交代自己的历史和思想，不少人经过多次检查始能过关。梁方仲的检查做到了忠诚老实，一次检查便获得通过，故当时岭南大学经济系全体同学写了此份祝贺信。

到！一定会做到！我们大家一齐来做到，我们有胆量和决心来打破旧传统、旧标准和旧原理，而且我们更晓得建立新传统、新标准和新原理。科学家最崇高、最宝贵、最光荣的品质，就是为人类的彻底解放而斗争！记着吧，梁先生，从事斗争，你要做一个战士，一个战士就要反对脱离人民，不顾人民需要的倾向。

梁先生，希望你巩固和发扬你的思想斗争胜利的成果，做好祖国交给你的一切任务。梁先生，希望你好好保重身体和我们一起手挽着手进入社会主义、共产主义的幸福世界！最后，让我们高呼思想改造胜利万岁！

经济系全体同学敬上

一九五二年九月十五日

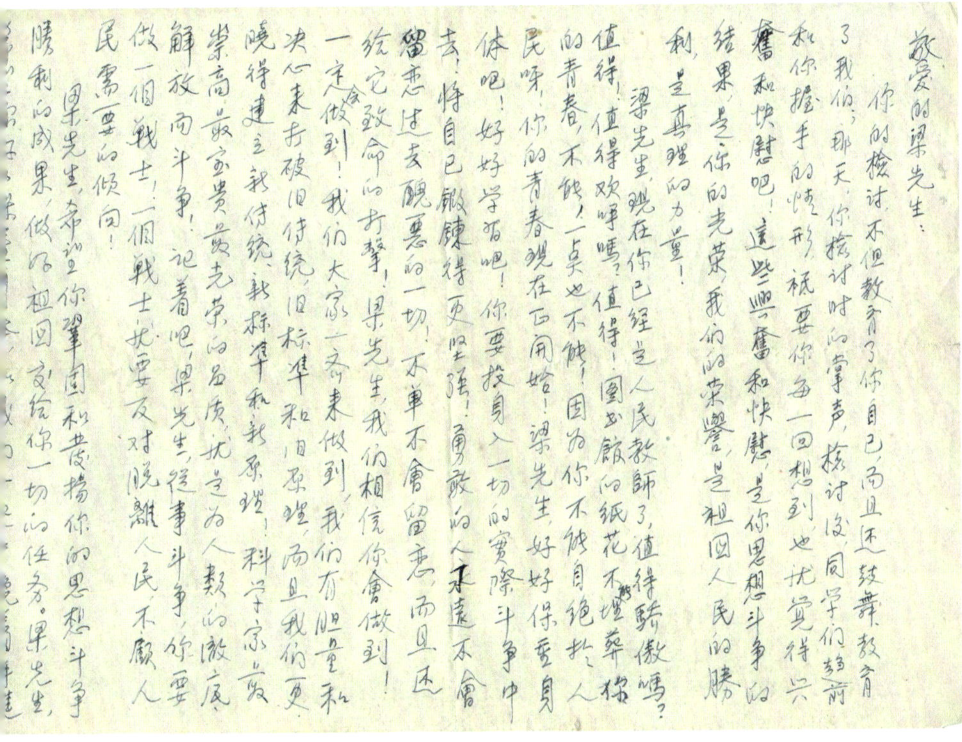

刘心显致梁方仲（一封）

刘心显，历史学者。20世纪40年代曾在美国、英国留学。1950年回国。曾与杜度等80余名留美回国人员发表爱国抗美宣言。著有《中国外交制度的沿革》（《民族杂志》1935年第7-12期）等。翻译过一些外交档案资料，如《1901年美国对华外交档案——有关义和团运动暨辛丑条约的谈判的文件》（齐鲁书社，1984年）。

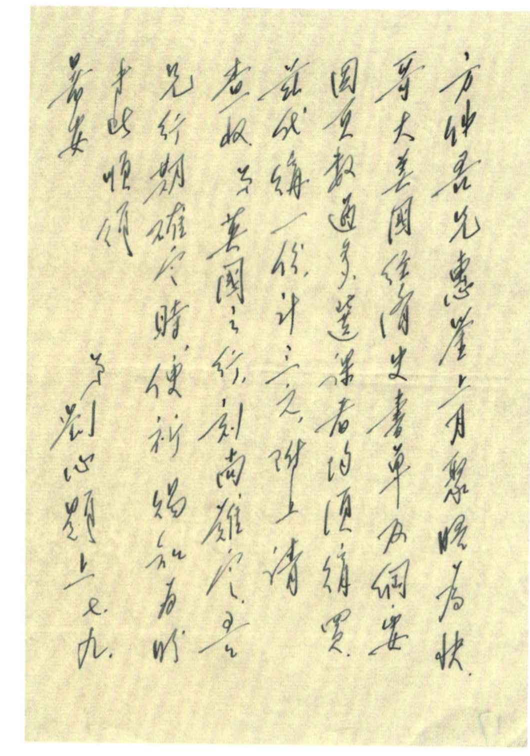

方仲吾兄惠鉴：

上月聚晤为快。哥大[①]美国经济史书单及纲要因页数过多，选课者均须购买，兹代购一份，计三元，附上请查收。弟英国之行，刻尚难定，吾兄行期确定时，便祈赐知为盼。专此顺颂

暑安

弟刘心显上

七、九[②]

①即哥伦比亚大学。

②函中提到“弟英国之行，刻尚难定，吾兄行期确定时，便祈赐知为盼”，查梁方仲离美抵英的日期为1946年9月。由此可知此函写于1946年。

吕其鲁致梁方仲[1]（一封）

吕其鲁，经济学家，山西灵邱人。1951年南京大学经济系研究生毕业。一直从事统计学教学工作，先后在西北大学、陕西财贸学校、西北财经学院等校任教。著有《试论统计分析》（《光明日报》1961年4月）、《劳动生产率统计问题》（《经济研究》1962年第7期）等。

方仲先生：

生打算今后专门研究经济制度。自己认为起码要把资本主义及社会主义的内涵搞清楚，然后才谈得上比较分析。

以上完全是个人的臆断，诚望先生教正并请指示参考书籍为盼！

谨祝

近好

生吕其鲁上

10.24.1948夜

①1948年，梁方仲在中央研究院社会科学研究所工作期间，曾兼任中央大学经济系教授，主讲研究生班之经济史课，估计吕其鲁其时是该校学生。

罗勤生致梁承邺[①]（一封）

罗勤生，广东广州人。1949年毕业于浙江大学，旋考入岭南大学经济研究所当研究生。1952年毕业后在商业部国际经济研究所等单位工作。改革开放后被外贸部派往驻广州特派员办事处任研究员。著有《货币数量说的理论与批评》（《岭大经济》1950年第1期）等。

罗勤生是梁方仲之过往最密的研究生之一，他出差来广州必定来看望梁氏；梁氏1956年和1965年到北京时，都与罗氏夫妇等相见，从而梁氏之子梁承邺与罗勤生夫妇很熟络，并时有来往。

承邺弟：

祝您近好，并问候您家人均好。

穗垣别后，每以梁师健康奚念，近况如何！

上次南回有机会拜教梁师、师母及你们，内心很快慰，但亦为梁师不幸身患恶疾卧病床席深深难过，很抱歉未能为你们替梁师卧病有所分劳并聆听他教益便匆匆北返，别时不胜依依。

我二月底回到干校后即紧张参与“一打三反”运动，进行大批判等学习，一直至今未完，中途又为劳动生产任务事忙，致未及早函您

①1970年1—2月间罗勤生曾回广州探亲，并到中山大学看望梁方仲夫妇和梁承邺。见到其师梁方仲身患恶疾（肝癌），忧心不已。此信与其说写给梁承邺，不如说，实是写致梁方仲的，因为那时梁方仲的政治问题尚无明确的结论［虽然其管教队队员（牛鬼蛇神管教队）身份已暂时除掉］，不便直接写给其师的做法应该可以理解。从这封信可知，梁方仲与其学生罗勤生、梁国鸾夫妇间的情谊深厚，这种情谊也促成了罗、梁夫妇跟梁承邺夫妇间产生了很深的友谊。因为地隔千里，通信受阻，罗氏写此函时，梁方仲已谢世半年，徒增感慨万千。

并向梁师问好，请恕谅！

北返前得悉梁师有意赴沪治病，不知有成行否？多月以来效果又如何？又前时曾为介绍在京郊那位土中医大夫，未知有去函请教否，念念。

每念梁师得此疾，殊深难过。相信你们已务尽人事。梁师本人亦很达观对待，治疗效果应更好。我们千里在外，未能有所一助，遥祝他近日病况不致恶化并可逐步恢复健康！

因久未通信了，不知您还在干校否？我和国鸾[①]尚在干校，地址未变。年来我们学习和劳动及身体还算安好，顺此请告慰梁师。我和国鸾曾在不同地区及部门的干校，情况大致相同，主要是既从事生产劳动，又为运动及学习忙。我部的干校已成立两年多，最近遵从国家指示，中央各部委所属单位的干校在最近都开过第一次干校工作会议，这将为国务院在今年底左右召开有关干校工作会议的准备。开过后，料想会为全国各单位的干校作出一些经验指导和安排吧！但详况还未悉，顺及提〔供〕你略为知道就是了。就生产来说，今年我校的食粮、蔬菜和肉食已做到自给了。

想您同样充分认识到干校是伟大领袖毛主席五七光辉指示后出现的新事物，但不少同志们还对干校的任务和为何办体会不够，随着实践可能多些了解吧！我们干校上月份刚开完了工作会议，我部[②]第一把手亲自到校主持开了半个月。会后澄清了和阐明了不少看法，有些在此可供您了解一些。例如，明确“五七指示”为办干校是有为了缩小三大差别，为将来走向共产主义的途径和作为建设共产主义蓝图作用，既有锻炼和改造世界观的任务，又有建设新农村和为社会主义祖国作出新贡献的要求。按我校情况说，着重几点要求：①要更加自觉走五七道路，这是要解决我要走还是要我走的问题。要求一辈子走，但不一定是一辈子都在干校，而是能上能下，能官能民，破除劳心者

①即梁国鸾，罗勤生之夫人，亦同为梁方仲岭大时之学生。

②即外贸部。

□鄧兄：

敬候您好，并向您全家人问好！

转眼别后多日，梁师健康安全，近况如何！

上次我回京去看望梁师、师母以及您们，内心很快慰，但亦为梁师不幸身患疾病，师母更为辛劳深深难过。很抱歉未能为您们替梁师师母有所分劳，并多聆他教益，便匆匆地北返，别时不胜依依。

我一月底回到干校后即陷入紧张的一打三反运动，进行大批判大学习，[illegible]中途又为劳动生产任务事写了信，致未及早去信向梁师问好，请原谅。

现在局势变，梁师有否恢复治病，不知有成行否，[illegible]。又前时梁师所[illegible]中医大夫，未知有否[illegible]。念念。

[illegible]梁师深入夜难过，相信您们[illegible]人事，梁师本人亦能达观对待，治病效果会更好。我们千里[illegible]，未能有所助，遥祝他老人家[illegible]早日恢复健康！

国庆节已过了，不知您还在干校否？我和同学们在干校也快来了。[illegible]我们学习和劳动以外，还[illegible]请告知梁师。我和同学们在去年[illegible]的干校，情况大致相同，[illegible]从事生产劳动，又有[illegible]。我所在的干校已成立[illegible]。最近[illegible]国务院指示，中央[illegible]单位的干校在最近都开过第一次干校工作会议，[illegible]会议的精神，开过后，[illegible]全国各单位的干校作出一些[illegible]，[illegible]。

[illegible]干校是继北[illegible]

6594

②

[illegible]

③

[illegible]

新年将至，在此[illegible]向梁师母[illegible]问好[illegible]

元旦健康、愉快！

[illegible]

6594

1970.12.25.

治人和劳力者治于人的旧思想，要破私立公，建立共产主义新人的思想；②要实出无产阶级政治建校的方针，要求高举毛泽东思想伟大红旗，以抗大为榜样，以大寨为镜子，自力更生、艰苦奋斗，并要订出长期建校规划，指出干校不是一时之计，要长期办下去；③党五七道路是必由之路，学员将来去向，一切要听从党的安排，听从组织的安排。指出有些人将来与原单位在职人员轮换。有些人要另行分配工作，有些人要在干校长期安家落户。轮换回去的不一定不再到干校，有些人可能再来，有些人也会不一定要到干校。视各人情况不同及需要而定，等等。

这些道理及说明可能您在校经年也会理解到些，或者还有更多的体会和理解。刚巧我校正开完会，又是负责首长同志对大家阐明的。于此写了此大致精神，提供您知道一下就是了。因此，在校的五七战士提问什么毕业之谈是不适合的。我对新事物学习和理解还很不够。您年轻还青，经验也更多些增长，对事情的谈论还是以你们单位的具体情况及领导所阐明为依据较好。上述精神仅供你个人知之便了。我们干校尚在扩建，在此几千人基本上未什么变动。

我们这几月也开展大学毛主席哲学和学习大寨精神，深信将为明年在各方面更好跃进作思想准备和动力。想你们干校也会同样进行吧！形势之如此对我们加强政治思想学习的要求，特别是你们年青一辈，定会总结一下某些前辈人曾埋头业务，忽视无产阶级政治要求所吃过亏的教训了。您重点是学自然科学，某些程度在意识形态等问题上可能并未如人文科学那样强烈，但这只是事情的一面，更应看到当前总的要求是没有大的差别的，谅您一定会深刻理解到此而又会及时赶上前去。我们正学习毛主席五篇哲学著作，要学的东西很好，但其中有一点凡处理事情和言行是需要记得六项政治标准的教导。这对于任何科学、艺术的活动都是分辨鲜花与毒草的准则。当前开展大批判，自己有时应重新温习一下的，在此共同勉励吧！

上次回穗未看到秀麟[1]，想她也很好？闻说京地初中、高中的学生最近都到市郊进行军事训练，每天步行数十里，为时一个月约行500里左右，每到一个村庄只住二三天便转移。至于工厂、机关、老师和医生也短期轮流抽出一定人员作同样锻炼。这主要是向解放军学习，叫做拉练（意思是把队伍拉出去，练作风，练思想……），是一次战备的大演习。在“拉练”中要自找苦吃，发扬一不怕苦，二不怕死的精神。想她在校也从事其他锻炼了。在事事进行革命化的要求下，望大家在思想上能跟得上。同时，平日保持健康才更可适应形势的要求了。上次见叙，梁师曾说到您身体欠锻炼，我也感到您身体较瘦弱点。今后要加紧注意了，以后要经受锻炼的要求还会很多呢！国鸾身体不够健硕，在干校一年的锻炼中曾碰到过一些力不从心的困难呢！所以，有些较严格的锻炼才能饶了她。我的体力尚好，但也比不上最初离开学校的几年时那样了。

元旦后我可能请假回京探亲，但目前任务多，特别是斗批改正进行，确期还待定。近两月有暇来信我们，请寄京我宿舍便可。

新年将届，在此，国鸾和我向梁师身体问好，并祝梁师、师母及您和秀麟元旦健康！愉快！

顺候秀麟妹妹们[2]好！

勤生

1970.12.25

---

①即叶秀粦，梁承邺之妻。

②即叶新兰等。

彭伊洛致梁方仲（一封）

彭伊洛，历史学者。著有《明中叶黄萧养在广州起义的社会背景及其经过》（《史学月刊》1957年第10期）、《1647年广东人民的抗清斗争》（《理论与实践》1958年第6期）等。时为《学术研究》编辑。

梁老：

因为恐怕打扰您，我才没有登府拜访。大作[①]，说十日前交来，编辑部的同志都很欢喜，但希望不再展期，因我们和出版社订有合同，不能久延，专此奉告。

敬礼

彭伊洛

6.3[②]

①查梁方仲发表于《学术研究》上的论文为《论明代里甲法和均徭法的关系》。

②《论明代里甲法和均徭法的关系》一文发表于《学术研究》1963年第4、5期。故此函应写于1963年。

学术研究编辑部

梁老：因为恐怕打扰您，我才没有登府拜访。大作，请十月前交来，编辑部的同志都很欢喜，但希望不再展期，因我们和出版社订有合同，不能久延，专此奉告。

敬礼

彭伊洛
6.3

彭雨新致梁方仲（二封）

彭雨新，经济史学家，湖南浏阳人。1939年毕业于中央政治学校。1942年获中央研究院社会科学研究所硕士学位，后留所工作。1948年赴英国曼彻斯特大学经济学院进修访问。回国后在岭南大学经济商学系任教授。1952年院系调整时转至中山大学经济系任教，1953年调至武汉大学任教。著有《川省田赋征实负担研究》（商务印书馆，1943年）、《县地方财政》（商务印书馆，1945年）、《清代关税制度》（湖北人民出版社，1956年）、《清代土地开垦史》（农业出版社，1990年）等。

彭雨新与梁方仲在中央研究院社会科学研究所共事达10年之久。其间，两人曾在川省田赋征实研究项目上合作过。1948年彭氏到英国进修研究，梁氏曾给予援手。1949年秋彭氏结束访问回国时，适值梁方仲早先因双亲病重，在穗侍亲而滞留，临时在岭南大学经济商学系当教授，兼系主任，在梁氏的引荐下，彭氏便留在岭南大学任教。由于长期共事和研究领域相近，两人一直有书信往来。

仅梁方仲《案头日历记事》所记就交出了17封彭函给武汉大学革委会，惜至今未能找回那批函件。而本书辑录的两封信，缺首页和签名页，应是当时交武汉大学革委会时将此两函的主页和尾页拿走了，或是梁方仲觉得有关学术讨论的内容应自己留下而保存了下来。

本书辑录的彭致梁函（头页、尾页已失）讨论深入详尽，足可证两人间学术情谊深厚。“文化大革命”期间，彭、梁两人彼此间都在表达挂念之情，只不过是通过其子女们来传递信息的。彭雨新之子女彭庄、彭海云曾到中山大学梁氏寓所住过几天，梁方仲患重病，彭雨新全家都关心梁的诊治情况。彭庄致梁承邺函，是此中一例。彭庄此函是彭雨新本人授意，其夫人手写，用其子彭庄（时当工人）名义发出。

一

1. 如文中所说明："作为计量工具的度量衡，其本身原本是没有阶级性的，但在阶级社会里，它便被统治阶级、剥削阶级运用来作剥削工具了"，这一句是全文的骨干，是正确的看法。准此，序文第一段"关于度量衡的量的变迁的著述居多，而对于质的变化的阐明则少"，则似指度量衡本身有质的变化而不是度量衡所反映的社会经济性质的变化，提法不够明确。

度量衡首先是作为计算劳动人民各种生产物的计量标准（一尺布、二斗票、三斤绵等）。在不同的社会经济发展过程中，剥削阶级制订了当时的各种剥削制度，从劳动人民生产成果中榨取血液来营养自己。在史册上留下了剥削账的记载，通过这些记载的比较，我们今天还能看出各历史时期剥削阶级如何施用毒辣手段来继续增加对人民的剥削。历史规律告诉我们：统治阶级腐朽化必然加重人民捐税和地租的负担，同时，人民反抗重税重租的斗争也必然起来。因此，从度量衡与剥削制度的联系，可以寻出人民革命史的线索。所以，度量衡本身无阶级性，但不能离开阶级剥削关系来单纯地研究度量衡变迁史。

2. 把度量衡与剥削制度联系起来，可以推求当时社会发展情况。如我们从《诗经》中"噫嘻"一章"辛时农夫，播厥百谷，骏发尔私，终三十里，亦服尔耕，十千维耦"的"三十里"可以略见当时奴隶十千人的生产规模，从《左传》中"初税亩"可以看出春秋末期封建社会经济基础的端倪，等等。

社会发展带来了剥削关系的日益复杂，其中贯穿着各层矛盾关系。例如封建政府向土地私有者课税，地主则向佃农收租，本质上都是对劳动者剥削；但作为按亩纳税的地主总是希望少报亩数以减轻田赋，而同时，作为按亩收租的地主总是浮增地亩面积以加重租收。因此，同是一块土地，对政府按一亩纳粮，对佃农按两亩收租。这里出现了两方面的矛盾，也就产生了两方面的斗争：一、政府要丈量查田，地主反对；二、农民要求按实在田亩纳租，地主不答应。又如就收税一事来看，在中央与地方之间，上级与下级税吏之间，税吏与征收胥役之间，胥役与纳税人之间都存在不同的利害矛盾，从而在存留、起运、收解、出入之间发生计量上的种种对立关系。总之，收者恨少，交者惧多，有一层收纳关系就有一层斗争的因素。

统治阶级集团的政权固然是税捐的征收者，但它也在掌握某种物资时举办专卖（如盐铁），在掌握货币时进行私买。卖的时候希望度量衡小些，买的时候则希望大些。普通人民在交易市场也都如此。（如孔祥熙将食盐的司马秤改小，等于加重了盐税。）

原文第3页反驳程理濬《中国度量衡史》“前言”中“自唐以

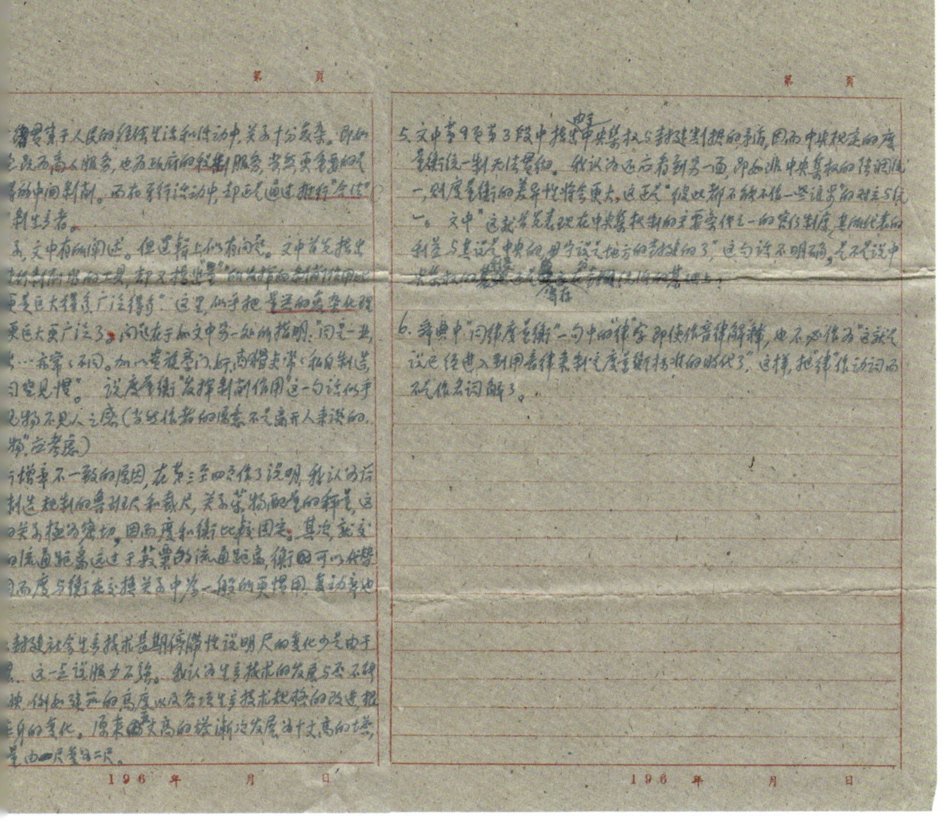

5. 文中第9页第3段中指出中央集权与封建割据的矛盾，因而中央规定的度量衡统一制无法贯彻。我认为还应看到另一面，即如果中央集权的统治统一，则度量衡的差异性将会更大。[illegible]

6. 辞典中"同律度量衡"一句中的"律"字即使作音律解释，也不必作为"这就是说已经进入到用音律来制定度量衡标准的时代了"。这样，把"律"作动词而不作名词解了。

后，不是减轻了剥削，而是用钱纳税代替了实物，只要压低物价，同样可以多收实物"，可能税是指低价私买实物，而不是用钱折粮。驳文太长，近于枝节，并冲淡了这一段的主导思想（在于说明统治阶级剥削的增加）。

3. 度量衡既是作为计算劳动生产物的计量标准，也就必然反映劳动人民经济生活的一面，这主要在交换关系上。可以概括地说：交换关系愈发展，度量衡统一标准的要求愈迫切。因此，度量衡制度的趋于统一可以反映社会经济的发展，度量衡制度的混乱（如南北朝时）则是社会经济不景气的现象。在封建社会，自给自足的自然经济占统治地位，各地区的发展极不平衡，从而度量衡的统一化几乎是不可能的。但是，市场关系不断扩大，度量衡的地区差异性日益减少，这也是一个趋势。从国民经济的角度来看，历代王朝开始时期关于度量衡统一化的规定，客观上起了促进交换的作用。当然统治阶级只是从剥削来着眼，正如王朝鼓励人民开垦荒地一样。

文中强调历代王朝由于税捐剥削而改订度量衡制，这一点是对的，但对这种改订制度所起的客观效果似乎不免忽视。可能令人感到度量衡只是剥削制度的产物，与人民的经济活动关系反而较少，事实上剥削制度正是千条万绪贯穿于人民的经济生活和活动中，关系十分复杂。即如文中所谈的牙行，它既为商人服务，也为政府的税制服务，当然，更重要的是牙侩等人自己所可获得的中间剥削。而在牙行活动中，却正是通过推行“合法”的度量衡制来刻剥生产者。

4. 度、量、衡三者的关系，文中有所阐述。但逻辑上似有问题。文中首先指出度量衡同是统治者进行剥削时的工具，却又指出“量”“所发挥的剥削作用比之尺度和权衡更是巨大得多、广泛得多”。这里，似乎把量器的复杂化理解成为剥削作用更巨大更广泛了。问题在于如文中另一处所指明：“同是一业，同是一家，买进和卖出……亦常常不同。加以贵族豪门、奸商猾吏常常私自制造，至于使用私器更是司空见惯”。说度量衡“发挥剥削作用”这一句话似乎难以成立，令人有见物不见人之感（当然作者的原意不是离开人来谈的，但逻辑上重视了“物”，应考虑）。

关于度、量、衡增率不一致的原因，在第三至四页作了说明。我认为后面的分析如关于制造规制的鲁班尺和裁尺，关于等物配置的秤量，这些都与人民生活的关系极为密切，因而度和衡比较固定。其次，就交换关系来说，布帛的流通距离远过于菽粟的流通距离，衡可以代替量且易准确些，因而度与衡在交换关系中为一般所更惯用，变动率也较小。

文中第11页从封建社会生产技术长期停滞性说明尺的变化少是由于生产技术没有发展，这一点说服力不强。我认为生产技术的发展与否不能从尺的长短来反映，例如建筑的高度以及各项生产技术规格的改进，根本不必要求尺度本身的变化，原来五丈高的塔渐次发展为十丈高的塔，并不要求把尺的量由尺变为二尺。

5. 文中第9页第3段中指出由于中央集权与封建割据的矛盾，因而中央规定的度量衡统一制无法贯彻。我认为还应看到另一面，即如非中央集权的强调统一，则度量衡的差异性将会更大，这正是“彼此都不能不作一些让步”的对立与统一。文中“这就首先表现在中央集权制的主要条件之一的官僚制度，其所代表的利益与其说是中央的，毋宁说是地方的封建的了”，这句话不明确，是不是说中央集权的利益还是寄存在分封统治的基础上？

6. 舜典中“同律度量衡”一句中的“律”字即使作音律解释，也不必作为“这就是说已经进入到用音律来制定度量衡标准的时代了”，这样，把“律”作动词而不是作名词解了。

说明：彭雨新此函是对梁方仲《中国历代度量衡之变迁及其时代特征》（草稿）一文写的修改意见，时间在1960—1961年间，头页、尾页皆缺，但字迹经鉴定属彭雨新之手写。

二

下面是对尊著[①]的一些极不成熟的意见。文章在丁兄[②]处，不及再仔细看，也不知大著其他部分是否每段有些说明，因而在这一段中没有谈及，因此，下面的意见可能是文不对题的。

1．文章显得知识渊博，有自己的见解，但前面一大段论点不够集中，观点不够鲜明。

2．关于人口、田地面积增减的原因是否要作更多的说明，如徭役和户口的关系，劳动人民垦殖对耕地增加以及赋役苛重对人口减少的关系，灾荒、战争、起义、屠杀等与户口、耕地变动的关系，国家疆土变动和人口、土地统计的关系等，这些问题可能在各部分或各时代的统计数字以前加以说明为更好些，这里应不应该以及如何谈，能不能谈清楚，这些我不敢置一辞。例如魏晋南北朝时期中原人口的大量南移以及当时土地荒芜，统治阶级的"括户"等该不该谈一谈？

3．第一段关于计数的起源，似可不要。

4．页20提到"在西汉征兵法治严明的时候，'虽丞相子亦在戍边之调'"下面没有指出这只是历史上的"笑谈"或只是偶然的事，似乎已同意这样的"记载"了。

5．页21以后简要概括明确，写得很好；页21以前似乎稍松懈些。

兄长编的明代经济史讲义如有印出多余份数，至望寄赐一份。下年如时间较充裕，拟请兄长来武大历史系讲授某些专题，时间可长可短，当由校方联系，不知有无此种可能性？下期已与吉林大学历史系换人讲学，他们要吴于廑和唐长孺两人去，另派两人来此。这种方式可形成某些活跃，学生和青年教师都很渴望。

---

①此函是彭雨新对梁方仲《〈中国历代户口、田地、田赋统计〉总序》（草稿）一文的阅后意见，时间在1960—1961年间。1965年12月梁方仲曾到武汉大学举行过讲演。现印出的此函头页、尾页皆缺。

②即丁文治。

共　　页
第　　页

下面是对尊著的一些极不成熟的意见。文章看了几处，不及再作细看，也不知大著其他部份是否每段有些说明，因而在这一段中没有谈及，因此，下面的意见可能是文不对题的。

1. 文章显得知识渊博，有自己的见解，但前面一大段论点不够集中，观点不够鲜明。
2. 关于人口、田地面积增减的原因是否要作更多的说明，如经济和户口的关系，劳动人民逃避对耕地增加以及赋役负重对人口减少的关系，灾荒、战争、起义、屠杀等与户口、耕地变动的关系，国家疆土变动和人口、土地统计的关系等。这些问题可能在各部份或各时代的统计数字之前加以说明而更好些，这里应不应谈以及如何谈，能不能谈清楚，这些我不敢置一辞。例如魏晋南北朝时期中原人口的大量南移以及当时土地荒芜，统治阶级的"括户"等该不该谈一谈？
3. 第一段关于计数的起源，似可不要。
4. 页20，提到"在西汉征兵法令更明的时候，'男女稚子亦在戍边之列'"下面没有指出这只是历史上的"笑谈"或只是偶然的事，似乎已同意这样的"记载"了。
5. 页21以后简要概括明确，写得很好；页21以前似乎稍松懈些。

兄最近编的明代经济史讲义如有印出多余份数，希望寄赠一份。

下年如时间较充裕，拟请兄等来或去历史系讲授某些专题，时间可长可短，当由校方联系，不知有无此种可能性？下期已与杭大等历史系换人讲学，他们要吴于廑和唐长孺两人去，另派两人来此。这种方式可形成某些传统，学生和青年教师都很渴望。

制表日期　公元一九　　年　　月　　日　　制表

附：彭庄致梁承邺

梁哥哥：你好！

来信在前几天才收到的，是由襄阳转过来的。因为我爸爸他们正在湖北襄阳进行政治野营，这封信七转八转延长了很多时间。所以我很迟才收到，听到梁伯伯患肝癌，我们全家人都感到很突然，这几天我一直在为此事到处打听、寻找药方，我想也许过几天会找到一些中药偏方，那时马上给你去信，另外我也打听了武汉西医方面治肝癌方面还没有什么特别有效的地方，今后如得到此方面的消息，我一定迫速转告。

你有了一个小宝宝，我妈听了，非常高兴，梁伯母的病也许有了孙子从此会好。

武大现正在襄阳政治野营，我爸爸在那里，经常有信回来，说他近况还好。海云于去冬下乡接受贫下中农的再教育去了，相隔家里不远，一至二月可以回家一次，我仍在原工厂工作，我家搬到一区十九号了。谢谢你对我们家的关心。

爸爸来信说他很想念梁伯伯，想写信问候，但有些不便，对梁伯伯的病十分挂念，希望你多加安慰、安心调养，能早日恢复健康，得到药方或其他的消息，当马上给你去信，问好并请

梁伯伯病安

彭庄

3月12日①

---

①1970年1月梁方仲查出患有肝癌，其子将这一消息告知彭雨新一家。彭家为此难过并积极代寻中草药和有关药方，彭雨新授意由其妻代笔并以其子名义写了此函。

梁哥哥：你好，

来信在前几天才收到的，是由襄阳轉过来的。因为我爸爸他们正在湖北襄阳进行政治野营，这封信又轉了一轉，途中耗去了很多时间，所以我很迟才收到。听到姑姑患肝癌，我们全家人都感到很突然。这几天我一直在为此事到处打听寻找药方，我想也许过几天会找到的一些中药偏方，那时马上给你去信。另外我也打听了武汉西医方面治肝癌方面还没有什么特别有效的地方。今后如得到好方面的消息，我一定迅速轉告。

你有了一个小宝宝，我妈听了非常高兴，梁伯母的病也许有了孫子心情会好。

我爸现在在襄阳政治野营，爸爸在那里，经常有信回来，说他近况还好。海云去年冬下乡接受贫下中农的再教育去了，相隔家里不远，一至二月可以回家一次，我仍在京工厂工作，我家搬到一区十九号了。谢谢你对我们家的关心。

爸爸来信说，他很想念梁伯伯，很想写信问候，但有些不便。对梁伯母的病十分挂念，希望你多加安慰，安心调養，能早日恢復健康。得到好方药方之后的消息，当马上给你去信。问

好 並請

梁伯伯近安

彭庄

5月12日

石泉致梁方仲（一封）

石泉，历史学家，安徽贵池人。燕京大学研究生毕业。1948年到解放区，入华北大学政治班学习。后在北京军管、华北高教委员会、高教部任职。1954年调武汉大学历史系任讲师。历任武汉大学历史系教授、博士生导师，国务院学位委员会第二届学科评议组（历史学分组）成员，湖北地理学会理事长，全国政协常委，中国民主促进会中央常委及湖北省主任委员等职。著有《古代荆楚地理新探》（武汉大学出版社，1988年）等。

1965年12月上旬梁方仲从上海到武汉，其间应邀在武汉大学历史系作学术报告，石泉向梁方仲当场提供了一份提问提纲（可视作一份信函）。选辑此份提问提纲于此，可作两人间学术情谊的纪念。

拟向梁方仲先生请教的问题

一、宋代户口平均每户的口数何以特别少？而北方州郡由宋入金后，这种现象即消失，其原因为何？是否与当时的赋役制度有关？

二、明代中叶以后经济比前期有较显著发展（特别是在两湖及广东），但在户口数字上却未反映出，弘治年间的户口反而比明初少得多，万历初年虽较中叶稍增，但一般仍赶不上洪武时，其原因是否即如《明史·食货志》（户口部分）引用周忱及明宣宗君臣的议论，可否请结合史实具体讲解一下？（例如我们一般认为贫民投靠大户是在明代晚期才盛行，但这就无法解释弘治时期比洪武时户口锐减的原因何在。）

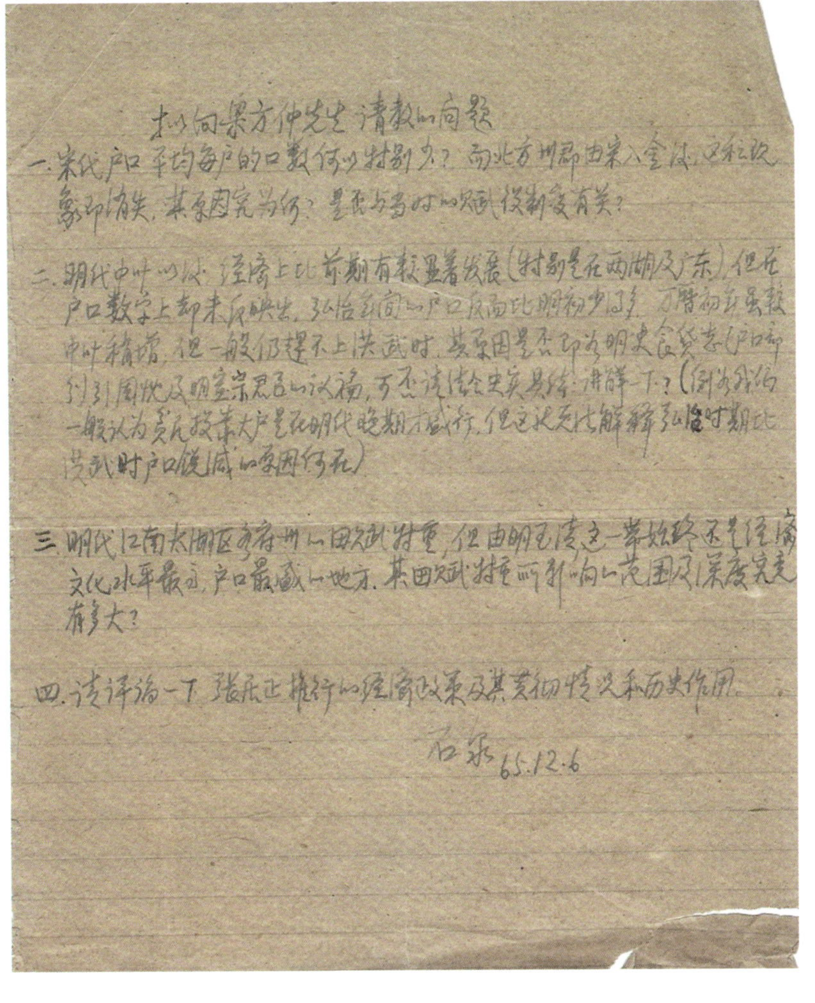

拟向梁方仲先生请教的问题

一、宋代户口平均每户的口数何以特别少？而北方州郡由宋入金后，这种现象即消失，其原因究为何？是否与当时的赋役制度有关？

二、明代中叶以后，经济上比前期有较显著发展（特别是在两湖及广东），但在户口数字上却未反映出，弘治前后的户口反而比明初少得多，万历初虽较中叶稍增，但一般仍赶不上洪武时，其原因是否即如明史食货志户口部分引周忱及明宣宗君臣的议论，可否请结合史实具体讲解一下？（例如我们一般认为贫民投靠大户是在明代晚期才盛行，但这就无法解释弘治时期比洪武时户口锐减的原因何在）

三、明代江南太湖区各府州的田赋特重，但由明至清这一带始终还是经济文化水平最高，户口最盛的地方，其田赋特重所影响的范围及深度究竟有多大？

四、请评论一下张居正推行的经济政策及其贯彻情况和历史作用。

石泉 65.12.6

三、明代江南太湖区各府州的田赋特重，但由明至清这一带始终还是经济水平最高、户口最盛的地方，其田赋特重所影响的范围及深度究竟有多大？

四、请评论一下张居正推行的经济政策及其贯彻情况和历史作用。

石泉

65.12.6

孙孺、杨樾、叶于林、聂菊荪致梁方仲（一封）

孙孺，经济学家，广东兴宁人。1933年入读上海专科学校。后到日本留学。中华人民共和国成立后，在广州外贸管理局工作，任处长。1958年历任中国科学院广州哲学社会科学研究所副所长、所长，广东省社会科学院副院长。

杨樾，文史学者，广东潮安人。1937年参加革命进步活动。1946年后历任《建国日报》总编辑兼《文艺副刊》主编，粤赣湘边区纵队教导营排长，广东省社会科学院研究员，广东省社会科学界联合会研究员，《学术研究》杂志主编，中国当代文学会副会长。写信时任《学术研究》主编。

叶于林，中国科学院广州哲学社会科学研究所工作人员。

聂菊荪，教育家，湖北沔阳（今仙桃）人。中国大学肄业。曾任中共汉口区委书记、鄂中地委组织部部长、鄂豫边区党校教务长、华北人民政府人事处处长。中华人民共和国成立后，历任政务院委员会办公厅主任，人事部第二局局长，全国人大常委会法律室主任，中山大学副校长，广东省哲学社会科学研究所主任，暨南大学副校长、党委第二书记，北京师范大学党委第二书记、书记。

方仲先生：

我们特来看您，而正好碰上您外出，引为憾！

您是不是还可以考虑抽出时间到惠阳走走？到那边休息几天（时间长短，完全由您自定），或许对您的身体也有点好处。我们很希望您出去走走。其实，您到惠阳也还可以继续完成您的大著的。您看呢？

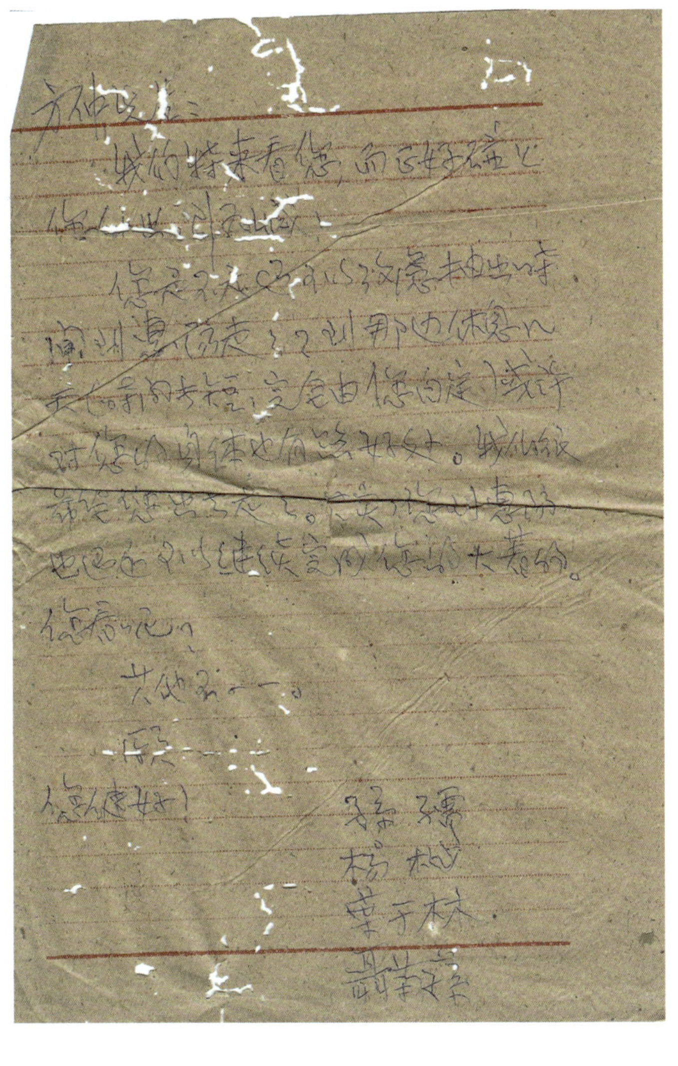

其他不一一。

愿您健好！

孙孺、杨樾、叶于林、聂菊荪[①]

①此函未署年月日，估计写于20世纪60年代初期，即“高教六十条”贯彻之时。

谭葆宪致梁方仲（一封）

谭葆宪，铁路工程专家，广东新会人。1932年毕业于清华大学土木工程系。毕业后长期从事铁路工程事业。曾任武汉铁路局总工程师、铁道部基建总局总工程师、铁道部设计鉴定委员会主任、铁道部副部长及技术顾问兼科学技术顾问委员会副主任。

谭葆宪、梁方仲是中学和大学不同级不同系的老同学，他们是很早相识的朋友。

方仲教授：

来访未晤，未能久待，请通电话3-7241至7245接8407总工程师室。

谭葆宪

7.13下午6: 05[①]

①1960年梁方仲随广东省科教团访问武汉时，谭葆宪闻讯后特到梁住处探望未果，留下字条。

方仲教授、

来访未晤 未能久待 请通电话

3-7241 至 7245 接8407

总工程师室。

[illegible]

7.13. 下午6:05

汤明檖致梁方仲（一封）

汤明檖，经济史学家，原籍广东新会，出生于越南西贡（今胡志明）市。1950年从岭南大学毕业后，经老师梁方仲介绍到广州中国国际经济研究所工作，之后在香港、北京和上海等地的政府部门工作。1956年在向科学进军，为专家配助手的情况下，梁方仲将汤氏召回身边，当其专职助手。从此，汤明檖开始其中国经济史研究与教学的历程。他先是全力协助梁方仲编著《中国历代户口、田地、田赋统计》一书，为此付出大量心血和作出重要贡献。后接替梁方仲“中国经济史”课程，独立授课，在此基础上于1982年出版了《中国古代社会经济》专著。

“文化大革命”后，他恢复了由梁方仲开设的“中国经济史”专门课，招收明清经济史研究生。还撰文介绍梁方仲学术思想，组织编辑整理梁方仲论文集等。

仲师：

从锡霖[①]兄来信，知道您在工作万分繁迫、身体应多休息的情况下，却本着培植后学的崇高精神，对于像我这样微末的事情，依然耗心损力，俯为护持，使我固然愈感仰之弥高，同时也益觉惭惶无限。

我这学期担任“中国近代史”课程以来，尚能悉力学习和进修，渴望提高政治业务水平，从而提高教学质量，虽然不能说没有点滴的进步，究竟距离现实的需要太远，并更深刻地认识到学习历史科学的艰巨性，和自己理论水平与历史知识水平的低下。即如对太平天国的

①即谭锡霖。1950年，谭锡霖为岭南大学经济商学系毕业生，是汤明檖的同级同学。

土地改革方案和圣库制度的评价，在揣摩了“天朝田亩制度”原文，和参考了范文澜先生在《中国近代史》上编第一分册，荣孟源先生在《中国近百年革命史略》和吕振羽先生在“史学论文集”中对这一问题的伟论后，却仍然不是很明确的。范先生等在上述书籍中对这一问题，大概由于不是专论，限于篇幅，因而便提出结论性的意见，没有详释和论证，如范文澜先生认为“天朝田亩制度”反映着废除私有财产的原则，在这一原则下，产生“分田法，根本推翻地主占有土地制”，产生圣库制度，和产生“近于工业国有的诸匠营制度”。由于水平低下，我对范先生的论点就不能深切理解，而有下列数点的怀疑。（一）范先生仅引了“天朝田亩制度”一段话（见范书页一二八）来说明太平天国废除私有财产的原则，我个人肤浅的体会，觉得这段话所表现的，与其说是废除私有财产的主张，毋宁说是绝对平均主义的思想。（二）在“天朝田亩制度”中关于土地改革方面，找不出土地国有化和农民只有使用土地权的充分佐证（实际范先生亦提出分田法，是“根本推翻地主占有土地制”）。（三）在圣库制度中虽然规定农民要把剩余产品缴纳到有如公产机关一样的圣库中去，但这只能说明在分配方面，太平天国是主张按人口、按需要而进行产品分配的平均思想。荣、吕两先生大致都认为太平天国的“天朝田亩制度”反映着农民的平均主义思想，没有提到太平天国在绝对平均主义的思想基础上提出消灭私有财产的主张。究竟应怎样来理解范先生的意见，我迄今仍未弄清楚。是否绝对平均主义的思想必然会产生消灭私有财产的主张呢？

其次，是关于太平天国的“典官”的问题，范先生认为“典官”与“诸匠营”同为“管理生产的机关”，两者的区别是在于：（一）典官管制造兼收发，诸匠营只管生产物品，不管收发；（二）两者分别制造不同种类的物品。这样的解释是不能使人很满意的，因为这样的分工似乎很不明确。吕振羽先生则只简单地提到“由天京到各军内部都设立‘圣库’，分设各种典官担负专责”，如果结合“匠营”制来说，据我粗浅的理解，吕先生是认为“匠营”是专管制造的机构，

上海工業管理學校
地址：上海(20)天平路一三五號

的思想的今天也消灭私有财产的主张呢？

其次，是关于太平天国的"典官"的问题。范先生认为"典官"与"诸匠营"同为"管理生产的机关"，两者的区别是在于：(1)典官管製造兼收发，诸匠营只管生产物品，不管收发；(2)两者分别製造不同种类的物品。这样的解释并不能使人很满意的，因为这样分工似乎很不明确。另据郭毅生先生简单地提到"由天京到各军内部都设立'圣库'，分设各种典官担负专责"，如果结合"匠营"制来说，据我粗浅的理解，郭先生意认为"匠营"是专管製造的机构，而"典官"则负责管理、供应和分配材料和产品的一种官职。这样意见我觉得似乎较好。同时，范先生认为诸匠营是"在废除私有财产的原则下'近于工业国有'的制度"。我觉得这一提法似乎也欠科学和根据。由于历史材料本身的欠缺，对于历史上的一些问题固然是要经过长期的探索和讨论才能得出正确的结论。在我说来，则由于知识的欠乏，所知道的、可以获得参考的书刊太少，又限于理论水平的低下，对专家们的意见既未能获得深远的了解，自然更免缺乏取舍无从了。

上面仅举了一些例子，但也足以说明自己各方面水平的低下，大力加强学习的必要。另一方面，自己虽然水平低下，本配不上谈科学的研究，可是，数年来却始终有着朝这一方向而努力、而学习的主观愿望。在希望得到更好的学习环境和学习研究工作的要求下，所以亟得随着您学习和工作。最近锡霖兄转述尊函，备见关怀。我所以愿望回中大工作，主要是因为有您和其他一些较熟悉的老师在彼，便于请教。若可如愿，则我大上所愿请。只是年来屡承费心，难于自安耳！

近曾参观苏联展览会，终限于时间短促，观众拥挤，未能一一驻足细览。然而这些光辉的、具体的例证，益感"我们的明天的幸福"的亲切。闻上海展览三个月后，将迁穗展览，届时您们便可欣赏了。春假期近，我校组织苏、杭旅行，我们没有参加。敬祝 您愉快地渡过春假，身体日益健康。

敬礼

明樞上 三月廿九。

上海工業管理學校
地址：上海(20)天平路一三五號

仲師：

从锡霖兄来信，知道您在工作繁忙，身体应多休息的情况下，却本着培植后学的崇高精神，对于像我这样微末的事情，依然耗心竭力，给与支持，使我因此愈感仰之弥高，同时也益觉惭惶无限。

我这学期担任中国近代史课程以来，虽然努力学习和进修，潜心提高政治业务水平，从而提高教学质量。虽然不能说没有点滴的进步，究竟距离现实的需要太远，并更深刻地认识到学习历史科学的艰巨性，和自己理论水平与历史知识水平的低下。学生对太平天国的土地改革方案和圣库制度的评价，在揣摩了「天朝田亩制度」原文，和参考了范文澜先生在「中国近代史上编第一分册」、华岗先生在「中国近百年革命史略」和[illegible]先生在「史学论文集」中对这一问题的讨论后，却仍然不是很明确的。范先生等在上述书籍中对这一问题，大概由于不是专论，限于篇幅，因而仅提出结论性的意见，没有详释和论证。6.

如范文澜先生认为「天朝田亩制度」反映着废除私有财产的原则，在这一原则下，产生「分田法」，打击根据地主佔有土地制」，产生圣库制度，和产生「近于工兵团有的诸匠营制度」。由于水平低下，我对范先生的论断就不能深切理解，而有下列数点的怀疑。(一)范先生徵引了「天朝田亩制度」一段话(见范书页一三八)来说明太平天国废除私有财产的原则。我个人体会，觉得这段话所表现的，与其说是废除私有财产的主张，毋宁说是绝对平均主义的思想。(二)在「天朝田亩制度」中关于土地改革方面，找不出土地国有化和农民只有使用土地权的充分佐证(实际范先生所提出分田法，是「打击根据地主佔有土地制」)。(三)在圣库制度中虽然规定农民要把剩余产品缴纳到有关公库机关一样的圣库中去，但这只能说明在分配方面，太平天国是主张按人口，按需要而进行产品分配的平均思想。

而“典官”则负责管理、供应和分配材料和产品的一种官职。这种意见我觉得似乎较明确。同时，范先生认为诸匠营是“在废除私有财产的原则下”“近于工业国有”的制度。我觉得这一论点似乎也欠科学的根据。由于历史材料本身的欠缺，对于历史上的一些问题固然是要经过长期的探索和讨论才能得出正确的结论。在我说来，则由于知识贫乏，所知道的、可以获得参考的书刊太少，又限于理论水平的低下，对名家的意见既未能获得深入、透辟的了解，自然不免感到取舍无从了。

上面仅举了一个例子，但也足以说明自己各方面水平的低下，大力加强学习的必要。另一方面，自己虽然水平低下，本配不上谈科学的研究，可是，数年来都始终有着朝这一方面而努力、而学习的主观愿望。在希望得到更好的学习环境和学习研究工作的要求下，所以极盼随着您学习和工作。最近锡霖兄转述尊嘱，备见关怀。我所以盼望回中大工作，主要是因为有您和其他一些较熟悉的老师在彼，便于请教。为不可期，则武大亦所愿往，只是年来屡辱费心，难于自安耳！

近曾参观苏联展览会，虽限于时间短促，观众挤拥，不能一一驻足细览，然从这些光辉的、具体的例证，益感“我们明天的幸福”的亲切，闻在沪展览三个月后，将迁穗展览，届时你们便可欣赏了。春假渐近，我校组织苏、杭旅行，我们没有参加。敬祝您愉快地渡过春假，身体日益健康。

明樾上

三月廿九日[①]

---

①1956年下半年，汤明樾夫妇从上海调回中山大学。函中谈到谭锡霖转告梁方仲对汤氏的关心和嘱咐以及汤氏本人表示“极盼随着您学习和工作”等语，可知调动事在即。此函写于1956年的可能性最大。应指出一点，此函所署时间“三月廿九日”恐为一月之误，因三月春节已过。

陶孟和致梁方仲（十一封）

陶孟和，社会学家，天津人。1906年以官费生被派往日本东京高等师范学校研习教育学，后因故回国。1910年改赴英国伦敦大学政治经济学院研究社会学和经济学。1913年获博士学位，归国后历任北京高等师范学校教授，北京大学教授、系主任、文学院院长、教务长等职。1926年任中华教育文化基金董事会社会调查部（1929年独立为社会调查所）负责人。1934年任中央研究院社会科学研究所所长。抗战胜利后，历任国民参政会第一至第四届参政员，立法院立法委员，中央研究院院士、院评议会委员。1949年任中国科学院副院长。

1932年前后，梁方仲在清华大学研究院经济所当研究生，由在社会调查所工作的大学同窗汤象龙引荐，与陶孟和进行过面谈。1933年研究生毕业，梁方仲即获聘至北平社会调查所工作，历任助理研究员、副研究员、研究员等职。其间得到陶孟和的栽培和信任，两人建立了深厚、真挚的亦师亦友情谊。中华人民共和国成立后，陶孟和与梁方仲虽分隔两地，陶氏一直希望梁氏回所（中国科学院社会科学研究所，后改称经济研究所）工作，两人书信往来仍不断。现辑印的陶孟和致梁方仲这批信札，撰写时间跨度几近二十年，内容涵盖新旧中国发生之事，对于陶氏、梁氏生平以及有关学术史的了解皆有很高的学术价值。

一

方仲先生：

集刊第二期[①]稿件及来函均已收到。

本期稿件诚如来函所云，均极精彩。每篇要非“老手”莫办。张荫麟先生一篇[②]似觉轻巧，然确是“聪明人文字”。在《补阙》上亦有价值之作也。书评愚以为都很好，铁谷评日文书部分末尾两句拟为修改（原意谓日人自诩有调和东西洋文明之使命，可以鼓励其青年发奋，愚拟改为固然如此，但日人如此说法只知有他们自己），不知可否。其评美人书部分则拟割爱，兹将原稿奉还。今将割爱之理由说明如下：此书作者曾在北平留学三年。在平时颇傲慢（conceited），常好与史语所从事安阳发掘之人相往还，史语所人颇厌恶之。彼屡次表示拟往安阳，未得允许，最后梁思永[③]先生以私人资格在安阳招待之，彼竟盗取发掘之物一二件而归。其一知半解一部分因由其自己研究，然另一部分则在与史语所人谈话及窃盗所得者也。现此人已由支加哥聘为助教授。其书出版后，颇受评者称誉。史语所人亦奈之如何，盖其历年发掘成绩迄未发表，而今竟由Cred攘为自己之所获，且其书中又云将有更细密之研究问世，尤为大言不惭，西国所谓学者，竞争颇烈，不讲道德，不择手段，凡有可增加自己身价者辄攘取之。科学界此种故事颇为不少，Cred不过其一例而已。但此事之过失亦在史语所人自己未能早日将材料整理，对Cred失防范也。Cred之书出版后，梁思永先生尤为悔恨，谓所谓西国学者皆强盗。［最可怪者，去

---

①“集刊第二期”指中央研究院社会科学研究所和“史学研究会”主办的《中国社会经济史集刊》第五卷第二期。该期主编为梁方仲、张荫麟。

②即《宋史兵志补阙》。

③梁思永，考古学家，广东新会人。梁启超三子。1923年去美国哈佛大学留学。1930年回国后在中央研究院史语所考古组工作，先后主持和参加黑龙江昂溪新石器时代遗址，山东历城和日照龙山文化遗址，河南殷墟和安阳遗址等重要考古发掘。1950年任中国科学院考古研究所副所长，对新石器时代仰韶文化和龙山文化，以及殷墟研究有重要贡献。

年哈佛三百年纪念约请世界第一流学者往讲演，伯希和（Pelliot）[1]所讲即为殷墟文化。和告傅先生[2]谓此大不可。乃傅先生谓已得其同意，乃使其宣传之意。自己的工作不先由自己发表而先由外人，特别是盗窃新疆古文书之人，宣传，实讲不通也。伯希和事请守密。］根据以上情形，故愚意铁谷书评似当取消。至其内容，如仔细考察，当有不少错误也。

集刊能作出两年计划，最好不过。官制及财政尤望能以现代行政学、财政学之眼光讨论之，当然要顾及当时情况。集刊编辑事宜能由张荫麟[3]先生负责，至所欢迎，请敦劝之。稿费下星期内当可发出，请勿念。

第一期稿已排好，下月初可出版。二期稿下星期请送出。余不及，即颂研安。

抄好档案可寄来，以便整理登记（董宜之现办理此事）。孙函[4]附还。

孟和

四、廿四[5]

---

①伯希和（Paul Pelliot），法国汉学家。曾就读法国国立东方语言学校汉语专业，师从沙畹、列维、高第等法国汉学名师。毕业后赴越南，参与印度支那古迹调查会工作。后奉调北京法使馆，参与镇压义和团。1906年带领法国中亚考察队前往新疆，至1908年初抵达敦煌莫高窟，以白银五百两将藏经洞藏书精华几乎全部猎取。

②即傅斯年。

③张荫麟，历史学家，广东东莞人。1929年毕业于清华大学历史系，后赴美国斯坦福大学学习，获硕士学位，1934年归国后回清华大学历史系任讲师，不久升任教授。后在西南联大和浙江大学任教授。张氏与梁方仲清华大学就读时便已结识，成为好友。1934年张、梁两人皆为“史学研究会”主要成员。梁氏因1937年6月将有赴日考察研究之行，特向陶孟和推荐张氏出任《中国社会经济史集刊》主编。该刊第五卷一期主编为梁方仲、朱庆永；第二期则变为梁方仲、张荫麟任主编。

④估计为孙毓棠之函。时孙在日本东京帝国大学研究院研读。

⑤《中国近代经济史研究集刊》改名为《中国社会经济史集刊》后的第一期和第二期分别出版于1937年3月和6月，故此函应写于1937年。

西國學者皆推崇。（吾不[illegible]者[illegible]年時佛三[illegible]

國立中央研究院社會科學研究所

但在彼講世界第一流學者之講演。伯希和之講
亦為破壞文化。如吾傅先生謂此大不可。乃傅先生
謂之曰其同意。乃使其宣傳之意。自己明之作不
出自自己發表而由外人，如伯希和是盜竊新疆
古文書之人，宜待，實講不通也。伯希和事之實慮
根據以上情形，故要求撤銷書評一期書目取
消。至其內容如何細節之處，當有不少錯誤
也。

Pelliot

國立中央研究院社會科學研究所

集刊創作之兩年計劃，最好不過。但制度財政尤望
能以現代行政學財政學之眼光討論之。（書並雜誌及書評作品）集刊編
輯事宜，請由陶孟和先生負責，至為妥適，并
致謝之。稿費不足期內當可寄出，請勿念。
第一期稿之排版，下月將可出版。二期稿不足期刻延
出。餘不另。此頌
研安

[illegible] 八、廿四

[illegible]不當 來以但整理報紀。（[illegible]之記錄[illegible]）
[illegible]斯年

國立中央研究院社會科學研究所

方仲先生：《集刊》第二期稿件及來函均已收到。誠如來函所云，均極精彩。每篇實非"老手"莫辦。張蔭麟先生一篇似覺稍巧，然確是聰明人文字，在補闕上亦有價值之作也。書評選得都很好。評各譯日文書部分末尾兩句擬為修改，不知可否。*其評美人書部分則擬割愛，亦將原稿奉還。今將割愛之理由說明於下：此書作者曾在北平留學三年，在平時頗傲慢（arrogance），常好與史語所從事安陽發掘之人相往還，史語所人頗厭惡之。彼屢欲往安陽，未得允許，最後梁思永先生以私人資格在安陽招待之，彼竟盜取其發掘之物一二件而歸。其一知半解一部分固由其自己研究，然另一部分則在與史語所人談話及竊聽盜取所得者也。現此人已由芝加哥聘為助教授。其此書出版後，獲許多稱譽，史語所人亦甚不平，蓋其歷年發掘成績迄未發表，而今竟由Creel攘為自己之新進，且其書中又云將有更細密之研究問世，尤為大言不慚。西國所謂學者，競爭激烈，不講道德，不擇手段，凡有可以增加自

*至云謂日人目前有調和東西文明之使命，乃以彼國青年苦奮，照此說法，則似以為明人之此說法亦屬何自己。

二

方仲先生：

顷接七月四日来函，欣悉惟切。各藏书处均已参观并得在图书寮阅览，至为可慰。寮中抄书遇有整个材料，可以委托他人抄写，以省精力与时间。先生这次东游既受款待又获多方协助，何幸如此，诚以大作已充分表现有所成就，故学者等皆乐与交并为谋研究上之便利也。惟日来四处接洽在语言方面有何人代劳，在语言上有何大不方便否？座谈会、谈话会如承邀请，自当出席，惟舌人必须寻可靠者，俾先生之研究可以充分表现。东方文化研究院与我所交换出版物，至所欢迎。惟我所能提出交换者只有集刊与将来关于历史方面之单行本，而一般经济的著作以及社会科学杂志，于该院无需要，似不必交换也，以为然否？如依此办法，即请告该院直接将刊物寄至本所为荷。吴春晗君应东滇[①]之聘，此间少了一员大将，至为可惜。但吴君仍拟继续为集刊撰稿，实为可感。孙毓棠君之文[②]集刊已于日前寄与先生转交。和拟于本月廿日前后北上，约月底回京。在此期间来函请寄北平北新桥为盼。即颂

旅祺

孟和

七、十[③]

《东洋史研究》所载对于大作一条鞭法之书评已由郑伯彬君译出。由春晗君送往《大公报》之图书副刊，闻不日可发表云。

---

①即云南大学。

②孙毓棠发表于《中国社会经济史集刊》第五卷第一期上的《西汉的兵制》。

③梁方仲在日本考察访问时间为1937年6—8月，故此函应写于1937年。

國立中央研究院社會科學研究所
INSTITUTE OF SOCIAL SCIENCES, ACADEMIA SINICA
NANKING, CHINA

方仲先生：

頃接到七月四日來函，欣喜極切。尊藏書處均已參觀，並得在圖書室閱覽，至為可感。室中陳書畫有數百件材料，可以表示老人搜寄心血精力為時間。先生此次來遊，既受款待又獲協助，何幸如之，誠以大作之充分表現有所成就，故學者等皆對於之並有裨研究上之價值也。惟日來四處搜借在語言方面有何人代勞，在經濟上有何大不方便否？座談會，該會為承邀請，且當於能惜無人知識尋了嘉者，俾先生之研究可以充分表現，東方文化研究院與我所不了換書路線，已函歡迎。惟我所之所提出交換者只有集刊，雖可將來關於歷史方面之學術作，及一般經濟的著作以及社會科學雜誌，於該院無需要，似不必交換也。以為然否。又俟此辦法，即請告該院直接將刊物寄至本所為荷。吳春晗君在東滬之聘，此間少了一員大將，至為可惜。但吳君仍擔任保存集刊撰稿，實為可感。孫毓棠君之集刊之於日前寄去見之。和擬於本月廿前後北上，約月底回京。在此期間來函——寄北平北新橋方町。即頌

旅祺

弟 孟和 七.十.

東方文化研究所載對於大作之一條類似之批評，已由湯伯彬君譯出，由吾春晗送往東方文化之圖書刊物，聞不日可發表云。

三

方仲先生：

顷接到Fairbank[①]函内云：

“I am much impressed with L.'s record and will send a letter to Prof.Elisseff of Harvard-Yenching， although I have no idea of their poliey or activities, at present.The war effect is such in the U.S.A，that it is likely to eclipse historical research for a time.”[②]

Elisseff乃一俄人，曾在东京大学毕业，哈燕社[③]一向由他主持。此人乃亲日派，现在当已改变矣。又Fairbank即将返国，此时当已起程，然我今后当仍与之保持接触。此人对提倡人文科学研究极热心，惟力量不够大耳。又彼函中又谓极愿到社会所在先生之指导下作研究，虽似客气也实话也。

孟和

十一、廿八[④]

---

①即John King Fairbank，费正清，美国汉学家。1929年毕业于哈佛大学，1936年获得英国牛津大学哲学博士学位。1942年11月4日任美国驻华大使馆特别助理并负责战时中、美两国文化交流新闻主任的费正清在陶孟和的陪同下，由重庆到李庄参观访问，他在李庄时曾与梁方仲等晤面交谈过。第二次世界大战后，费氏重返哈佛大学任教授，曾任美国历史协会副会长、会长，1959年任亚洲研究协会会长，1973—1977年任东南亚研究理事会主席。他在哈佛大学建立并长期领导东亚研究中心（费氏逝世后改名费正清东亚研究中心）。

②陶函中所引Fairbank信中英文字句写得十分潦草难辨，经与陈春声、刘志伟以及李宏业并请多位外国学人阅辨讨论，才得出现在的印刷字句。整理者对此段英文的理解大致是：“L”氏（即梁方仲）的经历成绩给我留下深刻的印象，我特去信哈佛燕京学社的叶理绥（Elisseff）教授。尽管该学社当下的政策和活动计划我并不明了。战争现已在美国造成了影响，致使历史学研究暂时失去了光彩。

③即哈佛燕京学社。

④此函估计写于1942或1943年，1943年的可能性最大，盖1944年10月梁方仲已赴美了。

方仲兄也：昨得 Fair 来函云：

"I am much impressed with L.'s record & will send a letter to Prof. Elisséeff of Harvard-Yenching, although I have no idea of their policy or activities at present. The war effort is such in the US that it is likely to eclipse historical research for a time."

Elisséeff 乃一俗人，曾在东京大学毕业，哈燕社一向由他主持，此人乃亲日派，现在当已改变矣。又 Fairbank 亦将返回，此他自己之意思，然他今后当仍保持接触。此人对提倡人文科学研究极热心，惟力量不够大耳。又彼之中文深恨破训，社会研究先生之精粹，不作研究，只似实气也实诗也，

弟一心 十一廿八

四

方仲先生：

由美寄来各函均收到。到英后消息尚未接到。嘱筹款一事当即进行，初以为最好先向英文化协会设法，乃与此间代表商洽，而彼乃送来英镑支票四十镑，作为私人借款，殊之意外，当即惋辞退还。此路已不通矣。教〔育〕部办法，自为准备撞钉子进行。朱先生[①]对有势有力者必然应酬，对吾辈书呆子实无周旋之必要也。至来函所说第三法，也有困难。第一，现在所中经费颇拮据，无法购买。第二，由本所购买，鉴于以前袭开明之例，于先生实来便。若今后本所同人皆援此例，实不妥。当然尊书皆精本[②]，情形不同，依然可为人借口也。

和近来身心情况皆不佳，已说好赴北平休息些时，所事仍交巫宝三先生代理，复云即起身赴沪，乘船赴津。致朱先生请教部津贴函，拟于赴沪后发出，能否有效不敢必也。当然盼望成效。李庄人员公物这几天已能运转来渝，至几时能由渝来京，尚遥遥无期。又尊眷实需人照料，李文治先生一直负责照料，近被派至渝，今后将负责运输责任，又不能尽照料之责矣。□□□已出国。此人太自私，彼之待遇已不算坏，力争照旧领薪，余不允。若今后凡出国之人均照常支薪，则所演空城计矣。所中同事未在外边历练过，不知外间甘苦，皆Spoilt Children[③]，殊难办也。语多牢骚，尚祈谅之。余不一一，即颂

旅安

孟和顿首

9/27[④]

回京后当赴Roxly处谢其借款事，此举实可感也。

---

①即朱家骅，时任国民政府教育部部长兼任中央研究院代理院长。

②杨联陞1946年“赠方仲”诗中有句云：“贪买奇书不惜钱。”这句话道出了梁方仲1944—1947年间在美、英期间为公为私大力搜集购买图书的事实。为此，所付费用颇巨，梁氏个人收入不足维持此举，他为此向陶氏反映并寻求帮助。陶氏此函便是就此事作了应答。

③指被宠坏的孩子。

④1946年9月梁方仲离美赴英国伦敦政治经济学院做访问研究，陶函“由美寄来各函均收到。到英后消息尚未接到”，故此函应写于1946年。

五

方仲先生：

一别已逾十阅月，迄无消息，广州解放前尊府均安否？南京解放前曾发一函，促驾还所，曾收到否？①（前宝三曾发一信请大驾回所，已收到否？）凡此均在念中。社会所自南京解放以来一切照常，惟时感人手太少，盖以先生不在所中，许多问题难以解决。和及同人无不为先生不在此为可惜也。②现新政府成立科学院③，对学术研究将积极促进、发展，各所研究工作之前途极为光明，最根本的问题乃在为先生之长于研究工作者之肯继续服务耳。先生在所多年，当此前所未有的有希望的政府成立之际当能速来复职。现科学院正对各研究所进行接收手续。接收蒇事即将对各所研究工作规定计划（此计划与过去公文式的计划不同，乃实际的）。尤待先生来此主持，至盼至谢。北大陈振汉先生已开办一社经史研究室。社所今后当与合作。彭雨新④先生亦请嘱其速来。已函之，各位名额均于解放时声明保留。今广州解放自当从速复职也。匆此即颂

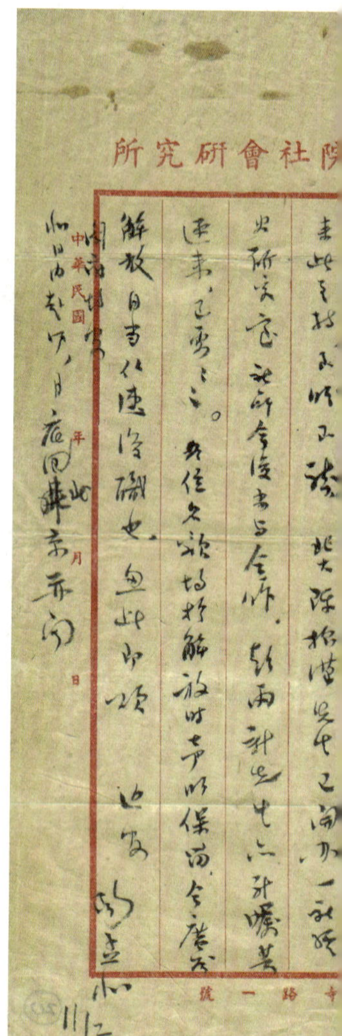
院社會研究所

①1949年1月因父母病危，梁方仲多次收到电告，故请假回穗侍亲。

②1948年陶孟和患病，将所务交由梁方仲代理。

③1949年11月1日中国科学院成立，中央研究院社会科学研究所跟中央研究院的其他有关研究所皆改至中国科学院的相应所中。

④彭雨新，经济史学家，湖南浏阳人。曾在中央研究院社会科学研究所工作10多年。1949年从英国返国时听从了时任岭南大学经济商学系主任梁方仲的意见，留在岭南大学经济商学系任教。

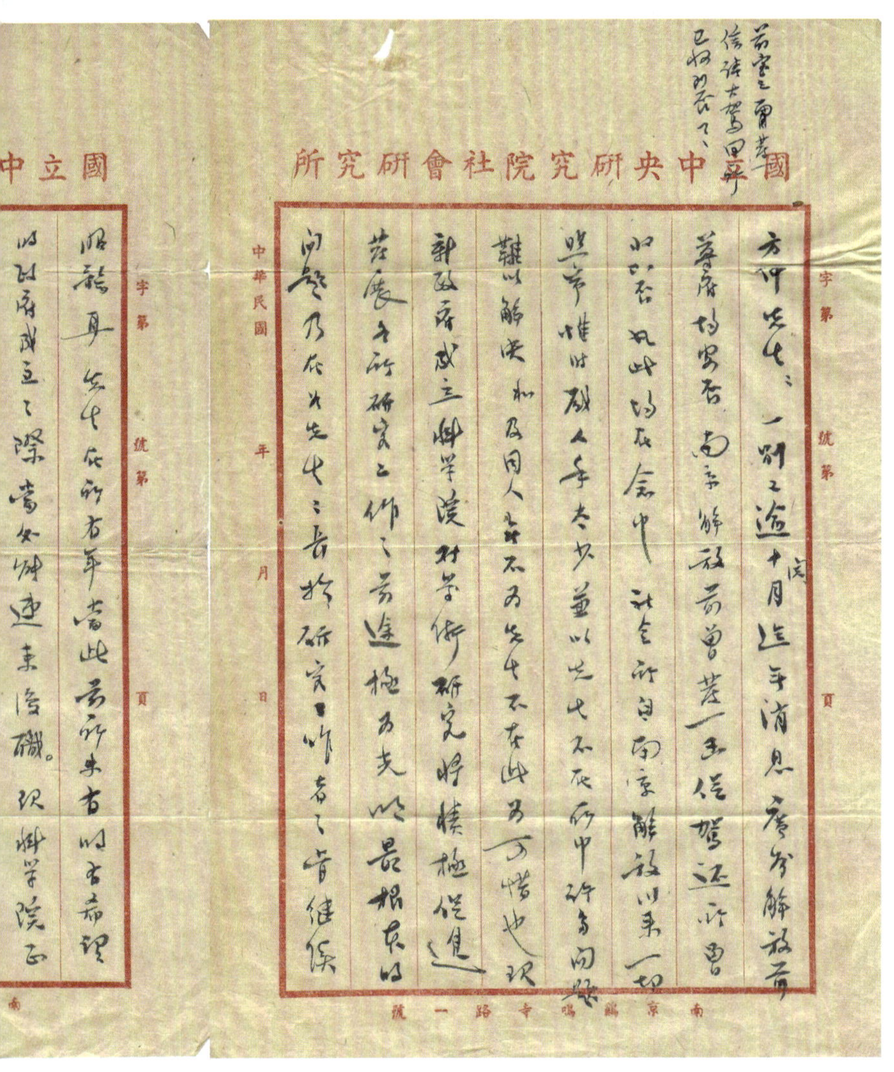
國立中央研究院社會研究所

方仲先生：一別已逾十閱月，近年消息，廣州解放前
尊府均安否？南京解放前曾蒙一函，……
以奉答，想此均在念中。社會所自南京解放以來一切
照常，惟此間人手太少，兼以先生不在所中，許多問題
難以解決，和及同人莫不以先生不在此為可惜也。現
新政府成立科學院，對學術研究將積極促進，
發展本所研究工作之前途，極為光明，最根本的
問題乃在先生之長於研究工作者之肯繼續
回所耳。先生在所有年，當此本所未有的希望
以政府成立之際，……

南京雞鳴寺路一號

近安，阖府均安

陶孟和

11/2[1]

和日内赴沪，月底回北京，并闻。

---

①依据信中所说“一别已逾十阅月”“广州解放前尊府均安否？”“现新政府成立科学院”等语，此函应写于1949年。

六

方仲先生：

顷收到五四来函，得悉已决于六月初旬北来到所复职[①]，欣慰之至。六月间能到所，决无问题。即请径到南京，不必北来。现在革大[②]学习的，社会所共有十一人。占研究人员半数以上。将来学习机会甚多，不必全体都于此时加入。况所中还有些事情，研究工作也不能完全停顿，故仍请先生先回所复职，是所至恳。先生家庭情形无时不在念中。惟在今日，一个人不是家庭的，不是属于父母的，乃是国家的、人民的。故先生北来，在道理上，不特说得通，且是应该的。现在中共的干部人员不少的其父母真正没有饭吃，做乞丐的。先生能进行离婚，实在可以解决一问题。两位公子小姐愚意最好带来，除非在粤有最靠得住，并且能够跟得上时代的人。现在北京的学校儿童们均飞跃进步，个个都胜过他们的父母，可以指导，并修正他们的父母的行为。所以我想沪宁的情形，也如是，所以极盼先生能偕公子小姐同来，受这里新的教育，不必贪图岭南的免费[③]也。

现在社会所主持者为彭泽益君及其他几位同人，如章有义等[④]。现在工会正式成立，大家学习热烈。又先生工资（现

①梁方仲收到陶孟和1949年11月2日函后于1950年5月4日回函陶氏，说将于6月左右北上。其实梁氏1950年暑假前后将参加岭南大学组织的一个小组赴京了解新中国高校教育改革和课程设置等情况，同时探讨其回中国科学院社会科学研究所事宜。

②即革命大学。

③岭南大学当时对教工子弟入读其附小、附中有免学费之优待。

④当时中国科学院社会科学研究所主要研究人员已去北京入“革命大学”学习，留在南京的人员仅彭泽益、章有义等8人。彭泽益、章有义当时为助理研究员，后来成为著名的中国近代经济史研究专家。

工薪划一名称），我相信是可以供先生及两位家眷一切的费用。务请于六月内返所，以后一切事请径与彭泽益函商。到上海时可访李亚农[①]一谈，李现为科学院办公厅副主任兼华东区办事处主任。匆此布答，即颂

近安

孟和

5/10[②]

①李亚农，历史学家，四川江津人。1916年留学日本。1927年在京都帝国大学加入中国共产党。1933年回国。曾任中法大学教授，上海孔德研究所研究员。1941年赴苏北抗日根据地，次年重新加入中国共产党，曾任华中建设大学校长兼党委书记、华东研究院院长。中华人民共和国时期曾创办上海博物馆和上海图书馆，曾任上海社会科学院历史所所长、中国科学院哲学社会科学部委员、中国史学会上海分会主席。

②以梁方仲1950年暑假期间曾随岭南大学赴京参观学习小组到北京，以及陶函所谈内容来判断，此函应写于1950年。

中國科學院

现在社会所之好者为彭泽益君及其它几位同人，尤章有义等。现在工会正成立，大家学习热烈。又先生之薪资一照工薪制一份，我相信是可以供先生及两位家眷一切的费用。务请于本月内返所，以后一切事务计划与彭泽益去商。到上海时可访李亚农一谈，李现为科学院社会所副所长兼华东区办事处主任。匆此布答，顺颂

近安

孟和

5/10

電報掛號 中文：二二三三 英文：SINACADEMY 電話：五一八五 五二二九 五三九四 五三八三

地址：北京王府大街九號

學院

中國科學院

方仲先生：昨收到五日来函，得悉已决於下月初旬回北来到所復職，甚慰之至。下月間經此所，決定同志即請返到南京，不必北来。現在燕京大学習明，並會所共有十人。各研究人员来数以上。将来学习机会甚多，不必令部都於此时加入。况所中還有些事情，研究工作也不能完全停頓，須仍請先生回所復職，是所至盼。先生家庭情形，此时不應念中。據我今日一般人不是家庭的，不是屬於父母的，乃是國家的、人民的。故先生北来，在道

電報掛號 中文：二一二三 英文：SINACADEMY 電話：五．一八二五 五．三五九四 五．三五九八 五．三四三三

地址：北京王府大街九號

中國

理上不好說得通，且是應該的。現在中共的幹部只是不少的其父母離家而去做吃，做它事的。先生能進行商增，實在可以解決一切問題。南京方面不必懼慮甚最好帶来。陳非在南京者，最好帶着信，並且約略跟

地址：北

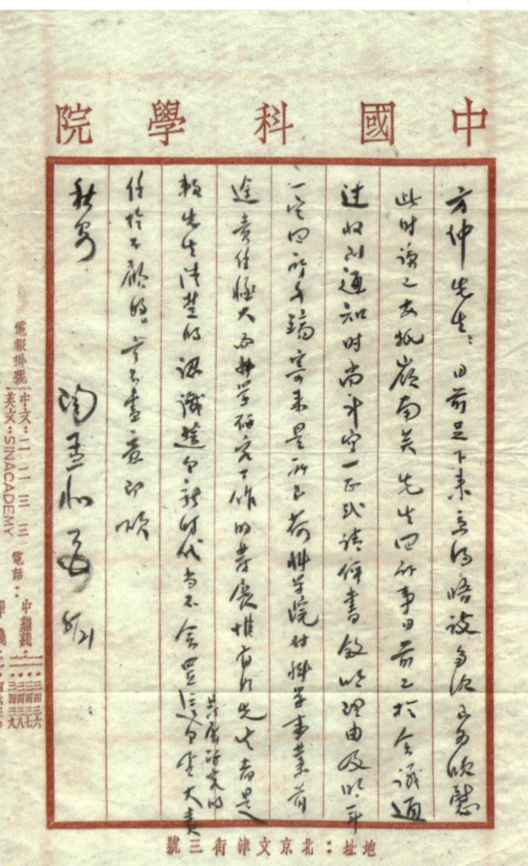

中國科學院

電報掛號：中文：二二三三 英文：SINACADEMY

地址：北京文津街三號

七

方仲先生：

日前足下来京得晤谈多次[①]，至为欣慰。此时谅已安抵岭南[②]矣。先生回所事日前已于会议通过，收到通知[③]时尚请写一正式请假书叙明理由及明年一定回所事端，寄来呈所至荷。科学院对科学事业前途责任极大，而科学研究工作的发展惟如先生者是赖，先生清楚的认识这个新时代，当不会置发展研究的这个重大责任于不顾的。言不尽意。即颂

秋安

陶孟和顿首

8/21[④]

---

①1950年暑假，梁方仲参加岭南大学组织的一个小组赴京观摩了解新中国高校课程设置、教育改革诸项事宜。其间曾多次拜访陶孟和。

②即岭南大学。

③梁方仲回中国科学院社会科学研究所事，在陶氏主导下已在科学院有关会议上通过并随后发出聘任通知书。

④从陶函内容和聘任通知书所署日期来看，此函应写于1950年。

八

方仲先生：

许久不通消息，深以为念。同人等盼先生回所已久，始终不见北来，极为失望。①本所最近工作拟定为我国近百年经济史料的整理，全所人员参加此项工作，一俟思想学习结束，即将全力进行。因此尤盼先生能来指导。惟不知先生已否与中南教部说明并得其允许脱离现在岗位否。此事尚须先生事先办好。如需本院致函中南教部，也请示知。如事先不明白说妥，院方去函调用不特不能生效，反恐发生坏影响。务请注意此点为荷。②陈寅恪先生近况如何？科学院前年曾拟请其来京主持历史研究〔所〕，迄无结果。请便中一询（最好直接不要经过旁人），并代述科学院拟借重之意。陈先生离岭南有无问题，也请调查一下为感。③专此即颂

近安

陶孟和

5/22④

---

①虽然1950年中国科学院发了聘书给梁方仲，梁氏后来却因各种原因并未北上，故陶氏“极为失望”。

②中国科学院建立后不久便向院外各有关单位、院校大力延揽人才，引起教育部等部门的不满，科学院只好在教育部等同意前提下引进外单位人才。

③此可能为中国科学院领导最早正式邀请陈寅恪回北京主持历史研究所的史料。

④此函应写于1952年，其依据请参考梁承邺发表在《南方周末》2006年3月23日的《从新发现史料看陈寅恪北上问题》一文，此处不赘言。

中國科學院

此事也不能要院方去函，用不着，不能去函反

增其惶惑影響。務希注意此類事為荷。陳

寅恪先生近況如何。科學院（前年）前曾擬請其來京

主持歷史研究，迄無結果。對信中一詞（最好直接不

要經過第三人），並代述科學院借重之意。陳先生

高作有否可寄此刊付印一次為感。專此即頌

近安

陶孟和

5/22

電報掛號 中文：二二三三 英文：SINACADEMY

地址：北京文津街三號

中國科學院

方仲先生：許久不通消息，深以為念。同人等聞先生因病已久，恐終不能北來，極為失望。本所最近工作擬定為我國近百年經濟史料的整理。全所人員參加此項工作。一俟思想學習結束，即將全力進行。因此尤盼先生能來指導。惟不知先生已否與中南教部談明並得其允許脫離現在崗位否。此事尚請先生考慮如何。如需本院致函中南教部，也請予知。

地址：北京文津街三號

九

方仲先生：

日前收到六月四日来函，昨天罗勤生同志送来红茶及饼干两听[①]，均极感谢。承告肺疾已愈，写作又趋活跃，闻之至为高兴。编写经济史极为重要。进行起来却非容易。如能在进行时经过教研室批评讨论，千锤百炼之后再拿出来，最为妥善。经济所数年以来搞近代经济史料至今还未能出版问世，足见今日写作之难。此言并非有意阻止先生进行此项计划，惟盼对于写作的各方面，如编写计划、资料、立场、观点等等多多请人参加意见而已。胡风集团问题是对于中国人民的一个大警告。胡风集团居然暗藏在人民队伍里二十年，继续不已地进行颠覆活动，一直到最近才为人民所识破。这证明了中国人民的思想性还不够高，政治性还不够强。因此，我更感觉到有加强思想学习与政治觉悟的必要。科学出版社近来出版的各种史学期刊（这几种刊物离着够标准，还差的远。几乎每一期都有些大大小小的毛病）谅均已读到，如尚未见到请告知，当设法觅出寄上。[②]寅恪先生近来健康如何，晤见时请代

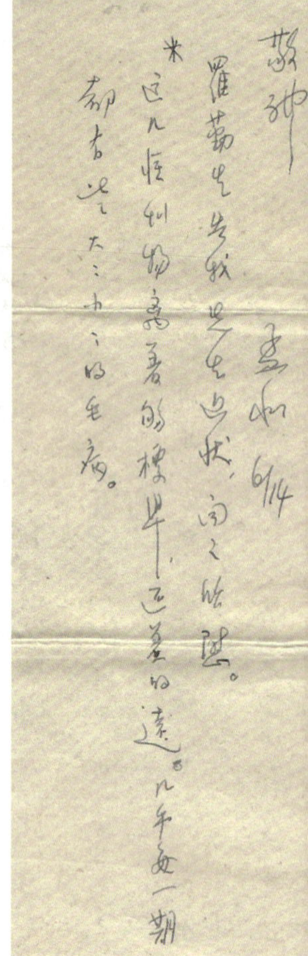
敬礼！
孟和 6/14

*这几种刊物离着够标准，还差的远。几乎每一期都有些大大小小的毛病。

---

①1949—1951年罗勤生入读岭南大学经济研究所当研究生，是梁方仲的学生，毕业后经由梁氏介绍到北京国家部委工作，曾任外贸部商情研究所和外贸部广州特派员办事处研究员。他与梁氏一直保持联系，故梁氏有托带信物之举。

②中国科学院图书出版等项工作时由陶孟和主持领导。

致意。余不尽言。此致

敬礼

孟和

6/14①

罗勤生告我先生近况，闻之欣慰。

①反胡风集团事件发生于1955年5月，此函应写于1955年。

一〇

（缺第一页[1]）

人还可以大大地发挥他们的力量的。不过他们在工作时应该虚心，应该向在思想方面，在政治经济学理论先进的人们学习。旧知识分子所要求得到的乃是正确的观点与方法，而不单是资料的引用或历史事实的校订。因为立场、观点、方法是主要的。我们过去或者不注意这些，或者虽然注意，而注意得不对。先生对于各项刊物的文章如有批评或意见尽可写出投登。各刊物主编人自然会送给原作者本人阅后作答。千万不要直接送给本人。现在科学院正在提倡展开学术讨论。没有学术讨论，学术便成死的。科学院出版的各种刊物经常靠着这种批评而得到改进。有的刊物竟因为读者提意见而将原刊物全从发行处调回。不久以前，一本论虫害的著作，由于读者提出了意见（见《光明日报》）而停止发售。这样的事在今日出版界是常有的。足见学术讨论批评的重要作用。先生对任何文章看到问题，务请提出意见。若不愿直接送去，请寄给我，我可代转的，至要至要。《近代史资料》现已决定停止公开发售（也是由于资料里出了叉子），但可由机关证明订购。《科学通报》现在致送的份数已经过于庞大，不能再扩充了，现在在设法紧缩。此刊物中大图书馆一定会有，也没有保存的必要。故不拟致送了。关于写经济史的计划，我还认为要慎重考虑。在中国通史没有出现以前，在历史上的许多重大问

①此处缺书信的第一页，当系丢失之故。

题没有解决以前，这书是极难写好的。北京人民大学前曾听说计划设置中国经济史教研室，不知现在已设否。他们初步的工作是研究而不是写教科书。以上所说，不知有当否，仅供参考。如有其他意见务望提出，共同讨论。祝

健康

孟和

7/24[1]

①陶函着重讨论科学院办刊物之事，若与其前函（1955年6月14日致梁方仲）所述内容结合起来分析，此函应同样写于1955年。

一一

方仲先生：

数年不见，时以为念。承蒙寄来大作，感谢之至。近来工作谅必忙碌，政治学习必日有进步。今日欲求工作有成绩，非有马克思主义作基础不可也。兹有有事询者：

一、广州手表价较它处为廉，据说一百五十元即可买一个相当好的。

二、手表可以挂号邮寄到北京否？

三、如以上两事属实，托先生代买一个可否？如承同意代买，当即将款汇上。

专此奉询，并致

敬礼

陶孟和

3/17[①]

尊体如何，较以前更康健否？家事较以前已改进否？均时在念中。寅恪先生晤见时请代候。

---

①1955年6月14日，陶孟和致梁方仲函中有云“承告肺疾已愈，写作又趋活跃，闻之至为高兴”，而本函附言中说“尊体如何，较以前更康健否？”，从“更康健否？”来判断，此函写在1956年应属合理的判断。

方仲先生：

數年不見，時以為念。承寄來大作，敬謝之至。近來工作諒必忙碌，政治學習必日有進步。今日談到工作有成績，非有馬克思主義作基礎不可也。以下有事詢者：

一、廣州手錶價格比商為廉，據說一百五十元即可買一只相當好的。

二、手錶可以掛號郵寄到北京否？

三、如以上兩事屬實，請先生代買一只可否。如承同意，代買當即將款匯上。

專此奉詢並致

敬禮

陶孟和

9/17

尊體如何？較以前更康健否？家事較以前更改進否？均時在念中。家嫂先生均此代候。

汪槐龄致梁方仲（一封）

汪槐龄，历史学家，江苏泰兴人。1945年毕业于西南联大，1951年毕业于北京大学历史系。1960年复旦大学历史系研究生毕业，后留系工作。著有《明万历年间的市民运动》（《历史教学》1959年第6期）、《论岳飞的爱国主义》［《复旦学报（社会科学版）》1979年第4期］、《柴荣与宋初政治》（《学术月刊》1980年第7期）、《论宋太宗》（《学术月刊》1986年第3期）等。

方仲先生：

我虽是一个明史的爱好者与学习者，然而对明代经济史本来并无兴趣。看了先生的一些作品特别是明代粮长制度后，引起了我学习明代经济史的兴趣。在这里，我愿意首先对先生表示谢意。

由于我是初学，所以有些问题一时不易搞清楚，用特专函向先生请教。这些问题是：

1. 弘治十五年天下田土总数，据《正德会典》为四百二十二万八千余顷，据《万历会典》则为六百二十二万八千余顷，相差逾二百万顷。据《正德会典》弘治十五年天下官田数为五十九万八千余顷，民田总数为三百六十二万九千余顷，总数适合四百二十二万余顷之数，又嘉靖八年，霍韬也曾说自洪武迄弘治百四十年，天下额田已减强半（洪武廿六年为八百四十九万六千余顷，弘治十五年为四百二十二万八千余顷），不能说四百二十二万余顷之说没有根据。据《万历会典》弘治十五年十三布政司田土为五百一十余万顷，南直隶府州为八十一万余顷，北直隶府州为二十六万九千余顷，三者相加亦合六百二十二万八千余顷之数，亦非印刷上的错误。究以何者较可靠？

2. 据《万历会典》卷十八载各都司屯田数，总计为八十九万三千余顷（是我自己相加的），《明史》所云明洪武年间军屯总数计八十九万三千余顷（《食货志》卷七十七：万历时计屯田之数六十四万四千余顷，视洪武时亏二十四万九千余顷），疑而以此为根据。但《明史》此说是有问题的：一、《明史》云“屯田总数”，似系不专指军屯而言，但《会典》所载则系专指隶属都司锦厂所下的军屯。二、《会典》所载决非洪武年间数字，盖洪武年间尚未设立四川等行都司，而《会典》则〈所〉载则包括四川行都司、山西行都司等处屯田。三、《会典》记载本身也是有问题的：四川都司及行都司屯田数逾六十五万九千余顷，几占总数三分之二以上，是否有误？

3. 据《实录》，洪武二十四年天下耕地面积为三百八十七万余顷。据《万历会典》，至洪武二十六年时，天下耕地面积为八百五十万余顷。又据《实录》，宣德元年天下耕地面积为四百一十余万。自洪武二十四年至洪武二十六年，二三年间增加了四百余万顷；自洪武二十六年至宣德元年，并非兼并严重之时，但三十余年之间减少四百余万顷，是否可能？疑《实录》所记数字，为明政权据黄册、鱼鳞图册向人民征收赋役之根据，而《会典》所载则包括山塘等成熟田与非成熟田，需赋役的田地与不需赋役的田地在内。后者为天下耕地面积，前者仅为天下耕地面积之一部分，即明政权赋役之所由出的那一部分。

4. 《明代粮长制度》页110：“凤阳府的田额突然减少了许多，参证以其他史料，知为由于开垦出来的额田已为豪强所隐没所致。”此项具体史料，恳请先生介绍一二。

5. 先生对于“百姓十一在官，十九在田”的解释是：“按此指里甲十年一役而言”确不合于一般史家。但除里甲外，尚有均徭，一般是里甲正役后五年充当，如并均徭而计之，则是“十二在官，十八在田”了。幼稚之见，望海涵。

方仲先生：

我虽是一个明史的爱好者兼学习者，从而对明代经济史亦来甚感兴趣。前读 先生的一些作品特别是明代粮长制度后，引起了我学习明代经济史的兴趣。在这里，我愿意对先生表示谢意。

由于我是初学，所以有些问题一时不易搞清楚，用特专函向 先生请教。这些问题是：

1. 弘治十五年天下田土总数，据正德会典为四百二十二万八千馀顷，据万历会典则为六百二十二万八千馀顷，相差达二百万顷。据正德会典弘治十五年天下官田数为五十九万八千馀顷，民田总数为三百六十二万九千馀顷，总数适合四百二十二万馀顷之数。又嘉靖八年霍韬也曾说自洪武迄弘治百四十年，天下额田已减强半（洪武廿六年为八百四十九万六千馀顷，弘治十五年为四百二十二万八千馀顷），不能说四百二十二万馀顷之说没有根据。据万历会典弘治十五年十三布政司田土为五百一十馀万，南直隶府州为八十一万馀顷，北直隶府州为二十六万九千馀顷，三者相加亦合六百二十二万八千馀顷之数，亦非印刷上的错误。究以何者较可靠？

2. 据万历会典卷十八载各都司屯田数，总计为八十九万三千馀顷（是我们相加的）。明史所云明洪武年间军屯总数计八十九万三千馀顷（食货志卷七十七：万历时计屯田之数六十四万四千馀顷，视洪武时亏二十四万九千馀顷），疑即以此为根据。但明史此说是有问题的：一、明史云"屯田总数"，係（似）不专指军屯而言，但会典所载则係专指隶属都司卫所下的军屯。二、会典所载决非洪武年间数字，盖洪武年间尚未设立四川等行都司，而会典则载则包括四川行

都司、山西行都司、等……
四川都司及行都……
三分之二以上，是……

3. 据实录，洪……
据万历会典，至洪……
顷。又据实录，……
武二十四年至洪武二……
武二十六年至宣德……
廿四百馀万顷。……
我据黄册，通……
所载则包括山……
其不完赋役的……
仅为天下耕地面……
的那一部分。

4. 明代粮长……
许多，亦往以其他……
所隐没所致"。

5. 先生对于……
此指里甲十年一役……
甲外，尚有均徭……
而计之，则是"十……

其他还……
忙，未及续陈。……
的学生予以指教。

撰安

15

阳毅□

其他还有许多问题，考虑到先生工作一定很忙，未便渎陈。以上问题，请先生将我看作是自己的学生予以指教。此请

撰安

后学汪槐龄

59.4.24

赐教处：复旦大学历史系

王崇武致梁方仲（九封）

王崇武，历史学家，河北雄县人。1936年毕业于北京大学史学系。1937年起在中央研究院史语所工作，1944年升为副研究员。1948年在英国牛津大学从事明清两代和中西交通史的研究。1953年在中国科学院历史研究所第三所任研究员。著有《明靖难史事考证稿》《奉天靖难记注》《明本纪校注》（三书皆中央研究院历史语言研究所专刊，商务印书馆，1948年）。中华人民共和国时期，其研究方向转向专攻中国近代史。译有太平天国史方面的西文资料，点校《小腆纪年附考》（中华书局，1957年）。

王崇武与梁方仲结识于抗战时期，由于两人的工作单位（中央研究院历史语言研究所和社会科学研究所）在搬迁过程中基本是在同一地点（先后迁至广西桂林、云南昆明、四川南溪李庄），尤因彼此都专攻明史，两人友谊很快发展成“情逾骨肉”（王氏语）、“谊漆胶”（梁氏诗）。

一

方仲吾兄赐鉴：

Thomas E.Enmis书已收到，至感至慰。安南史略资料，弟粗一翻检，知书籍甚多，西文书有六十余种（《通报》《远东博物院学报》尚不在内），就中十分之九为法文（英文者仅一两本，极浅无味，德文者亦有一两本），中国方面材料亦甚棘手，因既注重近代之中法关系，则谅山战役自甚重要，亦须大费一番考证工夫也。以此种种，弟决定不写，已婉谢傅先生[①]矣。英文书暂留弟处容后奉还。又《人文科学学报》后面似有一履历介绍，弟假如必须介绍时（不介绍最好），请书“国立北京大学毕业”，不必涉及研究所也。匆匆奉覆，并致谢忱。即请

撰安

弟崇武拜上
十九日[②]

---

①即傅斯年。

②王函中提到“又《人文科学学报》……”文，查该文为《明史张春传考证》，发表于该刊第二卷第一期（1943年6月）上。该文是梁方仲推荐给该刊的。由此判断王函应写于1942年。《人文科学学报》在昆明出版。

二

方仲吾兄史席：

别来瞬将一载，数年相依，情逾骨肉，忽此阔别，我劳如何。数月来每欲修问，然而每一握管，积思如麻，真如一部廿四史，有无从说起之苦矣。弟年来目疾又发，且常患感冒，然忧患之中，亦颇多追求，计已脱稿者有：（一）《奉天靖难记校注》、（二）《皇明本纪校注》两书，并旧撰（三）《靖难事变考证稿》，将次第整理刊布。弟意《靖难记》系《太宗实录》底稿，由两者相校，可以考见官书前后更改之迹，及其所以更改之原因，曩撰《靖难事变考》时，中有一节即由此观点出发，故（一）、（三）两书，实有局部重复，惟在作法方面则彼此歧异，所谓一鸡两味也。《明本纪》虽非《实录》性质，然其取材则决出自《实录》，其所据底本为建文间初修本抑永乐初再修本，今虽不能详知（中称沧州为棣州，犹不避成祖讳），然与今本《太祖实录》比较，知决在其前（《四库提要》《续文献通考》等书谓《本纪杂钞》《实录》两本，真妄言也）。《太祖实录》初修本既经成祖焚毁，再修本又久失传（见《亭林文集》），考太祖史事者有每为之茫昧，今得此残缺不全之本（《本纪》）可供为比较研究之资，亦可慰望梅之厌矣。弟校注《本纪》之办法，一如校注《靖难记》，即用《考证稿》中之比较研究法，故二书就方法观点言，亦可谓“一鸡

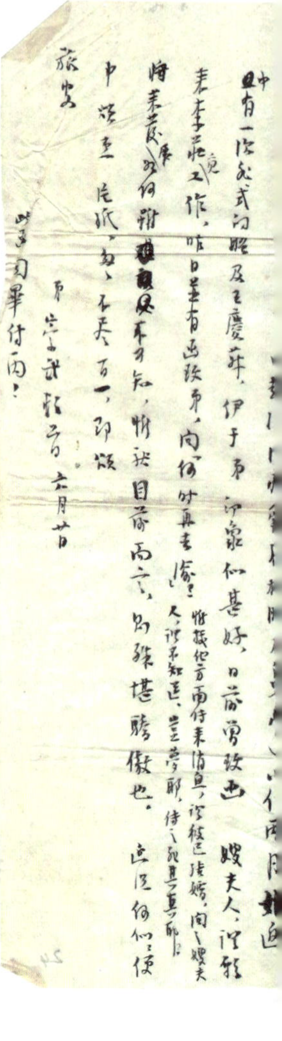

三昧”也。目下书籍无多，弟所阅览者又甚少，而文字间之疵类，亦不足以引起读者兴会，故将来补充修正之处必甚多，惟书中大体主干（主要的假定），弟自信或甚少修订也。又弟研究万历东征史事，以为当时縻饷耗师，庙堂用兵迄无善策者。有天时（朝鲜地气较暖，雨多）、地利（多水田，中国往调者多骑兵）、人事（南北两方军队水火）及火器（日本用鸟铳，国军无法接近）四因素。此事弟颇受陈寅恪先生论唐太宗伐高丽之启示。惟在方法上，弟与陈先生全不相同，

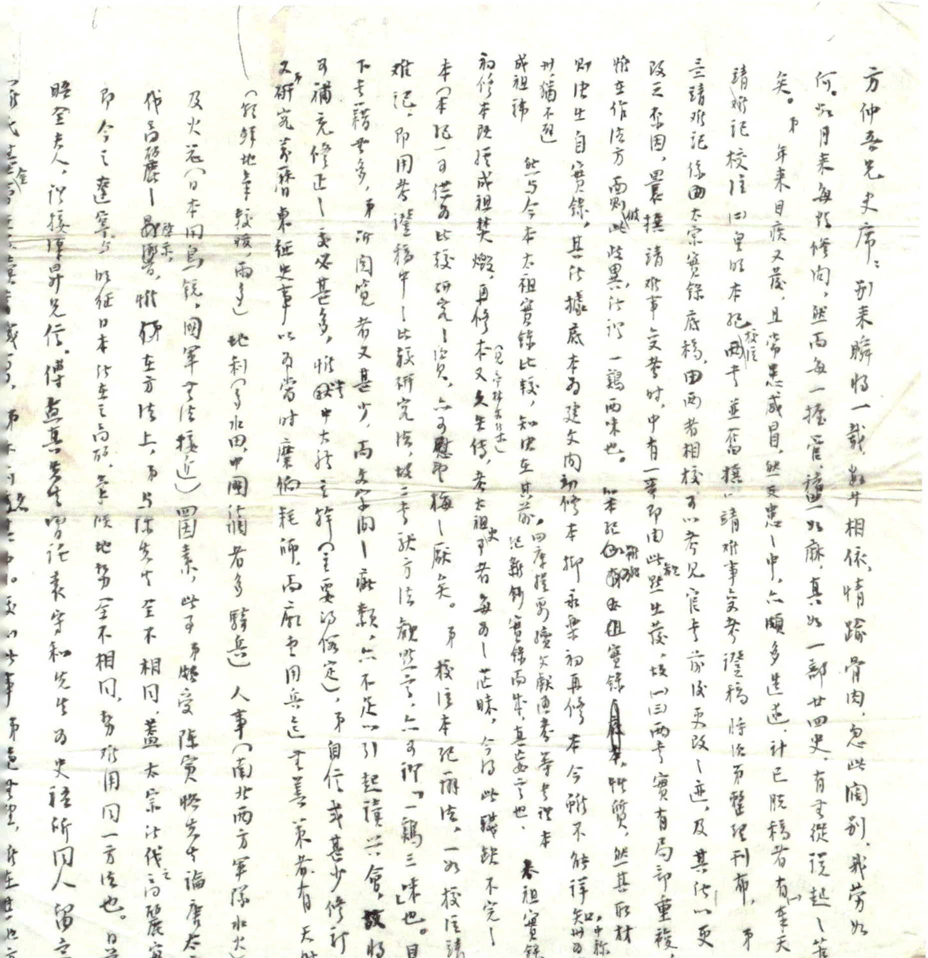

盖太宗讨伐之高丽实即今之辽宁，与明征日本所在之高丽气候、地势全不相同，势难用同一方法也。日前晤全夫人，谓接汉昇兄信，傅孟真[①]先生曾托袁守和[②]先生为史语所同人留意罗氏基金会在美读书机会，弟亦厕名其中。据测此事，弟绝无望，惟在其他方面不审可否代为设法。弟不计报酬，亦不论工作（读书可，扫地亦可），只以早去为目的（近来常受刺激），惟在进行方式上，不必假借傅先生之力，因史语所竞争与醋者甚多，而傅先生于此类帮忙，似亦过分的看重也。弟三月中赴渝治病（割扁桃腺及鼻骨）小住两月始返，中有一次正式的晤及王庆菽，伊于弟印象似甚好，日前曾致函嫂夫人，谓愿来李庄觅工作，昨日并有函致弟，问“何时再去渝”。（惟据他方面传来消息，谓彼已结婚，问之嫂夫人，谓不知道，岂是梦耶，传之配其真耶？）将来发展如何虽不可知，惟就目前而言，则殊堪骄傲也。近况何似？便中烦惠片纸，匆匆不尽百一。即颂

旅安

弟崇武顿首

六月廿日[③]

此函阅毕付丙！

---

①即傅斯年。

②袁守和，图书馆学家，河北徐水人。1916年毕业于北京大学，1920年赴美，在哥伦比亚大学、纽约州立图书馆专科学校学习。1924年回国，在北京大学讲授目录学，兼图书馆主任。1929年任北平图书馆副馆长，1942年升任馆长。1949年赴美，先后在美国国会图书馆和斯坦福大学研究所工作。

③函云“别来瞬将一载”指梁方仲1944年下半年去美后的时间，此函写于1945年无疑。

三

方仲兄：

许久没有给你写信，想你的情况一定很好。

科学院近来又成立了两个历史研究所（上古史、中古史），我希望你能到中古研究所来（中古史是从隋唐至明清），我和这里的朋友们谈过，他们也愿意你来，但不知能否脱身，如可脱身，我便正式向领导提出这个问题（该所所长为陈垣，不管事，管事者似为副所长侯外庐①君，贺昌群兄任科学院图书馆副馆长，兼该所研究员）。两所都还没有高级研究人员，现在是有所无人工作。我仍然在近代史所，所中有通史组，我系在通史组中（罗尔纲近亦转在近代史所，亦在通史组）。

我和内人近来翻译了一本《太平天国史料译丛》，另特寄给你一本。我翻译这些材料曾花了很多工夫，但稿本自视仍不满意，希望你翻看一下，提些意见。朋友中如有对此书有意见者，亦盼收集一下告诉我们，以便将来改正。

我十分愿意你能到北京来。

敬礼

弟崇武

六月七日②

寅恪先生近况如何，盼代候。

---

①侯外庐，历史学家，山西平遥人。1923年考入北京政法大学和北京高等师范学校，分别攻读法律和历史。1927年赴法国巴黎大学留学，并加入中国共产党。1930年回国，先后在哈尔滨政法大学、北平大学、北京师范大学等校任教。1948年进入东北解放区。历任中央人民政府文教委员会委员，北京师范大学历史系主任，北京大学教授，西北大学校长，中国科学院历史所副所长、所长，中国科学院学部委员，中国哲学史学会名誉会长等职。

②《太平天国史料译丛》出版于1954年，中国科学院成立三个所的决定是在1953年，故此函写于1954年。

许久没有给你写信，想你的情况一定很好。

科学院近来又成立了两个历史研究所（上古史、中古史），我希望你能到中古史研究所来（中古史是以隋唐至明清），我和这里的朋友们谈过，他们也都希望你来，但不知你能否脱身，如可脱身，我便正式向领导上提出这个问题。（该所所长为陈垣，不管实际，实际为副所长侯外庐君，贺昌群兄任科学院图书馆馆长兼该所研究员）两所都还没有高级研究人员，所以急需有此等人工作。

我仍然在近代史所，所中有通史组，我便在通史组中。（范文澜近亦将在近代史所，亦在通史组）

我和内人近来翻译了一本太平天国史料译丛，另封寄给你一本，我翻译这些材料曾花了很多工夫，但稿本自校，仍不满意，希望你翻看一下，指些意见。朋友中如有对此书有意见者，亦盼收集一下告诉我们，俾将来改正。

我十分希望你能到北京来。

敬礼

弟 崇武 六月七日

寅恪先生近况如何，盼代候。

四

方仲兄：

奉廿二日长函，如获至宝，循环三覆，喜慰无极。大作讲稿[①]已收到，弟于此题素无研究，不能置一辞，已转所中同志传阅，如有意见，当即奉闻。让之[②]于去夏患血压，几殆，人事不省者数月，近已过危险期，但仍不能读书谈话（将来或许能恢复工作），故大作尚未转去（通讯处为西郊北京大学历史系转）。让之文弟手头尚有，又缪彦威先生亦有一篇并附函寄上。兄所谓占田、课田文，是否指《史学周刊》六期所载者？[③]尔纲[④]通讯处为南京山西路南京图书馆北城阅览室转，伊尚编太平资料。此间出有《近代史资〔料〕》专刊，专刊近代史重要资料，将本月底可出第二期，届时当并第一期一并奉上各一册。弟意，兄如有贵重资料，不必赠所，只将其重要者选辑若干，加一适当说明，即可在该志发表（酌酬稿费）。或欲转让所中亦可，但一般论文，价并不昂。《近代史资料丛刊》系史学会所编，与本所无关。兄前撰论太平天国天朝田亩制度文[⑤]极佳，惟稍过火，弟意如出版，须加修改，始更完善。罗公文过甚，其辞处更多，其言不足信也。弟一切托庇安善，惟太忙，碎务蝟集，不克苦思，亦不能读

---

①可能指梁方仲所撰《中国经济史讲稿》（初稿）和中华人民共和国成立初期的几篇论文［《易知由单的研究》《明代一条鞭法年表（初稿）》《明代黄册考》或其中一篇］。

②即邓广铭。

③1953年前梁方仲曾计划撰写占田、课田的论文，其间不断搜索有关参考论著。邓广铭、缪钺等人皆是求助的对象。邓氏曾撰有《唐代租庸调法研究》。

④即罗尔纲。

⑤梁方仲在其《易知由单的研究》中有一附录《论太平天国的易知由单——兼论天朝田亩制度》，该附录长达3万字，可以说是一篇研究天朝田亩制度的论文，文中与罗尔纲的有关研究多有商讨。

书，以此学无寸进，所译太平史料待刊者不下十数万言，亦无暇润色考订，念兄之左右图书，从容写作，真不啻天上人间也。匆匆

敬礼

弟崇武敬上

十一月廿六日[①]

---

①王崇武函写道“所译太平史料待刊者不下十数万言”，而该书《太平天国史料译丛》出版于1953年，此函应写于1952年或1953年。

中國科學院近代史研究所

第　號

方仲兄：奉廿三日長函，如獲至寶，循環三讀，真一慰幸極。大作讀稿，已收到，弟於此亦素未研究，不能置一辭，已轉孫中同志傳閱，如有意見，當即奉聞。讓之於去夏患血壓，氣喘，人事不省者數月，近已過危險期，但仍不能讀書談話，（不知將來或許能恢復否？）故大作尚未轉去。通訊處為西郊北京大學歷史系轉之文，弟手頭尚有又陵彥威先生一二篇，並附寄上。爾綱通訊處為南京山西路南京圖書館北樓閱覽室轉。伊尚編太平資料。當然有『近代史資料』，弟刊近代史參要資料，北本月底可出第十二期，屆時當備第一期一并奉上各冊。弟言　兄欲有貴重資料，不必賜

兄所詢民田諸四文，見香港史學週刊六期所載者也。

地址：北京王府大街東廠胡同一號
電話：五局五四〇〇號

中國科學院近代史研究所

第　　號

所，只得其重要者選輯若干（酌酬稿費），（加一通按語說明）或在該志發表。或姑轉

讓他年出之。但一般論之，便並不易耶。近代史資料所刊係

史學會所編，與本社無關。兄前撰論太平天國天歷

田畝制度文獻，惜稍遲矣，弟已決出版，須加修改，

始更完善。謂公文過甚其辭者更多，其亦不足

信也。弟一切託庇粗善，惟太忙，碎務蝟集，不克

著書，亦不能讀書，一些寫作寸進，然譯太平史料（待刊者不下）十

數萬言，亦未經周密考訂，念兄之左右圖書，從容著

作，真不啻天上人間也。匆匆，

敬禮

弟爾綱拜上　十月廿七日

地址：北京王府大街東廠胡同一號
電話：五局五四〇〇號

五

方仲吾兄：

近来太忙，许久没有给你写信，想你一定原谅我。

关于你研究的题目，我提不〔出〕什么意见来，并不是懒，没有看你作品，主要是读书太少，理论水平又低，因此无意见。可是，我主观希望你写下去，以为将来修改的基础。

你的一条鞭法，需要大大修改，我以为交三联出版也好，因为科学院所印关于社会科学一类书，完全无人问津。

我在《历史研究》发展〈表〉的两篇关于元末农民起义的文章①，原为青年出版〔社〕写的小册子，但现在看来，其中有很多处写得不够，因此我想改写再出版，希望你在百忙中为看之，提点宝贵意见。中大其他朋友如有意见，亦望示知。关于太平天国的英文资料，还曾译过一些，但需加工整理，才能付印，现在无此时间，也只有搁下去。关于明清史上的一些题目，也想整理整理，但也无时间。

我们最近接受了一项突击任务，标点《资治通鉴》及改绘杨守敬地图，在大学调了几位脱产的同志作此工作。为了避免杂事纷扰，我也迁在北海办公（假北京市北海文物组室，是吴晗帮助我的）。这里清静极了，可多作一些事。如来信，可寄北海北京市文物组转（每周只去三所一天，其余均在北海）。

彭雨新兄近况如何？和我同船归国，有位名叫端木正的朋友，他原在中大教书，现在还在否？陈寅老近况如何？

盼来信。致

敬礼

弟崇武敬上

三月十日②

---

①王崇武的这两篇文论文是《论元末农民起义的历史背景》（《历史研究》1954年第1期）、《论元末农民起义的蜕变及其在历史上所起的进步作用》（《历史研究》1954年第4期）。

②王氏有关元末农民起义的两篇论文分别发表于1954年春季和年末，此函应写于1955年。

中國科學

我們最近接受了一項突擊任務，標點資治通鑑及改繪楊守敬地圖，在大学調了幾位脫產的教師同志作此工作。為了避免雜

擾，我也還在北海办公（借北京市北海文物組室，是吴晗帮助我的），

地址：北京王府大街東廠胡同一號
電話：五局五四〇〇號

中國科學院歷史研究所第三所

第　號

這裏清靜極了，可多作一些事。——來信，可寄北海北京市文物組轉。（每週只去三所一天，其餘均在北海。）

彭雨新兄近況如何？和我同船歸國，有位名叫端木正的朋友，他原在中大教書，現在還在否？陳寅老近況如何？

盼來信。致

敬禮

弟崇武拜上　三月十日

地址：北京王府大街東廠胡同一號
電話：五局五四〇〇號

中國科學院歷史研究所第三所

第　　號

方仲吾兄：

近来太忙，许久没有给你写信，想你一定原谅我。

关于你研究的题目，我提不出什么意见来，並不是懒，没有看你作品，主要是读书太少，理论水平又低，因此无意见。可是，我主观希望你写下去，一方面将来修改的基础。

你的一條辦法，需要大大修改，我一方面交三联出版也好，因为科学院所印关于社会科学一類书，完全無人问津。

我在历史研究發表的两篇关于元末农民起义的文章，原

地址：北京王府大街東廠胡同一號

所第三所

第　　號

为青年出版写的小册子，但现在看来，其中有很多是写得不够的，因此还没有出版（我想改写再出版），很希望你在百忙中为看看，提些宝贵意见，中大其他朋友如有意见，亦请示知。关于太平天国的英文材料，近一

六

方仲兄：

日前谭彼岸先生带到惠赠《群书题跋》一部，这部书我从前没看过，莫氏也算是博览群书的人，其中有些地方是很好的，谢谢你赠书的雅谊。谭先生过访时我没有在家（可能是他托人送来的），事后我给他写了一封道谢的信，颇以未能晤而为憾，见到时请代致歉意。

我们标点通鉴[①]已全部完工，交印刷厂付印，标点续通鉴亦开始，可是我又被调参加另一突击工作，科学院与文化部合编一部中国历史图解，用中外文出版，其中并有苏联专家参加，我写全书提纲（用中文写，将来译为各国文字），苏专家提供意见，另外由其他同志配图，我写作这类书的能力非常差，吃力极了，但也不得不勉强干，因此忙极了，也累极了。

中山大学有无中国史讲义？除岑仲勉先生隋唐史讲义外，我还没有看见其他的东西，请你告诉我一些内幕（都是有哪些讲义，讲义好坏无关，都有参考价值），以便通过组织写信去要。还有你编的经济史讲义，请见信后立即寄一份来，以做参考。千万千万！

我的一切情况都很好，只是身体愈来愈坏，近因工作忙，血压又略高，经常失眠。而且对于专业（明史）久不做，心里满长青草，不知这辈子还能否再写点有研究性的东西！

---

①即《资治通鉴》。

雨新[①]是否已到中山？望代问候。陈寅恪先生近况如何？亦望致候，他现在正写什么书或文章？

敬礼

崇武

九月十九日[②]

①即彭雨新。

②王崇武主持《资治通鉴》标点工作始于1955年初，写此函时（9月19日）“我们标点通鉴已全部完工，交印刷厂付印”，王氏接着承担中国历史图解任务，并要求梁氏即寄其经济史讲义，供他参考。据此，此函应写于1955年。

講義好好寫，向、都有參考價值。

中國科學院

外，我还没有看见其他的东西，请你告诉我一些比较（些讲义），以便通过组织进行去要。还有你编的近代史講義，请兄行後立即寄一份来，以做参考。千万！

中國科學院歷史研究所第三所

第　　號

我们一切情况都很好，只是身体不太好，近因工作忙，血壓又略高，经常失眠。所以对于专业（历史）久不做，心裏满惦着專業，不知近几年子还能否再写些有研究性的东西？

两新生是否已到中山？并代问候。陈寅恪先生近况如何，亦要路便，他现在正写甚么专门或文章？

敬礼！

[illegible] 九月十九日

地址：北京王府大街東廠胡同一號
電話：五局五四〇〇號

中國科學院歷史研究所第三所

第　號

方仲兄：

日前譚彼岸先生帶到大贈《羣書題跋》一部，這部書我以前沒有看過，莫氏也是一個博覽羣書的人，其中有些地方是很好的，謝謝你贈書的雅誼。譚先生過訪時我沒有在家，可能是他託人送來的，事後我給他寫了一封道謝的信，致以未能晤面為憾，見到時，請代致歉意。

我們標點通鑑已全部完工，交印刷廠付印，標點續通鑑亦開始，可是我又被調參加另一突擊工作，科學院與文化部合編

地址：北京王府大街東廠胡同一號
電話：五局五四〇〇號

究所第三所

第　號

一部中國歷史圖錄，用中外文出版，其中並有蘇聯專家參加，我寫全書提綱，用中文寫好來譯為各國文字，蘇專家提供意見，另外由其他同志配圖，我寫作這類書的能力非常差，吃力極了，但也不得不勉強幹，

七

方仲兄：

我近来身体不好，工作又忙，这几天不能去开会[①]，不知你到了北京没有？住在哪里？请你千万见信后马上通知我，我好去看你，我的电话是55400或53522，如无空打电话，写信最好。万恳万恳！

敬礼

崇武

七月五日[②]

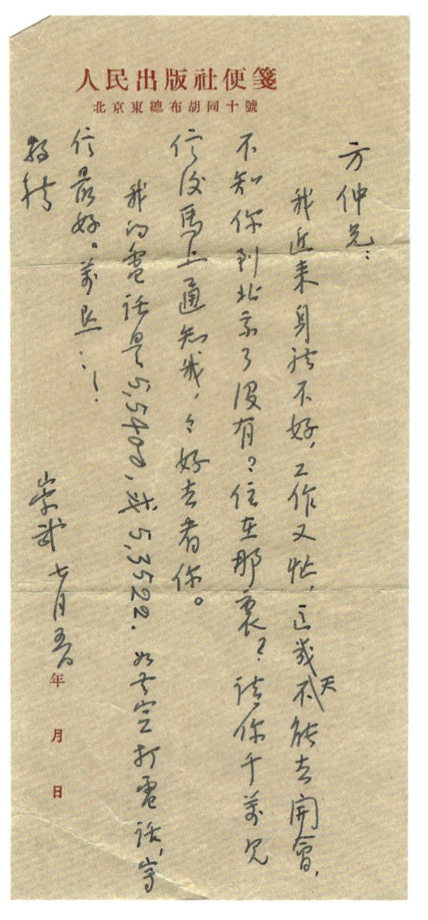

人民出版社便箋

北京東總布胡同十號

方仲兄：

我近来身體不好，工作又忙，这几天不能去開會，不知你到北京了没有？住在那裏？請你千萬見信後馬上通知我，々好去看你。我的電話是55400，或53522。如無空打電話，寫信最好。萬懇々々！

敬禮

崇武 七月五日

年 月 日

①函中说“不能去开会”指1956年7月5日至14日高教部在北京主持召开的综合性大学文史教学大纲审订会。原来赴会代表名单中除高等院校教师外，还邀请了中国科学院、中共中央宣传部、北京市等有关专家参加。王崇武是被邀之列，但由于身体和工作等原因，无法赴会。

②从注①所述来看，此函应写于1956年。

八

方仲兄：

《中国历史图说》[①]编辑部拟于明日中午宴请审查提纲外地专家在翠华楼吃饭，由文化部副部长郑振铎出名，闻已发出请柬，请务必光临，并请转告胡厚宣、徐中舒、陈守实、缪彦威、蒙文通、郑毅生[②]、李埏……（凡中国古代史外地专家皆在内，但端木正是例外[③]，亦请来吃肉）先生等赏光惠临。素承方翁鼎助，此次想亦不见却也，又与兄同住之代表，偶忘其名，故名单没有，亦请劝来，并代致歉意。

敬礼！

王崇武

十六日[④]

①《中国历史图说》的编写工作乃由王崇武主持。

②即郑天挺。

③端木正与王崇武1951年同船回国，而端木正当时赴会是参加外国史教材审订。

④此函未署年月，显然写于高教部综合性大学文史教学大纲审订会结束之时，即1956年7月16日。

中國科學院歷史研究所第三所

第　　號

方仲兄：

「中國歷史图說」编辑部于明日中午宴请審查提綱外地专家在翠華樓吃飯，由文化部副部长鄭振鐸出名，聞已發出請柬，請务必 光臨，並請轉告胡厚宣、徐中舒、陈守實、繆彥威、蒙文通、鄭毅生、李埏……

（凡中央外地專家皆在內）

但嫌不正式，例外亦請務來吃飯。

先生等賞光惠臨。專求 方家幫助，此次缺一亦不可也。又与兄同住之代表，偶忘其名，故名单没有，亦請勸來，並代致謙歉之。

敬禮！

王崇武

十二月□日

地址：北京王府大街東廠胡同一號
電話：五局五四〇〇號

九

方仲兄：

弟半年来病魔缠绵，初患神经衰弱，血压高，继转泄腹，愈后愈厉，顷已骨瘦如柴矣。故故友迄未修候，祈谅之。

顷接惠寄历代户口统计表，极深感谢。惟弟以身体关系，久不上班，《图说》工作早已谢却，该表已转《图说》编者，供其参考，并告早日寄还，一切勿念为祷！

匆匆

敬礼，并候

年禧！

王崇武

一月三日[1]

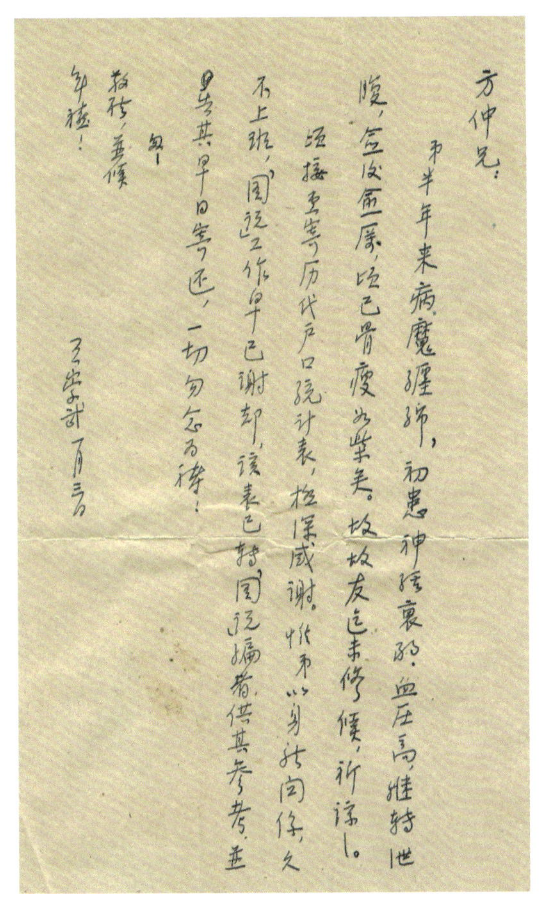

①1956年王崇武病情恶化，于1957年4月21日辞世。此函应写于1957年1月3日。

王力致梁方仲（一封）

王力，语言学家，广西博州人。1926年考进清华大学国学研究院。1931年获法国巴黎大学文学博士学位。1932年回国，历任清华大学、燕京大学、广西大学、西南联大、岭南大学教授。1954年调任北京大学教授，兼任汉语教研室主任，中国文字改革委员会委员、副主任。1956年被选为中国科学院哲学社会科学部委员。著有《汉语音韵学》（商务印书馆，1936年）、《汉语诗律学》（上海新知识出版社，1958年）等。

在清华大学读书期间，梁方仲与王力已结识，梁方仲去岭南大学任教，便是由王力首先出面邀约的。

方仲吾兄：

一别经年，近维事凡如意为颂。弟本学期转入岭南大学仍负责文〔学〕院，因新校长陈序经兄系弟旧交，故邀来相助。此间有清华同学冯秉铨、陈汉标[①]、容启东[②]诸兄，相见甚欢。秉铨兄现任教务长，极为校长所器重。文学院共六

①陈汉标，心理学家，广东普宁人。清华大学心理学系毕业后，留清华大学心理学系和西南联大任教。后获美国爱荷华大学博士学位，回国后在岭南大学任教授，院系调整后，到华南师范学院任教授。

②容启东，广东香山（今珠海）人，容闳之族人。毕业于清华大学生物系，获美国芝加哥大学博士学位，历任西北大学、岭南大学生物系教授。1951年任香港大学植物系高级讲师、系主任。1963年任香港中文大学第一副校长。

系：（1）中文、（2）英文、（3）历史政治、（4）经济商业、（5）社会、（6）教育。其中以经济系人数为最多，共二百余人，占全校人数四分之一，全院人数之大半，而教授仅有四人，现拟增聘二三位。弟与秉铨兄极力推荐吾兄。序经先生亦表示十分欢迎。现在粤人在京沪者多有南返之意，不知吾兄亦有此意否？功课以中国经济史为主，其他各课俟兄愿来后再商。关于待遇方面大约在港币四百元以上。岭南房屋缺乏，然兄若肯来，当尽量设法也。尊意如何，盼早赐覆。至祷至感。耑此拜恳。即颂

研安

弟王力手上

卅七、八、九

覆示请寄广州岭南大学东南住宅区五号。

先亦有此意否？功課以中國經濟史為主，其他亦課。俟先就事後再商。關於待遇方面，大約在港幣四百元以上。嶺南房生缺人並，先若肯來，亦當儘量設法也。尊意如何，盼早獲覆，至禱至感。為此拜懇，即頌

研安

弟 王力 手上

卅八、八、九

覆示請寄：廣州嶺南大學東南住宅區五號

王了一用牋

方仲吾兄：一别经年，近维
起居安适为颂。弟本学期将返岭南，仍负
责文院，因新校长陈序经兄係弟旧交，
故邀来相助。此间有清华同学冯秉铨、陈
汉樑、容启东诸兄，相见甚欢。秉铨兄现
任教务长，极为校长所器重。文学院共分
六系：(1)中文(2)英文(3)历史政治(4)经济商业(5)社会
(6)教育。其中以经济系人数为最多，共二百余人，佔

王丁一用牋

全校人数四分之一，全院人数之大半，而教授仅
有四人，现拟增聘二、三位，弟与秉铨兄极力推
荐吾

王庆菽致梁方仲（一封）

王庆菽，敦煌学家，广东人。早年毕业于中山大学中文系。后任吉林大学中文系教授。1946年赴英国考察研究，1950年回国。著有《唐代小说与变文的关系》（《文学论文集》第2集，吉林人民出版社，1959年）、《敦煌文学论文集》（吉林大学出版社，1987年）等。从事搜集、整理、研究中国古典文学、敦煌文学、变文等工作。曾在《新建设》杂志社工作。

王庆菽与梁方仲、陈瑛材夫妇在20世纪30年代已结识。

方仲兄：

前由邮寄上《新建设》杂志二本，从瑛材[①]姊来信中知已收到，甚慰。我是希望得到你的指教的。另外一本《新建设》借你代送陈寅恪先生，并替我代达候意！

家兄衍孔[②]来函曾提及你，知你对我关注，谨谢！

崇武兄已患病数月，现已在送医院，我看过他一次，很瘦，最近想已好转了。

《敦煌变文集》大概本年五六月可出版，《敦煌变文选注本》也已经组稿，明年大约会出版的。

---

①即陈瑛材，梁方仲之妻。

②王衍孔，王庆菽之兄，哲学、翻译学家，是广州知用学社的主要人物之一。

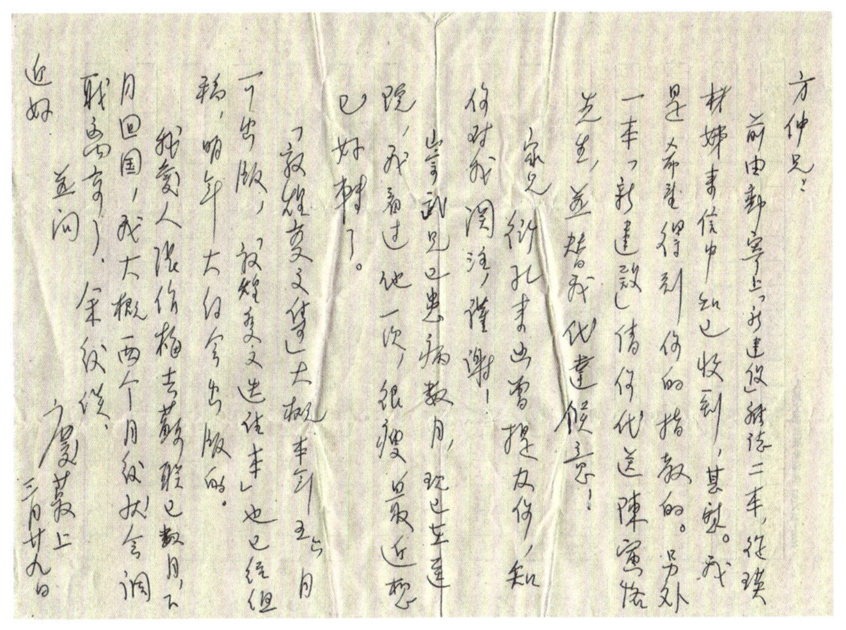

方仲兄：

前由邮寄上《新建设》杂志二本，从瑛林姊来信中知已收到，甚慰。我是希望得到你的指教的。另外一本《新建设》请你代送陈寅恪先生，并替我代达候意！

家兄衍孔来函曾提及你，知你对我关注，谨谢！

岑武兄已患病数月，现已在医院，我看过他一次，很瘦，最近想已好转了。

《敦煌变文集》大概本年五六月可出版，《敦煌变文选注本》也已经组稿，明年大约会出版的。

我爱人张作梅去苏联已数月，下月回国，我大概两个月后就会调职离京了，余后谈。

并问

近好

庆萩上

三月廿九日

我爱人张作梅[①]去苏联已数月，下月回国，我大概两个月后就会调职离京了，余后谈。

并问

近好

庆萩上

三月廿九日[②]

---

①张作梅，王庆菽丈夫，机械工程学家，广东兴宁人。1941年毕业于中山大学，1949年获英国雪菲尔德大学机械工程博士学位。1951年回国，投身筹建中国科学院金属研究所。1980年当选为中国科学院院士。历任中国科学院机械电机研究所研究员、副所长，中国科学院长春分院副院长，中国科学院长春光学精密机械研究所研究员、副所长等职。

②《敦煌变文集》出版于1957年，此函应写于1957年。

王裕群致梁方仲（一封）

王裕群，历史学家。20世纪50年代毕业于中山大学历史系。著有《1592—1598年日本丰臣秀吉的侵朝战争及其结局》（《史学月刊》1956年第12期）、《明代的倭寇》（《新史学通讯》1956年第2期）等。

梁方仲老师：

关于工匠的论文，我读过了，但由于理论基础、业务水平和时间的限制，不能深入下去，因此所得出的认识也是极其肤浅的。不过我总算得到了一个这样的认识，历史科学研究是从历史事实出发，应该实事求是，单套理论是会错误的。

读了关于工匠论文后，我有下面一些感觉：

一、元明的工匠制度是很复杂的问题，各个时期都不同，如果仅仅从明初规定了轮班、坐住去说明生产力的发展确实有些危险，如《历史研究》中陈诗启先生的论文就提及这一点，他用轮班匠占的比例大（80%）和服役时间短的根据，因此就断定轮班匠有较多的时间从事劳动，这样对明代手工业发展有着决定性的作用（他不指明时间性，但张维华同志指明初）。这里我觉得顶重要的是工匠和封建统治者的关系问题（劳役制或工役制），在元代无论是系官匠户或临时雇用的民匠，都是官给口粮工价，但明代的轮班匠则是无偿地为封建主服役，而且食用旅费要自备（明前期），如从这点上看元代工匠应比明代轮班匠在生产过程中兴趣会高些。

二、关于工匠中许多具体的问题我还没有弄清楚，如明代坐住匠的剩余时间（一般每月廿日）到底怎样利用呢？洪武廿六年规定，梁方仲老师：

关于工匠的论文，我读过了，但由于理论基础、业务水平和时间的限制，不能深入下去，因此所得出的认识也是极其肤浅的。不过我总算得到了一个这样的认识：研究历史科学是从历史事实出发，实事求是，单凭理论是会错误的。

读了关于工匠论文后，我有下面一些感觉：

一、元明的工匠制度是很复杂的问题，各个时期都不同。但如果仅仅从明初规定了轮班、住坐去说明生产力的发展确实有些危险。如历史研究中陈诗启先生的论文中就提及这一点，他用轮班匠占的比例大（80%）和服役时间短的根据，因此就断定轮班匠有较多的时间从事劳动，这样对明代手工业发展有着决定性的作用。（他不指明时间性，但张维华同志指明初）这里我觉得较重要的是工匠和封建统治者的关系问题，（劳役制或工役制）在元代无论是系官匠户或临时雇佣的民匠，都是官给口粮工价。但明代的轮班匠则是无偿地为封建王服役，而且全部旅费要自备（明前期）。从这点上看元代工匠应比明代轮班匠在生产过程中兴趣较会高些。

二、关于工匠中许多具体的问题我还没有弄清楚。如明代住坐匠的剩余时间（一般每月十日）到底怎样利用呢？洪武廿六年规定一年、二年、三年、四年、五年一班的办法，到底各类的人数多少呢？……等等问题。虽然许多问题没有解决，但在阅读过程中有这样感觉：

①元代系官匠户的待遇似乎比明代轮班匠较好。陈诗启先生只把工作时间来说明明代轮班匠待遇好是有问题的。如元代系官匠户服役时间就算是每年二百九十四日，但这还是官给口粮工价的，而明代轮班匠拿三年一班的来说，每班三个月，来往要六七个月，又要自备一切费用。从这点看明代轮班匠待遇并不见得好，一年一班的工匠更是不堪设想了。

②从明代轮班和住坐看，住坐又比轮班好。轮班是没有任何代价的劳动，住坐有月粮直米等供给，月粮不上工也供给。似乎住坐匠的剩余时间是会用公家做自己工作，这不是便宜的事吗？这样更能发挥劳动积极性。

③明代的轮班待遇又比元代系官匠户好……

其他没有，今天下午再谈。

下午最好先生指导下订出论文写作大纲，付大纲一份。

敬礼！

学生 [illegible]

梁方仲遗稿

信札、珍藏书画、遗墨观痕

甲 信札

壹 友人致梁方仲

一年、二年、三年、四年、五年，一班的办法到底各类的人数多少呢？……等等问题。虽然许多问题没有解决，但在阅读过程中有这样感觉：

①元代系官匠户的境遇似乎比明代轮班匠较好。陈诗启先生只把工作时间来说明明代轮班匠境遇好是有问题的，如元代系官匠户服役时间就算是每年二百九十四日，但这里官给口粮工价的，而明代轮班匠拿三年一班的来说，每班三个月，来往要六七个月，又要自备一切费用，从这点看明代轮班匠境遇并不见得好，一年一班的工匠更是不堪设想了。

②从明代轮班和住坐看说，住坐又比轮班好，轮班是没有任何代价的劳动，住坐有月粮、直米等供给，月粮不上工也供给，似乎住坐匠的剩余时间是食用公家做自己工作，这不是便宜的事吗？这里更能发挥劳动积极性。

③明代的轮班待遇又比元代系官匠户好……

其他认识今天下午再谈。

下午最好在你指导下订出论文写作大纲，附大纲一份。

敬礼！

学生裕群

即刻

韦庆远致梁方仲（一封）

韦庆远，历史学家，广东顺德（今佛山市顺德区）人。1946年考入北京大学。1950年在中国人民大学工作，历任讲师、副教授、教授。曾任哈佛大学费正清研究中心客座研究员，英国牛津大学、香港科技大学、台北政治大学、香港城市大学、香港珠海书院等校客座教授和台北“中央研究院”、香港中文大学访问学者。著有《明代黄册制度》（中华书局，1961年）、《档房论史文编》（福建人民出版社，1983年）、《明代的锦衣卫和东西厂》（中华书局，1985年）、《明清史辨析》（中国社会科学出版社，1989年）、《明清史新析》（中国社会科学出版社，1995年）、《张居正和明代中后期政局》（广东高等教育出版社，1999年）、《明清史续析》（广东人民出版社，2006年）等。

韦庆远与梁方仲的结识缘于学术的切磋交流，而很快发展成忘年交。

梁教授：

大作已经拜读，从文章中学习到历代户口、田地、田赋统计工作发生发展沿革及有关册籍编制方面不少知识。文章中有不少比较精辟的见解，如关于人口调查的起源问题，人、户、土地调查出现先后的推论等都是令人信服的。文章中还能够较紧密地结合人类阶级社会的出现和发展以探索这些方面调查统计工作的发生和变化，贯注在全文中，一直是把这些工作作为阶级统治和压迫的工具之一，并不是一项可以脱离社会生产而存在事物，这都是很好的。文章用叙述历史源流的方法对我国历代户籍、地籍及赋税册的编管演变过程进行了爬梳整梁教授：

　　大作已经拜读，从文章中学习到历代户口、田地、田赋统计工作发生发展沿革及有关册籍编制方面不少知识。文章中有不少比较精辟的见解，如关于人口调查的起源问题、人、户、土地调查出现先后的推论都是令人信服的。文章中还能够较早地结合人类阶级社会的出现和发展以探索这些方面调查统计工作的发生和变化，贯穿在全文中，一直是把这些工作作为阶级统治和压迫的工具之一，（这不是一项可以[illegible]）这都是很好的。文章用叙述历史演变的方法对我国历代户籍、地籍及赋税册的编制演变过程进行了总的整理，这些工作在国内以前还未有人认真系统地做。这篇文章是基本上可以作为大学[illegible]中国历代户口、田地、田赋统计学的导序使用的。

　　我对这个问题是……

还不了解全书的章节……

作为一个读者提供一些……

　　1. 据我想来，……

并带有资料性的著作，……

较多，肯定是需要有一……

的。这篇"总序"似应……

谈到写作的目的，使用……

料及其可靠程度、统计……

估计、该项调查统计的……

说明期的作用，（读者的使用）等。……

对这本数十万言的"巨……

起到提示的作用。现在……

阐述，其他方面还谈得……

把篇幅再扩大一些，而……

有好处的。如果关于资料方面的问题已在《统计》一篇中分别有所说明，那么此在序文中就可以完全不涉及到材料问题，显得更加清楚一些。

又文章称为"导论"，大约着重在某些基本理论、原则方面的阐述，这是很必要的。文章第一部分似乎主要说明人类社会户口、田地等统计是为什么和怎样发生的，还谈到我国古代这类统计的当时情况；我的意见认为可以把它概括为几点明确的基本论点，使用某些我国古代情况的材料主要似是为了说明这些论点，不一定要去介绍我国的情况。这样做，材料和论点的结合似乎更紧密一些，目的性也更鲜明一些。关于人类数字观念的起源，原属部分可以考虑删除；材料也最好以中国的为主，以始国的为辅，甚至也可以完全不要外国材料。因为这本书所论述的仅是中国的事，既不要求这本著作论证整个人类社会的情况，也不需要用外国情况来证实中国情况。

第一部分可以主要阐述下述问题：

a. 户口、田地统计在什么样的条件下开始的？（原始公社末期或奴隶社会初期等等）适应什么阶级、什么样的需要开始的？（如奴隶主阶级、国家财政、军事需要）还要什么样的技术条件？（如文字、书写工具等。数字观念在这时恐怕早已不成为问题了。）

b. 为什么统计或登记先从户口开始？

c. 土地的登记、统计的目的是什么？

d. 为什么秦汉以后统计工作才有较大发展？（与统一的中央集权国家的关系，与封建

官僚政治制度的关

以至于现在大家常

的关系之类），也

从西汉开始。

e. 历代登记、统计

役义务的人户、土

f. 统计部分与之谈

什么会产生两者的

的距离的），我们

用现存的统计记载

了。这篇第二部分第一

以前，最末两段可以

文意还是属于连接的

因缺乏的材料可以更

而也没有过细引述的

文說明引述者對這些材料的看法，而文後究竟說明什么問題。當然，這樣做也不同于考訂地對史料的訂正辨偽。

商、周部分對有一些推論或估計，不是估計數字，是推論當時有沒有人口、土地登記制度（或手續）。有，為什么？這就是這一小段的主要內容。

講春秋的書社制度、戰國的上計制度，目的也還是講它們與登記和上計制度的關系。凡與此一目的關聯不大的，可少提或不提。

講秦，是否重點擺在"漢承秦制"上？

4 第二部分第二小段，按照前面我所提的體系（如果可用的話），其中"首先應該指出……"一段可以歸入第一部分。又，這一段開頭的說編制目的"是為了征兵、征稅"（21頁10行），

計制度的關系
有私有制的
下來為什么
分，（如有的
字的關系，為
是有程度不同
不確切和使
抄限制在漢朝
段論述，或者按語
以原文引、以
的不可靠。因
具體引述，但

最好把征调（发）徭役也补充进去。在封建社会中，统治阶级无偿地征用劳力是一个几乎贯彻始终的重大问题，是主要的剥削形式之一，也确实是编制户籍的目的之一。

第22页末段（"从宋代封建王朝……一段）也可移入第一部分。

第22页17——18行谈到"宋代中叶一条鞭法实行摊丁入地以后，鱼鳞图册（地籍）便成为征收赋役的主要根据，而仍保留编造的赋役黄册（户籍）实际上已退居于次要位置了。"本段的意见我是同意的，但对明代后期黄册的作用似乎还估计得过高了一些，行条鞭法以后，由于多种原因（赋役制度的改革、地主地位的提高、黄册制度本身的腐败），黄册不仅已退居于次要的位置，简直已变成一种形式上的具文，仅是作为一种已往僵死了的虚饰被保存下来，实际上已经和当时的社会生活，与它赖以产生的征调脱离了关系，根本不能和鱼鳞图册的作用相提并论了，似乎连"次要位置"也[illegible]

第16页末行"我对这些问题19行"最好认识这一差别"，上面似过分谦抑，因为事实有所论述的；下面反而使好。个别字句的稍为修得更好，我已作了改动。某些很熟见的史实以作参考的，已经引用了些。当然，这都是一些无伤

以上的意见是很肤浅的学者的"一得之见"，供您们参考。

两次寄上资料，未知收到否。

此致

敬礼！

（原文寄回，请检收。）

理，这些工作在国内似乎还未有人认真系统地做。这篇文章是基本上可以作为大著《中国历代户口、田地、田赋统计》的总序使用的。

我对这个问题是外行，加以未见到原书，还不了解全书的章节结构、编写方法，只能够作为一个读者提供一些片面的看法供您参考：

1. 据我想来，《统计》一书是一本专门的并带有资料性的著作，篇幅又较大，使用材料较多，肯定是需要有一篇“总序”之类的东西的。这篇“总序”似应对全书作轮廓的介绍，诸如写作的目的、方法，各代使用的主要材料及其可靠程度、统计数字与实际数字距离的估计、该项调查统计的历史发展经过及其在各该时期的作用，读者在使用本书时应注意的问题，等等。就是说，要求“总序”对这本数十万言的“巨著”起到钥匙的作用，起到启示的作用。现在的文章对历史发展作了阐述，其他方面还谈得不多或尚未涉及，可否把篇幅再扩大一些，两者结合起来，对读者是有好处的。如果关于资料方面的问题已在《统计》各篇中分别有所说明，那当然在序文中就可以完全不涉及到材料问题，眉目可以清楚一些。

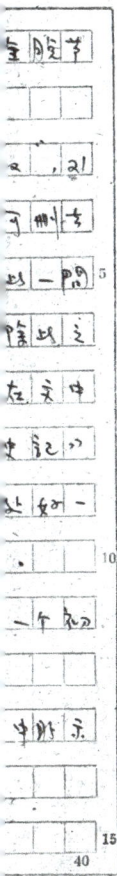

2. 文章称为“原论”，大约着重在某些基本理论、原则方面的阐述，这是很必要的。文章第一部分似乎主要说明人类社会户口、田赋等统计是为什么和怎样发生的，还谈到外国古代这类统计的简略情况。我的意见认为可以把它概括为几点明确的基本论点，使用某些外国古代情况的材料主要仅是为了说明这些论点，不一定要专门介绍外国的情况。这样做，材料和论点的结合似乎能更紧密一些，目的性也更鲜明一些。关于人类数字观念的起源、发展部分可以以外国的为辅，甚至也可以完全不要外国材料。因为这本书所论述的纯是中国的事，既不要求这本著作证明整个人类社会的情况，也不需要用外国情况来证实中国情况。

第一部分可否主要阐述下述问题：

a.户口、田地统计在什么样社会条件下开始的？（原始公社末期或奴隶社会初期等等）适应什么阶级、什么样的需要开始的？（如奴隶主阶级、国家财政、军事需要）还要什么样的技术条件？（如文字、书写工具等等。数字观念在这时恐怕早已不成为问题了）

b.为什么统计或登记先从户口开始？

c.土地的登记、统计的目的是什么？

d.为什么秦汉以后统计工作才有较大发展？（官僚政治制度的关系、人户分封制度的关系以至于现在大家争论的土地国有私有制问题的关系之类）也可以说明一下本书为什么从西汉开始。

e.历代登记、统计的是哪一部分？（如有赋役义务的人户、土地）

f.统计部分与各该时期实际数字的关系，为什么会产生两者的距离（肯定是有程度不同的距离的），我们现在应如何正确的看待和使用现存的统计记载？

3. 文章第二部分第一小题最好严格限制在汉朝以前，最末两段可否移到第二小题叙述，看来移动之后文意还是易于连接的。其中引述《禹贡》《周礼》的材料可以更审慎一些，既不可靠，因而也没有过细引述的必要。如需具体引述，似应说明引述者对这些材料的看法，如它终究能说明什么问题。当然，这样做也不同于专门地对史料的订正辨伪。

商、周部分能否作一些推论或估计？不是估计数字，是推论当时有没有人口、土地登记制度（或办法）。有，为什么？这或应是这一小题的主要内容。

讲春秋的书社制度、战国的上计制度，目的也应是讲它们与登记和统计制度的关系，凡与此一目的关联不大的可少提或不提。

讲秦，是否重点摆在“汉承秦制”上？

4. 第二部分第二小题，按照前面我所提的体系（如果可用的话），其中“首先应该指出……”一段可以归入第一部分。又，这一段开头所说编制目的“是为了征兵、征税”（21页10行），最好把“征发徭役”也补充进去。在封建社会中，统治阶级无偿地征用劳力是一个几乎贯注始终的重大问题，是主要的剥削形式之一，也确实是编制户籍的目的之一。

第22页末段（“尽管各封建王朝……”一段）也可移入第一部分。

第22页17—18行谈到“自明代中叶一条鞭法实行摊丁入地以后，鱼鳞图册（地籍）便成为征派赋役的主要根据，而仍依向例编造的赋役黄册（户籍）实际上已退居于次要位置了”。本段的意见我是同意的，但对明代后期黄册的作用似乎还估计得过高了一些，行条鞭法以后，由于多种原因（赋税制度的改变，地籍地位的提高，黄册制度本身的腐败□□）黄册不仅已退居于次要的位置，简直已变成一种形式上的具文，仅是作为一种已经僵死了的躯干被保存下来，实际上已经和当时的社会生活，与它依以产生的征调赋役工作都完全脱节了，根本不能和鱼鳞图册的作用相提并论，似乎连“次要位置”也够不上。

5. 第16页末行“我对这些问题毫无发言权”，21页19行“最好认识这一差别”等句似均可删去，上句似过分谦逊，因为事实上还是对此一问题有所论述的；下句反而使文章不明。除此之外，个别文字及标点符号我已就我的认识在文中作了改动。某些很熟见的史料，如引《史记》及《汉书》的，既已引用，还是注明出处好一些。当然，这都是一些无伤大雅的问题。

以上的意见是很肤浅的，仅是作为一个初学者的“一得之见”，供您修改时参考。

去秋曾两次寄上资料，未知收到未？便中盼示知。此致

敬礼！

（原文寄回，请检收。）

韦庆远

62.1.2

邬庆时致梁方仲（一封）

邬庆时，方志学家，广东番禺（今广州市）人。1916年毕业于两广方言学堂，后历任香山（中山）、龙门、高要、新兴等县教育局局长。1922年后先后在民国政府、大元帅大本营政府和广州国民政府财政部任职。1926年任中山大学庶务主任兼文科讲师。抗战时期曾任伪广东省政府秘书和广州财政局局长。著有《孝经通论》（商务印书馆，1934年）、《方志序例》（商务印书馆，1940年）等。

在1920年前后，邬庆时应梁庆桂、梁广照父子之邀，在梁家当家庭教师，梁方仲、梁嘉彬和梁翘葆兄弟姐妹皆受教于他。邬氏文史以及外文（日、英）造诣皆高，授课、批改作业认真负责，梁方仲三人受益匪浅，长大成人后，一直不忘师恩，保持联系。1949年梁方仲回到广州，师生两人更是来往不断，时有唱和诗词。

方仲：

昨接李稚[①]老11日函开：

因整风运动关系，工作至忙，未能奉候，为歉。尊著《宝安县志》稿，顷始与香港华润公司商妥，请其带穗。敬请函令郎邬雄厚君将稿即送华润公司秘书科李瑞文先生代带穗即可。哲学社会科学研究所，将于下周迁往越秀北路（近小北花园）新建大楼

①即李稚甫。李稚甫，文史学者，江苏扬州人。曾在贵州大学、广东文理学院、华南师范学院、中国科学院广州分院（后广东省分院）哲学和社会科学研究所任教授、研究员，兼任广东省历史学会理事等职。

答，恕恕。
专此，即请
侍安。
時 1958.1.13

办公。我亦将于本月底由石牌迁至城中居住，俟下放干部工作告一段落，当奉约面谈，匆致敬礼。

等语，经即转函小儿交去并复李君矣。

前接来函，谈及此事，因在整风期间，未有作答，恕恕。

专此，即请

侍安。

时

1958.1.13

吴晗致梁方仲（二封）

吴晗，历史学家，浙江义乌人。1934年毕业于清华大学，后留校讲授明史。1937年到云南大学任教授。1940年到西南联大任教授。1946年回清华大学任教授。北平解放后，任清华大学校务委员会副主任、历史系主任。中华人民共和国成立不久便被任命为北京市副市长。其间兼任北京市史学会会长、中国科学院哲学社会科学部委员等职。

吴晗与梁方仲结识于清华大学求学时期，很快成为挚友知己。他们在学术上经常切磋、互相帮助。梁方仲研究生毕业论文《明代田赋制度述要》便是接受吴氏建议而开始研究写作的。而吴晗的《朱元璋传》曾得到梁氏的阅改意见。在生活、思想上，吴、梁二人也显出知己朋友本色。

一

方仲：

今晨把《清史稿·部院大臣年表》按年把户部尚书录下来，再查中华本《清史列传》注上籍贯，钞了一个单子给你。内中卷数是《清史列传》的，未注卷数的是查人名大辞典的。内中有几个人无法查。请你查燕大的三十三种传记引得好了。这单子可以保留着，将来可以作索引用。看来清代已经变了，户部江浙人很多，是何缘故，最好把《清史列传》有传的都读一遍，大可写一[①]

①此函后页已佚，但经梁承邺和吴晗亲人吴昆等鉴定，其字迹为吴晗者。从函内所谈内容来看，书写时间当在20世纪30年代中后期，因为此函是帮助梁方仲撰写有关著作而提供的材料——有关明清时代朝廷是否户部忌用江浙人士问题。其间梁氏曾撰写过《近代田赋史中的一种奇异制度及其原因》和《明代户部不用苏松、江西、浙江人》两文，内中涉及吴晗信中提到的问题。考虑到首页和附单具有史料价值，又能体现吴晗与梁方仲之间学术思想、学术资料上的经常无私帮助，故本书仍选录之。此函大致写于20世纪30年代上半叶。

方仲：今晨把清史稿部院大臣年表按年把户部尚书录下来，再查中华本清史列传，注上籍贯，钞了一个单子给你。内中差数是清史列传的，未注差数的是查人名大辞典的。内中有几个人无法查。请你查查燕大的三十三种传记引得好了。这单子可以保存备查，将来可以作参考引用。

看来清代已经变了，户部的人很多是很倚儒，故最好把清史列传有传的都读一遍，大可写一

谢启光	79/24	章丘
党崇雅	79/40	宝鸡
刘余祐	79/43	宛平
陈之遴	79/30	海宁
戴明说	79/43	沧州
孙廷铨	5/43	益都
王宏祚	78/48	云南永昌
杜立德	2/35	宝坻
黄　机	5/44	钱塘
郝惟讷		霸州
梁清标	71/34	正定
余国柱	8/18	大冶
陈廷敬	9/31	山西泽州
王日藻		
徐元文	9/35	昆山
王　骘	8/25	福山
李振裕		吉水
徐　潮	11/28	钱塘
王鸿绪	18/13	娄县
张鹏翮	11/16	遂宁
赵申乔	12/4	武进
田从典	12/41	阳城
张廷玉	14/21	桐城
蒋廷锡	11/25	常熟

彭淮新	《耆献类编》16/31a，	
	《汉名臣传》26/18a	
史贻直	15/39	溧阳
任兰枝	19/30	
陈惠华	19/52	
徐　本	16/10	钱塘
刘于义	16/7	武进
张　楷		汉军正蓝旗
梁诗正	20/35	钱塘
蒋　溥	20/41	常熟
李元亮		
李侍尧	23/13	汉军正黄旗
刘　纶	20/44	武进
于敏中	21/1	金坛
王际华		钱塘
袁守侗	24/41	长山
梁国治	28/5	会稽
曹文埴		歙县
董　诰	28/1	富阳
范宜恒	《清史稿》	
	《国朝先正事略》	
沈　初	28/32	平湖
范建中		
朱　珪	28/3	大兴
戴衢亨	28/19	大庾
曹振镛	32/20	歙县
潘世恩	40/1	吴县
刘镮之	26/26	诸城
卢荫溥	36/15	德州
黄　钺	32/1	当涂
王　鼎	36/26	蒲城
汤金钊	41/5	萧山
吴　椿		歙县
何凌汉	37/5	道州
卓秉恬	40/5	华阳
祁嶲藻	46/1	寿阳
孙瑞珍		
朱凤标	46/28	萧山
翁心存	45/42	常熟
周祖培	46/12	商城
沈兆霖	47/1	钱塘
罗惇衍	47/22	顺德
董　恂		甘泉
阎敬铭	57/12	朝邑
王文韶	64/6	仁和
翁同龢	63/56	常熟
鹿传霖		定兴
赵尔巽		汉军正蓝旗
张百熙	61/21	长沙

二

方仲：

六月一日信收到。

企孙[①]先生带来信亦收到，即复一航信，直寄李庄，想必未寓目，此信中所说一切都已过去，当须次第言之。

受训而不入党，足见气节，毕竟是吾辈，弟与震[②]同声钦佩，希望能永远保持此种不染不谄精神！[③]

出国事或有转机，希望终能成功，并图在昆得一良晤。

昨日由航寄上《元史食货志钞法补》一文，此文原由清华学报刊载，兹以兄催索过急，而《仕宦阶级》一文又非旦夕可就，故商之心恒[④]，暂移此文还债，至学报则拟另草一文还之：阅后如可用即用，不可用即寄还，交还心恒塞责，免得两头落空也。

《仕宦阶级》文过去数度抓笔重写，终以一心绪过多，二本身问题而废然中止。所谓本身问题，牵连过大，简言之，十数年来弟意中有一轮廓，以为历史各时代（不一定是时代）各有其特色，此特色即包含于社会组织中。例如春秋尚世族，此时代之文化经济为世族的，秦至西汉由选举所造成之一新士大夫集团代之。魏晋至隋唐则尚族望门第，比两汉之旧集团又多一血统因素（隋唐用种种方法打击新世族如考试、禁婚而未成功，至宋大量取录进士，始彻底摧毁）。宋代统治集团之登庸纯由考试，如韩、吕诸家虽具世卿规模，然与唐代之崔、卢诸家之以流品者迥异。明清在表面上与宋初无不同，然（一）考试较严格，无特奏名恩科赐进士（宋制无出身人登庸前须赐进士出身）出身，（二）取士有常额，（三）用人有常规，（四）乡试与宋

①即叶企孙。叶企孙，物理学家，上海人。1918年毕业于清华学校，后去美国留学，先后就读芝加哥大学和哈佛大学物理系。1923年获哈佛大学博士学位。后长期任教于清华大学，清华大学物理系乃由其创办。20世纪40年代一度出任过中央研究院办事处总干事，其时叶氏正任此职。

②即吴晗的夫人袁震。

③1944年梁方仲将有赴美研究考察之行。按当局规定，必须入中央训练团受训，否则不予发放护照。全团二三千人（以留学生和国民政府中上层人员为主），只有梁方仲、丁声树、樊弘、全汉昇和一梁姓上海医生拒不填写加入国民党的申请书。

④即邵循正。

之廪试亦有不同。各集团之来源不同，其所发扬之文化思想各端亦因而不同。此一例也。（唐进士尚温卷请托，笺刺可以人情得之，而宋则弥封，明清更严格）推而广之，经济之说数，风气之落露，亦各不同。再进而言之，隋唐新世族各有其说教，其地位不因时君之进退而高下，故君臣之礼过优，反之宋明以科名笼络大夫，士大夫本身之荣辱系于时君之颜色，故士大夫之地位日低，君主之威权日高，此又有一例也。明代仕宦阶级确与前此之各集团不同，此一点不明白指出，则全文即无立足点。然兹事体大，非旦夕可就。即就明代言之，亦有许多问题目前无法解决，此所以思之重思之，与其草率问世，不如姑且搁置，俟学力稍充，资料稍足时再论之。荏苒一年，终未下笔，照此之由。此上云云，不过皮面之谈，纸上不能尽意，何日重晤，尚可就此作十日谈耳。

心绪不能说，前信所说均无所成，中学教书决意不干，文献会至今尚未办成，中法兼课月只二千五百元，不够雇一佣工，下年也决意不干。决意只守住清华一碗饭，不落兼差兼景之名，大约目前生活月至少二万，校薪一万有把握，所差一半，内一部分可由写政论时评解决，千字二百至五六百元，余一半则以不了了之。有时间则读书，任何书都读，近日即在读William Compbell *Formosa under the Dutch*，至研究工作则打算束之高阁，战争结束前决不谈此矣。

暑中打算弄南北朝史，八书二史尚未卒业。

附上论文数则，祈此可了然于弟之近年所怀也。

耑上，即颂

近安

弟晗上

六月六日[①]

震文[②]如何，可寄回否？

---

①梁方仲是1944年入中央训练团的，此函当写于1944年。

②指袁震投《中国社会经济史集刊》之《两宋度牒考》，该文后来在该刊上发表了。

……古……不近候至之宗明以經究策論士夫，士大夫本身之學者斷於代
君之欲念，故十七至十七世紀之任日紙，君主之感叔日高。此事何也。明代任官治政研于前此多矣
英國之同。此一點不明白指出，則今日之呈之之。然示事体大，非另外的數，即如則
代之也，亦有許多問題，目前無法解決。此所以思之又思之，又甚羣書向世，不如姑且
擱置，俟下方稍充實材料呈時再談之。校稿一事，俟本下學期此有。此三五遙
陳而之談。依此不能久，真，明日重慢，未可謝然十日後耳。
心緒不能說，前信所談均無所成，中學教育決竟不離，文獻今年尤為未成，中
法兼課月只二千五百元，不夠養一家之，下年亦決意不能兼。未意只守但清無一私飯，
不管再急尋某某，大約目前生活月需二萬，校方一萬有把握，所差一萬，內一部
分可由寫政論時評解決，千字二百至五百元，餘一半則以不了了之。有時同到港，看
作何著初談，近日即去談。William Campbell: Formosa under Dutch 呈將此作打算束之
高閣，動手作不成，決不談此矣。
思想未打算寄與此刻史，以看意寫之年。
附上論文數則，聽此一如一事人之近年所作也。
希上即欲
近安
弟 ……頓首
雲文如何，另寄回否。

方伟：六月百信收到。

古籍先生带来信，收到，印象一般佳，五宋母子在，想必未寓目此信中所说，一切都已过去，为何方之。

吾识而不入党，是见气节，毕竟是吾辈，亦不禁为之钦佩！希望能永远保持此种不屈不挠之精神！

出国事现为转机，希望能成功，望团聚以后一谈。

昨日由龙宇纯先生交来台湾所出论文，此文乃由清华学报刊载，并已允借来过录，而仕宦与门阀一文又非以多我，故需要志，惟书稿此文不少质，并为教刊载之本年又还之。因此如可用即用，不可用即写不过，又还可能寒夏免得而论之为要也。

仕宦与门阀文学最为广度，拟策重写，得以一心倍进为，二千年问题可广出一中此。所谓秀异问题，重点是过大篇之，十数年来所意中有一辐条，以为历史上各代学一定是时代）我有其特色（此特色）即在今天，亦但成中。例如春秋为世族，此时代之文化统治为世族的。秦王而后由道帝所造成之一新士大夫集团代之，魏晋至隋唐则尚族政治为此，而后之为官僚士集团，又为一立足团素。（隋唐因科举行世族，如考试唐代士为禁婚而未成功，至宋太宗取录进士，始彻底摧毁）宋代统治集团之外，惟由考试，如过去考试诸家，其世卿坎坷，如一与唐代之衣冠诸家之以依若者向其，明清之表而已以为其之与宋而无不同，如一（门）考试致严格，无特考名恩利，锡进士（宋制无出身人参考），而宋例……

肖步才致梁方仲（五封）

肖步才，经济学家，广东大埔人。1949年毕业于中山大学经济系，旋入岭南大学经济研究所读研究生。1951年研究生毕业后，经梁方仲介绍，同年秋到中国科学院社会科学研究所工作。20世纪60年代到暨南大学经济系任教，累升至教授。曾任暨南大学经济学院政治经济学系副主任和人口理论研究室负责人、全国“外国经济学说研究所”第一届理事会理事、中国人口学会第一届理事、广东省人口学会副会长等职。著有《经济学说史提要》（暨南大学出版社，1962年）、《资产阶级经济学说简史》（中山大学出版社，1979年）等。

肖步才是梁方仲之学生，在业务上颇受其师欣赏，师生间一直有较多来往。

一

方仲老师：

学生在汉口及北京曾先后奉上三函，谅已收到。

社会所尚未接获先生之回信，陶、巫诸先生非常关心。如已作最后决定，幸请早日示知。①

社会所自由散漫，工作人员好像上了年纪似的，全没生气，张之

①指梁方仲尚未回信陶孟和、巫宝三是否或何时回中国科学院社会科学研究所的问题，因为1950年8月中国科学院在陶孟和的张罗下，院会议通过梁方仲回中国科学院的决议，并发了聘书给梁氏。

毅[①]先生见工作开展不易坚决离所，陶先生不肯放，昨天所里开了一个批评他的大会，陶先生着重指出他的“跳槽”思想、向上爬心理、无组织观念，张先生则强调人民需要，外交部工作不易分身，因此不能在所兼顾（按：外交部周总理曾二次派某司长代表与陶先生商量放张先生过外交部工作，陶先生始终只能答应借用半日），历四小时，结果在大众批评之下，张先生承认了错误，现听候组织处理其去留，看样子是不会再回来的。

科学院正展开热烈思想学习，每日4：30—6：30两小时，每星期且有半日的动员报告，到来十日先后听到郭沫若、范文澜、罗常培、陶孟和[②]诸氏之报告，有一定的收获。语言所马先生新著云南少数民族语言（科院出版，商务发行），因为绪言中颂扬一法籍教士在语言上之贡献，作为典型提出剧烈之评击，此序罗常培先生在出版前曾校阅一遍未能发现也作了自我批评。据说这是无立场、买办思想的典型。小组讨论上，我提出两个问题：①一般中有特殊，因此，颂扬该教士，若该教士果有值得歌颂之事实，亦无不可，应从该教士在中国之具体行为而作最后决定。②中央人民政府并无指出传教是反人民、借传教而替帝国主义作侵略工具才是反人民。也受到了批判，罪名是：①无立场，忘记自己是中国的无产阶级立场，存心想替教士解脱，或替马同志解脱，丧失立场。②思想方法头尾倒置，由人民政府不禁传教而推论传教之本质，而不从传教本身去考虑。这些罪名我都诚恳地接受了。我没有感到受批评的耻辱，因为这样的讨论对我是有帮助的、需要的。北方的要求高一些，同学们准备到北方来的，希望能够早有思想准备。

---

①张之毅，经济学家，天津人。1935年毕业于哈尔滨政法大学（原中俄法科大学），后到中央研究院社会科学研究所任助理研究员，其间曾兼任西北农学院、浙江大学副教授。1947年获美国斯坦福大学社会科学研究院硕士学位。1948年后往约翰霍普金斯大学国际关系学院进修。1950年回国，任中国科学院研究员、外交部政策委员会专员。历任驻印度大使馆一等秘书，外交部亚洲司专门委员，外交学院教授，北京大学国际关系研究所兼任教授。

②郭沫若时任中国科学院院长。范文澜时在中国科学院筹建近代史研究所，后任所长。罗常培时任中国科学院语言研究所所长。陶孟和时任中国科学院副院长。

1

方仲老師：　　學生在漢口、及北京曾先後奉上三函，諒已收到。

社会所尚未接獲先生之回信，陶、巫諸先生非常关心，如已作最後決定，幸請早日示知。

社会所自由散漫，工作人員好像上了年紀似的，全沒生氣。張之毅先生見工作崗位不易堅決離所，陶先生不肯放，昨天所裡開了一個批評他的大会，陶先生着重指出他的"跳槽"思想、向上爬心理、無組織觀念，張先生則強調人民需要、外交部工作不易分身因此不能在所兼顧（按外交部周總理曾二次派某司長代表与陶先生商量放張先生去外交部工作，陶先生始終只能答应借用半日），歷四小時，結果在大众批評之下張先生承認了錯誤，現聽候組織处理其去留，看樣子是不会再回來的。

科学院正展開熱烈思想学習，每日4.30——6.30兩小時，每星期並有半日的動員報告，到本十日先後听到郭沫若、范文瀾、罗常培、陶孟和諸氏之報告，有一定的收獲。語言所馬先生新著雲南少數民族語言（科院出版，商務發行）因為緒言中頌揚一法籍教士在語言上之貢獻，作為典型提出劇烈之評판，此書序罗常培先生在出版前曾校閱一遍未能發現也作了自我批評。批評凡是無立場，买办思想的典型。小組討論上，我提出兩個问题 ① 一般中有特殊，因此，頌揚該教士若該教士果確有值得歌頌之事實，亦無不可，应從該教士在中国之具体行為而作最後決定。② 中央人民政府並無指出傳教是反人民，藉傳教而替帝国主义作侵略工具才是反人民。也受到了批判，罪名是：① 無立場，忘記自己是中國的無產階級立场，存心想替教士解脫，或替馬同志解脫，喪失立场。② 思想方法头尾倒置，由人民政府不禁傳教而推論傳教之本質，而不從傳教本身去考慮。這些罪名我都誠懇地接受了。我沒有感到受批評的恥辱，因為这樣的討論对我是有幫助的，需要的。北方的要求高一些，同学们準備到北方來的，希望能够早有思想準備。

解放以來所裏尚無什么表現，外边（各部會）以為机構目之，所裡各人也以舊人員自居，工作打不開，大概对"立场"尚無自信把握怕出乱子也很有关係。他們不是不能寫，而是不敢寫，在这樣的氣勢下，我也应該多学習少

8

動筆才是。

前些时候所裡……
劉國光派赴蘇联所以結……
向情况已改变，想將前功……
協款。現在所裡的工業……
工資調查。实置工作是……
工作人員有：章有义、汪敬……
開展，因她关立籍尚未……
南京國历史資料多些，而并……
是否可將所須立刊從南……
作人员不担心内容，創走……
版的社会科学雜誌，及罗……
的立场"。　　学生……
上午8.30—12，下午2……
樣的舒適。將來的工作……
思想学習内容是：先鍼……
南京所由李……
抵京，進人民大學政經系……
期也同樣兩年，精神……
出版立籍甚多，但貿不……
王正憲先生……
担任功課的目錄，同网……
北京一般……
有些如布尺應更貴，但風……
鬆動了。

2

…先生领导，现因張先生到外交部，
…作研究天津市工资制度，尚未做結論
…合作全国農村購買力調查，未能
… ①農村經濟—城鄉交流 ②
…經濟卅年” 由嚴中平先生主持，
…年畢業，研究实習員）和学生，现尚未
…莫九月中，回南京工作的，但回
…联络则諸多不便，现正考慮
…打其仍在北京工作。所裏各工
…要能得總之個問題。因為從前出
…多方之評責，被認為“立场不是人民
…讀马列史毛著作，訓練立场（办公
4.30—6.30），据像在嶺南一
…的官僚資本方面。 目前
…—5位我執許，听嚴先生說南京更紧張，
…北京是巫先生。彭澤益先生已
…業的其他研究生同等上課，待遇，时
…課等，住则住在工作站，人民大学
…為公函，詢问是否可以買到？
…到北大，在經濟系黑板上寫有王先生
…一定来的，不是暂時还没有到京而已。
…%，物价並不便宜（所裏伙食15万）
…每月三餐蘭麥屑，拉說就張

3

北大老教授多已改去了，經濟系、貨管系人员多從社会所出身，所裡曾有人將北大、嶺大，同称為社会所工作站。

社会所同人都極盼先生回来領导展開研究，对老師目前处境亦極关懷，巫嚴諸先生並擬[illegible]对老師之經濟方面稍尽力量。站在社会所的立場我盼望老師能早日回所，但作為嶺大經濟系学生中的一個，我却捨不得老師离開嶺南。 專此 敬祝

健康。

学生 蕭步才謹上。

九月八日。

諸老師均此

寄陳府不必藉信已收到。

9

解放以来所里尚无什么表现，外边（各部会）以旧机构目之，所里各人也以旧人员自居，工作打不开，大概对“立场”尚无自信把握怕出乱子也很有关系。他们不是不能写，而是不敢写。在这样的气势下，我也应该多学习少动笔才是。

前些时候所里曾研究计划经济由张先生领导，现因张先生到外交部，刘国光[①]派赴苏联，所以结束了。与劳动部合作研究天津市工资制度，尚未做结论而情况已改变，想将前功尽毁，与贸易部合作全国农村购买力调查，未能协议。现在所里的三重点仍为：①经济史；②农村经济——城乡交流；③工资调查。突击工作是配合党史编“中国经济卅年”，由严中平先生主持，工作人员有章有义、汪敬虞、魏金玉[②]（北大今年毕业，研究实习员）和学生，现尚未开展，因地点、书籍尚未作最后决定，本来打算九月中，回南京工作的，但回南京历史资料多些，而当前资料及与各部会联络则诸多不便，现正考虑是否可将所须立刻从南京北迁，如可能，则打算仍在北京工作。所里各工作人员不担心内容，倒是担心“立场”上是否站得稳这个问题。因为从前出版的社会科学杂志，及罗尔纲先生文章，曾受多方之评击，被认为“立场不是人民的立场”。学生现在的工作是自由阅读马列史、毛著作，训练立场（办公上午8：30—12：00，下午2：30—4：30，思想学习4：30—6：30），好像在岭南一样的舒适，将来的工作是参与卅年经济中的官僚资本方面。日前思想学习内容是：忠诚老实、历史交代、批评与自我批评，听严先生说目前南京更紧张。

南京所由李文治先生负行政责任，北京是巫先生。彭泽益先生已抵京，进人民大学政经系当研究生，与大学毕业的其他研究生同等上课，待遇、时期也同样两年，精神着实可佩。现已上课多日，住则住

---

①刘国光，经济学家，江苏南京人。1946年毕业于西南联大经济系。先后在南开大学和中央研究院社会科学研究所任助教、助理研究员。1951年被选派赴苏联莫斯科国立经济学院学习。1955年在苏获副博士（研究生）学位后回国，到中国科学院经济研究所工作，历任助理研究员、副研究员、研究员、所长等职，1982年任中国社会科学院副院长。

②魏金玉，经济史学家，曾与李文治、经君健合作写有《明清时期的农业资本主义萌芽问题》，该著获中国社会科学院1993年优秀成果奖。

在工作站，人民大学出版书籍甚多，但买不到。我们经济系可写公函问，问是否可以买到？

王正宪[①]先生最近怎样？日前到北大，在经济系黑板上写有王先生担任功课的目录，问同学，他们都说王先生一定来的，不过暂时还没有到京而已。

北京一般待遇约等于广州的50%，物价并不便宜（所里伙食15万）[②]，有些如布匹还更贵，但风气朴素，除食饭外，每月三几万零用，据说就很松动了。

北大老教授多土改去了，经济系、货管系人员多从社会所出身，所里曾有人将北大、岭大，同称为社会所工作站。[③]

社会所同人都极盼先生回来领导展开研究，对老师目前处境亦极关怀，巫、严诸先生并拟对老师之经济方面稍尽力量。站在社会所的立场，我盼望老师能够早日回所，但作为岭大经济系学生中的一个，我却舍不得老师离开岭南。专此，敬祝

健康

诸老师均此

学生肖步才谨上

九月八日[④]

寄经济系书籍谅已收到。

---

①王正宪，经济学家，湖南长沙人。1939年清华大学经济系毕业，1941年获南开大学经济研究所硕士学位。1948年获英国剑桥大学经济学系博士学位。曾任南开经济研究所助理研究员。1950年回国任岭南大学经济商学系教授。1953年先任中山大学经济系教授，后任地理系经济地理学教授。改革开放后，中山大学恢复经济系后重任经济系教授、管理系教授兼任管理学院首任院长。

②指旧人民币。

③这是因为北京大学和岭南大学经济系的主要教授不少原先曾在中央研究院社会科学研究所任职。北京大学有严仁赓、樊宏、陈振汉（曾兼任社会科学研究所通讯研究员）等；岭南大学有彭雨新、丁文治、邵循恺、梁方仲（兼系主任）。

④1951年秋天，肖步才研究生毕业后到北京中国科学院社会所工作，此信是他抵所不久后写的。

二

方仲老师：

前月奉上乙函谅已收妥，吾师近况如何，至深想念。

社会所“三反”运动基本上已结束，现进入“科学研究人员思想改造”阶段，经过几次运动，批评与自我批评渐不感到难受。生等正拟大力提高政治水平，培养条件，争取参加组织，希望在组织的教育下，能够使我们进步更快，更能发挥力量为人民服务。

所内工作几陷停滞状态，每日多开会、讨论、搞思想问题。卅年经济方面，工作重新部署，生多负贸易一门（即负金融、贸易两门），其他汪馥荪[①]同志负工业一门，章季闳[②]同志负农业、财政两门，严中平同志负国际经济关系，孙毓棠同志（与清华合聘）负国际政治关系，唯现尚未接触史料。

经济史组已决定迁北京，六月大概李文治等同志可来京。南京薪额高，自南京调北京可在京续领南京薪水，大概相差百万元左右，吾师不知何时来所，到南京报到抑直接来科学院，吾师可否与陶先生商量，通过人事部方式将吾师由岭大调来科学院，初期算作调差，由穗至京或南京之旅差费（软席卧铺）可以报销。

吾师如旅费各项不十分充裕，生等亦愿效棉薄□□□□行，因已有例在先（林耀华同志预借二三百万□□□□其半年之工薪），手续只需陶先生批准。

与严中平同志近日谈及关于前介绍徐展华[③]事，严表示全不知道有此一事。卅年经济方面亦需要社会学方面、劳工问题等人材，如徐愿来极欢迎云。徐是前届毕业故所中可直接聘任。

---

①即汪敬虞。

②即章有义。

③徐展华为岭南大学社会系学生。

《经济导报》新年号上吾师之鸿文[①]已拜读，肇伯[②]兄之年报上大作亦已读阅。肇伯兄前在《社会经济》二期一文，老气横秋，似旧知识分子之作品，研究方式亦属陈旧而不合时代。年报一文很好，今后应该朝这个方向发展不致误用天才。所中亟须添人，肇伯兄如愿来所，应即作准备，将成绩等送审。但所中不敢直接与人接洽，必须听候人事部分派，私人介绍应届毕业生亦将受人非议，唯吾人可将成绩送审，人事部来征询意见时则比较方便。所中没有什么生气，人民大学较有前途，所中很多人包括学生在内，宁去人大当研究生，如有机会去人大，肇伯兄应极力争取。其他同学似以留广州为宜，北方解放早，要求很高，学问不是被人考虑之条件，政治才是最重要的。

导报[③]时有来信，但因开会关系无甚时间写文章，新年一文系去年十一月所作，笃生系学生之家父。近日完成一篇《关于马克思论社会流通所必须之货币数量》一文，对马克思原文加以明确，并批判河上肇、沈志远诸氏之歪曲见解，约八千字，比较有些学术上之意义，现在送人民教研室审查，如无误将在《新建设》或《学习》《科学通报》披露。参加土改各师长同学近况如何？司徒森老师未参加土改，现是否在校？传岭大、中大合并，未知真象如何，下学期何时开课？

专此，敬祝

健康

生肖步才谨上

1952.2.25

---

①即梁方仲《迎接一九五二年》（《经济导报》1952年第252期）。

②冯肇伯，国际金融学专家，广东广州人。1950年岭南大学经济商学系毕业，旋再读该校研究生，1952年毕业，后分配到四川财经学院任教，旋往中国人民大学教师研究生班攻读，于1955年毕业后回校执教。累升至教授，并曾兼任金融系副主任。

③即《经济导报》。

方仲老師：　　前月奉上乙函，諒已收悉。吾師[illegible]況如何，至[illegible]想念。

社會所三反運動基本上已結束，現進入"科學研究人員思想改造"階段。經過此次運動、批評與自我批評，漸[illegible]到難受，生等正擬大力提高政治水平，培養條件，爭取參加組[illegible]，希望在組[illegible]的教育下，能够使我們進步更快，更能發揮力量為人民服務。

所內工作成陷停滯狀態，每日多開会、討論、搞思想問題。卅年經濟方面，工作重新部署，生、多負貿易一門（即負金融、貿易兩[illegible]其他），汪敬虞同志負工業一門，章季閎同志負農業財政兩門，嚴中[illegible]負國際經濟关係，孫毓棠同志（由清華合聘）負國際政治关係，[illegible]未接觸史料。

經濟史組已決定遷北京，六月大概李文治等同志可來京。南京薪額高，自南京調北京可在京續領南京薪[illegible]，大概相差百萬左右。吾師不知何时来所，到南京報到抑直接來[illegible]。吾師可否[illegible]陶先生商量，通过人事部方式將吾師由嶺大調來科[illegible]，[illegible]是則貧[illegible]調差，由穗至京或南京之旅差費（軟席卧鋪）[illegible]報銷[illegible]

吾師如旅费各項不够充裕，生等亦願款相借[illegible]行，因已有例在先（林耀華同志預借二三百万，[illegible]其工薪。）手續祇需陶先生批准。

此嚴中平同志近日談及关於前介紹徐展華事，嚴表示全不知道

兆一本。[illegible]在經濟方面亦需要社会學方面、勞工問題等人材。如徐願來極
歡迎云。徐係前屆畢業故所中可直接聘任。

經濟導報新年號上吾師之鴻文，已拜讀。肇伯兄之年報上大作亦
讀閱。肇伯兄前在社会經濟二期一文，老氣橫秋，似舊知識份子之作品。
方式亦屬陳舊而不合時代。年報一文很好。今後應該朝這個方向發展，應不
浪用天才。所中亟須添人，肇伯兄如願來所，應即作準備，將成績等送審。
所中不能直接與人接洽，必須聽候人事部分派。私人介紹應屆畢業生亦將受
注意。唯吾人可將成績送審，人事部來徵詢意見時則比較方便。所中
有什么生气。人民大學較有前途。所中很多人包括学生在内，愿去人大当
学生。如有机会去人大，肇伯兄应極力争取。其他同学似以留广州为宜。
[illegible]方解放早，要求很高。學問不是被人考慮之條件，政治才是最重要的。

導報時有來信，但因開会关係，無甚時間寫文章。新年一文係
十一月所作，写生係学生之家文。近日完成一篇"关於馬克斯
社会流通所[illegible]貨幣數量"一文，對馬克斯原文加以明確，並批判河上
之流表[illegible]諸氏之歪曲見解，約八仟字，比較有些学术上之意义，現在
[illegible]教師[illegible]審查，如無誤將在新建設、或学習，科学通報披露。
[illegible]加工改各師長同學近況何如？[illegible]森老師未參加土改現是
[illegible]華嶺大中大合併，未知真象如何。下學期何時開課？
有何[illegible]信[illegible]　專此，　致祝
健康

生[illegible]謹上
1952.2.25.

三

方仲老师：

大札收到，敬悉一一。

关于老师回所手续问题，学生已与陶副院长谈及，科学院去年因为在各地抽调人员关系，与各大行政区文教部门关系搞不好，讨了许多没趣，碰了许多钉子，且受到上级之批评，所以此后对抽调人员不敢轻易尝试。陶先生意思最好能先与学校及文教部说妥，因科学院来函恐不敢强调，而只能以商量之口气出之云，陶先生日内当来信说明。[①]

徐展华没有信给我，应该告诉他，社会所工作方向已改变了。假如她有组织关系，则应由组织上转来，科学院很怕惹上强抢干部的罪名。冯肇伯、周秀鸾两同学给我的信都收到了（周同学寄勤生兄处一信尚未寓目，内容已由勤生兄转述），我不主张肇伯兄留校是从“会沦为与老教授一流的旧知识分子”这个假定下出发的，如果环境的改变可以抵消这个倾向，我也同意肇伯兄的留校意见的。秀鸾同学的工作问题曾与勤生兄谈过，据他的意见，国际研究所比较适合于她，我的意见也大体相同。社会所依然暂时的和尚作风，除非打算做和尚或尼姑，年青人不在这埋葬其青春，所以我一方面欢迎她来北京，另一方面又觉得在社会所会委屈了她。假如她不考虑这些，那么我们所里是很欢迎很需要的。唯一的有把握的办法就是当作大学毕业生一样向校方领取申请表格依统一招实习员、研究生办法进来。

前交彭老师[②]款项记得似为经济92（社会主义经济）之讲义费，讲义由系印发，依王正宪老师指示向领取讲义各人收回工本补回我系，不知有无误记，交彭老师时尚附一收款人名单，约9人？11人已记不清。

---

①1950年8月，在陶孟和张罗下，中国科学院院务议通过并发聘书给梁方仲回社会科学研究所，但梁氏之后一直犹豫，而陶孟和仍希望梁氏尽早回所。梁氏迟迟未动身返北京。

②即彭雨新。

钱庄银行各项工作因全所工作未定暂又停下，近月研讨范文澜近代史，该书观点新颖，惜史料错误颇多，前周研讨天朝田亩制度，吾师之大作《易知由单研究》，各人均一一拜读，确是超群卓见，鉴于《易知由单》之《岭南学报》及《岭大经济》影响面过小，学生拟建议吾师将主要论点节成六千字左右小文章于《进步日报》或《历史教学》再发表，俾引起史学界应有之讨论，不知吾师以为然否？学生日内已将该文内容制成卡片，若吾师过于忙迫，学生愿以第三者身份撰文向外介绍之，是否可行，请即赐示。

目前奉陶先生命作一篇小文章介绍我所发现日本大使馆档案中有关1940—1941〔年〕上海外商银行主要中国股东、存款人之名单，现已作就，兹将原始材料一部之草稿另函奉上请查收，第一、二表我们不准备发表，应保密。附莫斯科国民银行一表尤须小心，我们介绍时是把它除外的（本资料我们系里恐没有用处，暂不寄来且恐有保密性质，待小文发表后再行定夺）。

系中各老师均此恕未另。祝

健康

学生肖步才上

6.23[①]

①1952年5月22日，陶孟和曾给梁方仲的函专门提到调动时注意事先与中南行政局教育部、岭南大学沟通好。与肖函中“陶先生日内当来信说明”字眼结合起来分析，此函应写于1952年。

方仲老師：　大札收到，敬悉一一。

关于老師回所手續问题，學生已与陶副院長談及，科学院去年因为在各地抽调人员关係，与各大行政文教部门关係搞不好，討了許多沒趣，碰了許多釘子，且受到上級之批評，所以兆從对抽调人员不敢輕易嘗試。陶先生思最好能先与学校及文教厂說妥，因科学院来函恐不敢強調，而只能以商量之口吻示之云。陶先生日內当来信說明。

徐展華沒有信給我，並談告訴她，社会所之工作方向已改变了。假如她有组织关係，則应由组织上轉来，科学院不惹上強拉幹部的罪名。馮肇伯、周秀鸾兩同学給我的信都收到了。（周同学寄勤生兄之一信尚未寓目，内容已由勤生兄轉告）我不主張肇伯兄留校是從"全淪为世界教授一流的旧知識份子"這個假定下去考虑的，如果環境的改变可以抵消這個不我也同意肇伯兄的留校意見的。秀鸾同学的工作问题首也勤生兄談定，就他的意見，國际研究所比較適合於她、意見也大体同想。社会所依然舊时的和尚作風，除非打算做和尚或尼姑，年青人不宜在這裡葬送青春。所方面決定她来北京，另一方面又觉得在社会所会委屈了她。假如她不考虑这些，那么我们所裡是很欢迎很需要的。唯一的有把握的办法就是当作大学毕業生一樣向校方领取申請表格，依從一般实習員研究生办法進来。

前次彭老師款项記得似為經济92（社会主义經济）之講义費，講义由京印發，依王正憲老師指示向领取講义各人之本補回我系，不知有無误記。交彭老师时尚附一收款人名单，约9人？11人已記不清。

錢莊銀行各項工作因全所工作未定暫又停下。近月研討范文瀾近代史，該書觀點新穎，惜史料錯誤較多。前週研討天朝田畝制度，吾師之大作"易知由單研究"各人均一一拜讀，確係超羣卓見；鑒於易知由單之"嶺南學報"及"嶺大經濟"影響面甚小，學生擬建議吾師將主要論點節成六千字左右小文章，於進步日報或歷史教學再發表，俾引起史學界之廣泛討論，不知吾師以為然否？學生日內將該文內容製成卡片，若吾師忙於工作，學生願以第三者身份撰文向外介紹之，是否可行請即賜示。

× 目前奉陶先生命作一篇小文章介紹我所發現日本大使館檔案中有關1940—1941上海外商銀行主要中國股東、存款人名單，現已作就，茲將原始材料一部分草稿另函奉上請查收。第一二表我們不準備發表，在保密。附莫斯科國民銀行一表尤須小心，我們介紹時是把它除外的。×（本資料我們整理認為沒有用處暫不寄來且認為有保密性質，待小文發表後再行寄奉）。

系中各老師均此，恕未另　　祝

健康

學生 蕭步才 上　6.23.

四

方仲老师：

好久没有通信了，这半年多来，在京同学很多变化，每每提笔却又难乎后继，所以直到现在才给老师报道。

首先一项是汤明檖同学跟社会系的黄锦瑶同学年底在京结婚，其次是工作岗位颇多调动，陈立邦同学已调往天津进步道十号土产公司。国际经济研究所已取消，大部人员外调，一部留在对外贸易部商情物价局研究室工作（室主任是杨西孟[①]先生，蔡克轩留此工作），汤明檖调第一机械工业部（工作性质是几间工业学院的行政领导方面的工作），罗勤生、方利生调中国食品出口公司研究室工作。高平叔先生调对外贸易学院教书。梁国鸾在国家计划委员会物资分配局进出口处工作（最近即将与罗勤生结婚）；冯肇伯在人民大学学习贸易；周秀鸾在人民大学学习中国经济史。家兄鸿彦在人民大学学习政治经济学（上学期获“优等生”称号，常嘱带问候）。

学生从去年十月起接受搞手工业工作；参加这工作的有巫宝三先生等一共十三人，唯今年又分出六人另参加黄河水利规划工作。现在，经济所分三组，即经济史（现编史料）、手工业、黄河。手工业组由巫领导，去年十二月参加过全国手工业生产合作会议，今年则集中中央十一个单位所有有关手工业之内部文件加以编辑，拟出版内部刊物《手工业参考资料》。手工业工作不是科学院单独搞的，是中共中央农村工作部、对外贸易部、商业部、轻工业部、全国总工会、民主妇联、人民大学、税务总局、合作总社、国家计委、国家统计局等单位联合之工作，科学院经研所所负任务是：一同参加调查，负责调查后之全部资料整理研究。所以，可能今年五六月间来广州一趟，届

---

①杨西孟，经济学家，四川江津（今重庆市）人。1920年考入北京大学，毕业后在北平社会调查所（后并入中央研究院社会科学研究所）工作。1937年获美国密西根大学硕士学位，专攻数理统计与经济统计。回国后历任中央研究院社会科学研究所研究员，西南联大、北京大学教授。中华人民共和国成立后任对外贸易部行情研究室（所）主任，国际贸易研究所副所长、所长。1959年加入中国共产党。

1

中國科學院經濟研究所

方仲老師：好久沒有通信了，这半年多来，在京同学很多变化，每每提笔却又難乎縷緒，所以直到現在才給老師報道。

首先一项是汤明檖同学跟社会系的黄錦瑛同学年底在京结婚，其次是工作岗位颇多調動，陳立邦同学已调往天津遵步道十号土产公司。國际经济研究所已取消，大部人员外调，一部留在对外贸易部商情物价局研究室工作（室主任是杨西孟先生，蔡孝圻留北工作），汤明檖调第一机械工業部（工作性质是类同工业学院的行政领导方面的工作），罗勤生、方利生调中國食品出口公司研究室工作。高平叔先生调对外贸易学院教书。梁國寿在國家计划委员会物资分配局进出口处工作（最近即将与罗勤生结婚）；冯肇伯在人民大学学習贸易；周秀鸾在人民大学学習中國经济史。宋元鸿在人民大学学習政治经济学。（上学期获"优学生"称号，[illegible]）

学生從去年十月起接受搞手工業工作；参加这工作的有严中平先生等一共十三人，惟今年又分出六人另参加黄河水利规划工作。現在，经济所分三组，即经济史（现编史料）；手工業；黄河。手工業组由严领導，去年十二月参加过全國手工業生产合作会议，今年则集中中央十一个單位所有有关手工業之内部文件加以编辑，拟出版内部刊物"手工業参考資料"。手工業工作不是科学院單独搞的，是中共中央农村工作部、对外贸易部、商業部、轻工業部、全國总工会、民主妇联、人民大学、税务总局、合作總社、國家计委、國家统计局等單位联合之工作，科学院经济研究所负任务是：一同参加调查，负责调查後之全部資料整理研究。所以可能今年五六月间来广州一趟，届時一定前来拜见各位老師。

（合作社製）

2

中國科學院經濟研究所

科学院今年起党加强了领導，工作大有起色，经济所已调来狄超白同志任代理所長，同時调来的还有王学文、王寅生等经济学界老前輩。狄所長学術上当然不能算有什么伟大成就，也还是在学習的过程，不过他党性很强，行政能力很强，对外关係打得开，这次手工業工作所以能够动员十几个單位一齐来参加也就是他一手所组织的，他是新经济学会的实际负责人，兼财经出版社社長。初来几个月，经济所已稍有生气。听説以後还要調来一位副所長，正所長可能由陳伯達同志兼。目前经济所已發展到六十多人，研究人员约三十人，其餘資料员、等行政、助理人员三十多人。

学生在業餘正学習俄文，以後將先試業務上，請老師批評指正。

譚彼岸先生是否仍在历史系？近来常常見报章刊登推销1953年前畢業證书的啟事，岭南已经合併了，不知道我们的畢業證书可領？得烦请譚先生去学校裡问一问。

听説司徒森老師、胡继贤老師都还没有去漢口，不知現在何处？有机会碰到烦请老師代为问候。

老師身体怎樣？去年我们听到已经開始鍛鍊的消息都非常高興。現在人民政府已逐渐注意尊重老科学家，给老科学家以一定的工作条件和生活条件，周总理这次已有明确指示，批判以前对老科学家要求过高（要求他们政治水平高，有馬列主义）关照不足的缺憾。一切有学问的、老老实实下苦功做研究工作的都会愈来愈受到人民所给予的荣誉。我们说四十多岁还正是壮年的時候。

（合作社製）

时一定前来拜见各位老师。

科学院今年起党加强了领导，工作大有起色，经济所已调来狄超白[①]同志任代理所长，即将调来的还有王学文、王寅生等经济学界老前辈，狄所长学术上当然不能算有什么伟大成就，也还是在学习的过程，不过他党性很强，行政能力很强，对外关系打得开，这次手工业工作，所以能够动员十几个单位一齐来参加也就是他一手所组织的，他是新经济学会的实际负责人，兼财经出版社社长。初来几个月，经济所已稍有生气。听说以后还要调来一位副所长，正所长可能由陈伯达同志兼。目前经济所已发展到六十多人，研究人员约三十人，其余资料员等行政、助理人员三十多人。

学生在业余还写些东西，以后发表时当奉上，请老师批评指正。

谭彼岸先生是否仍在历史系？近来常常见报章刊登催领1953年前毕业证书的启事，岭南已经合并了，不知道我们有没有毕业证书可领？得烦请谭先生去学校里问一问。

听说司徒森老师、胡继贤老师都还没有去汉口[②]，不知现在何处？有机会碰到烦请老师代为问候。

老师身体怎样？去年我们听到已经开始钙化的消息都非常高兴，现在人民政府已逐渐注意尊重老科学家，给老科学家以一定的工作条件和生活条件，周总理这次已有明确指示，批判以前对老科学家要求过苛（要求他们政治水平高，有马列主义）、关照不足的缺憾，一切有学问的，老老实实下苦功做研究工作的都会愈来愈受到人民所给予的荣誉，更何况四十多岁还正是壮年的时候。[③]

---

①狄超白，经济学家，江苏溧阳人。1931年入中央大学学习，同年加入中国共产党。1946年转移到香港，任中共香港工作委员会学术小组组长。1947年兼任达德学院教授。中华人民共和国成立后，历任政务院财经委员会统计处处长，国家统计局综合处处长，中国科学院经济研究所研究员、代理所长，中国社会科学院哲学社会科学部委员。

②1953年中山大学经济系撤销，所有教师被重新分配（主要是去武汉）。司徒森、胡继贤属计划调去武汉者。

③从字迹和内容来看此函写者是肖步才无疑。写信时间应在1954年，因为狄超白是1954年当中国科学院经济研究所的代理所长。此函虽缺页，但仍有一定史料价值，故选用。

五

方仲老师：

久违教诲，不胜想念。今年七月，老师在北京时学生因肃反事正在上诉，但恐被诬“争取人联络人”致连累老师麻烦，因而未便畅所欲言，多聆教益深以为憾。

目前学生曾奉寄《中国青年》两册，谅先收到，内中有数文涉及我所打击青年事件，是非曲直亦自有公论也。

学生自1951年秋离开老师到经济研究所以来转瞬间已五六年，在此长时期内，赖师长同学们之鞭策，在工作上、学习上尚能不低于经研所目前的一般水平，但由于本身有缺点，主要是年少气盛，因被贬为研究实习员问题与领导关系形成恶性循环，以致进步不多，提高不快，劳动成果一直得不到应有的承认和鼓励。不但如此，而且时滋事端，甚至去年遭到政治逼害。窃思，长此而往实于公于私两受损失，所以造成这种情况固然与学生之缺点有关，但客观环境亦未尝不是其中的一个因素。更加因肃反事向中央控告，已蒙中央批复交国家机关党委负责查办，在上级卡制下虽无可奈何，但毕竟“山高皇帝远”，难保不进行报复打击。为此除将一切遭遇请求上级查办之外，又同时向上级请求把我调到高等学校去工作。在本所经私人托请巫先生从中说合，已经准学生调职并已发给如下的证明文件：

“本所研究实习员肖步才同志提出调职到高等学校工作的请求，本所已经同意他的请求，准他先行与高等学校接洽，然后按组织原则办理调职手续。”

现在接洽工作尚未进行，巫先生准私人在北京代学生留意，学生拟先了解各校情况，然后再接洽不迟。因为学生由实习员调职到学校当助教问题并不复杂，由学校与本所直接办理，或通过高教部办理均能达到目的也，不知老师以为然否？

关于学生长期是“研究实习员”问题，谅老师早从巫、严两先生处获悉，问题核心是：一贯承认学生具有助理研究员工作能力和成

1

亦仲老師：　久違教誨，不勝想念，今年七月，老師在北京時学生因肅反事正在上訴，但恐被誣"爭取人联络人"致連累老師麻煩，因而未便暢所欲言多聆教益，深以為憾。

目前学生曾奉寄"中國青年"兩册，諒已收到，內中有數文涉及我所打击鋍事件，是非曲直亦自有公論也。

学生自1951年秋隨同老師到經濟研究所以来，轉瞬間已五六年，在此長时期內，效師長同学们之鞭策，在工作上、学習上尚能不低於經研所目前的一般水平，但由于本身有缺点，主要是年少气盛，因被炫為研究实習员問題与領導关係形成恶性循環，以致進步不多，提高不快，劳動成果一直得不到应有的承認和鼓勵，不但如此，而且時滋事端，遂至去年遭到政治迫害，窃思，長此而往实於公於私兩受損失，所以造成这种情况固然与学生之缺点有关，但客觀環境亦未嘗不是其中的一个因素。更加因肅反事向中央控告，已蒙中央批复交国家机关党委负责查办，在上級节制下虽無可奈何，但毕竟"山高皇帝远"，難保不進行报复打击，為此除將一切遭遇請求上級查办之外，又同时向上級請求把我調到高等学校去工作。在本所經私人托請巫先生從中説合，已經准学生調職並已發給如下的証明文件：

"本所研究实習员肖步才同志提出調職到高等学校工作的請求，本所已經同意他的請求，准他先行与高等学校接洽，然后按組织

系列办理調職手續"

現在接洽工作尚未進
擬先了解各校情况，然后再
教問題並不復雜，由于校
到目的也。不知老師以為然

关於学生長期是"研
獲悉，問題核心是：一貫
事关係，一貫以神々不住一驳的
其实学生在經济研究所特别
眼之"，这种恶性循環很有
的缺点，却給誇張成有才無
問題乃正是"德"內容之核心
工资改革又实行报复打击，
年内也許將進行一次檢查。

学生在所六年，發表
万字合计自1950年至1955年
一文，曾由人民日报告編室翻
南開經济系亦曾翻印，。参
"社会主义生產物质基礎"

2

人在北京代学生留意，学生
生由实习员调职到学校当助
或通过高教部办理均能达

京老师早从巫、严两先生处
研究员工作能力和成绩，但因人
级，诸如说什么面高角大……
不看我不起，我就露一手给你
关系其重是作风上，修养上
态度，工作成绩、为谁服务之
的缺点而一笔抹煞？这次
说不升。此事上级已经注意到了，

了学，连在学校时发表二十篇十
，其中"价值法则与价格政策"
法则问题讨论参考资料"一书，
第二个五年计划的翻译，俄文
年科学出版社出版），参与

3

编手工业资料一本（1954年科学院出版内部发行），手头正在编"1954年全国手工业调查报告选辑""1955年全国陶瓷业调查报告汇编" 此二书原计划于1957年由科学出版社出版。手头工作年内可结束。

学生所以离所，事非得已，老同志章有义、彭泽益等等均十分赞成学生离开，且最近二月本所已有四位研究人员离所（都是他们请求离开的）其中有党员一人，团员一人，可见并非个别偶然现象。巫先生虽一再劝学生留所，但巫先生在所实有"爱莫能助"之苦衷，学生亦充分谅解其好意，并请其将学生情况告知老师。学生所述容有主观成分，与巫先生信合并而相互补充，则全貌可知矣。

学生初步拟定的接洽计划是在北京、武汉、广州三地，任何一地均可，因北京是故乡，武汉与广州则老师都在一起，出了校六年学生深深感到有长者教导之重要，若有老师在旁经常指点，则可以少走弯路少犯错误也。闻说中大拟恢复经济系，不知是否属实，现在中大除老师、王正宪老师之外，刘荣（刘清如）秘书长亦系学生之老师，1944年—1945年在校亲教授学生之经济学概论，抗战胜利后在广州期间刘老师转入社会系，但仍时有过从，解放前并曾托过刘老师找寻职的。调职一事关系今后努力方向，相当重要，但学生知识浅薄，阅历不深，敬希老师多加指示，在必要时并请给予帮助支持。专此　敬祝

健康

正宪老师未另，请代致意。

学生 [illegible]

11-8.

绩，但因人事关系，一贯以种种不值一驳的理由，不准学生升级，诸如说什么自高自大……其实学生在经济研究所特别自高自大，亦与“你看我不起，我就露一手给你瞧瞧”这种恶性循环很有关系。学生的缺点充其量是作风上、修养上的缺点，却给夸张成“有才无德”，殊不知工作态度、工作成绩、为谁服务这问题乃正是“德”内容之核心，安能因作风上的缺点而一笔抹煞？这次工资改革又实行报复打击，凡向上级控告者一概不升，此事上级已经注意到了，年内也许将进行一次检查。

学生在所六年，发表论文九篇约十一万字，连在学校时发表二十篇十万字合计自1950年至1955年发表29篇21万字，其中《价值法则与价格政策》一文，曾由《人民日报》总编室翻印，收入《经济法则问题讨论参考资料》一书，南开经济系亦曾翻印。参加过本所英文苏联第二个五年计划的翻译，俄文《社会主义生产物质基础》一书的翻译（明年科学出版社出版），参与编手工业资料一本（1954年科学院出版，内部发行），手头正在编《1954年全国手工业调查报告选辑》《1955年全国陶瓷业调查报告汇编》。此二书原计划于1957年由科学出版社出版，手头工作年内可结束。

学生所以离所，事非得已，老同志章有义、彭泽益等等均十分赞成学生离开，且最近二月本所已有四位研究人员离所（都是自己请求离开的），其中有党员一人、团员一人，可见并非系偶然现象。巫先生虽一再劝学生留所，但巫先生在所实有“爱莫能助”之苦衷，学生亦充分谅解其好意，并请其将学生情况告知老师。学生所述容有主观成分，与巫先生信合并而相互补充则全貌可知矣。

学生初步拟定的接洽计划是在北京、武汉、广州三地，任何一地均可，因北京是就近，武汉与广州则老师都在一起，出学校六年学生深深感到年老长者教导之重要，若有老师在旁经常指点，则可以少走弯路、少犯错误也。闻说中大拟恢复经济系，不知是否属实，现在中大除老师、王正宪老师之外，刘棨[①]（刘清如）秘书长亦系学生之老师，1944—1945年在梅县教授学生之经济学概论，抗战胜利后在广州期间刘老师转入社会系，但仍时有过从，解放前并曾托过刘老师找兼职的。调职一事关系今后努力方向，相当重要。但学生知识浅薄，阅历不深，愿吾师多加指示，在必要时并请给予帮助支持。专此，敬祝健康

正宪老师未另，请代致意。

学生步才上

11—8[②]

①刘棨，哲学家，广东梅县人。1931年毕业于南京中央大学，后留校任教。1934年考入日本帝国大学研究生院。1940年任中山大学社会学系教授、系主任。1949年后，任中山大学临时校务委员会副主任兼秘书长、代主任。院系调整后，在中山大学任职，教授马列主义、哲学等课。

②1956年7月梁方仲曾赴京参加由高教部主持召开的综合性大学文史教学大纲审订会，肖函中有“今年七月，老师在北京时……”字句，显然此函写于1956年。

熊德基致梁方仲（一封）

熊德基，历史学家，江西南昌人。1936年，在北平中国大学读书，因参加爱国学生运动被捕，后获释。次年任南昌《大众日报》编辑部主任。1937年在国民党江西省党部从事中共地下党工作，1938年加入中国共产党。1939年入西南联大学习，1941年毕业后在湖南蓝田国立师范学院、厦门大学、福建师范学院任讲师、副教授、教授等职。1957年调中国科学院历史研究所，历任中国科学院历史研究所第二所副所长、中国社会科学院历史研究所副所长等职。著有《中国农民战争与宗教及其相关诸问题》（《历史论丛》第1辑，中华书局，1964年）、《武则天的真面目——梁效〈有作为的女政治家武则天〉》（《社会科学战线》1978年创刊号）等。

方仲同志：

我九时到所，偏偏有人找我开个小会，谈了半小时。特来看你，适驾外出。我已嘱图书馆欢迎你参观，如有你兴趣，王贵石同志可以给你带路。我也和王说好了。

敬礼

弟德基

九时三刻[①]

---

①1965年8—12月梁方仲带领其研究生黄启臣、叶显恩、鲍彦邦三人往北京、上海、宁波、武汉等地搜集其研究生毕业论文资料和请益有关专家、朋友。9月间住在中国科学院哲学社会科学部招待所，曾到历史研究所、近代史研究所活动。此函应写于1965年9月份。

方仲同志：

我九时到此，偏偏有人找我开个小会，谈了半小时。接来看你送写好书。我已给图书组组长追你失了说，如你有兴趣，王贵忱同志可以陪你帮忙。我也和王说好了。

敬礼

弟 徐基 九时三刻

徐俊鸣致梁方仲（一封）

徐俊鸣，地理学家，广东梅县人。1935年毕业于中山大学地理系。1937年后在中山大学任助教、讲师、副教授、教授等职，同时还受聘于广州文化大学、珠海大学、商业专科学校等。1952年在中山大学地理系任教。1955年加入中国民主同盟。曾任广东地理学会秘书长、《历史地理》杂志编委等职。著有《国防地理导论》（中山大学地理系，1943年）、《中国历代统一之地理观》（中山大学地理系，1947年）、《广州史话》（中华书局，1963年）等。

梁方仲在编著《中国历代户口、田地、田赋统计》一书时曾请徐氏提供过一些资料，并帮助绘图。

梁先生：

兹遵嘱重新整理了二个表，请指正，但未知合用否耳？表内数字敢烦贵助手再核对一下。又，前次您所给我校正的元丰户数目，我再复查了万有文库本的《元丰九域志》，发现有二种情况：

（甲）有些州原有二个数目，如英州、廉州、吉阳等，我已在表中把二个数字都列出来。

（乙）你们校正数有些与万有文库本的《九域志》不符，不知何故？是否有更好版本？如：

万安军我仍用217，你们前次校正数作270。

南宁军我仍用835（或833），你们前次校正数作853。

封州我前稿误作2736，你们前次校正数作2779，今改正作2739。

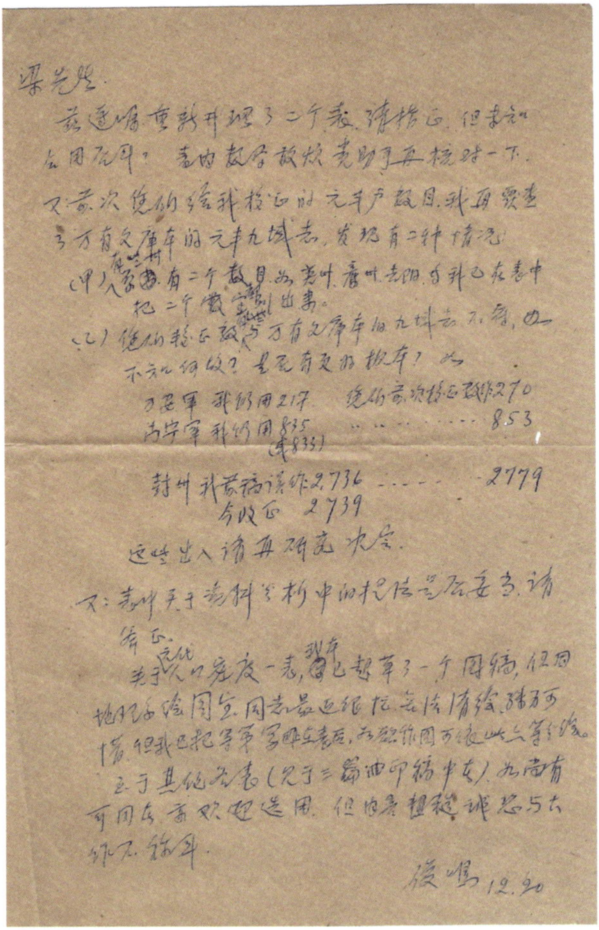

这些出入请再研究决定。

又，表中关于资料分析中的提法是否妥当，请斧正。

关于元代人口密度一表，我本已起草了一个图稿，但因地理系绘图室同志最近很忙，无法请绘，殊为可惜，但我已把等第写在表后，如欲作图可依此六等分绘。

至于其他各表（见于三篇油印稿中者）如尚有可用者，亦欢迎选用，但内容粗糙，诚恐与大作不称耳。

俊鸣

12.20[①]

①此函写于梁方仲编著《中国历代户口、田地、田赋统计》期间，即20世纪50年代末60年代初。

严仁赓致梁方仲（一封）

严仁赓，经济学家，天津人。1933年毕业于南开大学经济系。后在北平社会调查所（后改称中央研究所社会科学研究所）攻读研究生，毕业后留所工作，历任助研研究员、副研究员。后留学美国，在哈佛大学、哥伦比亚大学、加利福尼亚大学伯克利分校做研究工作。1946年回国，任浙江大学经济系教授。后从浙江大学调至北京大学经济系①，历任教授、副教务长、校长助理。著有《中国之营业税》（与朱炳南合写，国立中央研究院社会科学研究所，1934年）、《中华人民共和国经济史》（英文）等。

严仁赓与梁方仲是中央研究院的老同事，两人彼此联络不停，友善始终。20世纪30年代两人曾一起在浙江等地进行社会调查。

方仲兄：

将近一年未通音问，得悉兄执教岭大之后不久，此间即告解放，不通音讯者久矣。广州解放前夕，匪军大肆杀害破坏，极以在粤朋友安全为念，顷奉手书藉谂安好为慰（四月中之手书未曾收到），早拟上书，因事情太忙，每天难得抽出几分钟空间，今将半年余弟在此情形略为兄一罄：

解放大军于四月二十日渡江开始，浙大全校师生工友职员合组应

①院系调整后浙江大学、清华大学等大学改为工科大学，经济系等院系并入其他学校。

变会，弟被举为主席团之主席，当时校务停滞，一切为了应变，故于储粮、警卫、交通、消防、经济等莫不需大量工作人员，我已动员全校努力以赴，每日开会数次，各方又须照料，故极为忙累。所幸五月三日杭州即告解放。不然身体早已不支，惟其前竺校长[①]被杭立武[②]电召去申，行后留书将全部校务交应变会主持，故责任极重大，且特务分子准备到浙大大批抓人，所以日夜担心，黑名单人数达七百余，弟列为首。本定五月三日下午五时来抓人，午间尚有特务到我家，幸而下午三时解放军入城，幸免于难，但这几天青年学生等被杀被活埋者亦不少。解放后，应变会未即结束，学校成立临时校务会，弟亦未能脱身。至六月，接管开始，弟被派为接管小组中之第一人。一个多月进行接管备极辛苦，又值感冒，疲惫不堪，幸精神舒畅，身体居然亦未出大毛病。七月底接管方告结束，又派弟领大批人马去金华接管英士大学[③]合并浙大，惟未曾动身即又发表弟为校务委员兼常委、兼教务长，经多次推辞均不得结束，只好硬干下去。自八月初开始工作已将四个月。办理招考新生，英大合并以及其他事务更是忙不堪言。每周开会总在十几次，日夜不得闲暇，且训导处取消，其工作归教务处，人较前减少，工作较前增加三五倍，再加人民助学金之审议须我主持，政治大课须我筹划。校中有八个委员会，我作主席另外四个必须出席，外面酬应亦不在少，故而忙得头昏脑胀，终日疲于应付，纯为被动，无法冷静一下。□□□计划学制的改革，身体更是吃不消，又曾多次请辞均不得结束，仍在努力之中。

---

①即竺可桢。竺可桢，地理学家，浙江上虞人。1910年赴美留学。1913年毕业于伊利诺伊大学农学院。1918年获美国哈佛大学博士学位。历任东南大学地学系主任、中央研究院气象所所长、浙江大学校长。中华人民共和国时期历任中国科学院副院长、中国科学技术协会副主席、中国气象学会理事长、中国地理学会理事长等职。

②杭立武，政治活动家，安徽滁县人。1923年毕业于金陵大学。1929年获英国伦敦大学博士学位。归国后受聘为中央大学政治系教授兼系主任。1931年转任中英庚款董事会总干事。1944年任教育部常务次长，两年后调政务次长，1949年任教育部部长。

③英士大学为民国期间较有名之国立大学。1928年初名浙江战时大学，1939年为纪念陈英士，改称省立英士大学；1943年，改国立大学。1950年后遭裁撤，师生并入其他学校。

之要，故不能不预留篇幅。 [illegible]刚先生来[illegible]，为常要之一，且依经验[illegible]事行[illegible]

之后，[illegible]代学者研究，亦甚不妨意，此事当信笔来。 此事似一字要好，谢谢你们[illegible]

说得不错，学者及史地学家特约撰稿，[illegible]间，近遂依[illegible]批指导学习及

[illegible]程[illegible]事，他之批评可以。 晓峰兄 [illegible]出版，此时不知何之，之人矣

此公思想似乎[illegible]太空泛可惜。 浙大编译[illegible]人之多，所以接受[illegible]

一度成为众矢之的，将以浙大学风[illegible]，他人[illegible]为力，[illegible]

谢大大说谢一番，谢幼伟亦已出版，极有[illegible]，新儒林[illegible]人生[illegible]文

这书稿前曾寄去如不到当续及之。 新儒家者[illegible]我们这里[illegible]

总结评价，有意送书人员，当为兄介绍。

[illegible]如此事当商，[illegible]下本，稍后一叙，则甚感。

批评价值何谓请赐教。 贵校近况何如，请赐好消息，以便我们知道为感

此问

近祺

弟 麐 上

两件先付，[illegible]为幸

贵部尊处[illegible]日时[illegible]，请将[illegible]状况[illegible]，再行[illegible]，为感

[illegible]先生，[illegible]先生等均此致候

(6)

国立浙江大学
NATIONAL CHEKIANG UNIVERSITY
HANGCHOW, CHINA

方仲兄：将近一年未通音问，怅惘。兄执教岭大之后不久，此间即告解放，不
通音讯者久矣。念兄[illegible]多远年[illegible]，以及友朋安全为念，昨奉
手书，藉谂安好为慰。（四月中之来书未曾收到）早拟上书，因事情太忙，每天总在忙出
办公时间[illegible]，半年余来在此情形可为之一叙：解放大军于四月二十日后江南向杭州
杭州。师生工友组织全体应变会，以校务为主席团之主席，当时校务维持一切，为应变，故校
保护校产，警卫等不需太多，工作人员且能全校努力以赴，自
[illegible]
[illegible]
[illegible]
[illegible]
[illegible]
[illegible]
[illegible]
[illegible]
[illegible]
[illegible]
[illegible]
[illegible]

竺校长于去申后即向伪教育部辞职，并未去台，故解放后参加人民政协，今又聘为科学院副院长之一。浙大多时由我们少数人负责，至两月前始聘请马寅初[①]先生接掌校务，但马先生来校几日即去京参加政协会到四月后方返校主持，惟不久复将去京、宁、申等地。他现任全国财经委员会的副主委，故不能长期留校。

培刚兄在武汉亦为常委之一且任总务长，并兼经济系主任，兼代法学院院长，亦忙不堪言，昨亦有信前来。乐素兄一家安好。解放后浙大法律系、哲学系及史地系历史组皆停授课，渠虽感到苦闷，近邀他帮忙搞学习及政治课程等事，他也忙得可以。晓峰[②]在解放前去粤，想曾晤过，此时不知何之，此公思想仍然糊涂，大家觉得可惜。浙大解聘教职员达百余人之多，所以接管小组之人员虽一度成为众矢之的，惟以后大家明了政府的政策如此，个人无能为力，实则藏污纳垢确须大大洗刷一番。谢幼伟[③]亦已逃粤，梅[④]太太黄伯仲、郑儒鍼[⑤]诸人均在解放前南去。文通[⑥]夫妇闻在港云安好，不知曾晤及否？

---

①马寅初，经济学家，浙江嵊县人。1901年考入天津北洋大学。1910年获美国耶鲁大学硕士学位。1914年获美国哥伦比亚大学经济学博士学位，1916年任北京大学经济系教授兼主任。1919年任北京大学第一任教务长。后历任南京政府立法委员、财政委员会委员、经济委员会委员，先后在中央大学、陆军大学、上海交通大学、重庆大学、上海私立中华工商专科学校任教。1948年当选为中央研究院院士。1949年8月出任浙江大学校长。1952年转任北京大学校长。

②即张其昀。张其昀，历史学家，浙江鄞县人。1923年毕业于南京高等师范学校，后在上海商务印书馆、中央大学地理系、浙江大学史地系工作。1949年到台湾，历任国民党中央委员会秘书长、“教育部”部长等职。

③谢幼伟，哲学家，广东梅县人。早年毕业于东南大学，后在美国哈佛大学获硕士学位。返国后，曾任教中央军校第四分校（黄埔军校广州分校）、陆军大学，后为浙江大学教授兼哲学系主任。后去台湾，任台湾政治大学、台湾师范大学、辅仁大学教授。

④即梅光迪。梅光迪，文学家，安徽宣城（今南陵县）人。留学美国，先后在西北大学、哈佛大学就读。曾在东南大学、南开大学、中央大学、浙江大学等校任教。

⑤郑儒鍼，语言学家，广东潮阳人。20世纪40年代留学美国（哈佛大学等），后回国在浙江师范学院任教。中华人民共和国时期曾参加毛选英译工作，后来到北京师范大学任教授。

⑥即谢文通。谢文通，语言学家，广东南海人。少年青年时期在英国、新加坡受教育。1930年毕业于燕京大学政治系。1933年获美国加利福尼亚大学伯克利分校硕士学位。1936年回国，历任河南大学、北京大学、西北联大、西南联大、浙江大学和中山大学外语系教授。其妻梁皕金是梁方仲的堂妹。

新经济学教授极难找，我们这里只得勉强对付，有适当人选当为兄介绍。

寒假如北来，极盼在杭下车，藉便一叙别衷，至盼至盼。忙里偷闲，请恕草率。瑛嫂[①]近况如何，诸侄好否，便祈赐知为感。此问
近安

弟赓上[②]

雨新兄代候，不另函。

罗勤生君函同时收到，请将贱况转告，得暇再行作书。尤感。

序经先生、秉铨兄等均乞代候。

---

①即梁方仲的夫人。

②该函未署年月日。信中多处内容可判定此函应写于1949年11—12月间，如“自八月初开始工作已将四个月”“寒假如北来，极盼在杭下车，藉便一叙别衷”“至两月前始聘请马寅初先生接掌校务”等，均为佐证。

严中平致梁方仲（五封）

严中平，经济史学家，江苏安东（今涟水）人。1936年毕业于清华大学经济系，同年到中央研究院社会科学研究所读研究生，1938年毕业后留所工作。1942年升任副研究员。1947年赴英国进修。1950年回国，任中国科学院社会科学研究所研究员。1953年任中国科学院经济研究所研究员、副所长。1982年后历任中国社会科学院经济研究所研究员、顾问，中国经济史学会会长等职。著有《中国棉业之发展》（商务印书馆，1943年）、《清代云南铜政考》（中华书局，1948年）、《中国近代经济史统计资料选选辑》（科学出版社，1955年）、《科学研究方法论十讲》（人民出版社，1986年）等。

严中平与梁方仲是老同事、老朋友。

一

方仲兄：

数次奉函，皆未得复赐。兄体疲，亦未敢多所烦渎。近来调养如何？已完全钙化否？[①]此间老友，无不以兄体质为念，千万郑重为安！从肖步才处两次接获大作，病中多用脑筋如此，殊令人不解也。[②]

“三反”以后，社会所变动甚大。奉陈伯达副院长指示，所名将

---

①梁方仲曾于1950—1952年患有肺疾。

②梁方仲在患肺病期间写出四篇论文发表在学刊上，字数超过20万。这些论文是《明代一条鞭法的论战》《明代一条鞭法年表》《明代黄册考》《易知由单的研究》。此种舍命撰写的行为，确为许多人所不能理解。

中國科學院社會研究所用箋

方仲兄：

来沪半载，曾去得友函，兄体病甚未复，今痊愈否？近来研究如何？已完全恢复否？此间老友，无不以兄体健为念，千万节劳为要！陈翰笙等……接获大作，病中尚困臃肿如此，殊令人不解也。

三反以后，社会所变动甚大。本所……副所长……，所名将改为“社会经济研究所”，亦将完全集中在现代经济的编辑上，当三反全所做……统计……向……者将改行编史料，固不排斥做研究写文章，但……以史料为主。今年下半年，即将实行此项方针，目前……正在找房子，……全所……集中到此京来。……此事可大做特做一书，……如体力能支，仍……加此整体工作。兄个人旅费可以报销，香房则甚难。未知兄究竟如何？

此间三反早已结束，思想改造运动当未开始，大约两三周内即可开始。此次运动对象……知识分子，……普遍的，高级人员人人都要下水，大学中甚至有经过十余次检讨而尚不能……者。此……知识分子思想甚重，非如此……不能……改造……，……为人民服务……。专此顺复，敬

颂
文祺

弟中平　五月十日

改为“社会经济研究所”，工作完全集中在鸦片战争后经济史料的编辑上，宝三及全所做现实经济问题者均将改行。编史料固不排作研究写文章，但领导上希望还是以史料为主。今年下半年，即将实行此项方针，同时极力在北京找房子，打算全所集中到北京来。[①]陶先生意，此事可大做特做一番。兄如体力能支，仍望能来京参加此集体工作。兄个人旅费可以报销，眷属则甚难。未知兄究竟如何？

此间“三反”早已结束，思想改造运动尚未开始，大约两三周后即可动员。此次运动为旧知识分子一艰苦斗争，高级人员，人人都要下水，大学中，甚有经过十余次检讨而尚不能解决者。然旧知识分子，包袱甚重，非如此，亦不能彻底改造更好为人民服务也。耑此盼复。祝好！

弟中平

五月十八日[②]

文治、雨新两兄均此问好。

①中华人民共和国成立初期，中国科学院社会科学研究所所址仍在原中央研究院社会科学研究所的原址——南京鸡鸣寺旁，后来整个所迁到北京。

②“三反”运动主要发生于1952年上半年，而思想改造运动，大多数有关机构（高校、科研院所等，开始并结束在1952年下半年）。此函应写于1952年。

二

方仲兄：

数日前曾上一函，传达陶公[①]意见，忘记了一件事：现在调动干部，非先得原机关及其所属机构的同意不可。兄来院时，事先务必取得中南[②]教育部与岭南[③]的同意，否则颇可能徒劳往返也。对于我所的新工作方针与兄个人方面，有暇请示知高见为感。此请

近好

弟中平

五、二三[④]

又，陶先生嘱打听陈寅恪先生近况，有无北来之意，请早复！[⑤]

①即陶孟和。

②即中南行政区。

③即岭南大学。

④1952年秋冬岭南大学撤销，并入中山大学。此函明显在陶孟和1952年5月22日函后接着写的，综合分析此函应写于1952年。

⑤1952年5月22日陶孟和致梁方仲函曾托梁氏代转中国科学院邀请陈寅恪北上主持历史研究所之意，严中平在此再提陶的想法，可能是陶氏急于了解陈氏的反应。

方仲兄：

前日在所曾与一面，傳達陶公意見，忘记了一件事：现在调动干部，非先得原机關及其所屬机構的同意不可。兄来院時，事先務必取得中南教育部与嶺南的同意，否則恐可能經學校通過也。对於我所新工作方針与个人方向，有暇請示知，至為感。此則

近好

严中平　五、二三

又，陶先生嘱打聽陳寅恪先生近況，有無北來之意，請早復！

三

方仲兄：

久未通信，想诸事均好。此间事，没头没脑地罩住人，真是焦头烂额，故好友皆疏于通问也。弟年来已不谈“研究”二字，名为组织同志编辑近代经济史资料，实则理论业务面都水平太低、对人无益，自己亦无力学习，真不知伊于胡底也。组内工作，年前所编《近代经济史统计资料选辑》昨已付排，约三四个月后可以出版，届时当奉请指教。年内尚可完成资料数册，如1840—1913〔年〕新式工业、铁路等。文治兄清代农业亦打算年内脱稿。此间办一《经济研究》双月刊，其中有经济史论文或资料一栏，兄等能赐鸿篇否？

兄私人书在南京书库架上，皆用粉笔标上“梁”字。①今历史第三所借用该库，打算挪架，为防损失，兄最好筹款运回。此间已通知宁处，准于提书，他们在四月底以前就要挪架，望你直接与科学院南京办事处周赞勋主任联系。此祝

撰安

弟严中平

四、十二②

①1949年1月，因母亲、父亲先后病重，梁方仲向中央研究院社会科学研究所请假回穗侍亲，衣物细软和书籍均留在南京，后亦因犹豫是否回所问题，这些物件特别是书籍一直留在中国科学院南京办事处的书库里。

②《中国近代经济史统计资料选辑》一书于1955年印出，结合严函言该书“约三四个月后可以出版”字眼，可推断此函写于1955年。

中國科學院經濟研究所

方仲兄：

久未通信，想諸事均好。此間事，[illegible]頭緒複雜，也罕佳人，直是焦頭爛額，故好友皆疏於通問也。本年來已不談研究二字，名為組織編輯近代經濟史資料，實則理論業務兩均水平太低，對人無益，自己亦無所學習，並不[illegible]成也。組內所編「近代經濟史統計資料選輯」（長計），約三四月間可以出版，屆時當奉請指教。年內當可完成資料專冊，如1840—1913外貿二書，[illegible]甚。[illegible]兄之清代鹽業專[illegible]亦為定稿。此間出一「經濟研究」雙月刊，其中有經濟史論文或資料一欄，兄若有成稿，[illegible]寄交為荷？

又前人書中[illegible]學海堂、學田、[illegible]學海堂[illegible]。今後兄研究三河[illegible]用後庫，打算[illegible]，唐[illegible]損失，又[illegible]遭毀。此間已通知[illegible]，將手[illegible]，但[illegible]五四月以前[illegible]可以直接與科學院南京分事處[illegible]辦[illegible]。此致

敬禮

弟 嚴中平

四、十二、

四

方仲兄：

五.五来函收悉。

兄存宁书籍，奉取出放置书库架上，另标明是“梁方仲私人”，不与公家书籍相混，但并未整齐打包，宁处所称六十八包或系他们代为打包的结果。我想是不会少的。此间已通知宁处准兄提书，兄汇款宁处邮寄或自己去取，均可。但弟以为他们需书架用，现已打包，不如早日邮寄，免得忧潮湿等损失。书箱数字，大约是七个。未开的箱子是没有的，我所各房间都搜罗一空，绝无遗漏书箱之理。李文治兄说五个是听老宗[①]讲的，但老宗今天查记录知道至少还有第六个已开过。若第七个，记录不完备，无法查了。但第七个是已经开出是无疑的。

谭彼岸处曾来一文油印本，请代为致意。华工反美史料是个小题，这里人未必欢迎。且所开资料不多，无子目提纲，不好交代讨论。弟意，这样题目，写一两个论文即可解决，除非有特别珍贵的史料，大可不必印史料。历史第三所有一批从美国档案照像回来的资料，也还没有整理，并似也不打算整理。

本月九日，家父突患中风不语症，现在医院请中西医会诊中。此症甚难复原，长期瘫痪，甚苦病也。此致

近好

弟中平

五月十八日[②]

①即宗井滔。宗氏在中央研究院社会科学研究所从事行政事务工作。

②梁方仲接严中平1955年4月12日函后写过一回函，此函显然是严氏接到梁函后一个多月后写的。

中國科學院經濟研究所

請給岑處長一本〔……〕第二本〔……〕表

是小小題，使讀人來不歡迎。且所用資料不多，並不因提綱，不好展開討論。可立意，選擇題目，寫一兩個論文，即可解決了，除非有特別珍貴的史料，大可不必印史料。

近日第三所有一批清美國檔案照像回來的資料，迄還沒有整理，我們也不打算整理。

本月五日，家父突患中風不語症，現在醫院請中西醫會診中。此病甚難痊癒，長期癱瘓，甚苦痛也。此頌

近好

嚴中平 五月十一日

中國科學院經濟研究所

方仲兄：

五、五來函收悉。

所存書籍，本擬放置書庫架上，另標明是"梁方仲私人"的，不與公家書籍相混，但來函囑為打包，字畫部存六十八包，或待他們付寄打包的結果。我想是不會少的。此間已通知學處，說是捐書，免派款寄書郵寄，或自己去取，均可。但不久以後他們要書架用，現已打包，不如早日郵寄，免得延長期還有損失。書箱總數，大約是七个。有的箱子是後有的，我們各房間都已搜羅一空，絕無遺漏書箱之理。李文治兄說五个是你老兄講的，但老兄只要查記錄知道五个外還有第六个已開過。至第七个，記錄不完備，無法查了。但第七个是已經開出是無疑的。

五

方仲兄：

欣悉兄已来京，急盼倾诉别情，务望会后少留，以便走访。西苑旅舍门禁森严，近日又在开会，故未前来，何时会完，盼先示知。弟电话：29局508。此祝

好

弟中平

七、十①

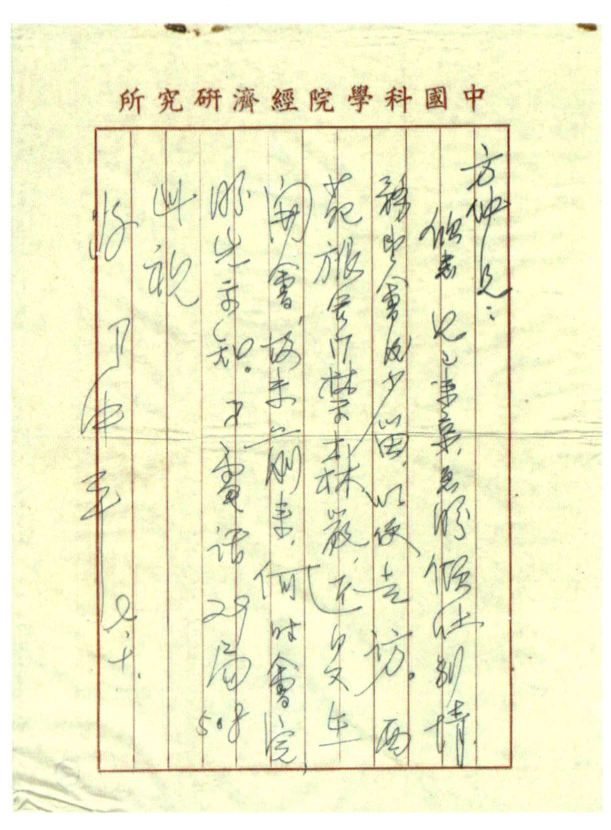

中國科學院經濟研究所

方仲兄：

欣悉兄已來京，急盼傾訴別情，務望會後少留，以便走訪。西苑旅舍門禁森嚴，近日又在開會，故未前來，何時會完，盼先示知。弟電話29局508

此祝

好

弟中平

七、十

①1956年7月，梁方仲曾赴京参加由高教部主持召开的综合性大学文史教学大纲审订会，此函应写于1956年。

叶显恩致梁方仲（一封）

叶显恩，历史学家，广东临高（今海南临高）人。1962年毕业于武汉大学历史系。同年考上中山大学经济史专业研究生，毕业后留校任教。历任中山大学历史系副主任，广东省社会科学院历史研究所明清经济史研究室主任、研究员。曾被聘为美国哈佛大学访问学者、美国东西方研究中心高级研究员、日本学振兴会特聘研究员、大阪大学客座教授、新亚研究所（香港中文大学）客座教授、瑞典隆德大学客座教授。著有《明清徽州农村社会与佃仆制》（安徽人民出版社，1983年）、《清代区域社会经济研究》（中华书局，1992年）、《珠江三角洲社会经济史研究》（台北稻香出版社，2001年）等。

叶显恩读研究生时的老师是梁方仲，他赖以成名的徽学研究便起始于其研究生论文。叶氏至今感怀梁氏栽培之恩，曾多次撰专文介绍梁氏生平。

老师：

我已于今晚从家里回到了学校。往返旅途均安。母亲病情，几经治疗，今已有好转。我在家里住了四天，就匆匆回来了。我很想前往晋谒老师，但顾及现在已九时多了，老师定在专心读书，生怕打扰，明天早晨，我又急于重返农村[①]。无奈，惟有借助于纸笔，向老师与

①当时，叶显恩和其他研究生被抽调去广州市花县（今花都区）参加社会主义教育运动（“四清”）。

师母问好了。

顺祝

精神健旺

学生叶显恩

时为六五年三月十七日十时

袁震致梁方仲（二封）

袁震，历史学家，湖北光化（今老河口市）人。1921年考入武昌女子师范学校。1925年考取武汉大学中文系（按：一说历史系），因交不起学费，只得在女子师范学校当兼职职员。1930年转学清华大学历史学系。1931年，在《清华周刊》上发表了《北平的宫殿、池与公园》一文。后在天津《益世报·史学》上发表了《于谦》《宗泽与孟珙》《文天祥》等文。这些文章的发表，使得袁震“才女”名声在清华大学中传开。后来更写出《两宋度牒考》《宋代户口》等质量颇高的论文。

梁方仲与袁震、袁溥之姐妹在20世纪30年代初便认识。梁方仲在袁震与吴晗的相识相恋以至后来结婚过程中曾关心备至，尽了挚友之责。

一

方仲：

九月四日信收到多日，我们九月初到杭州休养两周，回来后晗列席八大旁听，又忙着过国庆节，直到今天才回信，请原谅。王静安纪念碑拓本昨已寄出，因为清华负责人外行，找人拓了两次都不清楚，最后还是北京文化局派人才搞好，因此耽搁了许多日子。①

尊稿已读过，限于知识和理论水平，提不出什么意见，只有几个

①整理者推测拓王静安（王国维）纪念碑事可能与陈寅恪所托有关。

问题向你请教：1.中国经济史和中国通史的区别；2.中国经济史的分期是否要和通史一样；3.在几千年经济发展的总情况下如何突出各个时期的特点。

另有几处不成熟的意见，随手画在稿纸上，请参考。

晗休养一次，身体略好，此人不善养生，故进步不大。现将中国经济史稿寄上，其余户口表再过一些时日寄来。用宋地理志的户口数计算，各州求其每户平均人口数，我也作过，想和你核对一下。

祝

健康并请代候

伯母大人安康

袁震

十月六日[1]

祝
健康并请代候
伯母大人安康
袁震
十月六日

①中共八大举行于1956年，此函应写于该年。

方仲：

九月四日信收到多日。我们九月初到杭州休养两周，回来後晗列席八大旁听，又忙着过国庆节，直到今天才回信，請原諒。

王静安纪念碑拓本昨已寄出，因为清華負责人外行，找人拓了两次都不清楚，最後还是北京文化局派人才搞好，所以耽搁了许多日子。

草稿已读过，限于知识和理论水平，提不出什么意见，只有几个问题向你请教：1.中国经济史和中国通史的区别；2.中国经济史的分期是否要和通史一样；3.在几千年经济发展的总情况下如何突出个个时期的特点。

另有几处不成熟的意见，随手写在稿纸上，请参考。

晗休养一次，身体略好。此人不善养生，故进步不大。

又已将中国经济史稿寄上。其余户口表再过一些时日寄来。用彬 宋

二

方仲：

我回到北京已经一个多月了，今天才提笔写信，先向你道歉。在广州没有得到和你畅谈的机会，我也觉得很遗憾，只是在“大跃进”的今天，你一定非常忙，限于我衰病之身，又不能登门拜访，打扰你、耽误你跃进的时间，觉得于心不安。在报上读到你和一些教授的红专倡议，心中是无限喜悦的。

我患肾上腺功能不足的病，在广东省人民医院住了两多月，恰巧在你去探望的那天出院。你给的东西都吃了，出院后本拟在溥姊①家休养一个时期，正值广州雨季，天气很潮湿，不幸又患右腿关节出水之症，医生劝我北返，北方干燥，可能比较适宜些，因而匆匆回来，腿部至今尚未告痊。

晗于四月十九日率领剧团去巴黎参加国际戏剧节，计划在西欧资本主义国家巡回演出，行期约五六个月，如中途有人前往接替，则可能于七月中回国。他的失眠症已大致痊愈，目前身体较好。

你现在忙得怎样？在“双反”以后“大跃进”的今天，你不再害怕开会耽误你的“名山事业”了吧？一笑。

瑛材那天到教厅见着溥姊，并给我带了水果，请谢谢她。

---

①即袁溥之，袁震的姐姐。袁溥之，湖北光化（今老河口市）人。1920年考进武昌女子学校。1922年经陈潭秋等人介绍加入共青团。1924年入安庆女子中学读书兼做团的工作。1925年加入中国共产党。1926年任中共湖北省委妇委书记。1927年赴苏联莫斯科中山大学学习。1929年回国后被捕，被判死刑，后经吴之椿多方营救，改判为七年徒刑。1934年出狱。1939年与董必武重聚，恢复组织关系，随即到延安。1943年袁溥之与陈郁结婚。1949年9月燃料工业部成立，陈郁任部长，袁溥之任人事司副司长。后任该部教育司副司长。1957年随陈郁（时任广东省省长）在广州任广东省高教局副局长。1934年梁方仲便与袁溥之认识（缘于袁震关系），1939年袁氏寻找董必武联系重新投入组织时，梁方仲曾告诉她董必武的住址，并资助她去延安的一些路费。

代候

伯母大人安

震

五、八[1]

①1958年“双反”口号的提出引发了红专大辩论（“树红旗、拔白旗”）等运动，此函应写于1958年。

翟呈云致梁方仲（一封）

翟呈云，文史工作者，河南长垣人。长垣县师范学校毕业，曾在长垣县志办公室从事修志工作。

敬爱的方仲先生：

多年孺慕，如深饥渴。披阅报章，欣悉你的巨著问世[①]，这对祖国和人民作出了杰出贡献，令人钦追，益增我对先生之仰慕。

兹有一事求教于先生者，我不揣谫陋，大胆设想；于1961年着手编纂了一部《中国地名辞典》（姑以此名之），竟年余之力，尚未蒇事。我认为社会主义建设，经纬万端。举凡生产建设，交通运输，治学研究，游览所及……无不与祖国的地名息息相关。故有此工具书之编纂，以利有关方面之参考。刻草创竣事者约百分之七十，惟以水平所限，必要之参资又付阙如，难免挂一漏万。素仰先生培养后进，不遗余力，故特披沥陈情，敢请先生不吝教益，赐予指示！

现将该书之内容及使用方法扼要谨述于后：

将祖国的所有县、市，按同一字头归类，由简而繁，挨次排列；并将每个县、市的沿革简要注释，最后说明今属于何省何专区，俾读者一看一目了然。

全国的主要镇市，亦分别加以解说。如江苏之仙女庙

①梁方仲《中国历代户口、田地、田赋统计》一书编著完成交稿后，《人民日报》、中央人民广播电台等曾予以报道。

（江都迁治）、奔牛、平望；浙江之乍浦、南浔、泗安镇；安徽之裕溪口、高河埠、正阳关；河南之周家口、驻马店、朱仙镇；河北之辛集（束鹿迁治）、油坊、彭城镇；山东之南旺、枣庄、周村；湖北之武穴（广济迁治）、沙洋、藕池；湖南之汨罗、靖港、城陵矶；江西之安源、鹰潭、河口（铅山迁治）；广东之深圳、淡水、公益埠等（其他各省不一一枚举）。

祖国的名胜古迹，凡有记述价值者，均搜罗在内，编为名胜短篇，附于该书之后，名曰“名胜古迹便览”（插图、插画、插风景照片）。如山西蒲州之普救寺；陕西兴平县之马嵬驿；四川罗江县之落凤坡；湖南桃源县之桃源洞；河南南阳县之卧龙岗；湖北当阳县之长板〈坂〉坡……

袖珍地图上所显示之集市，亦按同一字头归类编排，由简而繁，挨次向后，直至排完而后止。并注明属于何省何县何自治区（县）。举例如下：

一街——云南省弥渡县；

一平浪——云南省广通县（治一平浪）；

一屯——黑龙江省萝北县；

一里窪——黑龙江省密山县；

一面坡——黑龙江省尚志县（原珠河县）；

一品场——四川省巴县；

一把伞——四川省清昌县（原西康省）；

一碗水——四川省会理县（原西康省）；

一碗水——贵州省余庆县；

一渡水——湖南省东安县；

一都街——福建省福清县；

一棵树——甘肃省玉门县；

一条山——甘肃省景泰县；

一江山岛——浙江省。

使用方法：如查字典者然。

凡此种种，不一而足。敬爱的方仲先生，请您将该书缺漏之处和应行补充等项，予以昭示，俾有所遵循，以期早竟事功，而臻完备。敬祝

教安

后学翟呈云[①]谨上

62.8.29

于河南长垣县城关五里屯学校

---

①翟呈云生平不详，从其留下地址“河南长垣县城关五里屯学校”来判断，应是一个学校文史教师，另《濮阳文史资料》（1）（1952年12月）上有介绍他的文章披载。

张甫钟致梁方仲[1]（一封）

张甫钟，生平不详。

敬爱的梁老师：

以前在武汉曾寄上好几张信您，请教有关明代的经济问题，但未曾得复，可能是没收到，或是工作忙暂时抽不出时间来。现在我放假从武汉回广州家中玩，想顺便到中大看看您，同时请教下我所想问的问题。您的工作比较多，若没空时，请您的助手指点下也可以。大约我是8月21日在广州开始动身回武汉，所以见您的时间最好能在8月21日前，在哪一天我都没问题。我专在家中等您回信好。若白天您没时间，晚上亦可以去的。来信时请写明地址，以便找。

我是研究明代经济问题，特别以明代造船业为中心。知您是知名的明代经济史专家，且为科学院培养过这方面人才。我的希望是：①明代重要造船专著除《南船记》《龙江船厂志》《正续漕船志》《中支的民船业》《纪效新书》外，还有哪些呢？②宝船厂、太仓船厂、卫河船厂等是否有专著？③除山东和南京博物馆有地下材料，还有其他地方有吗？④其他。

祝您假期好

学生张甫钟

1962.7.10

赐教处：广州市六榕路福泉街六号一楼

①梁方仲接到张甫钟此信后，曾与之晤面交谈，并拿出自己多年搜集的有关材料（包括在美国哈佛大学哈佛燕京图书馆抄录的大量材料交给张氏阅用。梁氏《案头日历记事》记录了后来张氏阅后归还有关资料之事。此事反映了梁氏对素不相识而有志研究的青年的爱护和支持。

敬爱的梁老师：

以前在武汉曾寄一封给您信，请教有关明代的经济问题，但未曾得复，可能是没收到，或是工作忙，暂时抽不出时间来。现在我放假从武汉回广州家中，就想顺便到中大看下您，同时请教下我近期问的问题。您的工作比较忙着没空时，请您的助手指导下亦可以。大约我是8月21日在广州开始动身回武汉，所以见您的时间最好能在8月21日前。在那一天我都没问题，我者在家中等您回信好，看何天您有时间，晚上亦可以。来的时请写明地址以便找。

我是研究明代经济问题，特别以明代造船业为中心，知您是知名的明代经济史专家，且为科学院培养过这方面人材。我的希望是：①明代官营造船专著除南船纪、龙江船厂志、卫漕船志、中支已船业、纪效新书外，还有哪些呢？②宝船厂、太仓船厂、卫河船厂，是否有[illegible]博物馆有地下材料，还有其他[illegible]③其他[illegible]您做都好。

敬礼

[illegible] 1962.8.

YK3-36 广州市东[illegible]路福泉街六号四楼

张培刚致梁方仲（一封）

张培刚，经济学家、教育学家，湖北黄安（今红安）人。1934年毕业于武汉大学经济系，后到中央研究院社会科学研究所任助理研究员。1945年获美国哈佛大学经济学博士学位。1946年回国，任武汉大学经济系教授兼系主任、法学院代理院长。1952年院系调整后到华中工学院工作。著有《清苑的农家经济》（商务印书馆，1936年）、《广西粮食问题》（商务印书馆，1938年）、《浙江省食粮之运销》（商务印书馆，1940年）等。张氏最著名的著作为《农业与工业化》（1947年，英文；1980年代，中文）。该著已成为发展经济学的奠基之作。国内外评价甚高，张氏被誉为“发展经济学之父”。

张培刚与梁方仲在中央研究院社会科学研究所时期曾合住过一间房，两人后来一直保持深厚的友谊。

方仲兄：

来信及关于资本主义萌芽问题讲稿，收到近一月了。只因开学前备课工作及反修正主义学习甚忙，未及早复，有负重托，至歉。

侄女急症去世[①]，不仅为老友难过，也为失去一有为青年而痛惜。但望你不要过于伤心，致损身体，有碍工作。我也想不到别的话来宽慰你了。

①梁方仲之女梁承烈1960年5月30日突然患急病，经抢治无效而去世，梁氏全家悲痛不已。

P.1

试卷纸

方仲兄：

来信及关于资本主义萌芽问题讲稿，收到近一月了。只因開学前備课工作及反修正主义学习甚忙，未及早覆，有负重托，至歉。

侄女急病去世，不仅为老友难过，也为失去一有为青年而痛惜。但望你不要过于伤心，致损身体，有碍工作。我也想不到别的话来安慰你了。

关于中国经济史第一讲"马克思主义关于资本主义萌芽的论点"，我未及细看，只粗读了两遍。总的说来，你的论点，有分析，条理清楚，行文也显易懂，长处很多。我对于这一问题，缺乏专门研究，提不出更多的意见，现仅提出以下几点，作为你的参考：

(1) 为了贯彻以毛泽东思想为指导、毛泽东著作为纲的原则，全文应贯彻毛主席的矛盾论的观点（在阶级社会，运用阶级矛盾分析法），文中已注意到了这点，但不够突出。我意除了运用主席的"矛盾论"外，还可参考主席的"中国革命与中国共产党"一文，特别是该文第二、第三两节。中国过去虽然是半殖民地、半封建的社会，但也孕育着资本主义的萌芽，因此，主席在该文中的论点及分析方法仍应作为指导原则。如该文第三节有云："中国封建

（反面→）

社会内的商品经济的发展，已经孕育着资本主义的萌芽，如果没有外国资本主义的影响，中国也将缓慢地发展到资本主义社会。"（毛选，第二卷，第596页）

(2) 要突出矛盾分析法，除了分析生产关系与生产力的矛盾，还要阐明上层建筑与经济基础的矛盾，着重分析阶级矛盾和斗争。结合这方面，批判资产阶级历史学中排斥阶级分析法的观点。

(3) 几个主要的具体问题：

a. 本讲第一节标题"资本主义的萌芽孕育于封建社会的母胎中"。生产力似应改为生产方式，单说生产力，而不及生产关系与上层建筑，恐有"生产力论"之嫌。况社会发展之动力为生产力与生产关系的矛盾、经济基础与上层建筑的矛盾（见主席"关于正确处理人民内部矛盾的问题"），故以改生产方式比较全面而正确。

b. 第一页第二段最后一句"但对生产力发展的速度和性质起决定作用的是生产关系"。有两点值得商榷：第一，"在一定条件下"，参考主席"矛盾论"第四节倒数第二段："然而，生产关系、理论、上层建筑这些方面，在一定条件之下，又转过来表现其为主要的决定的作用。"（第一版，毛选，卷二，"矛盾论"，第792页。）第二，发展的性质，关于"性质"为何，争论纷纭，概念不清，不用为好。主席在"关于正确处理人民内部矛盾的问题"中的提法。生产力发[展]

（在主席该文第11页节提"生产力发展的性质"，以后都提"生产力的发展"。）

……可以说，但这里只不过说“对生产力的发展……”，截去。

第一页第三段说生产关系“具有一种落后的倾向”，这是对的，但说得甚好。比如在社会主义社会，人们可以自觉地不断对生产关系加以改进，以促进生产力的进一步发展。这正是思想的根本观点之一，在这方面大大发展和丰富了马克思主义。

第四段“由此而言，生产关系的性质决定着推动生产力发展的动力……”，这句话值得商榷。

第五段引用主席在《矛盾论》中一段，和前面谈到的，这些可与本讲第一节前二段合起来以加联系，显得更有力量些。

第二节（标题）“资本主义生产的要素从封建主义体制的解体中被解放出来。”这里只以“被解放”作标题，似可考虑。其实资本主义生产的要素是在封建社会生产方式里面萌芽和生长的，在解体中只是显示出来了。但此地着重说明的是资本主义要素究竟为什么会以及怎样在封建社会内部产生的问题，“解放”一词似不能完全概括此义。至于译者“解脱了的”“解放”同意你的看法。（德文原为“hat freigesetzt”，英译“set free”。）本讲（大）标题究以何者为好，要看这一节和其他节的标题以及各节的相互关系而定。主要是观点和内容，具体说，以毛泽东的基本思想为指导的问题。就一讲的

→反面）

内容来说，用这个标题是可以的。

最后，如果在新近这篇要素，要个写作选择考虑一下。除了以毛泽东思想为指导、阐明了马克思主义在这一问题上的根本观点和主要论点外，还要把对立面（资产阶级观点和修正主义观点）明确地树立起来，并加以分析批判；同时要注意与就学术界在这一问题上主要的不同的见解谈出来，并提出自己的见解。这样，文章的战斗性和说服力就会更加强，阅读的效果就更大。

以上是我匆忙中的粗疏之见，既不见得全面，更不见得正确。有些具体问题和具体内容，我因未加研究，提不出什么见来，更不敢擅自改动。写出这些意见，权且作为你们思考作文的参考，仅此而已。祝

愉快！

[illegible] 9.4

关于《中国经济史》第一讲“马克思主义关于资本主义萌芽的论点”[①]，我未及细看，只粗读了两遍，总的说来，感到有观点，有分析，条理清楚，行文畅显易懂，长处很多。我对于这一问题，缺乏专门研究，提不出更多的意见，现仅提出几点，作为你的参考：

（1）为了贯彻以毛泽东思想为指导，毛泽东著作为纲的原则，全文应贯彻毛主席的矛盾论的观点（在阶级社会，运用阶级矛盾分析法），文中已注意到了这点，但不够突出。我意除了运用主席的“矛盾论”外，还可参考主席的《中国革命与中国共产党》一文，特别是该文第二、第三两节。中国过去虽然是半殖民地、半封建的社会，但也孕育过资本主义的萌芽，因此，主席在该文中的论点及分析方法仍应作为指导原则。如该文第三节有云：“中国封建社会内的商品经济的发展，已经孕育着资本主义的萌芽，如果没有外国资本主义的影响，中国也将缓慢地发展到资本主义社会。”（《毛选》，第二卷，第596页）

（2）要突出矛盾分析法，除了分析生产关系与生产力的矛盾外，还要阐明上层建筑与经济基础的矛盾，着重分析阶级矛盾和阶级斗争。结合这方面，批判资产阶级历史学者抹杀阶级斗争和阶级分析法的观点。

（3）几个主要的具体问题：

a. 本讲第一节标题“资本主义的萌芽孕育于封建社会的生产力发展过程之中”。生产力似应改为生产方式，单提生产力，而不及生产关系与上层建筑，恐有“生产力论”之嫌，况社会发展之动力，乃生产力与生产关系的矛盾、经济基础与上层建筑的矛盾（见主席“关

---

①寄给张培刚的《马克思主义关于资本主义萌芽的论点》一文是梁方仲1960年为中山大学历史系本科生讲授“中国经济史课”（讲义）的第一讲。这一讲其实包括“马克思主义关于资本主义萌芽的论点”和“《资本论》第1卷第24章《所谓原始积累》提要”两部分。其目的是“为了帮助同学阅读这一章（按：马克思《资本论》第1卷第24章）而写的，即希冀学生们能认真研读马克思原著，努力掌握马克思主义理论。梁氏寄这一讲给张培刚征求修改意见，乃基于张氏当时主治主讲华中工学院的政治经济课，相信老友会提出坦率而中肯的意见。梁氏这一讲后来写成两篇文章发表于《梁方仲文存》（中华书局，2008年）中。

于正确处理人民内部矛盾的问题”），故以提生产方式比较全面而正确。

b. 第一页第二段最后一句“但对生产力增长的速度和发展的性质起决定作用的是生产关系”。有两点请注意：第一，应加上“在一定条件下”，参考主席“矛盾论”第四节倒数第二段：“然而，生产关系、理论、上层建筑这些方面，在一定条件之下，又转过来表现其为主要的决定的作用。”（第一版，《毛选》，卷二，“矛盾论”，第792页）第二，生产力发展的性质，关于“性质”为何，争论纷纭，概念不清，不用为好。参考主席在“关于正确处理人民内部矛盾的问题”（在主席该文第11页曾提“生产力发展的性质”，以后都提“生产力的发展”）中的提法。生产力增长的速度当然可以提，但这里是否总提为“对生产力的发展……”较妥。

c. 第一页第三段说生产关系“具有一种落后的倾向”，这是对的，但不能谈得过死。比如在社会主义社会，人们可以自觉地不断地调整生产关系和上层建筑，以促进生产力的进一步发展。这也是主席思想的根本观点之一，在这方面大大发展和丰富了马克思列宁主义。

d. 第四段“由此而言，生产关系的性质决定着推动生产力向前发展的动力……”，这句话值得商榷。

e. 第五段引用主席在“矛盾论”中一段，即前面谈到的，这很好。这段是否可与本讲第一节前三段合起来分析，既显得联系更紧，又显得更有力量些。

（4）第二节标题“资本主义生产的要素从封建主义经济的解体过程中被解放出来”。这里是否以“被解放”作标题，提法可考虑。其意思是说资本主义生产的要素是在封建社会生产方式孕育着和生长着的，后者在解体中而前者就显示出来了。但此地着重说明的是资本主义因素，究竟为什么一定以及为何在封建社会内部长的问题，而“被解放”一词则不能完全概括此义。至于译名“解体”似比“游离”好些，我同意你的看法（德文原为“Lat freigesetzt”，英语“get free”）。

（5）本讲大标题究以何者为好，要看这一部分其他讲的标题和内容以及有关各讲的相互关系而定。主要是观点和内容，以及为何体现以毛泽东思想为指导的问题。就一讲的内容来说，用这个标题是可以的。

最后，如果在《新建设》发表，整个写法还得考虑一下。除了以毛泽东思想为指导、阐明马克思主义在这一问题上的根本观点和主要论点外，还要把对立面（资产阶级观点和修正主义观点）明确地树立起来，并加以分析批判，同时要适当就学术界在这一问题上主要的不同的见解谈出来，并提自己的见解。这样，文章的战斗性和说服力就会更加强，取得的效果就更大。

以上是我仓忙中的粗疏之见，既不见得全面，更不见得正确。有些具体问题和具体内容，我因未加研究，提不出什么意见来，更不敢擅自改动。写出这几点意见，权且作为你构思行文的参考，仅此而已。祝

愉快！

培刚

9.4①

①依据文中提到和慰问梁氏痛失爱女的内容，可断定此函写于1960年。

周秀鸾致梁方仲（一封）

周秀鸾，历史学家，福建南安人。1949年毕业于上海大同大学商学院。翌年负笈南下，到岭南大学经济研究所读研究生，师从梁方仲。后在中国人民大学经济史专业研究生班学习。毕业后到中南财经学院工作。著有《第一次世界大战时期中国民族工业的发展》（上海人民出版社，1958年）等。

周秀鸾与梁方仲师生关系一直很好。1988年梁方仲诞辰80周年纪念学术讨论会时，周秀鸾专门从武汉赴广州与会，并提供了题为《梁方仲——中国经济史学的开拓者》一文以作怀念。

方仲老师：

暑假您来北京开会时，曾到西郊想访您但适逢外出，以后听说您到东北去参观了。后来傅筑夫教授转告我您住在北大，但那时您已离家了，几年没见面而这个好机会又错过了，我希望以后还能有机会看到您。

我在暑假后算是在人民大学三年的研究生学习期间满了，因为爱人工作地区的关系，在八月中我调到武昌中南财经学院工作，我和我的爱人都在国民经济史教研室，经济史这门科学就是作为我们今后工作和研究的对象了，希望老师不断地给我们以鼓励和帮助，这学期是开设外国经济史部分，我们在人大学的是中国部分，所以这学期就编写下学期需用的中国经济史讲义。

来到武昌后，除了在中南财院的司徒森、卢世农先生外，还曾

共　页
第　页

方仲老師：

暑假您来北京开会时，曾到西郊去访您，但适逢外出，以后听说您到东北去参观了。后来傅筑夫教授转告我您住在北大，但那时您已离京了。几年没见面的这个好机会又错过了，我希望以后还能有机会看到您。

我在暑假后算是在人民大学三年的研究生学习期限满了，因为爱人工作地区的关系，在八月中我调到武昌中南财经学院工作。我和我的爱人都在国民经济史教研室。经济史的这门科学就是作为我们今后工作和研究的对象了。希望老师不断地给我们以指示和帮助。这学期是开设外国经济史部分，我们在人大学的是中国部分，所以这学期就编写下学期需用的中国经济史讲义。

来到武昌后除了在中南财院的司徒嘉、区安庭先生外，还曾到武汉大学去拜访了丁文治、彭雨新先生，真没想到会在这里见到他们。

老师近来身体好吗？听说老师参加全国编写经济史讲义的工作，最近又在整理稿件论文准备出版，不知什么时候可以出版，我们希望能够早日读到。

希望能收到老师的信。

来信请寄：

武昌 中南财经学院阁子楼108号

问候师母和世光安好

此致

敬礼

学生 周秀鸾上

十月三十日

製表日期 公元195　年　月　日　製表

到武汉大学去拜访了丁文治、彭雨新先生，真没想到会在这里见到他们。

老师近来身体好吗？听说老师参加全国编写经济史讲义的工作，最近又在整理稿件论文准备出版，不知什么时候可以出版，我们希望能够早日读到。

希望能收到老师的信。

来信请寄：

武昌中南财经学院阁子楼108号

问候师母和世兄世妹

此祝

康健

学生周秀鸾上

十月三十日[1]

①1956年7月5日至14日暑假期间梁方仲曾到北京参加由高教部主持召开的综合性大学文史教学大纲审订会。后来又参加一个同样由教育部安排，由北大、人大、南开和中大四所大学教授（陈振汉、傅筑夫、季陶达、梁方仲）研究合作编写中国经济史教材的会议。周函云她暑假研究生毕业后将往中南财经学院工作。由此观之，此函写于1956年。

朱家骅致梁方仲（一封）

朱家骅，政治家，浙江吴兴（今湖州）人。1913年毕业于同济医工学堂。1914年赴德留学。1917年回国到北京大学任教，任德文教授。1918年以进修教授名义赴欧美。1924年回国，任北京大学地质系教授兼德文系主任，曾任中山大学、中央大学校长，倡办中央图书馆、国立编译馆，任中央研究院代理院长长达18年。积极从事政治活动，曾任国民党、国民政府委员等职。

兹准铨叙部函送《直接税稽征学大纲》一书，嘱为审查，素仰台端对于此项学术研究精深，用将原书奉上，敬恳惠允审查，审查完竣后，请将审查意见详填于附奉之审查意见书用纸内，又此书系以备用人员著作送审，是否可认为合格之特殊著作抑专门著作，并请于审查意见之最后加以明确之判语，以符规定，原书及审查意见书务请于五月卅一日以前挂号寄重庆牛角沱生生花园本院总办事处至深感荷！此致

梁方仲先生

代理院长朱家骅敬启

中华民国卅二年五月十一日

附著作一册、审查意见书用纸一份

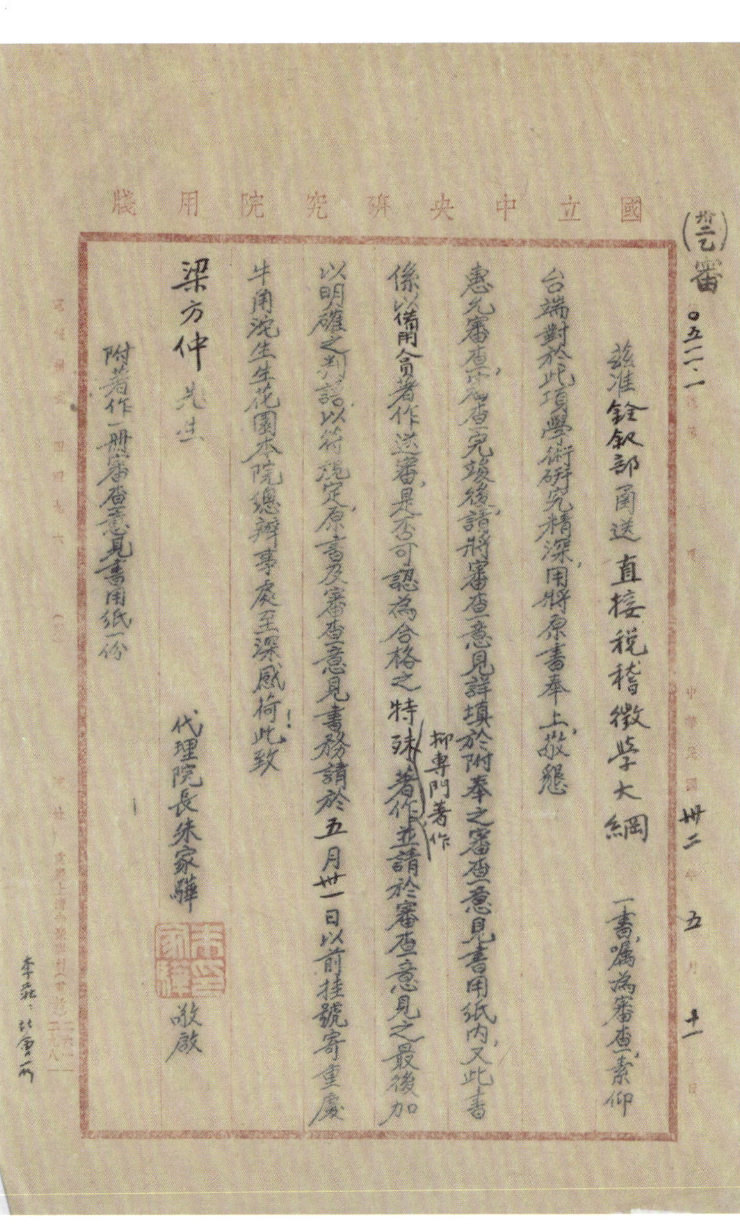

國立中央研究院用牋

（卅二乙）審〇五二一一

中華民國卅二年五月十一日

茲准銓敍部函送直接稅稽徵學大綱一書，囑為審查，素仰
台端對於此項學術研究精深，用將原書奉上，敬懇
惠允審查。審查完竣後，請將審查意見詳填於附奉之審查意見書用紙內，又此書
係以備用人員著作送審，是否可認為合格之特殊（抑專門著作）著作，並請於審查意見之最後加
以明確之判語，以符規定。原書及審查意見書務請於五月廿一日以前掛號寄重慶
牛角沱生生花園本院總辦事處，至深感荷！此致

梁方仲先生

代理院長朱家驊（朱家驊印）敬啟

附著作一冊、審查意見書用紙一份

李莊：社會所

加藤繁致梁方仲（一封）

加藤繁，日本人，历史学家，被誉为日本近代研究中国经济史之第一人。1902年入东京帝国大学中国史学科就读，师从白鸟库吉和内田银藏，1906年毕业。1917年后历任庆应大学讲师、教授。1925年后历任东京帝国大学讲师、副教授、教授。著有《唐宋时代金银之研究》（中国联合准备银行，1944年）、《中国经济史考证》（商务印书馆，1959年）、《中国社会经济史概说》（华世出版社，1978年）等。

敬啟此間大著一條編法抽印本御惠贈□□し誠に難有事□□□□□□て□大の興味□有し居□初題に□□不日精読大な教益と御交存知□先□□□□□禮め□□□

七月念二

不惠加藤繁

梁方仲先生史席

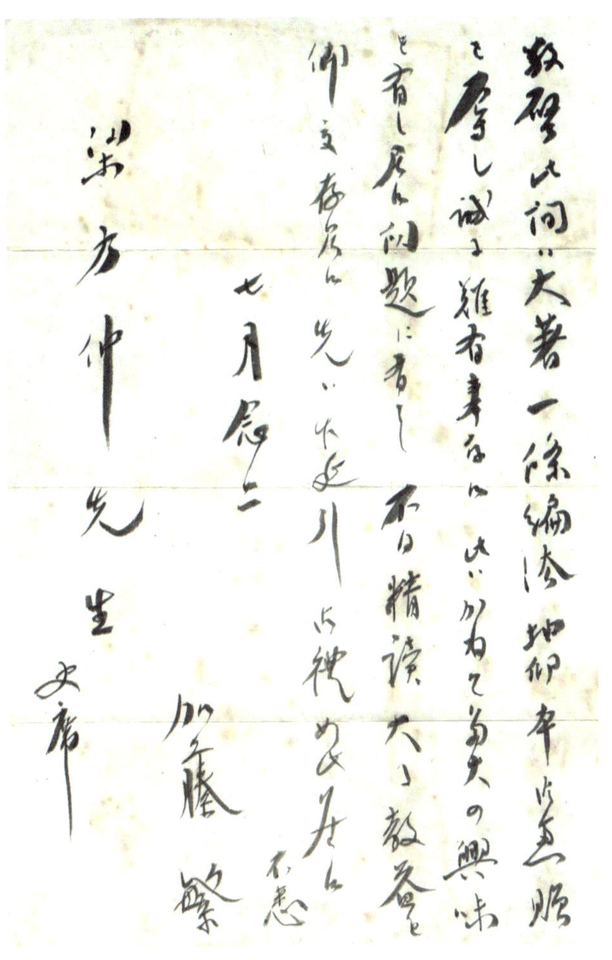

敬啓 此間ハ大著一條編法抽印本御恵贈

を辱し誠ニ難有奉存候 此ハ別而小生の興味

を有し居候問題ニ有之 不日精讀大ニ教益を

御受可申存候 先ハ右御禮迄如斯ニ御座候 不悉

七月念二

加藤繁

梁方仲先生

文席

译文：

梁方仲先生：

前些时收到您惠赠的《一条编法》的抽印本，很感谢，我对这个题目很有兴趣，最近准备精读，相信会得到很大教益，先写信致谢。

此致

加藤繁

7月22日[①]

①梁方仲《一条鞭法》发表于1936年，此文1937年被译成日文在日本《历史学研究》分两期连载。1937年6—8月梁氏在日本做学术访问。估计此函写于1937年。

清水泰次致梁方仲（一封）

清水泰次，日本人，历史学家。1908年毕业于早稻田大学预科，1915年毕业于东京帝国大学东洋史科，是白鸟库吉的学生。后长期在早稻田大学任教，任教授。1918年，来到中国考察。1920—1924年，多次来到中国调查明版地方志。著有《明代土地制度史研究》（日本大安株式会社，1968年）等。

清水泰次与梁方仲在20世纪30年代已有学术交流，两人互赠论著。

拝啓久しく無音に過ごしましたが、突然ご研究をご賜り下され厚く御礼申し上げます。粮長をはじめ條鞭は私も研究し興味がありますので、うれしく拝見しました。私の研究の一端である中国近世社會経済史を別便でお送りいたします。別便は航空便ではないから、ご入手は遅れましょう。さて広州といえば私は大正十年頃、今から35年も昔に遊歴いたしました。沙面の近くのバンドに面した公司（大新公司？）の五階に１ヶ月滞在しました。思い出の多いところです。私は今、駅傳（明代）のことを研究しておりますが、田制、税制、里長などみな嘗って研究したものでありますすから、貴殿のご研究をこの後もお送りください。私もまた送ります。

五月二十日

清水泰次

梁先生

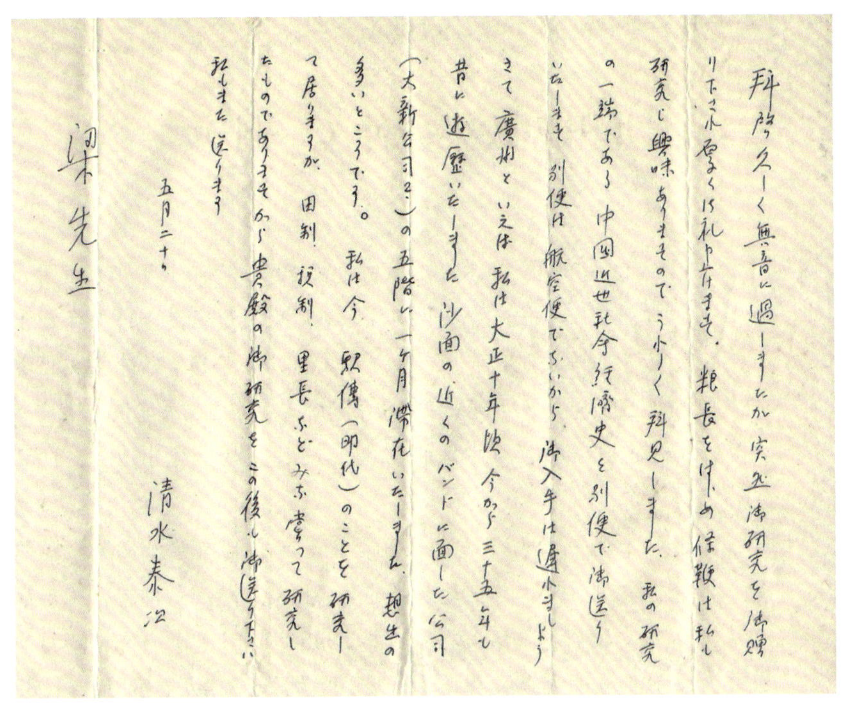

拝啓 久しく無音に過しましたが 突然御研究を御贈り下され厚く御礼申上けます。粮長をはじめ條鞭は私も研究し興味ありますので 嬉しく拝見しました。私の研究の一端である 中国近世社会経済史を別便で御送りいたします 別便は航空便でないから 御入手は遅れましょう

さて 廣州といえば 私は大正十年頃 今から三十五年も昔に遊歴いたしました 沙面の近くのバンドに面した公司(大新公司?)の五階に一ケ月滞在いたしました。想出の多いところです。 私は今 駅傳(明代)のことを研究して居りますが 田制 税制 里長などみな嘗って研究したものでありますから 貴殿の御研究をこの後も御送り下さい 私もまた送ります

五月二十日　清水泰次

梁先生

译文：

梁先生：

惠赠尊著给我，很感谢。关于粮长和条鞭，我对之曾有研究，很有兴趣，所以很高兴看到您的论著。用另外的邮件将我研究的一部分《中国近世社会经济史研究》送上。用的不是航空邮件，是船运，所以会迟一些到。说到广州，三十五年前的大正十年时，我曾到那里游历过。我在沙面附近、面对筑堤的公司（大新公司？）的五层上住了一个月，是让我有很多回忆的地方。我现在研究明代的驿传、田制、税制、里长等都是我曾经研究过的题目，所以今后也请送给我您的研究。我也将我的送给您。

清水泰次

五月二十日

仁井田陞致梁方仲（一封）

仁井田陞，日本人，历史学家。1928年毕业于东京帝国大学法学部。曾任东方文化学院东京研究所研究员，1942年任东京大学东洋文化研究所教授。著有《唐令拾遗》（东方文化学院，1933年）、《唐宋法律文书研究》（东方文化学院东京研究所，1937年）、《中国的农村家族》（东京大学出版会，1952年）等。

仁井田陞与梁方仲在20世纪30年初已有学术交流。仁井田陞在其《支那与土地台账“鱼鳞图册”研究的动向》（东京《历史学研究》第4卷第6期，1935年1月1日）一文中曾称梁方仲的《明代鱼鳞图册考》（《地政月刊》第1卷第8期，1933年）为“明代鱼鳞图册研究的代表作”。

梁方仲先生：

此次敝人等幸蒙贵国政治法律学会之邀请，以日本法律家代表团员资格访问贵国，预定在八月八日前后拜访贵地。只因逗留日数极少，如能趋谒，实感光荣之至。现虽未领到旅券[①]，能否拜晤尚未十分确定。特此预先奉闻，届时务请引见是幸。

敬礼

日本东京大学东洋文化研究所

仁井田陞

一九五九年八月一日

①指机票。

梁方仲先生

此次 敝人等 幸蒙 貴國政治法律學會之邀請以訪問貴国
日本法律家代表團員資格預定在八月八日前後拜訪貴
地只因逗留日數極少如能趨謁實感光榮之至現雖未領
到旅券能否拜晤尚未十分確定特此預先奉聞屆時務請
引見是幸
敬禮

日本東京大学東洋文化研究所
一九五九年八月一日
仁井田陞

说明：仁井田陞后来在广州遂愿晤见了梁方仲，并带来其著作《中国法制史研究》赠与梁氏，见证了两人学术交谊之深厚绵长。

星斌夫致梁方仲（一封）

星斌夫，日本人，历史学家。1936年毕业于东京帝国大学。1949年任山形大学山形师范学校教授。1954年任山形大学教授。著有《大运河——中国的漕运》（东京近藤出版社，1971年）、《明代的漕运研究》（东京日本学振兴会，1963年）、《明清时代社会经济史的研究》（东京国书刊行会，1989年）等。

拝啓、春暖の候愈愈御健勝にて御研鑽に勵まれて居られることと存じます。私は十數年來、先生の明代史に関する偉大な業績に敬服し、多大の学恩を受けて来ました。特に明清時代の漕運を研究題目として居りますが、明代の糧長に就いても、漕運と関係を持つ部分について試論を書いたこともありました。

本日、先生の『明代糧長制度』と題する御著作を拝讀し、その構成の確實、史料の博搜、論述の鋭利に深く感銘致しました。私の旧作「明代糧長の漕運における役割」の如きは、先生にとっては取るに足らぬものとは存じますが、御著第八十七頁に、“惜皆未見”とお書きになって居られますので、掲載誌『山形大學紀要（人文科學）』第一号を、別便を以ってお送り申上げました。ついでに拙稿「明代の漕運機構について」「清代の漕運機構について」の別刷をも同封致しました。御叱正下さらば幸甚に存じます。

尚、今後、種種御指導下さいますようにお願い申しげます。敬具

一九五七年三月二十日
日本山形市小白川町
山形大學文理學部
東洋史學研究室
星斌夫

梁方仲先生侍史

译文：

梁方仲先生

拜启。春暖时节，谨祝愈益健康、研究精进。我十余年来，非常佩服先生您在明史方面的伟大成就，在学业方面受惠于您甚多。我主要以明清时期的漕运为研究主题，关于明代粮长，也曾就其与漕运的关系写过一篇习作。

今天拜读了先生《明代粮长制度》的大作，我深感其结构严密、史料广博、论述犀利。我自知旧作《明代粮长在漕运中的作用》，对您来说并无可取之处，但是您大作第87页写着“惜未得见”，所以我另外用邮件将刊登该文的杂志《山形大学纪要（人文科学）》第一号呈上。同一邮件中将《关于明代漕运机构》和《关于清代漕运机构》两文一并奉上。若能给予批评，则幸甚。

今后仍请多多指教。

日本山形市小白川町
山形大学文理学部
东洋史学研究室
星斌夫
一九五七年三月二十日

No. 2

運機構について」「清代の漕運機構について」の別刷をも同封致しました。御叱正下さらば幸甚に存じます。

尚、今後、種々御指導下さいますようにお

20×10

No. 3

願い申し上げます。　敬具

一九五七年三月二十日

日本山形市小白川町
山形大學文理學部
東洋史學研究室
星　斌夫

梁方仲先生
侍史

20×10

No. 1

拜啓、春暖の候愈々御健勝にて御研鑽に励まれて居られることゝ存じます。私は十数年来、先生の明代史に関する偉大な業績に敬服し、多大の学恩を受けて来ました。特に明清時代の漕運を研究題目として居りますが、明代の粮長に就いても、漕運と関係を持つ部分について試論を書いたこともありました。

本日、先生の『明代粮長制度』と題する御著作を拝読し、その構成の確實、史料の博捜、論述の鋭利に深く感銘致しました。私の旧作「明代粮長の漕運における役割」の如きは、先生にとっては取るに足らぬものとは存じますが、御著第八十七頁に、"惜皆未見"とお書きになって居られますので、掲載誌『山形大

20×10

佐久间重男致梁方仲函（一封）

佐久间重男，日本人，经济史学家。日本北海道大学教授。著有《明代海外私贸易的历史背景》（《史学杂志》62卷1号，1953年）、《明朝的海禁政策》（《东方学》1953年第6期）等。

拝啓

大変御無沙汰いたしております。昨年末訪中学術代表として貴大学を訪問の際は、御多忙にかかわらず、御面談下され、また御款待に與かり、心から嬉しく感謝しております。今後の学術文献の交流ならびに日中両国の友好を心から願っております。末筆ながら先生の御研鑽と御自愛を切に御祈り申しあげます。敬具

译文：

拜启

好久不见。去年底我作为访中学术代表访问贵大学的时候，虽然您很忙，但还是与我面谈，款待我，我衷心感谢。衷心希望今后学术文献交流、中日两国友好。最后，恳切祈愿先生研究精进、多多保重。谨启

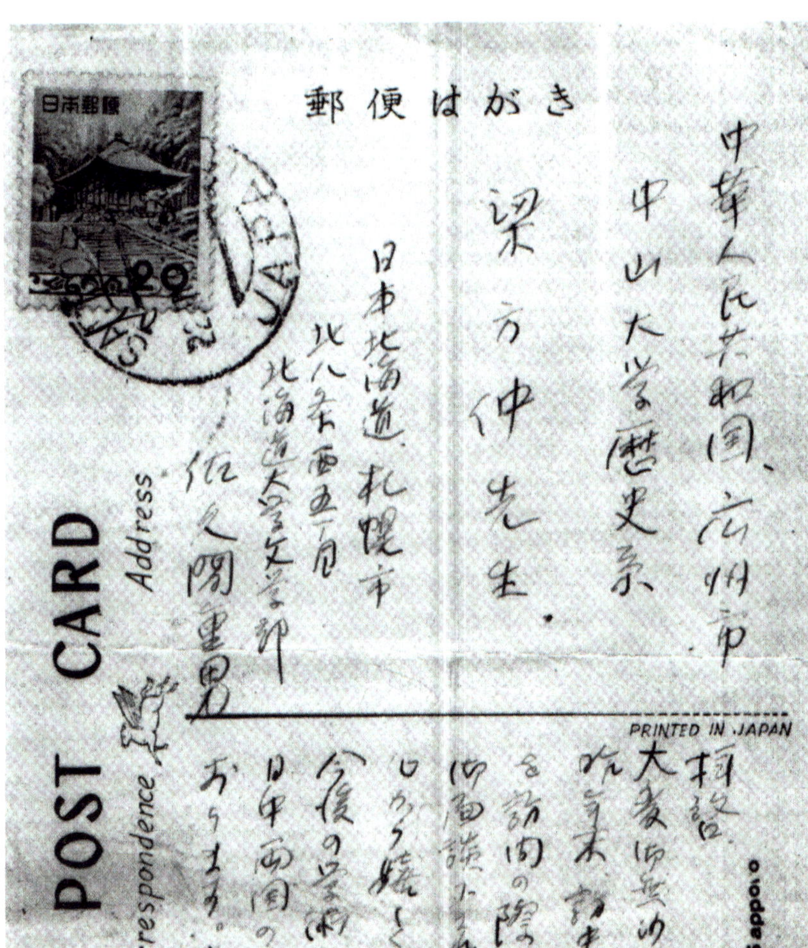

郵便はがき

POST CARD

Address

中華人民共和国、広州市
中山大学歴史系
梁方仲先生

日本北海道 札幌市
北八条西五丁目
北海道大学文学部
佐久間重男

Correspondence

PRINTED IN JAPAN

中島公園・札幌 Nakajima Park at Sapporo

拝啓
大変御無沙汰しております。
昨年本邦学術代表として貴大学
を訪問の際は御多忙にもかかわらず
御面談下さいまして御歓待に与かり
心から嬉しく感謝しております。
今後の学術文献の交流ならびに
日中両国の友好を心から願って
おります。末筆ながら先生の
御研鑽と御自愛
を切に御祈り申し
上げます。
敬具

贰　有关机构致梁方仲公函

北京历史博物馆致梁方仲（三封）

北京歷史博物館

梁方仲教授：

李光璧同志所著"明朝史略"一书中，有明代"賦役黄册"和"魚鱗图册"插图照片，知係您所收藏，現我館为了布置明代陈列，急需此項照片，因原件制版不夠清楚，無法進行复制，特请将原片惠借一用，用畢即行奉还，专函奉恳并致

敬礼

1957.12.5

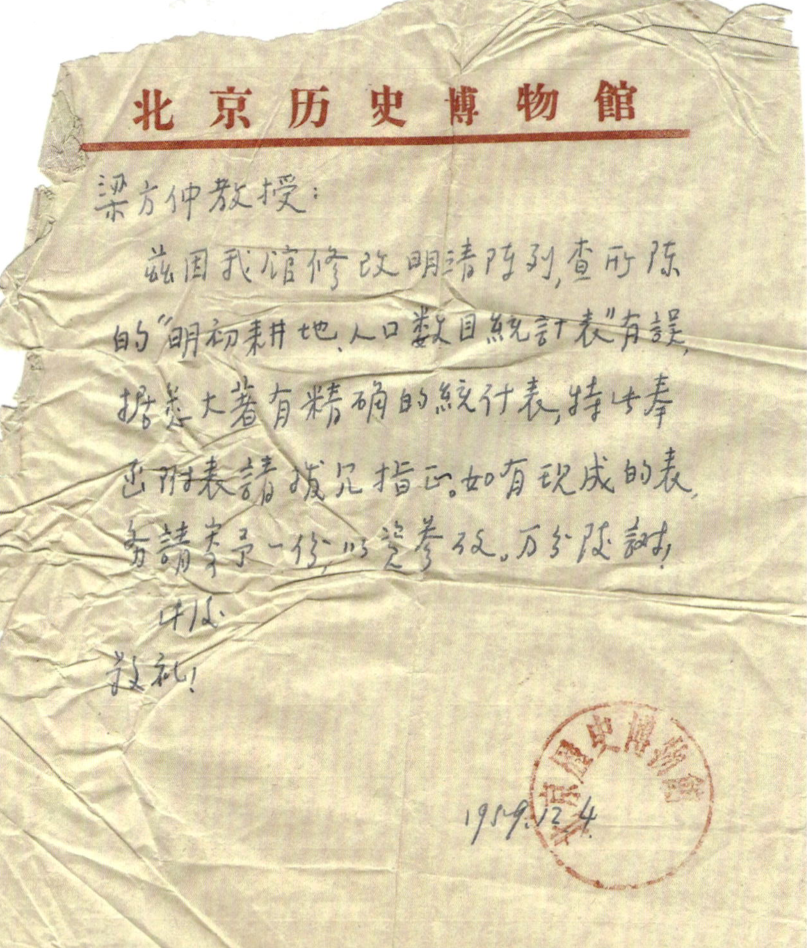

北京历史博物館

梁方仲教授：

兹因我館修改明清陈列，查所陈的"明初耕地、人口数目統計表"有誤，据悉大著有精确的統计表，特此奉函附表請拨冗指正。如有现成的表，务請寄予一份，以资参考。万分感謝，

此致

敬礼！

1959.12.4

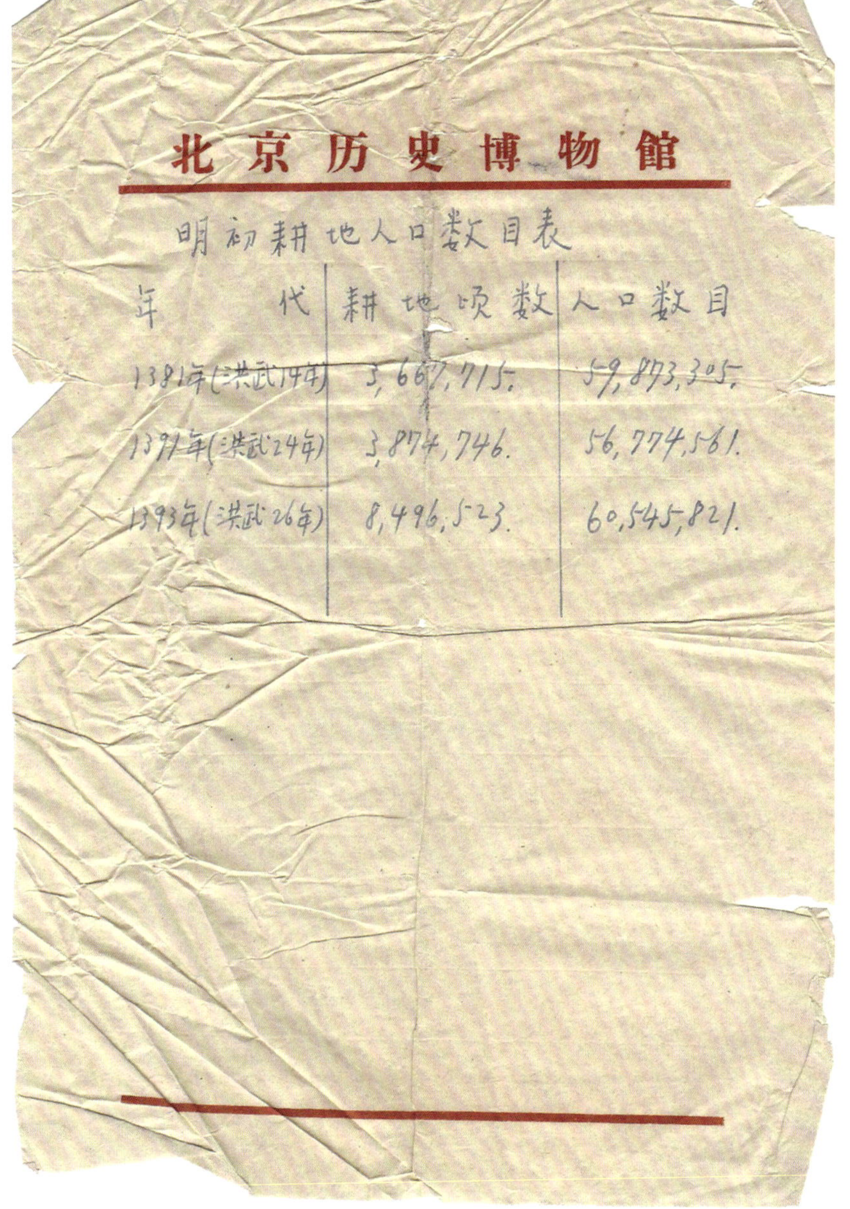
北京历史博物館

明初耕地人口数目表

年　代	耕地顷数	人口数目
1381年（洪武14年）	3,667,715.	59,873,305.
1391年（洪武24年）	3,874,746.	56,774,561.
1393年（洪武26年）	8,496,523.	60,545,821.

中国历史博物館

梁方仲先生：

我館中国通史陈列明末农民大起义第一单元中，拟增作"明政府赋税收入数目表"（暂定），由各年明末政府赋税收入，并和明初加以比较，说明政府剥削程度不断增加。去科学院一、二所找资料时，听说梁先生对中国历代人口、田赋问题有深入专门研究，并著有专书（未出版），希梁先生能将明代人口、田赋问题方面的研究成果寄予一份，以便参照作表，如需送还，用完后立即送回。

此致

敬礼

中国历史博物館陈列部

1960.5.31

高等教育部致梁方仲（一封）

中華人民共和國高等教育部用箋

字第　　号

梁方仲同志：

兹定于七月十五日（星期日）下午二时半在北京飯店宴会厅举行文史教学大綱审訂会闭幕会議及关于社会科学科学研究規划的座談会，屆时务請出席。

高等教育部

月十四日

河北财经学院计划统计系致梁方仲（一封）

河北財经學院

梁方仲教授：

我系設有"统計史"课程，唯有关中国历代统计方面资料甚少。今特致函希望您所著"中国历代户口、田地、田赋统计原论"及讨论稿能惠寄一份，以资学习参考。若蒙允诺，请函知工本费和向谁联系。请大力协助为盼。

此致

敬礼

河北财经学院計划统計系

65.2.25

来信请寄：天津市河北财经学院计统系资料室

哈尔滨师范学院地理系资料室致梁方仲（一封）

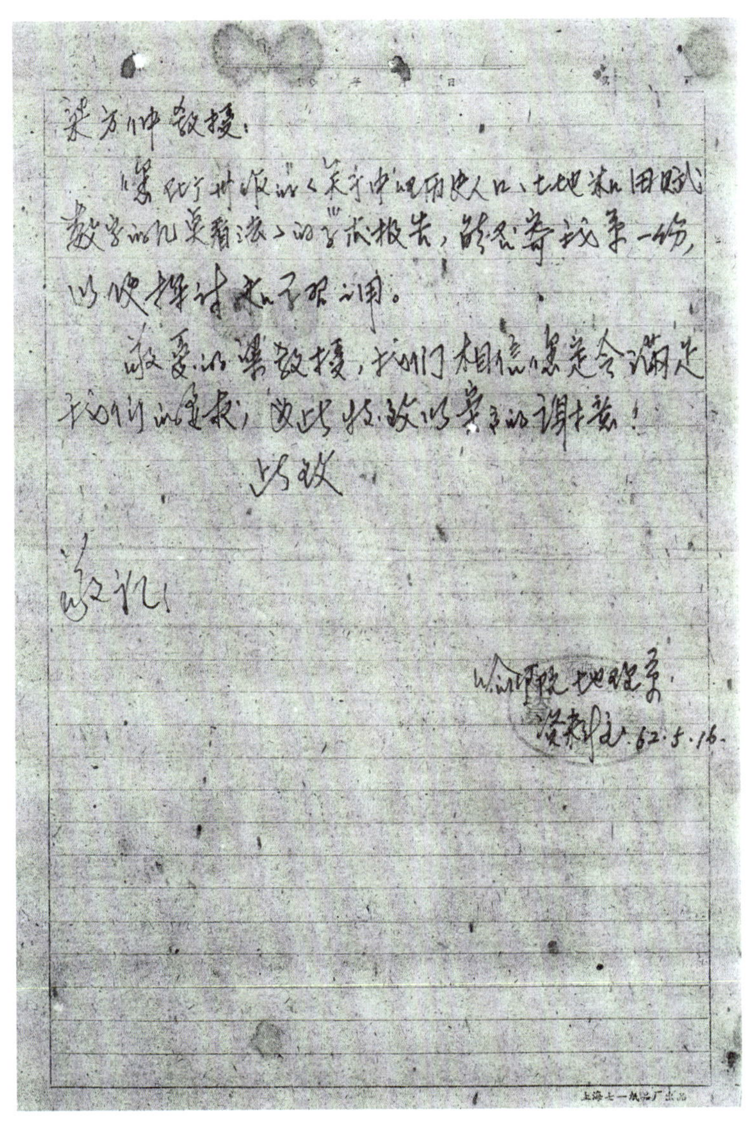

梁方仲教授：

据悉您所作的《关于中国历史人口、土地和田赋数字的几点看法》的学术报告，能否寄我系一份，以供探讨和学习之用。

敬爱的梁教授，我们相信您定会满足我们的要求，为此特致以崇高的谢意！

此致

敬礼！

哈师院地理系

资料室 62.5.16.

上海七一纸品厂出品

《历史教学》编辑部致梁方仲（三封）

梁方仲先生：

茲寄上本刊讀者方涛所提問題壹則，請費神予以解答，並希早日將您的答案寄交本社為荷。

此致

敬禮

歷史教學月刊社編輯部

一九五六年十一月[illegible]日

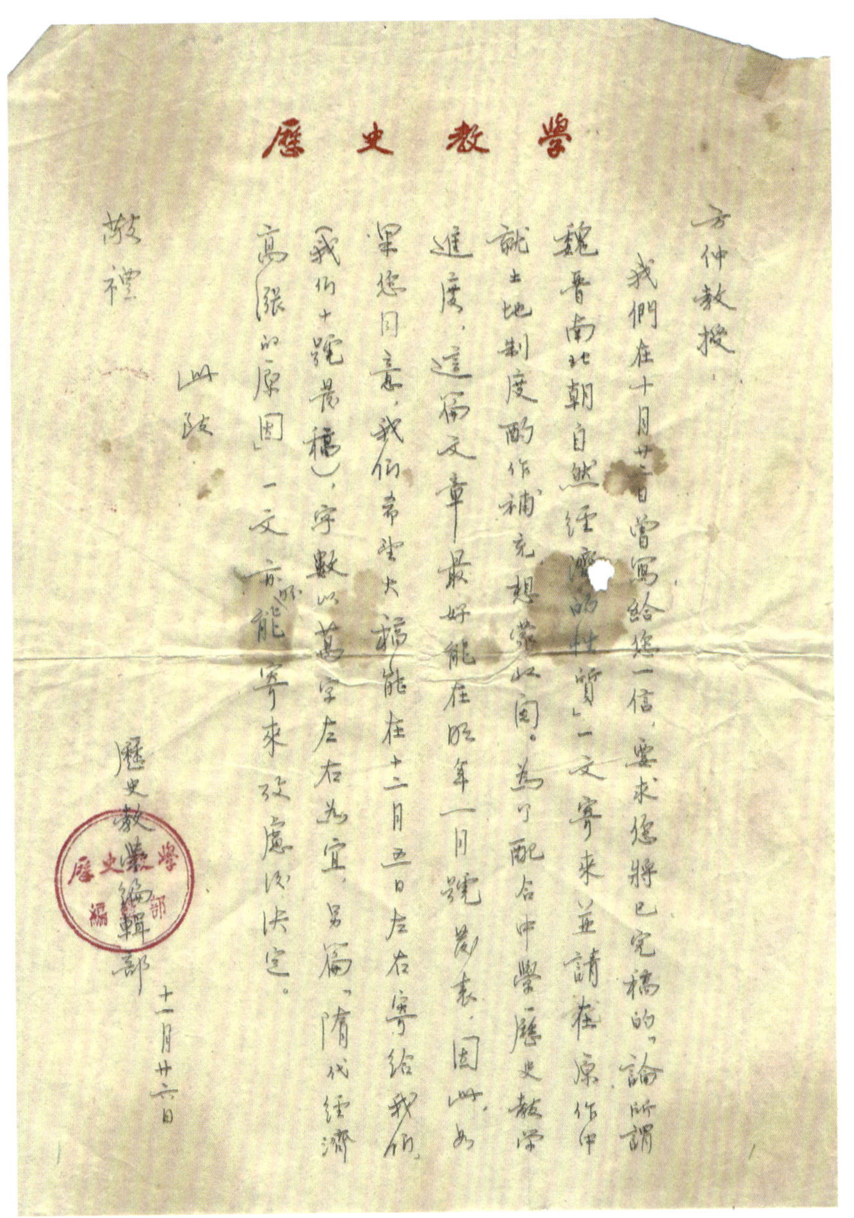
歷史教學

方仲教授：

我們在十月廿三日曾寫給您一信，要求您將已完稿的「論所謂魏晉南北朝自然經濟的性質」一文寄來，並請在原作中就土地制度酌作補充，想荷收閱。為了配合中學歷史教學進度，這篇文章最好能在明年一月號發表，因此如果您同意，我們希望大稿能在十二月五日左右寄給我們（我們十號截稿），字數以萬字左右為宜。另篇「隋代經濟高漲的原因」一文亦盼能寄來，攷慮後決定。

此致

敬禮

歷史教學編輯部

十一月廿六日

歷史教學編輯部

说明：此函可能写于1956年，盖《隋代经济高涨原因》刊于《历史教学》1956年第12期。

歷史教學

梁方仲先生：

很久没有和您通信了，谨向您问好并祝贺新年！去年您给我刊写的《清代经济发展》一文刊登后，据我们了解许多读者反映很好，我们希望能继续得到您的支持。去年上半年我们曾约请您再帮助撰写中国经济史研究的评介文章，可能题目与您的研究课题不合或因您的工作太忙，无暇写稿。看到您的《明代粮长制度》一书后，我们又想请您帮助撰写一篇“明清时期的民主思想及其社会背景之分析”的文章。为了能适合中学历史教学的需要，并与明末三大思想家一类的文章有别，此文希着重从当时社会现象、文化生活各方面阐明正在发生和不断发展的民主思想的中心面，以及当时社会为何产生此种思想为主，字数以不超过万字为宜。如蒙允诺，希望大作能在五月份寄给我们。如果此题与您的研究专题不合，愿给我们改写一篇别的文章也可。敬祈复音，以便列入计划。此致

敬礼！

歷史教學編輯部（印）

历史教学编辑部

1958年1月3日

《历史研究》编辑部致梁方仲（六封）

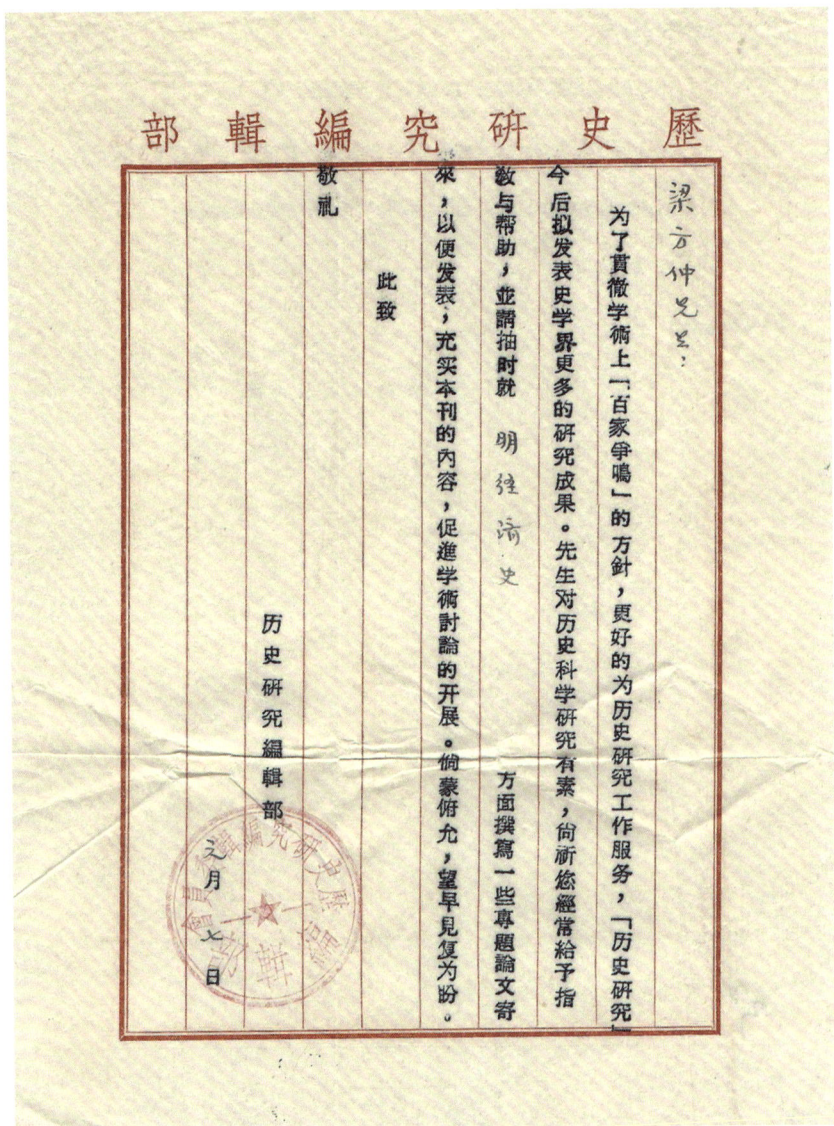

歷史研究編輯部

梁方仲先生：

为了貫徹学術上「百家争鳴」的方針，更好的为历史研究工作服务，「历史研究」今后拟发表史学界更多的研究成果。先生对历史科学研究有素，尚祈您經常給予指教与帮助，並請抽时就 明经济史 方面撰寫一些專題論文寄來，以便发表，充实本刊的內容，促進学術討論的开展。倘蒙俯允，望早見复为盼。

此致

敬礼

历史研究編輯部

六月七日

说明：“百家争鸣”方针正式提出于1957年，此函应写于1957年。

歷史研究編輯部

梁方仲先生：

来函及轉来湯明檖等三同志所写文章均已收到。

感謝您对本刊的关怀与支持，所提宝貴意見，我們当尽力注意改进。今后希經常以大作見賜，同时欢迎对刊物多多提供意見是荷。

此致

敬禮

歷史研究編輯部

4月3日

说明：1957年，梁方仲指导汤明檖、李龙潜、张维熊三位青年教师撰写一篇学术文章，题名为《对邓拓同志〈从万历到乾隆〉一文的商榷和补充——并试论处理和运用实地调查材料的方法》，该文发表于《历史研究》1958年第1期。此函应写于1957年。

歷史研究編輯部

梁方仲先生：

前信想已收到。

近悉您写有关于历代人口问题的文章，我们很希望能寄给本刊发表，以光篇幅。

特此再恳。并致

敬礼

畢石仲先生：

近以历史所同志常回中国历史讨论材料，得知您曾就均田制问题作了发言。我们希望您就这个问题写成一篇论文，寄给我们。如有其他论文，也很欢迎。时间最好在六月底以前，能早些更好。此致

敬礼！

一九六一、五、廿

歷史研究編輯部

梁方仲先生：

得知您最近完成了大著“中国历代户口、土地、田赋统制”的总序，表示祝贺。希望最近即寄给我们发表，为荷！

此致

敬礼！

1961

歷 史 研 究 編 輯 部

梁方仲先生：

前几次奉函，諒都已收到。

我们约請你寫关于历代人口问题或古代土地制度的論文，希望能早日讀到，故特再函懇。請您抽空於八月底前寫成寄下，为盼！

此致

敬礼

南京大学历史系致梁方仲（一封）

南京大學

號　頁

梁方仲教授：

先生為中國經濟史專家，素為我系師生所景仰。茲根據各校互派教師講学的規定，擬請先生來我系講学一年，藉以提高我系教学質量與師資水平。講学期間，我系將提供一切方便（如先生有指导研究生的任务，可帶研究生來我系指导；如先生有編寫教材任务，可在我系繼續進行編寫工作）。至於來系講学的具体時期，請先生自由決定。假若可能的話，我們希望今年暑假後就能前來。除已

公曆一九五　年　月　日

地址：南京漢口路　電報掛號：〇九〇九號

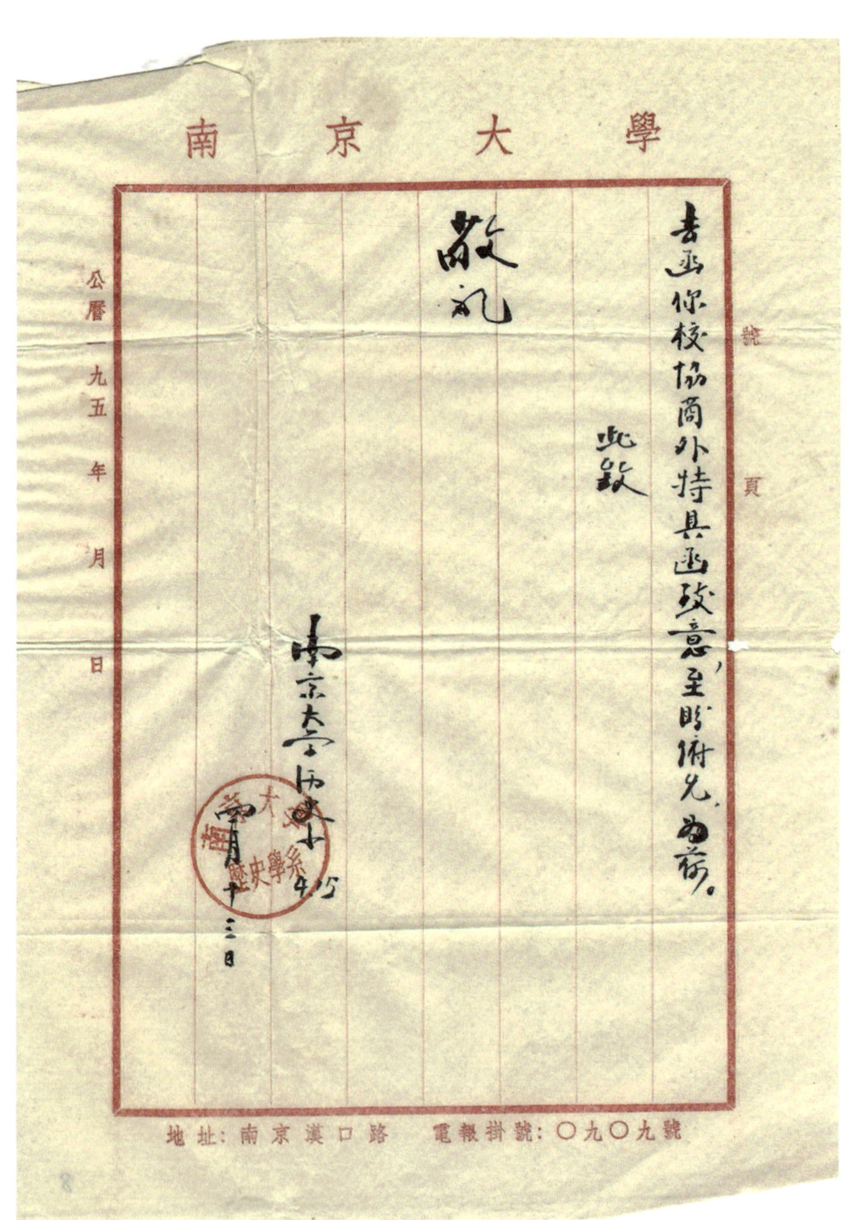

南京大學

去函你校協商外，特具函致意，至盼俯允為荷。

此致

敬禮

南京大学历史系

四月十三日

公曆一九五　年　月　日

號　頁

地址：南京漢口路　電報掛號：〇九〇九號

说明：此函估计写于1962—1964年间。

《人民日报》理论宣传部致梁方仲（二封）

人民日报社公用信笺

梁方仲同志：

最近，我们准备在"学术研究"上，登载一些经济学术知识性的文章。为此，请您为我们撰稿。是否可以从"中国历代食货志"方面作些介绍，内容为介绍中国历代的食货志讲了那些问题，可以综合起来讲几个问题，也可以重点介绍几个朝代的食货志。历代食货志的内容较多，而我们又希望文章篇幅短一些，因此，可以考虑分若干篇文章，每篇三千字左右。希望在您的工作和身体条件

人民日报社公用信笺

允許的情况下，尽可能地早日命笔，撰就寄下。如何，盼覆。信寄理论宣传部薛映光收。

此致

敬礼

一九六四年七月七日

人民日报社公用信笺

方仲先生：

大作《十三种〈食货志〉简介》已拜读。介绍历代食货志的内容和体例，能够增加读者的历史知识，了解过去。大作内容丰富，但对报纸来说篇幅有限，也需照顾广大读者要求，遵嘱，将原稿考虑压缩一下。我们有一个不成熟的看法：是否可将食货志记载的主要内容先作一概括介绍，然后再论其体例，及其优劣。所以上之说，供参考。篇幅可在二千字左右。原文可在学术性刊物上发表。

顺此

敬礼

人民日报 理论宣传部

上海人民出版社致梁方仲（十六封）

上海人民出版社

編通（55）字第1499號　第　全　頁　附件

（如蒙賜覆請註明上列發文字號）

梁方仲同志：

我們讀了您在中山大學第一次科學討論會上的科學論文「戶調制與均田制的社會經濟背景」（提要）之後，認為這篇文章有出版價值。關於均田制度的稿子我們已約人寫了，現在我們打算請您在這篇論文的基礎上為我社寫一部有關論述戶調制與占田制的稿子，具體稿名由您自己確定，字數在三萬字左右，多一些也可以。最好能在年內交稿，如不可能則可推遲到明年，請考慮。

又去年十二月三十日發出的編通字第七四九號函想早已收到。我們對「從明代的一條鞭法看明代社會經濟」寫作提綱的意見僅供參考，如您不擬照綱可以仍照您的原訂計劃寫作，您意如何，請即示復。

此致

敬禮

上海人民出版社編務室

三月十九日

地址：上海紹興路五十四號
電話：六六三六八　電報掛號：一二二二〇

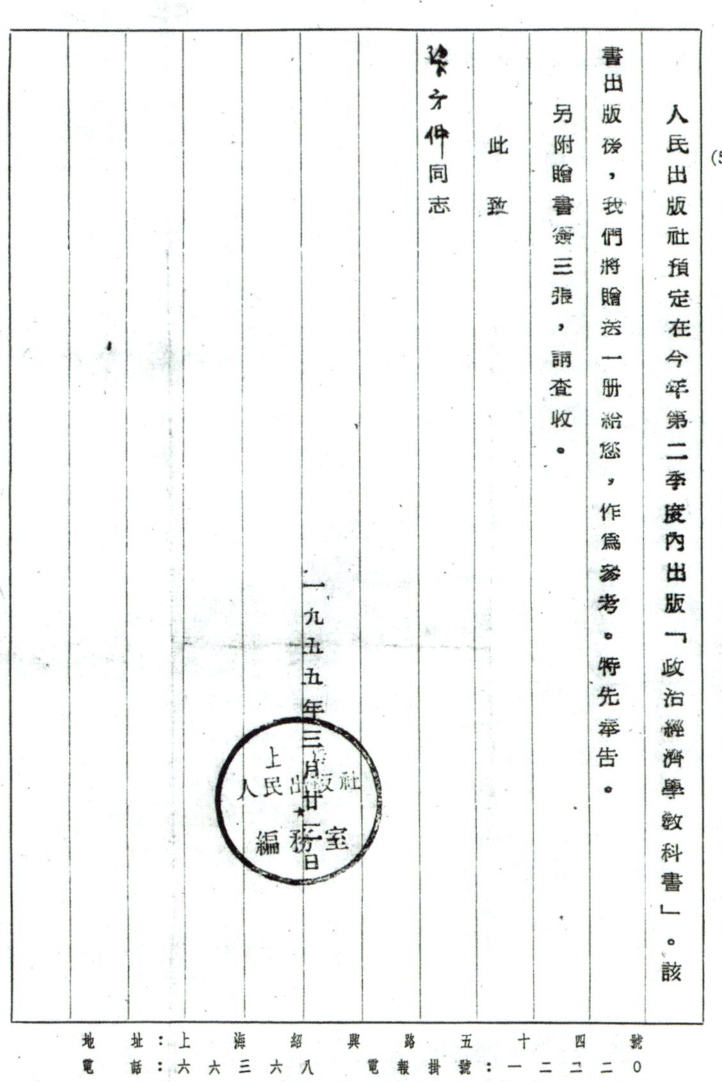
上海人民出版社

(5　)字第　　號第　　頁　附件

（如蒙賜覆請註明上列發文字號）

人民出版社預定在今年第二季度內出版「政治經濟學教科書」。該書出版後，我們將贈送一册給您，作爲參考。特先奉告。

另附贈書簽三張，請查收。

此致

梁方仲同志

一九五五年三月廿一日

上海人民出版社編務室

地址：上海紹興路五十四號

電話：六六三六八　電報掛號：一二二二〇

上海人民出版社

編通（55）字第2763號

（如蒙覆信請註明上列發文字號）

梁方仲同志：一月廿日來函並合同四份和合同均收到

承允本社撰寫「一鞭制與均田制及其相關問題 明代的賦役制度與一條鞭法」兩稿，甚謝。

現隨函寄上已簽好的約稿合同兩份，請您保存。匯上約稿預付稿酬計新人民幣叁佰壹拾伍元，請與所附之備查單兩紙查收核對爲感。

另包寄上稿紙三百張，亦請收。

敬禮

附言：1.「[illegible]年表」還沒有看完，看完寄奉。2. 此書「中國通史簡編」一書，因出版很久，已售缺，本社此存樣本抽出一冊贈送給您，另包寄上，請查收。

啓 年 二月九日

附件 約稿合同二 備查單二 [illegible] 件

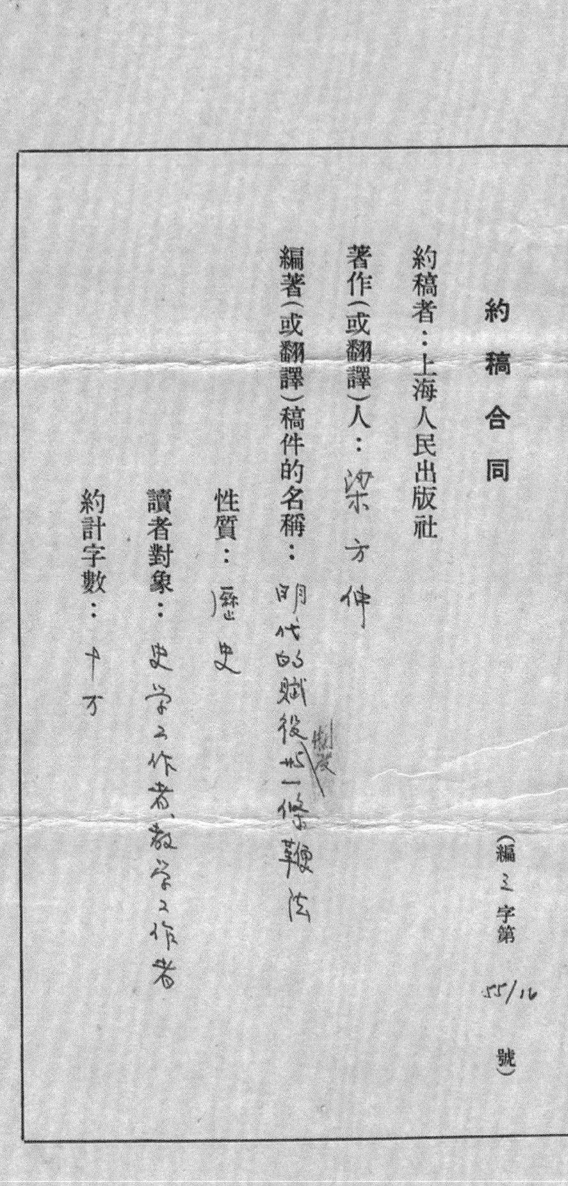

約稿合同

（編三字第 55/16 號）

約稿者：上海人民出版社

著作（或翻譯）人：梁方仲

編著（或翻譯）稿件的名稱：明代的賦役制度與一條鞭法

性質：歷史

讀者對象：史學工作者、教學工作者

約計字數：十万

(編三字第15/15號)

約稿合同

約稿者：上海人民出版社

著作(或翻譯)人：梁方仲

編著(或翻譯)稿件的名稱：户調制與均田制及其相關問題

性質：歷史

讀者對象：史學工作者、教學工作者

約計字數：四万

上海人民出版社

编五(56)字第7810號第全頁 附件另寄(如蒙賜覆請註明上列發文字號)

梁方仲同志：

十一月五日来信收到。大著「明代一條鞭法年表」已經讀畢。大著資料丰富，論述全面，頗多創見，學術價值很高，希望能在撰写「明代的一條鞭法」時將該年表精粹部分收入該稿，該表在大著付印時可作為附錄材料，以飨讀者，您意如何，請告知。

兹將「明代一條鞭法年表」一册，另郵寄還，請

檢收。

敬禮！

上海人民出版社
編務室

地址：上海紹興路五十四號
電話：六六三六八 電報掛號：一二二二〇

上海人民出版社

~~學習生活出版社~~

(57)字第1680號　第1頁　附件

（如蒙賜覆請註明上列發文字號）

梁方仲同志：

寄回大著「明代粮长制度」一书的意見表早經收到。

承介紹丁文治教授，我們已专函联系，謝謝您对我們工作的关心。

「中国历代人口、田地和田赋的統計表」一稿，請您寄給我們，我們将慎重考虑出版問題。

关于大著「明代粮长制度」一书的印刷质量与出版时間問題，現奉釋于后：今后如重印时，决定加印一張目录頁，改变現在目录与扉頁合印一頁的办法；至于排印时間，我們是在去年九月十七日发到印刷厂排版，到十月九日才全部排出，我們校对共化了廿六天(包括初、二、三校及通讀)，工厂改樣共化廿七天，請您看样化九天；中間除国庆节假、例假，所以一直到十二月十六日才付印；这样排印过程是长了一些，主要是因为工厂当时任

地址：上海紹興路五十四號
電話：~~六六二六八~~ 七八二五〇　電報掛號：一二二二〇

上海人民出版社
~~學習生活出版社~~

（5 ）字第　號第 2 頁　附件

务較重，我們又沒有多加催促。

至于开本大小的問題，我們一般是根据一本书的字数多少决定的：字数較少的一般均排中三十二开，十万字以上或特殊形式的出版物才排大三十二开本的，如「歷代社会生活」一样。特此一并奉告，尚希原諒。

贈书問題，我們同北京的几个出版社，相当不同，他們在初版贈书廿本后，以后重版时一般就不贈送了，而我們除初版贈书十本外，以后每次重印时均贈送两本；此点也請見諒。

敬礼

上海人民出版社 編務室 三月

（如蒙賜覆請註明上列發文字號）

地址：上海紹興路五十四號
電話：~~[illegible]~~ 七八二五〇　電報掛號：一二二二〇

上海人民出版社

上海紹興路54號　　稿四　（58）字第193號

梁方仲同志：

来信及大著"历代人口、土地、赋税统计表"收到，希勿念。补编及总序希修改寄下，以便我社早日全部处理出版。兹寄上预付稿费三百元，另外由银行汇奉，请查收。

来信所询各项，兹答复如下：

一、大著全部上半年是否能够出版，目前尚难预料，俟付印后，当即奉告。排印统计表，校对费时较多，非一般稿件所可比拟。大稿排印时可以用繁体字，作者看样时，我们会意将底稿寄回，以便核对。但校样则我们只能寄二份，因多打校样容易损耗铅字，影响纸型质量，同时对印刷工人也甚为费力。

二、大著计划附地图七幅，我们均同意。唐、宋、元、明、清五幅地图，因本社无专职绘图人员，最好还是请您就近请人绘制。

三、来信提及分表改列问题，字迹不够清晰，我们看不清楚，希在来信中详加说明。

四、人口、土地、田赋统计图，根据说的问题，我们希望您们设制出来，附入书中。

五、上海各图书馆收藏的地方志不多，且不易借阅，请人代抄一事，希望您和上海图书馆直接联系，当可得到解决。

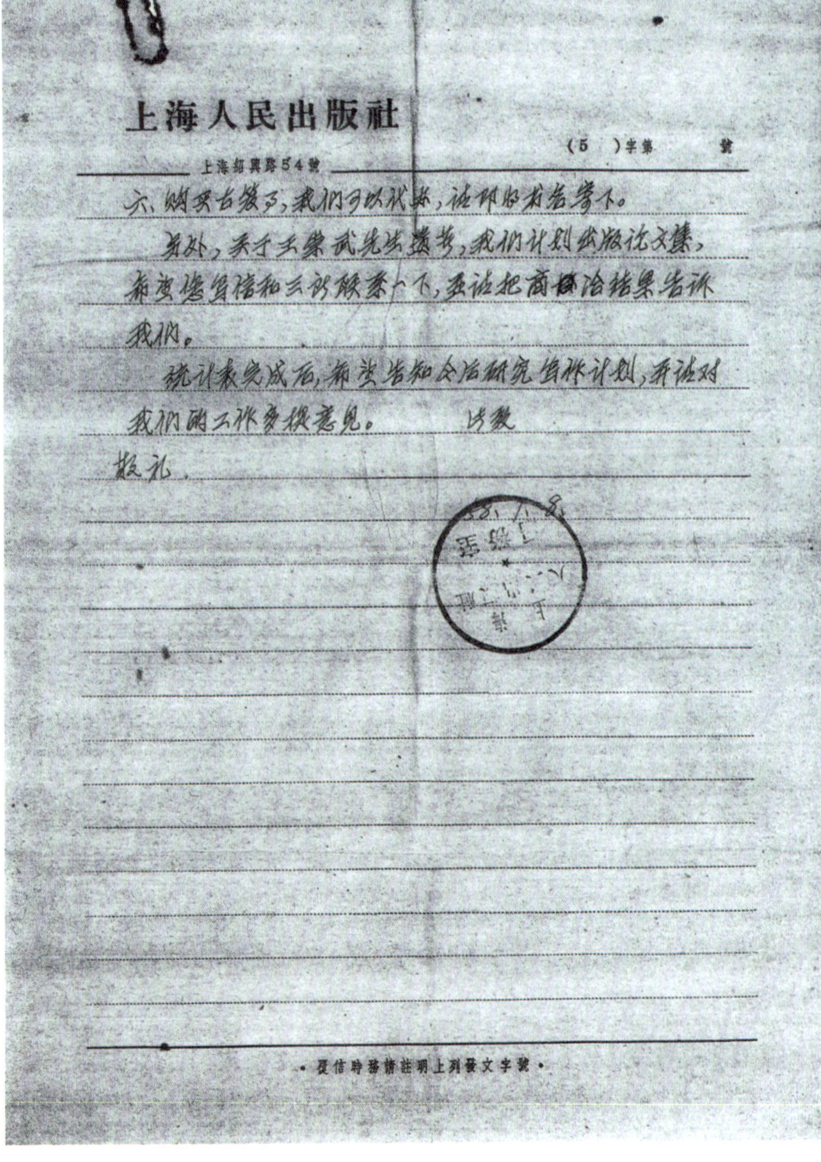

上海人民出版社

（5 ）字第 號

上海紹興路54號

六、购买古籍了，我们可以代办，请即将书名寄下。

另外，关于王崇武先生遗著，我们计划出版论文集，希望您写信和王家联系一下，并请把商洽结果告诉我们。

统计表完成后，希望告知今后研究写作计划，并请对我们的工作多提意见。 此致

敬礼

58.1.8.

覆信時務請註明上列發文字號

上海人民出版社

梁方仲同志：

十月十三日来信收到。尊稿"中国历代人口、田地、田賦統計"我們已列入年度計划。嗜三联一事无法考虑，乞谅之。尊著請即寄下，以便早日出书。

以前约的"一条鞭法"等稿可以缓期交稿。

敬礼

编四(58)字第5005號 第 頁 附件

地址：上海紹興路54號 電話：78250 電報掛號：12220

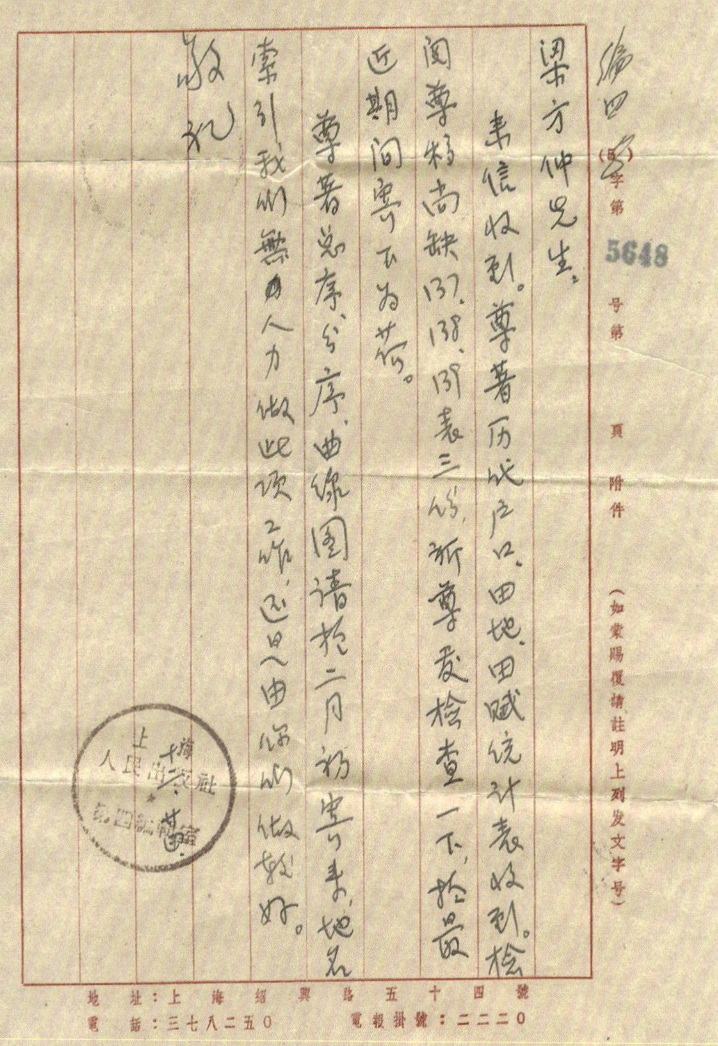

上海人民出版社

编四（ ）字第 5648 号第 页 附件

（如蒙赐覆请註明上列发文字号）

梁方仲先生：

来信收到。尊著历代户口、田地、田赋统计表收到。检阅尊稿尚缺137、138、139表三份，祈尊处检查一下，於最近期间寄下为荷。

尊著总序、分序、曲线图请於二月初寄来，地名索引我们无人力做此项工作，还是由你们做较好。

此致

敬礼

上海人民出版社第四编辑室

地址：上海绍興路五十四號　電話：三七八二五〇　電報掛號：二二二〇

上海人民出版社

编四（59）字第 764 号第 页 附件

（如蒙赐覆请注明上列发文字号）

梁方仲同志：

三月十一日来信收到。

尊稿国庆以前出版，是没有问题的，但须在五月底以前将序论和表全部寄下，至迟不得超过六月中旬。

尊稿是一部有参考价值的工具书，也是我们计划中的重点书，让我们双方协力，使它在国庆节以前和读者见面。我们之间的计划是一致的，希望你们鼎力协助。稿寄来时要求问题均已解决，文、表字迹清楚。

此致

敬礼

上海人民出版社第四编辑室

地址：上海绍兴路五十四号
电话：三七八二五〇 电报挂号：二二二〇

上海人民出版社
上海財政經济出版社

编四(59)字 3241 号

梁方仲同志：

来信收到。

我们同意尊稿书名用"中国历代户口、田地、田赋统计"，请勿念。

尊稿表88，89，90各表从政治上学术上考虑再三，认为还是删去較好。表23 B已经列入乙编並单独编号。五条补入的文字也已经补入，並请释念。

至於应在总序中说明的问题，在分序的附注中说明是否合适，我们认为是值得研究的。目前尊稿初样已经大部分排出来了，补入这五段说明文字已经牽动许多表的排列顺序，花费巨量排工，如果您再在二校样上大力补充附注，那将会给排工造成非常大的困难。所以，我们认为总序可以写的长一些，附注部分希望不要作大量的增删。

尊稿插图及说明都已收到。插图说明鱼鳞图册部分有总图分图之分，而总图分图的联系似不太密切，宣德年间部门的鱼鳞册又不包括在分图之内，不知是什么缘故。

万賀二书的插图已经找出，唐延汉简的插图

社址：上海南京西路2004号 电話：921357轉接各部 第 1 頁
地址：上海绍兴路54号 电话：三七八二五〇

上海人民出版社
上海财政經濟出版社

(5)字　　　　号

仍须您来挑选并加说明，因为我们在这方面不熟悉，加说明选插图不是没有困难的。

书稿的校对工作我们可以组织人力校对，希望您在看样时再抽校一下。

书稿总序请即寄下，以便早日付排。

致

敬礼

上海人民出版社第四編輯室

社址：上海南京西路2004号　电话：921357轉接各部
地址：上海绍兴路54号　电话：三七八二五〇

第　　　頁

上海人民出版社
上海財政經济出版社

编四(59)字 3573 号

梁方仲同志：

兹寄上尊稿"中国历代户口田地田赋统计"初校样一份，希阅后连同原稿一道寄下为荷。

我们本来打算寄二份校样给您，因为全部校样只有两份，一份留本社组织人力核对数字，一份寄给您校阅，祈谅鉴。

您陆续寄来的增补附注，除少数已经付排外，多数未及排入，只好将原稿连同校样一併寄上以便校阅。

又表88、89、90诸表，我们认为还是删去较好，兹将这几张表寄还给您，请检收。

此致

敬礼

上海人民出版社编辑室

1959

社址：上海南京西路2004号 电话：921357轉接各部 第 頁

地址：上海绍兴路54号 电话：三七八二五〇

上海人民出版社
上海財政經济出版社

编四(60)字 0448 号

梁方仲同志：

前函到达，未见回复甚念。

尊著"中国历代户口、田地、田賦統計"数字的核算工作，经我社组织人力复核，目前已经校完毕，兹将原稿寄上，請您再看一遍，如有不妥之处，希逕直改回为盼。又上次校过的三十几表，如仍有改正，請在校樣上改。

尊稿是一部相当重要的工具书，許多读者盼望它早日出版，請将总序早日寄下，以便及時出版为荷。

此致

敬礼！

社址：上海南京西路2004号 电話：921357轉接各部 第 頁
地址：上海绍兴路54号 电话：三七八二五〇

上海人民出版社

编历（61）字第 2658 號 第 頁 附件
（如蒙賜覆請註明上列發文字號）

梁方仲同志：

通过长途电话叙谈，近况尽悉。为了您写作总序方便起见，兹将清样寄上，用毕后请即寄下为荷。尊著索引我们拟遵嘱组织人力编制，但因人手缺乏，又无此方面的编制经验，是否能符合要求现在还很难说，如果编出，当寄给您校阅。请释念。

又尊著「中国历代度量衡之变迁及其时代特征」已读毕，我们认为该文极具参考价值；尊文已请杨宽同志看过，他没有意见。现将该文另邮寄还，请签收。

近来健康情况如何，经济方面有没有困难？如有困难我们当尽力协助解决。盼速赐复。此致

敬礼

五、廿五

地址：上海绍兴路五十四號
電話：六六三六八 電報掛號：一二二二〇

上海人民出版社

总编(62)字第3799号

梁方仲同志：

去年十二月十四日寄上"中国历代户口耕地田赋统计表"出版合同二份和"古代社会"一册，嗣后又汇奉预付稿费五千元及图片、铜版、书发一批，谅均收到。便时请将合同一份填写盖章后寄给我们为盼。

关于该书的稿酬办法，前已奉告拟按千字13元计算，其中表格表说全部以六号字作满版计算，从已排出五百页的初步估计，应付给您稿酬约壹万七千元左右；补记、附录二十一页约计稿酬五百元之谱。以后付排的插图等的计算办法，当另行协商解决。前次汇上的五千元，连同55年58年两次汇奉六百五十元，均系属预付稿酬，其余稿酬待出书时按实际排印页数结算付清。

地名索引等，仍在排校，待校样排出以后，当即寄上。总序撰写得如何？完稿后请即寄下为感。

敬礼

上海人民出版社
总编辑办公室

上海人民出版社

编历(山)字第5290号

梁方仲同志：

来信收到。获悉大著修订工作估计下月中旬可全部结束，非常高兴。

读者很关心大著，都盼望能早日出版。此次修订后的定稿，我们将据以付印。为了争取早日出版，排印后的校样是否可以不再劳您阅读，而由我们对原稿负责？如属可行，则请将所有问题在原稿上一次解决，校样上不再作改动。不知您的意见如何？

大著《总序》，下月是否可以写出，交李文治同志一并带下？《总序》的内容，我们建议是否可以写得简要一些，着重说明此书的编撰目的和凡例。至于您曾打算探讨的历代户口、田地、田赋的演变规律，是否可写成专论或专著另行发表，这样研究的时间可以更加宽裕一些，篇幅亦不受限制，能够畅所欲言。如果您能写成专著，我们可以考虑出版。

李文治同志的工作，承您多多指教，您对他在各方面的照顾，使他能顺利进行工作，特致谢意。

《粮长制》将来再印时，当遵嘱寄您修改。

专此函复，此致

敬礼

编历63字第 643 号

梁方仲先生：

您上次来信要求代为复校南京图书館藏本"后湖志"上的数字，我們已遵嘱办理。

尊稿《中国历代戶口田地田赋統計》，前一个时期由于印刷厂另有任务，因此尙未进行重排。最近，我們对尊稿又作了一次审查。我們覚得，尊稿各表中列举的历史疆域的范围，从今天来看，是否妥当，还有郑重考虑的必要。因此，尊稿迄未重排。

古今疆域变迁，今天属于邻国的某些地区，在古代較长的历史时期中，却被划为我国当时王朝的行政区域。例如西汉、东汉、西晉的乐浪郡，属于今朝鲜民主主义人民共和国；西汉、东汉、西晉、刘宋、隋代的九真郡，属于今越南民主共和国，等等。当然，古人史书上是如此記載的。但是，根据今天的形势来看，这样处理，可能会引起某些誤解。同时，帝国主义、现代修正主义和反动的民族主义也正在这方面对我国进行污蔑。对于这类問題，需要郑重对待。

尊稿各表在这个問題上牵涉是比較多的，几乎唐代以前历史的总表中均有涉及（請参見附表）。我們曾經初步考虑了两种处理办法，現提供您作参考：

一、凡是涉及邻国的地区、数字，均加以删略。有关的百分比、总計数、合計数等，亦另行計算。这样处理，书稿的科学性是否会受到影响姑且不論。有的表中，仅据原始材料記录了某一个或几个朝代的总的統計数字，缺乏分区数字，因而也无从扣除其中的今邻国部分的数字。同时，亦有少数古地名，兼有今邻国及我国地区，例如西汉的玄菟郡，即包括今朝鲜民主主义人民共和国及我国地区。因此处理上还有一定的困难。

二、在目前形势下尊稿暂緩出版。待以后有些問題更加明确后，再考虑出版。

上海人民出版社

不知您的意見如何？是否有更好的处理办法？目前，我們已經向有关部門請示。同时，我們也希望您来信多多提供宝貴的意見。

此致

敬礼

生活·读书·新知三联书店致梁方仲（六封）

梁方仲先生：

寄上"中国经济史論丛"一书約稿合同一式两份，如果同意，請簽字后寄还一份。合同第二条交稿日期請您填上，~~我們希望您能在　　年　　月交稿。~~

交稿时煩請写一內容介紹，以便在出书前后向讀者推荐。

致

敬礼！

三联书店编辑部
启

12月3日

附言：

发文編号：（56）5字第2号

約稿合同

選題編號：史(1/6) 10 21 合同編號：56（對）243

約稿者(以下簡稱甲方)：三联书店
著譯者(以下簡稱乙方)：梁方仲
書稿名稱：中国經济史論丛（暫定）

上開書稿的約稿者與著譯者雙方同意遵守下列各項條件：

第一條 全稿字數：約計 字。

第二條 交稿日期：不迟于1957年12月 日。

第三條 對本稿的要求：

第四條 甲方收到全部原稿後，應在 個月內審查完畢，決定採用與否。原稿如基本上符合出版要求，甲方應即與乙方商訂出版合同。甲方如對原稿提出修改意見，得由乙方負責修改。甲方對修改稿的審查時間，根據修改程度而定，但不應超過上述初審時間之半。

第五條 本稿稿費在簽訂本合同後預付 500 元，其餘在訂出版合同及出書時續付。

第六條 本合同簽訂後，如因故不能出版，其責任不在乙方者，已領之稿費不必退還甲方，必要時甲方得視稿件的完成情況再酌付乙方若干稿費，作爲對乙方時間及勞力損失的補償。其責任在乙方者，甲方得要求退還預付稿費。

第七條 本合同一式兩份，雙方各執一份爲憑。

生活·讀書·新知三聯書店 原斌

訂合同人

約稿人
代表人

著譯人

甲方簽字日期：一九五六年十二月三日

乙方簽字日期：一九五 年 月 日

生活·讀書·新知
三联书店
社址：北京東總布胡同十號
電話：5-1613電報掛号：1003

57年 11月 27日發
檔號：（57）史 字 875 号

梁方仲先生：

八月底，我们曾经给您写过一封信，问您"一条鞭法论丛"目前能否交稿，但未得到回信。

五月间您的来信说"一条鞭法"可能在七月中修改完毕，"经济史论丛"约在八月后着手。如两集不能一齐交稿，请先完成"一条鞭法"。

您信上曾提到"身体屡感不适"，不知近况如何，是否影响写作，甚以为念。致

敬礼！

57.11.27.

（箋4）

生活·讀書·新知
三联书店
社址：北京東總布胡同十號
電話：5-1613 電報掛号：1003

58年 3月 25日發

檔號：(58)史4，字0249号

梁方仲 先生：

三月十四日来信收到，尊著"一条鞭法論丛"我们早已列入第三季發稿計划，来信说大约九月底才能交稿，看来我们非修改原来的計划不可。但希望您不再延期了。"经济史論丛"您拟从头改写，重新組织，并用新观点处理，我们更加欢迎。至于作专集或分集出版，拟俟尊稿寄下後再行商定。

此致

敬礼

(【illegible】4)

~~人民出版社~~

RENMIN CHUBANSHE

梁方仲先生：

今年四月初间曾写过一封回信给您，欢迎您的"十四世纪至十七世纪中国社会经济发展史"在完稿后寄来，并希望能先看到提纲。此信想您早已收到。不知现在此稿进行的情况如何？年底能否完成？最好能把该稿的主要内容和重点先告诉我们一下，以便预先安排工作。候复。

致

敬礼！

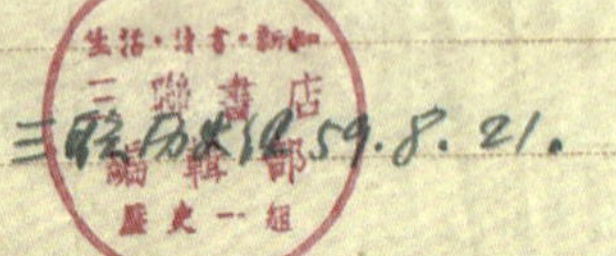

三联历史组 59.8.21.

编号59史字283号

地址：北京朝内大街320号　电話总机5.1230

生活·讀書·新知
三联书店
社址：北京朝内大街320号
电话：5.4962电報挂号1003

1961年 8 月 11 日发
编号：（61）史字496号

梁方仲同志：

七月四日曾奉上一函，未知收到否？承寄尊著有关中国历代度量衡论文二篇，我们已拜读了，觉得在这基础上扩大写成六七万字的小册子的计划很好，希望您早日完成寄下。

又，您提到《经济史》中的《论资本主义萌芽》一章，还未收到，我们对于这个问题很有兴趣，拟先拜读一下，希能检寄，不胜感谢。

敬礼

（4集）

生活·讀書·新知
三联书店
社址：北京朝内大街320号
电話：5.4962 电報挂号1003

62 年 7 月 13 日发
编号：(62)史字627号

梁方仲仝志，

我们从去年七月到今年五月，先后给您写过四封信，或许很忙，未蒙答复。我们在地理上虽说是天南地北，但彼此总是时时关心的。您近来身体好吗？教学工作一定很忙吧。现在暑期快到了，假期里有什么活动吗？您原来计划撰写《中国历代度量衡》的小册子，是否还在继续进行。这个稿子字数不多，且已有一部分旧稿，想来完成比较容易。《十四至十七世纪经济史》也有一部分初稿，不知道目前进行情况如何，都在念中。我们正在计划下半年的工作，希望得到您的回信以便安排。

敬礼

(4箋)

商务印书馆致梁方仲（一封）

商务印書館股份有限公司

57商編字第1109號

方仲先生：

我館是一个为高等教育和学术界服务的綜合性出版社，現在的出版任务，主要分成三方面：

1.校訂重印古籍和选擇出版研究我国文化的著作；

2.翻譯世界名著；

3.編輯出版辞典工具书。

這几年中，在上級領导之下，得到社会大力的支持，虽然有了一些成績，但做得还很不夠，缺点还很不少。現在为做好1958年的选題計划，并准备今后長远的規划，我們希望能更广泛的听取专家学者們的見教，和更全面的了解学术界的著述情況。所以希望先生对以上三方面，尽量提出意見，并提出具体的书目。如果先生自己有著述（已完成的或在計划中的），或了解友人中有可以出版的书稿，也請一并提名。对于研究我国文化的著作和翻譯名著方面，都想尽可能征集增加一些思想性較强、更緊密結合社会主义文化建設的作品，特別欢迎先生在這一方面多予支持和帮助。

盼望先生見教，先此道謝，并致

敬礼！

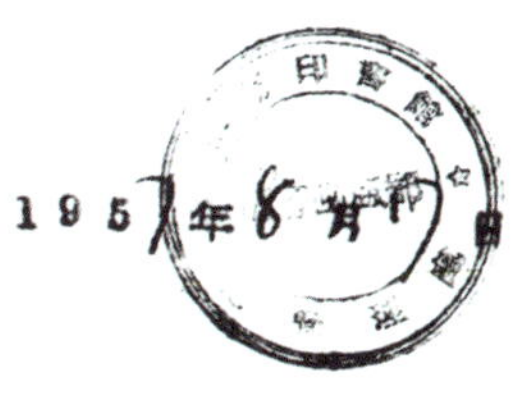

1957年8月[illegible]日

文化部致梁方仲（一封）

中華人民共和國文化部公用箋

梁方仲先生：

我們正組織一部分同志編輯一部「中國历史圖說」（暫名），以圖片为主來表現鴉片戰爭以前中國历史的发展。茲乘各位來京开会之便，于七月十七日上午十一时假座萃华楼进行座談，请届时參加。（十时一刻有专車來接）

郑振鐸

七月十六日

地址：北京東四牌樓·頭條胡同五號·電話四局二〇三三 二〇三四

说明：函中所说“各位来京开会之便”乃指1956年高教部召开的综合性大学文史教学大纲审订会，故此函写于1956年。

《文汇报》理论宣传部致梁方仲（一封）

文匯報

梁方仲先生：

近半年来，上海和全国各地的学术活动活跃，自由討論空气更趨濃郁。党的"百花齐放、百家爭鳴"的方針正在結出丰碩的果实，显示出它的偉大作用。

先生在学术界負有声誉，素所欽仰，本报讀者热切盼望讀到大作，未悉近来有何新著？无論文、史、哲、經、自然科学，或論著，或小品，或心得，或感言，或通信，中外今古，長短不拘，俱所欢迎。如蒙惠賜鴻稿，尚請寄本报理論宣傳部。对本报学术版，亦請不吝提出批評指正，以匡不逮。

专此順祝

笔健！

文汇报理論宣傳部

1961年5月20日

第　頁

云南大学历史系致梁方仲（一封）

梁方仲同志：

在深入教学革命的进军中，我系很荣幸地接到了云南省委的指示，编写一本《云南冶金史》，不能不感到莫大的鼓舞和兴奋。经过我们一周来的初步摸索，由于在党的领导和各方面的支持下，已经基本上掌握了云南冶金的发展线索，这又一次证明了党的教育方针的正确。

我们的奋斗目标是想把这本冶金史编成具有较高的科学价值和实践意义的作品。因此还需要进一步鼓足干劲，和依靠各方面的支持。特别是鸦片战争前的那段史料，感到十分缺乏，要在"一月拿初稿，两月全搞好"的口号下，使云南冶金史成为不是主观臆造，而是它固有的规律性来，是有困难的。为此，特来信请您在这方面给我们多加指导和帮助，共同完成和超额完成党交给我们的光荣而艰巨的任务！

致以

革命的敬礼

1960.5.12.

昆明市文化用品批发站加工

中国科学院致梁方仲（一封）

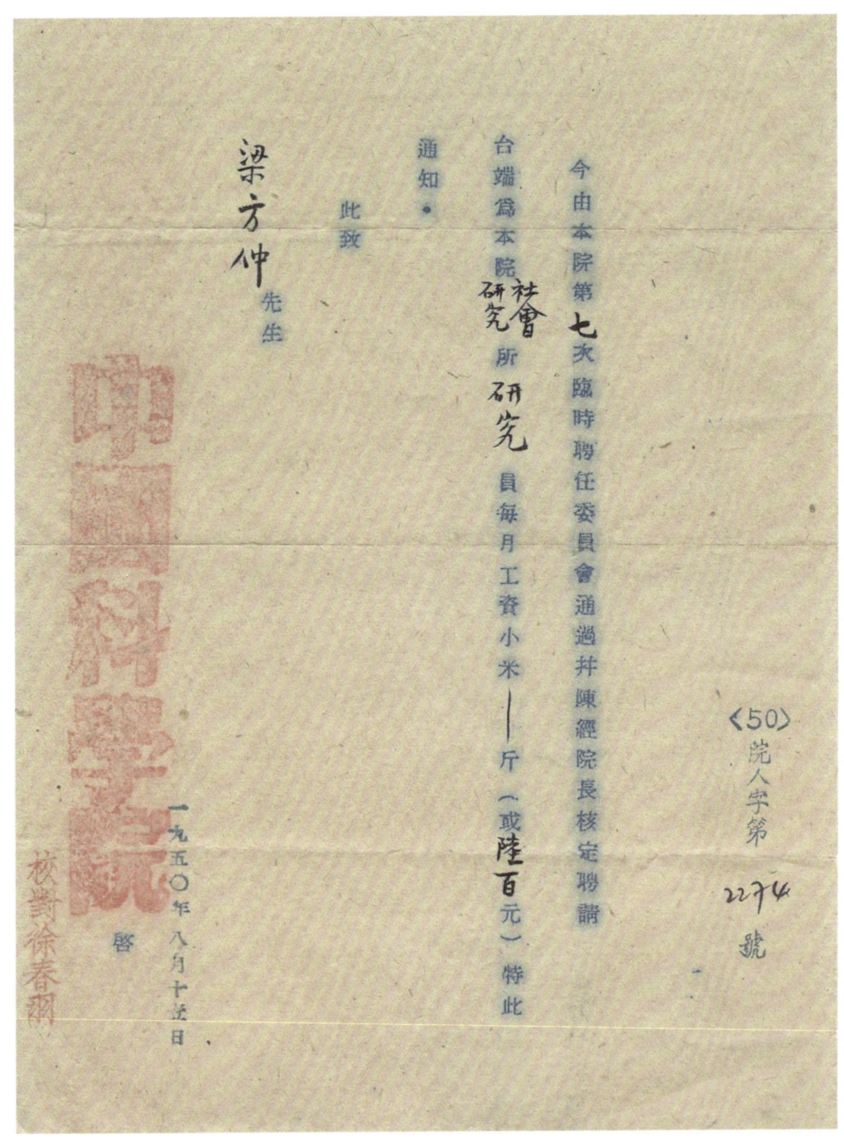
（50）院人字第2274號

今由本院第七次臨時聘任委員會通過幷陳經院長核定聘請

台端爲本院社會研究所研究員每月工資小米——斤（或陸百元）特此

通知。

此致

梁方仲先生

中國科學院 啓

一九五〇年八月十五日

校對徐春國

中国科学院江苏分院行政处致梁方仲（一封）

中国科学院江蘇分院

梁方仲先生：

你的来信都收到了。关于书籍问题，情况是这样：我院因急需房屋使用，曾于九月份由经济研究所速派员前来处理存放在我处的书籍。但他们不知你的私人书籍早由我院陈德忠同志全部交铁路运输给你了，而他们又写信要你收回。该所宋[illegible]同志在宁时，我们请他将此情况告诉你的。（现恐已有信给你了）为此，特再函告。

此致

敬礼

1958年11月2[illegible]日

抄送：中国科学院经济研究所办公室。

说明：1949年1月，梁方仲请假回广州侍亲，其书籍及一些家常用品留在了中央研究院社会科学研究所。后来他留在岭南大学和院系调整后的中山大学工作，这些留在南京的书籍一直留存在中华人民共和国成立后的中国科学院社会科学研究所（后称经济研究所）内，直至1955年至1958年取运回广州。

中国科学院经济研究所图书组致梁方仲（一封）

4

中國科學院經濟研究所

（58）圖庋字 74 號

梁方仲同志：

查南京鸡鸣寺路一号我所原办公楼书库内尚存有您的私人书，现中国科学院江苏分院催我所腾让书库，私人书不能代为继续保管，务请即速前往提取为荷

此致

敬礼

启 一九五八年九月廿五日

第 全 頁

中国科学院上海办事处南京分处致梁方仲（二封）

中國科學院上海辦事處南京分處

受文者：梁方仲教授

事由：函復代運書籍一事

五月二日接到你的來信。關於你寄存經濟研究所南京書庫的書籍的情況，國主任已有覆信。據陳德宏同志談上項書籍（原管理人代捆為六十八捆）裝箱的捆價及運費保險費等，共估約需人民幣一百五十千元，請匯款以便代辦，將來結算時多退少補。

此復查照。

抄報致者：

發文號：[illegible]55[illegible]字第0368號

日期：一九五五年五月五日

附件：

覆函務請註明原函文號日期

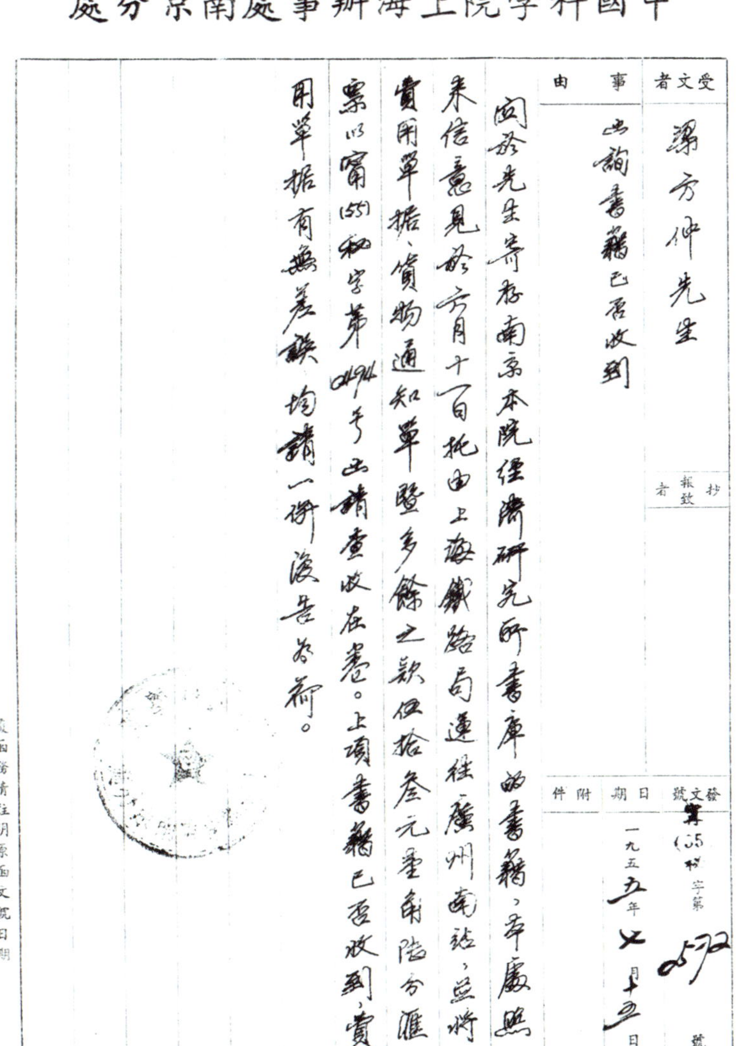

中國科學院上海辦事處南京分處

受文者	梁方仲先生
事由	函詢書籍已否收到
抄報致者	
發文號	寧(55)秘字第0532號
日期	一九五五年七月十五日
附件	

關於先生寄存南京本院經濟研究所書庫的書籍，前處照來信意見於六月十一日托由上海鐵路局運往廣州南站，並將費用單據、貨物通知單暨多餘之款伍拾叁元叁角陆分滙票以寧(55)秘字第0494號函請查收在卷。上項書籍已否收到，費用單據有無差誤，均請一併復告為荷。

覆函務請註明原函文號日期

中国科学院历史研究所第三所致梁方仲（三封）

中國科學院歷史研究所第三所

方仲先生：

王崇武先生逝世后，我们即拟搜集他的遗著编为学术论文集，但因限于人力，致难进行。前听邓广铭先生夫人窦珍茹先生说，您很愿意助成此事。我们听说，非常高兴。现将已收集的论文三十八篇寄上，恳请惠予审阅选编。编选如何，即请您提出意见。工作中如有需要我们解决的问题，亦请提出，当尽量负责解决。专此

函恳，即致

敬礼

另王崇武先生专著三种亦一併寄上。

地址：北京王府大街東廠胡同一號　電話：五局五四〇〇號

说明：此函未署日期，然从王崇武逝世于1957年和该所致梁方仲的第二封函所署日期来看，此函应写于1958年。

中國科學院歷史研究所第三所

方仲先生：

前曾去信给您并附王崇武先生遗稿，拟商请　先生惠予整理，未知尊意见如何，希即　赐示，以便安排计划。此致

敬禮

195[illegible]

地址：北京王府大街東廠胡同一號　電話：五局五四〇〇號

中國科學院歷史研究所第三所

方仲先生：

接来信，承您同意负责整理王崇武同志遗稿，我们非常感激。来函所提诸事，答覆如下：

一、专著三册事，我们已与吴晗同志谈过，据吴晗同志说，专稿已寄给您了。至于三专著是另单行或编入遗集，请您斟酌集子的分量决定。

二、论文校改办法，同意您的意见，如需加以整理删改者，请您负责处理。

三、四、我们觉得论集似以就遗著择尤编选为

地址：北京王府大街東廠胡同一號　電話：五局五四〇〇號

中国科学院历史研究所第一、二所致梁方仲（一封）

中國科學院歷史研究所第　所

梁方仲先生：

根据领导意见，为了完成国际文化合作协定的任务，本所决定编辑“中国历史图谱”，争取五月底完成初稿，以便国庆出书。

该图谱将通过具体文物，形象化地反映祖国悠久的历史、丰富的文化，以及各族人民的生产斗争、阶级斗争，各族间的经济文化交流，并体现中国文化在世界历史上的应有地位。

为了保证质量，必须充分依靠各地有关方面的大力支持。梁先生从事中国社会经济史研究多年，希望能提供一些有关的历史文物资料，如明代黄册、鱼鳞册、清代易知由单等，请代制成6吋大照片。此外，关于广东十三行也希望能提供我们有关资料。所需费用，见票即寄上。任务重，时间紧，因此我们迫切地期望着您给予的大力帮助。此致

敬礼！

中国科学院历史研究所第一、二所

9月 日

地址：北京东四头条一号

中华书局致梁方仲（十一封）

中　华　書　局

(59)编字第1242号

方仲先生：

令弟嘉彬先生解放前在商务印书馆出版的《广东十三行考》一书，为研究中国近代史的重要著作，社会上对此书很有需要，但目前流传不多，我们准备重印。拟请代为征求嘉彬先生的意见，询有无修改补充之处，并盼将嘉彬先生通讯处及现在何处工作情况见告，以便直接去函联系。盼复。

此致

敬礼！

中华书局编辑部

1959，10，15.

地址：北京东总布胡同十号　电话：五．三〇八九　电报挂号：六五八六

中华書局总公司

北京东總布胡同十号
电话：5.3368

(59)编字第1347号

方仲先生：

我們为准备重印梁嘉彬先生所著"广东十三行考"一书，曾于10月15日給您去信，請代为征求嘉彬先生的意見，并詢問有无需要修訂补充之处，迄已多日，未蒙賜复，为念。現在我們正在安排明年的工作，各項計划，亟待落实，特再函达，希即示复，并盼将嘉彬先生通訊地址見告，以便今后直接联系。謹候至感。

此致

敬礼

1959.11.2.

中 华 書 局 总 公 司

北京东總布胡同十号
电话：5.3368

(59)編字第 1350 号

方仲先生：

从人民日报上看到关于您們編成“中国历代人口土地田赋統計”一书的报导，我們認为这倒是一本对历史科学研究有很大参考价值的資料书，希望能交我們出版，我們可以尽我們的努力使这书尽快刊印出来。如同意，請将稿寄我局編輯部为盼。

我局按中央分工，負責整理出版我国文史哲方面古籍和資料的业务，您們如尚有其他的整理古籍和写作的計划，希望能告訴我們，以便我們的工作能配合上去。希多联系。

敬礼

附件：我局图书目录及出书計划各一份（另郵）

1959.11.2.

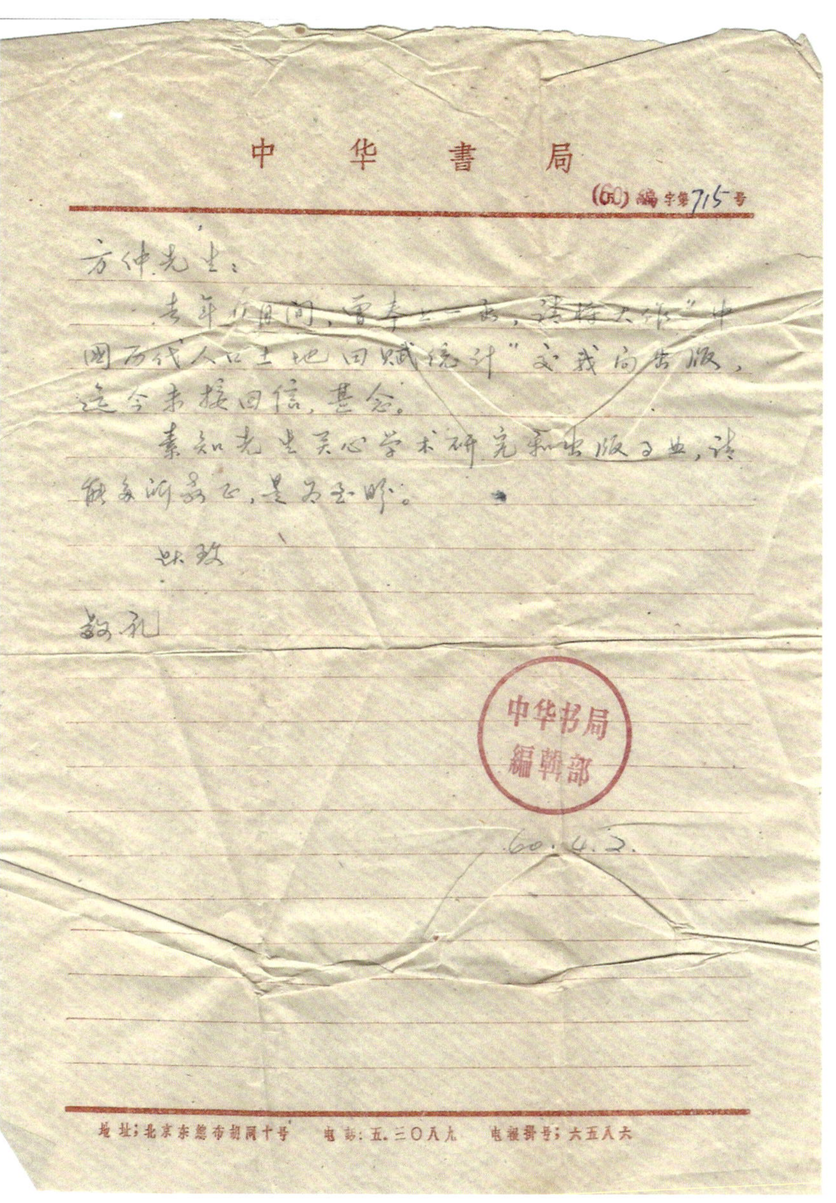

中华書局

(60)編字第715号

方仲先生：

去年11月间，曾寄上一函，请将大作"中国历代人口土地田赋统计"交我局出版，迄今未接回信，甚念。

素知先生关心学术研究和出版事业，请能多所赐示，是为至盼。

此致

敬礼

中华书局
編輯部

60.4.2.

地址：北京东總布胡同十号　电話：五.三〇八九　电報掛号：六五八六

中華書局

地址：北京東總布胡同十號
電話：5.6091 電報掛號：6586

(62)編字第304號

方仲同志：

去年五月间我局总编辑金灿然在广州时，承谈及您願意编辑王崇武同志的学术论文集，不知已否着手进行，何时可以完成？盼示知。

又，您在解放前所写的学术文章，我们也很希望能编成一本论文集交我局出版，尊意如何，请考虑见复。

此致，

敬礼！

一九六二年二月廿一日

地址：北京市复兴門外翠微路　　电話中継綫：81·0462

中華書局

~~地址：北京東總布胡同十號~~
~~電話：5.6891~~ 電報掛號：6586

(62)編字第 697 号

方仲同志：

今年二月間，我們为了了解王崇武文集編訂情况，曾寄奉一函，諒已收到。惟至今未获复信，甚念。为了进一步推动百家争鳴，繁荣学朮，我們准备陆續編印一些学者专家的論文集，王崇武先生的論文集即其中一种。这一編訂工作，前曾承惠允担任，未知現在已否在进行中。我們深盼您能盡力完成，早日惠寄。

您数十年来一直致力于我国社会經济史的研究，並发表了不少这方面的論文和著作，受到学朮界的普遍重視。我們也希望您能把这些論文編为一集，交給我們出版。

这个集子所收的論文不拘时間，解放前后的都可以；不拘题材，举凡考據、論述均所欢迎；不拘文体，文言白話都可編入；不拘字数，如果字数較多，可以分卷出版。論文中某些論点現在您已有所改变或发展，可以修改，也可以不作修改。解放前的文章，在今天看来，容或有不妥或不足之处，如果您認为必要，可以在序言中作适当的交代，没有发表过的論文，也不妨收入。

我們希望您能同意这个要求。在編訂过程中，如果有搜集材料或其他困难，我們当尽可能地帮您解决。

此致

敬禮

1962·3·23

中華書局

地址：北京東總布胡同十號
電話：5.6091 電報掛號：6586
北京市复兴门外翠微路

(62)编字第2242号

方仲同志：

"明本纪校注"经我们用萬曆原刻本查对了若干处，发现原刻与景印本没什么出入。您用鉛筆注出的異文，多半是崇武同志据玄览堂本、典故本等改正而未加説明者。我们考虑了一下，觉得似可采取下列两种办法之一：

一、维持原本之舊，纪録彙编本与本书不同的地方一律不动。因为您已在凡例第二条補上"皆择善而从，其间文字異同詳略之处，如其关係不大者，均不标注"一段話，這样做也勉强可通。

二、用纪录彙编原刻本、景印本，玄览堂丛书本，明刊国朝典故本，与正文通校一遍。凡已据别本改正未加校注者，均逐条記出，写成"校勘記"，附印新本之后。直接加在正文之下当然对读者更方便，但与原来的校注混淆，似乎不妥。

您認为哪一种方式合適，或有无更好的办法，均請見示为感。此致

敬礼

中华书局
古代史組

一九六二年 九月 八日

中　華　書　局

地址：北京東總布胡同十號
電話：5.6091　電報掛號：6586

(62)編字第 2444 号

方仲同志：

前曾几次为約請你編学術論文集事写信奉商，一直未获复信，至以为念。近年来，领导上指示我局編輯出版专家的論文集，年內可望出版的有杨用彬《往日杂稿》，嵇文甫《王船山学術論丛》和已故学者余嘉锡論学杂著等若干种。我們很希望你的学術論文集也能在一二年內編出交我局出版，不知尊意如何？兹奉上約稿合同一式二份，如获同意，請签字後将其中一份寄还。

又，王崇武先生学術論文集审定後望即惠下。

专此奉达，敬候复信。

敬祺

附件：[illegible]

1962.9.29

中　華　書　局

地址：北京~~东总布胡同十號~~
電話：~~5 6091~~　電報掛號：6586

(62)編字第4076号

方仲先生：

王崇武先生的"明本紀校注"一书，已遵9月12日大函所嘱，請人到北京图书館用紀录汇編明刻本、影印本、玄覽堂从书本和国朝典故抄本校过。本拟即在正文之下进行标注，但考虑到取舍之間容有不妥，为了慎重起見，此項工作仍想請您代劳。現將校对記录十九頁随函附寄，供您参考。凡可采之处，即請用鋼笔或毛笔写在书上。沒有用处的鉛笔字即請用橡皮擦去，以免排版时混淆。新增的叙录一頁連同原书一併另郵寄奉，尚請查收。此书再版时，拟請写一篇簡短的新序，說明出版和此次补校重印的經过；对于"明本紀"本身和崇武先生所做工作，如認为有需要介紹之处，亦可一谈。尊意如何？尚希酌示。又我們前函所謂典故明刊本者，乃抄本之誤书，刊本此間未見。崇武先生所用刊本不知是何处所藏，未审您了解否？如当初所校确是典故刊本，則抄本与刊本之間文字当有異同，补注时，似当須注意及之。該书何时可以交下，盼便中見告，以便預作安排。

本年3月間，曾約請您把解放前后发表的单篇論文汇为专集，惠交我局出版。是后于5月6月迭寄两函奉詢，迄未得复。您对于此事有何具体意見，何时可以編成，均愿聞其詳，以便寄上約稿合同請您签字。　此致

敬礼！

附件：明本紀校注一本、叙录一頁、校对記录19頁。

中华书局
古代史組

1962年11月20日

中華書局

~~地址：北京東總布胡同十號~~

~~電話：3.6091~~ 電報掛號：6586

(62)編字第 4149 号

方仲先生：

9月28日寄上尊著学术論文集約稿合同，想蒙收到，迄未蒙見复，甚以为念，請惠予大力支持，并盼冗見复为感。如完成日期一时不能确定，可只填一大約日期。

专此奉商并致

敬礼！

中华书局
编辑部

中华书局总编辑室

1962年11月28日

北京市复兴门外翠微路　电话中继线：81.0462　电报挂号：6586

中華書局

地址：北京東總布胡同十號
電話：5.6091　電報掛號：6586

(63)編字第 2086 号

方仲同志：

为了编选《明史要籍論丛》、《明代一条鞭法論丛》，我們于五月十三日寄上該两辑的"編辑說明"和"选目"初稿，征求您的意見，想早达覽。选目中所列您的文章，是否需要修訂或另作补記，至希撥冗見示。两书编辑方法是否合适，文章有无应当增删的，并請提示具体意見为感。此致

敬礼

中华书局
古代史組

1963.9.12.

中华书局辞海编辑所致梁方仲（一封）

中华书局辞海编辑所
ZHONGHUA SHUJU CIHAI BIANJISUO
上海陕西北路四五七号

（62）辞哲字第1577号

梁方仲同志：

寄上《辞海》試行本中国經濟史方面的词目释文一份，請您审阅。《辞海》是综合性的工具書，主要是提供讀者对疑难詞目以必要的知識。請对选詞是否妥当，释文有无錯誤，表达是否确切等提出宝貴的意見。《辞海》將于今年秋季定稿，希望您在四月底以前將意見寄下，以便及時整理，供定稿時参考吸收。

对于您给我们的支援，謹致以衷心的謝意。

此致

敬礼

附件另邮寄上

第　　页

中华书局上海编辑所致梁方仲（一封）

約稿者中華書局上海編輯所，代表人陳向平，茲約請梁方仲同志担任下列稿件的著述譯注編選：

(一)名称 校订四朝成仁录

(二)性質

(三)字數

(四)交稿日期

約稿經双方同意，在著作过程中，应共同遵守下列各条：

一、著作人应如期交稿，並注意下列事項：

1. 稿件用原稿紙繕寫，标点符号占一格。

2. 稿中如有从其他著作引用的文字或摘要，請注明該引文所从出的原書名、著者、卷次、頁次、出版者和出版年月等。稿件中的人名、地名，应前后統一。

3. 稿件中如有前言、后記、附录、插图(附說明)、年表等，在交稿时請同时交齐。

二、出版者收到原稿后，应於一定时間內審閱完畢，如对稿件有修改或补充意見，应用書面提交著作者請加以修改或补充。

三、交稿后如因出版者計划变更或为客觀条件限制不能出版时，得支付一定數額的退稿費。如經審讀不夠出版标准，应將原稿退还著作人，但不支付退稿費

四、本合同所約稿件經采用后，約稿合同的有效时間即行終止，出版者須与著作人协商出版事宜，並另訂出版合同。其稿件性質屬於一次支付稿酬者，不訂立出版合同。

五、本合同一式兩份，双方各執一份。

約稿者 中華書局上海編輯所

代表人 陳向平

地址：上海紹興路七号

1959年8月6日

著作人

地址：

1959年8月26日

叁　梁方仲致友人

梁方仲致岑仲勉（一封）

自题明代民兵卷后敬呈钧政

世侄梁方仲未是草

沧海归来倦著书，谈兵同甫负衷初。

浉军脆弱民军扰，说到前明慨有余。

欲集乡丁与灶夫，破倭重作海防图。

戚（戚继光《纪效新书》，乃其宦浙江参左时，前后分防宁波、绍兴、台州、金华、严州诸处练兵备倭时作）胡（胡宗宪著《筹海图编》）王（王在晋著《海防纂要》）蔡（蔡逢时著《温处海防图略》）今谁是，惭绝南疆一腐儒。

说明：此赠诗估计写于1938—1939年。当1937年卢沟桥事变，中国抗日战争全面爆发后，梁方仲中断在日本的访问研究，毅然返国后写下此诗。梁氏返国后与国人共赴国难，跟随中央研究院社会科学研究所，由江苏南京搬迁至湖南长沙、广西桂林、云南昆明，最后到四川李庄。其时岑仲勉在中央研究院历史语言研究所工作，岑、梁两人工作单位地址以及住所时在近邻，常有来往。

自題明代民兵考後擬呈

鈞政　友極

梁方仲未是艸

滄海還東倭寇來，漢兵同有久衰初。衛軍脆弱民軍擾，說到有明慨有餘。糾集鄉丁興竈丈，破倭重比海防圖（戚繼光紀效新書乃官浙江參將時安後分防寧波紹興台州金華嚴州諸處練兵備倭時作）。胡（宗憲著籌海圖編）王（在晉著海防纂要）蔡（逢時著溫處海防圖略）與誰是斬絕南疆一腐儒。

梁方仲致陈槃（六封）

一

槃庵吾兄：

顷奉转来汉昇兄大札，至感至感！

惠诗浣诵一过，佩极，佩极！谨依原韵奉和五首。拙诗殊不耐观，乞勿见笑为幸。敬讯

吟安

弟梁方仲顿首

十日早

仲勉世丈，之屏、贞一诸兄均此致候。

杂诗五首敬步原韵即希郢政

弟方仲未是稿

闲庭日景除，习定观心处。
隐几玩君诗，沈吟口难去。

春月照无涯，风檐试苦茶。
何郎今渐老，有泪忆梅花。

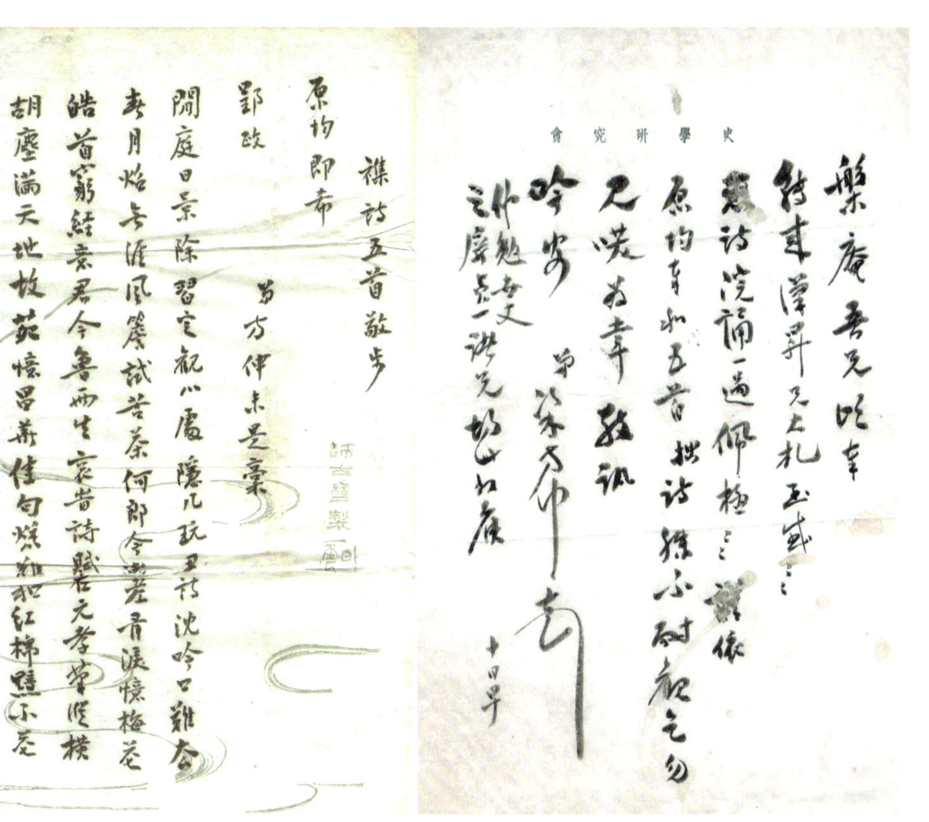

樂庵吾兄：昨奉
錢書、漢昇兄大札，玉成之之。
尊詩浣誦一遍，佩極之之。謹依
原韻奉和五首，拙詩殊不耐觀，乞勿
見笑為幸。敬訊
吟安。弟梁方仲
[illegible]
十日早

史學研究會

樸詩五首敬步
原均即希
郢政 弟方仲未是稾

闕庭日景除，習定靚心處。隱几玩君詩，沈吟口[illegible]。
春月焰無涯，風饕試苦茶。何郎今[illegible]，[illegible]憶梅花。
皓首窮經意，君今魯兩生。哀時詩賦在，元孝筆縱橫。
胡塵滿天地，故苑憶昌華。佳句爍難和，紅棉黯不花。

皓首穷经意，君今鲁两生。
哀时诗赋在，元孝笔纵横。

胡尘满天地，故苑忆昌华。
佳句烁难和，红棉黯不花。

去岁榆林道，春残石未畬。
余寒欺瘦马，踏月逐龙沙。

二

予作诗甚少，且性惮翻书，又不遑用心，草率生硬，自知不免，尚祈吾兄认真指点，俾获才晋，当不视为客套也。檗公大疋诗坛正諟。

方仲

四月十六日雨窗记

檗庵诗家正是

方仲呈稿

秋思 步劳贞一原唱

鲈肥秋热媚红霜，玉脍银花活火尝。
贳酒眼青怜阮尉，还乡头黑感江郎。
鹡鸰野失兵尘暗，离乱饥驱客道长。
家国艰难惭一报，梦惊慈母发逾苍。

烽火家书雪涕收，明珠消息怆交州。
登楼不觉山河异，独往真成汗漫游。
渝蜀频烦司马檄，抚时仍感晋阳秋。
眼前四海皆穷困，肥国何人与虎谋。

贞一李庄春兴诗和韵兼视陈檗庵

绚烂山茶倚槛明，古欢文字饮初成。
一时风月谁为主，二妙诗篇我所兄。
畹晚艳阳春在树，空濛前浦雨催耕。
蜀江芳草殷勤绿，依旧东君不世情。

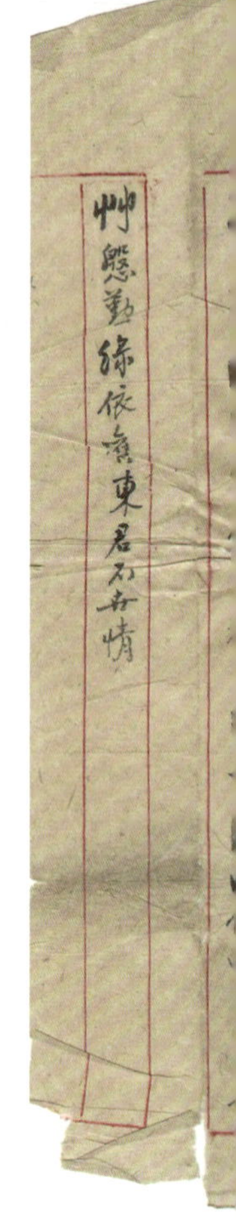
慇勤綠依舊東君不世情

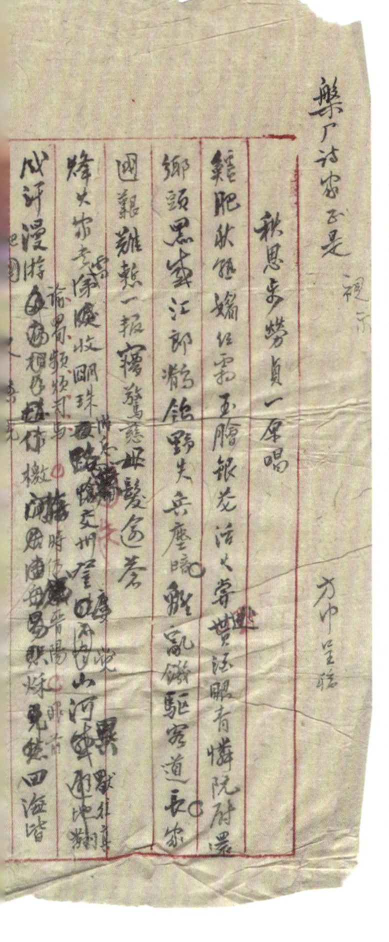

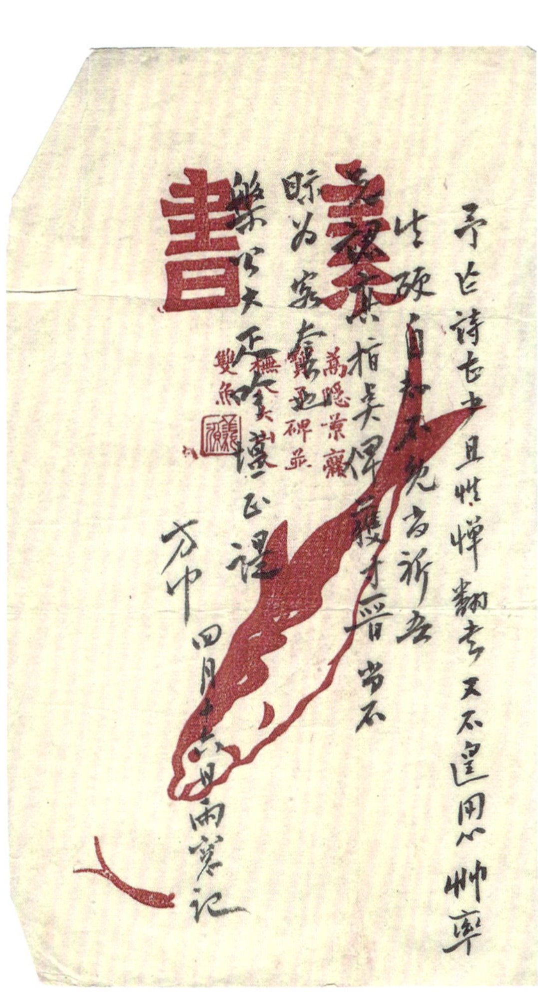

三

和槃庵答诗

予前和槃庵杂诗五首，损辱择章，词意并美，读之不能自已，仍依其韵答之，不自知其不审也

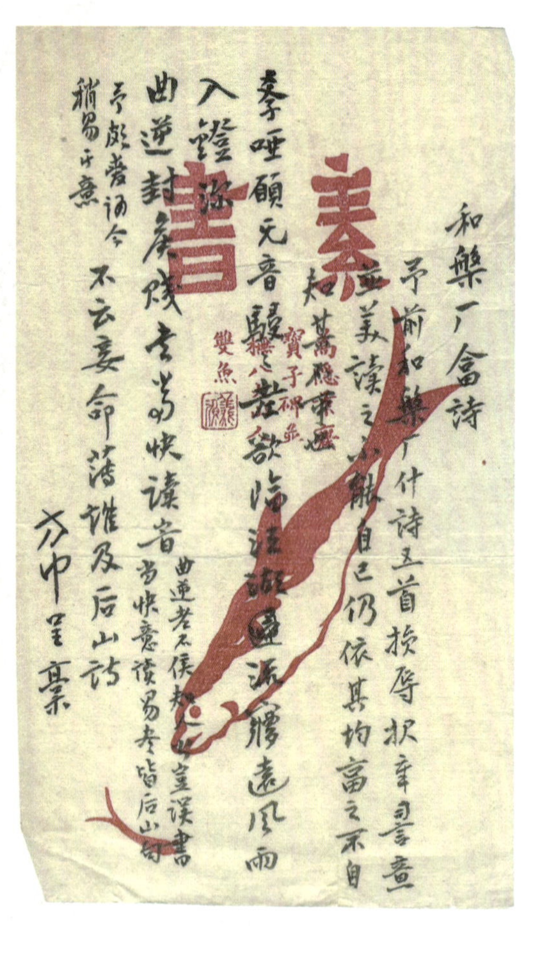

学哑愿无音，鬖鬖发欲临。
江湖流梦远，风雨入灯深。

曲逆封侯贱，书当快读时曲逆老不侯，知人公岂误。书当快意读易尽，皆后山句。予颇爱诵，今稍易其意。
不云妾命薄，谁及后山诗。

方仲呈稿

四

雨窗披读新诗未忍释手，见猎心喜卒赋长截一章，用志景仰。即乞槃庵吾兄吟正。

弟方仲拜

十日

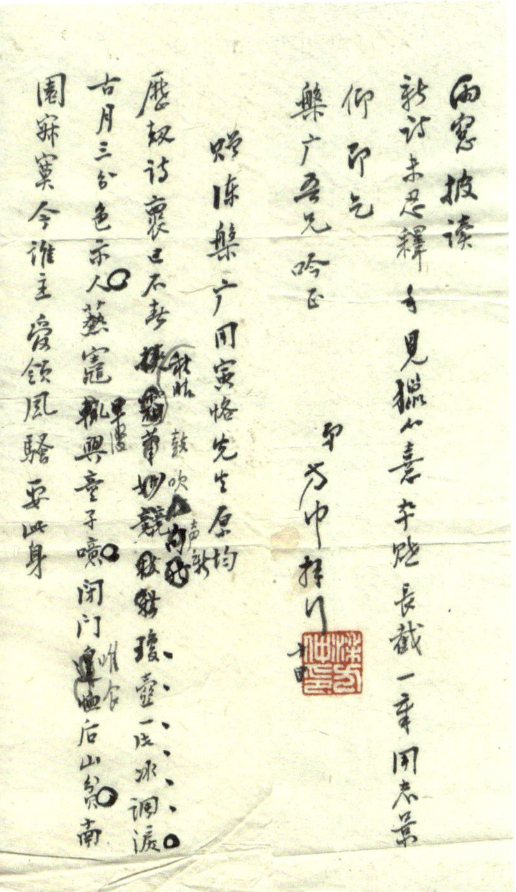

赠陈槃庵用寅恪先生原韵

历劫诗怀已不春，秋晴鼓吹竞声新。

琼壶一片冰调泪，古月三分色示人。

爇灶辄兴（早漫）童子噫，闭门唯食后山贫。

南园寂寞今谁主，管领风骚要此身。

方仲呈稿

五

槃庵吾兄：

别后时深切念，近来想多佳作，乞随时赐寄以当面谭。弟于二月间来岭大授课，倏已二月余矣，原定暑假开始时即行返京，今交通断绝，无法成行，京院消息完全隔绝，实深驰系。本校国文学系现拟添聘教授一位，弟向当局力荐吾兄已获同意，大约所授科目为诗词及普通国文，每星期约为九至十二小时，报酬港币四百元左右（此数约足维持一家五六口水平以上之生活），并供给家庭宿舍（较九华山[①]丙种为佳），且子女在本校入学完全免费，条件似尚优厚。盼兄速加示复——最好电复为感，匆匆即颂

研安

弟方仲

五、廿八[②]

汉昇、贞一暨诸同仁均此致意。[③]

弟寓岭大九家村17号，并及。

---

①九华山即中央研究院南京九华山的职工宿舍。

②此函写于1949年。梁方仲于1949年2月到岭南大学任教，而陈槃此时已随中央研究院历史语言研究所迁去台湾。

③全汉昇、劳贞一其时也随中央研究院历史语言研究所去了台湾。

乐广吾兄：别后音讯切念，近来当多佳什，

乞随时

赐寄，以当面谭。弟于三月间来岭大

授课，倏已二月，惟兵原定暑假开始时即行返系，今

交通断绝，亦成问题，系院情况完全隔绝，实深悬念。

本校国文学系现拟添聘教授一位，弟向当局力荐吾

兄，已获同意，大约所授科目为诗词及普通国文，每星期

约为九至十二小时，报酬港币四百元左右（以此数约可维持一

家五六口水准以上之生活），并供给家庭宿舍（较九龙以

西稍为佳），且子女在本校入学完全免费，条件似尚优厚。

如兄来加，乞复，最好电复为盼，盼之，即颂

研安

弟 方仲 五、廿八

嫂夫人暨诸令仁均此致意

弟寓岭大九家村门牌十八号

六

槃庵吾兄著席：

五月廿九挂号函顷间始收到，大律三首哀感苍凉，至深佩服，容日酬答尚祈疋正。兄辞岭大函电均先后拜领，此间当局甚期借重吾兄，弟明告兄于史所关系至深未能决绝言去，但未知能否向所方请假于暑假中返里一行（岭大下半年聘者由八月起九月初上课），旅费可由校方筹汇。兄抵穗后观察情形，如觉岭大环境合意，然后再向所方请假一年半载，如不合意便即返台，旅费由弟负责筹还本校。似此办法于公谊私情均可兼顾，未知以为如何？如有意来穗希即速示俾便电汇旅费。台岛海外孤悬与内地隔绝，殊非久居乐土。即此间形势亦瞬息万变，然毕竟故乡行动较便，区区之意，唯此而已。兄大作《谶纬……诸问题》一文[①]，可在《岭大学报》九卷二期（九月集稿，十二月出版）发表，尚有薄酬（大约每千字港币五元），分赠抽印本数十份。兄诗集弟亦可设法在此间报纸披露，但恐无酬报，请酌行之。弟生活痛苦不堪，非一言可尽。匆匆不尽，敬请

研安

弟方仲

六月廿日下午

附致舍弟嘉彬[②]一函，乞代邮寄。

---

①指陈氏《谶纬命名及其相关之诸问题》一文。此文由梁方仲推荐给《岭南学报》，该文实际发表期号为第十卷一期（1949年12月）。同期上陈氏尚有《禁不得祠明星出西方之诸问题》《汉晋遗简偶述续稿》两文披载。

②即梁嘉彬。1946年初梁嘉彬已去台湾工作。

樂吾兄著席：五月廿九掛號函昨始收到

大作三首哀感蒼涼，至深佩服，容日酬答，尚祈

正之。兄離嶺大，尚覺均先後適拘，欲商之弟，乃去

擬借重 兄 弟昨告 兄於史所閑仍至深未能

決絕，亦甚，但未能向該方請假，於是仍中反[illegible]

一月 款大下學年聘書四八月 旅費可由校方籌匯

起九月初上課

兄擬穩後，觀[illegible]將刊如說：嶺大環境今變，此後再向

彼方請假一年半載，如不合意，便即反台，旅費由弟負責

籌還本校，似此於公誼私情均可兼顧，未知以為

如何？如有意來穗，希即速示，俾便電匯旅費。

臺島海外孤兒，與內地隔絕，獨我久居鄉土，即此間刊

物亦殊少見，關於學術上之動態，使[illegible]之意

雖此亦已 兄大著《讖緯……》一文可在嶺大學報九卷

二期（九月集稿、十二月出版）發表，此刊有薄酬（大約每千字港幣五元），另贈抽印本若

十份。 兄詩集第六可設法在此間報紙披露，但恐亦有酬報

請 酌之。又，弟十餘病甚不能執一事，乃大不及，[illegible]

儷安

弟方仲 六月廿四下午

附上今年本校[illegible]一函，乞 代郵寄

梁方仲致缪钺（一封）

彦威先生道席：

承赐尊选小杜[①]诗，盥诵之下，深佩抉择精严，注解明晰，唯页卅三赠宣州元处士“默与玄相话”句注仍节用冯鹭庭《法言》童乌旧注，似觉稍晦，鄙意不如用《老子》王弼注：“玄者冥也，默然无有也”及《汉书》“老子玄默，仲君所师”“孝文即位，躬修玄默”；或易“君子之道，或出或处或默或语”；较为易晓。且原句“默去”相对外，更着一“话”字，忖原意与陶[②]诗“语默自殊势”之意正近，或同《世说》王夷甫谈玄之典故亦无不可。谬误之话，乞恕为荷。尊选仍未读完，以后如有所见，仍当写出，请正。匆匆未尽。敬祝

撰祺

弟梁方仲再拜

十、三[③]

---

①即杜牧。

②即陶渊明。

③此函未署撰写年份。查缪钺《杜牧诗选》乃由人民文学出版社于1957年7月出版，而从信中内容来看，这是梁方仲在收到缪氏寄赠该书初读后即写的致谢函，故此函写于1957年10月3日的可能性最大。

彦威先生道席：承 賜寄述小杜詩，譬誦
之下，深佩 抉擇精嚴，注解明晰，唯頁廿三條宣州
元處士「默与玄相話」句，注仍節用[illegible]庭詩之意
高齋注，如覺精晦，鄙意亦為用老子王弼注：
「玄者冥也，默然无有也」，及潘岳「老子玄默，仲尼可師」，
孝文即位，躬修玄默」；易曰：「君子之道，或出或處，或
默或語」；從來易曉。且要句「默」「玄」相對外，更着「話」
字，則原意与陶詩「語默自殊勢」之意正近，或用
世說王夷甫談玄之典故亦無不可。深談之語，亦
然為善。 大著 仍未讀完，以後如有所見，仍當
寄告。請 正。每々來信，[illegible]
撰祺 弟梁方仲 再上 十、三

梁方仲致王崇武、陈槃、劳榦（一封）

之屏、槃庵、贞一三兄：

弟定明早去印，离李庄时未及走别，怅甚，怅甚！小诗一首离家时作，录呈一粲：

大儿未肯出爷行，只恐相看泪易倾。

日日出门缘庶事，天涯芳草绕愁生。

贞一、之屏两兄函先后收到。贞一相赠诗极佳，唯第一首“违”字出额，槃庵原唱不误。之屏托件已转送罗香林[①]君代办，想不日寄呈也。临去无任神驰。敬颂

撰安

弟方仲

十一夜二时半倚装[②]

丁、全两兄[③]已于八日飞印，并及。

---

①罗香林，历史学家，广东兴宁人。1930年毕业于清华大学历史系。1932年到中山大学工作。1936年任广州中山图书馆馆长，兼中山大学教授，后任广州国民大学特约教授。1949年后在香港广大书院、新亚书院和香港大学任教授。

②此函应写于1944年，时梁方仲即将启程离开四川取道印度去美国。

③即丁声树和全汉昇，两人亦是取道印度赴美。丁声树，语言学家，河南邓县（今郑州市）人。1932年毕业于北京大学中文系，随后到中央研究院历史语言研究所工作，先后任助理研究员、副研究员、研究员。1950年后任中国科学院语言研究所研究员、哲学社会科学部委员。全汉昇，经济史学家，广东顺德（今佛山市顺德区）人。1935年毕业于北京大学历史学系，后入中央研究院历史语言研究所工作，累升至研究员。1949年随历史语言研究所去台湾，兼任台湾大学经济系教授。后到香港任教，曾任新亚书院新亚研究所所长、中文大学教授。

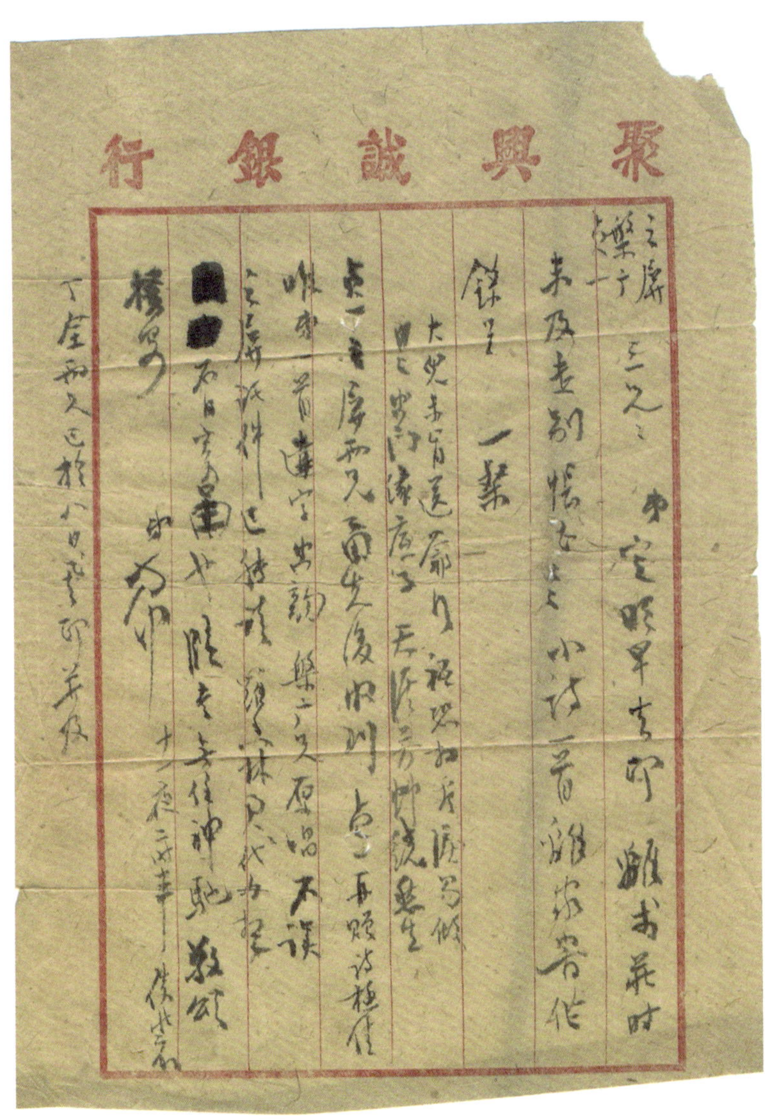
聚興誠銀行

梁方仲致徐中舒[1]（一封）

中舒吾兄：

别七八年矣，时切怀念，近子植[2]兄自首都回来，述及吾兄豪壮不异少季，闻之深为欣慰。年前承嘱寄岑家梧论文集一册，业已奉呈，未知收到否？

前岭大西南社会经济研究所出版之书，自院系调整以后，不论本校与外间人拟购置者，均须备函向校长办公室接洽，经批准后，始能发售。吾兄如仍有此需，请照手续进行可也。弟近拟对两晋南北朝之田制及赋役制有所论列[3]，承陈寅恪先生见告：缪钺（彦威）先生有大作一篇可以参考，惟此间遍觅不得，敬请费神向缪先生代索惠赠一份，万一已无余木，亦请借阅，或倩人抄录一份（抄资请先垫，必当汇还），愈快寄到愈

---

①徐中舒，历史学家，安徽怀宁人。1926年毕业于清华大学国学研究院。1928年任复旦大学和暨南大学中文系教授。1930年经陈寅恪推荐，任中央研究院历史语言研究所专任编辑员，后升为研究员。抗战期间任四川大学、武汉大学、成都燕京大学、华西协和大学等校教授。抗战胜利后在南京中央大学任教，兼任中央研究院历史研究所通讯研究员。中华人民共和国时期，任四川大学教授、中国科学院哲学社会科学部委员、四川省博物馆馆长等职。

②即刘节。刘节，历史学家，浙江温州人。1926年毕业于上海国民大学哲学系。1927年毕业于清华大学国学研究院。20世纪30年代初任河南大学教授。抗战期间先后在浙江大学、成都金陵大学任教。抗战胜利后，任中山大学教授、历史系主任。

③“论列”的题目为《户调制与均田制的社会经济背景》。

中山大學東北區七號
地址：廣州市河南康樂村
電話：五〇四五二一·五〇〇五五

中舒吾兄：别七八年矣，時切懷念。近于植之自首都回來，述及吾 兄康健不異少年，聞之深為欣慰。年前承囑寄參家樓詩文集一册，業已奉呈，未審 收到否？前嶺大西南社會經濟研究所出版之書，自院系調整以還，不論本校或外間人，借閱其書，均須備函向校長辦公室請准，俟批准後，始能發售。茲 兄處仍需此書，請將手續進行可也。弟近撰對於兩晉南北朝之田制及賦役制有所論列，承 陳寅恪先生見告：繆鉞彥威先生有大作一篇可以參考，唯此間遍覓不得，敢請 費神向繆先生代索惠贈一份，寄下是荷，亦請借閱，或倩人鈔錄一份，鈔資請先墊，容當匯還。賜寄，實所企盼。繆先生文名弟所素仰，十年前在金陵曾記橋蓮生兄擬為弟作介，適風悟，弟曾往韓麟宅，未成了事，後 兄為我先容為幸。兄年來著述宏多，能否 檢寄數篇，以飫先所編讀義，尤所盼 惠寄面譚。此中出版刊物，此間有少見，尤所盼追者惠寄一二，以匡未逮，感賜之。三年前中國科學院邀請 寅恪先生北上，主持史所研究了宜，寅恪先生草……

好。缪先生文名弟所素仰，十年前其令亲杨莲生[1]兄拟为弟作为介通讯，惜弟因行踪靡定，未成事实，请兄为我先容为幸。兄年来著述定多，能否检寄数篇，以代面谭（兄所编讲义，尤盼惠寄）。川中出版刊物，此间甚少看见，尤盼随时惠寄一二，以匡未逮，感盼感盼。三年前中国科学院邀请寅恪先生北上，主持史所研究事宜，寅恪先生举兄以自代，系由弟代函达陶孟和先生者，前辈盛意殊可感念，盼兄得便与寅恪先生偶通消息也。弟今年未有开课，专门从事写中国经济史讲义稿，预计当须两年始可完成。希白[2]兄正在重编《金文编》，大约亦要两年。锡永[3]兄仍未返抵广州，但日间可到。匆匆敬请

教安

弟方仲再拜

九、十九早[4]

---

①即杨联陞。

②即容庚。

③即商承祚。商承祚，古文字学家，广东番禺（今广州市）人。生于书香门第，为商衍鎏之子。1921年秋到天津，拜古文字学家罗振玉为师，20岁入北京大学研究所国学门当研究生。1925年任东南大学讲师。1927年任中山大学教授。抗战期间在齐鲁大学、重庆大学、重庆女子师范学校等校任教授。后重回中山大学任中文系教授。

④此函未署年份，但从内容来推测，必为1955年所写无疑，依据为：一、“三年前中国科学院邀请寅恪先生北上”，而“三年前”（1952年）陶孟和曾致函梁方仲请梁氏转达科学院请陈寅恪到北京主持历史研究所（见陶孟和1952年5月22日函）；二、梁氏《户调制与均田制的社会经济背景》于1955年年底由中山大学铅印印出，内中参考资料已列出缪钺的4篇论著，显然致徐氏函之日期应早于1955年年底，而梁氏铅印论文是在收到缪氏著作后而印出的。

梁方仲致中山大学革委会历史系革命领导小组（一封）

关于退还上海人民出版社预付稿酬一事的意见

1968年本校红卫兵小将曾通知我说有上海市革委会要我把上海人民出版社付给我预付稿酬退还之事。我当即表示拥护此决定并于10月8日写了一份报告，希望本校革委会和上海市革委会联系，把退还的办法作出具体指示，以便我遵照办理。事过一年多没见覆示。目前在毛主席路线的光辉指引下，“斗批改”工作正在深入发展，“一打三反”运动如火如荼地进行着。通过毛著学习，在革命同志的启发下，我认为应该趁此机会再度提出这个问题并望能得到很好的解决。

一、编写《中国历代户口田、地田、赋统计》一书收支情况。（略）[①]

二、“统计表”一书编纂和修改的经过。（略）

三、退还预付出版稿酬我的态度与几点要求。

1. 这件事由我直接与上海人民出版社联系办理抑或由学校代联系以至代办?

2. 如果学校代联系或代办时请代转述如下几点意见：

①该书是否决定不出版了?

---

①该部分的第二点写道：“1958年上海人民出版社又约我编纂《中国历代户口、田地、田赋统计》一书（按：1957年梁方仲曾寄该稿给该社审阅），同时寄来约稿合同及预付稿酬360元，我收到后当即以120元送致助编此书的汤明檖、招瑞良二位。1961年底全书的第三校样已排印出来，该社便寄给我‘出版合同’二份，并汇来出版预付稿酬5000元（据该社说该书的全部稿酬约为17000多元）。我向历史系前党总支书记王裕怀请示商计过后，便送致汤明檖同志500元。”

1.

交代材料

要认真搞好斗批改

关于退还上海人民出版社预付稿酬一事的意见

1968年本校[illegible]上海市[illegible]上海人民出版社[illegible]10月18日[illegible]上海市[illegible]

一、编写《中国历代户口、田地、田赋统计》[illegible]

1. [illegible]上海人民出版社[illegible]预付稿酬315元。[illegible]1961年，该社[illegible]315元[illegible]《中国历代户口、田地、田赋统计》[illegible]稿酬[illegible]

2. 1955年[illegible]《中国历代户口、田地、田赋统计》书，[illegible]合同[illegible]稿酬300元，[illegible]120元[illegible]。1961年[illegible]合同[illegible]稿酬5000元（[illegible]稿酬约为17000元）[illegible]400元。

因此，[illegible]1955年、1955年[illegible]1961年[illegible]稿酬[illegible]5615元

[illegible]

以上元[illegible]

[illegible]6

[illegible]

三、退还预付稿酬[illegible]

1. [illegible]

2. [illegible]

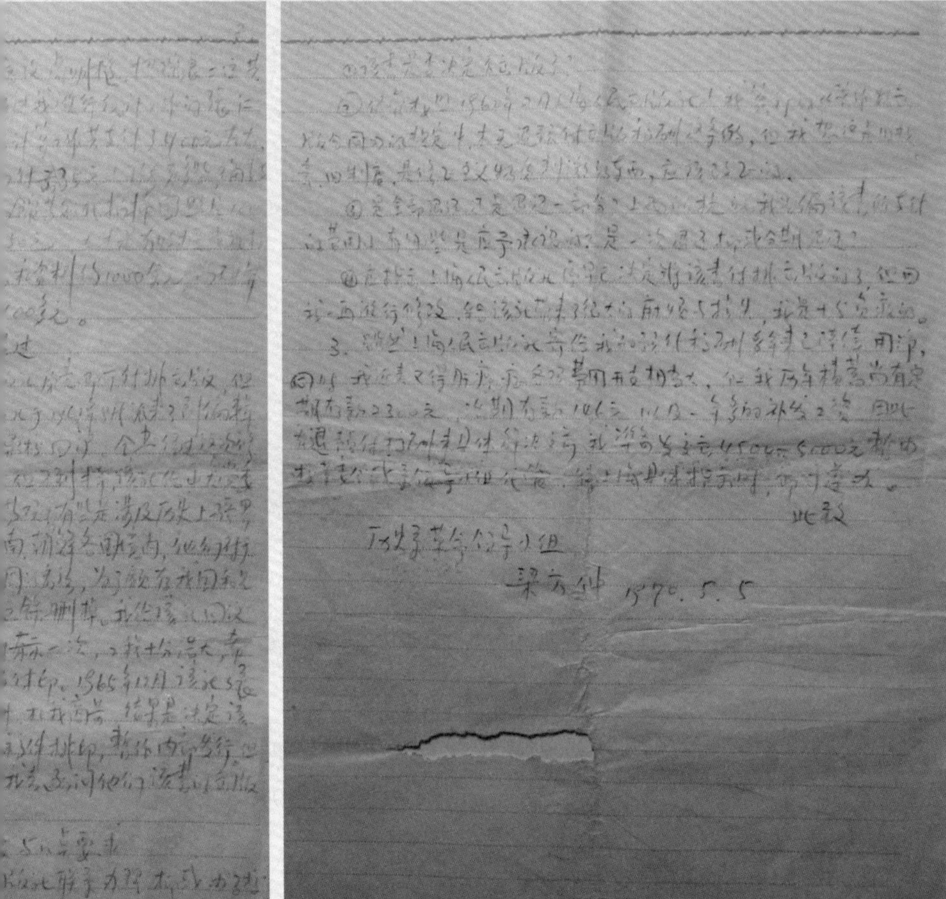

此致

梁方仲 1970.5.5

②尽管按照1962年2月上海人民出版社与我签订的《著作物出版合同》的规定中，本无退预付出版稿酬这条的，但我想这是旧规章、旧制度，是修正主义物质刺激的东西，应该改正的。

③是全部退还，还是退一部分，上面所提的我为编该书支付的费用中有哪些是应予承认的？是一次退还抑或分期退还？

④应指出上海人民出版社的原早已决定将该书付排出版的事，但因我一再进行修改，给该社带来很大的麻烦与损失，我是十分负疚的。

3. 虽然上海人民出版社寄给我的预付稿酬多年来陆续用净，同时我近来又得肝癌，各项费用开支相当大。但我历年积蓄尚有定期2300元，活期存款146元，以及一年多的补发工资，因此在退预付稿酬未具体解决之前，我准备先交出4500—5000元，暂由校革委会或系领导小组代管，待上海具体指示时，即可遵办。

此致

历史系革命领导小组

梁方仲

1970.5.5

说明：此函是梁方仲弥留之际强烈要求而手不能执笔情况下写成的，由梁承邺帮助记录起草，他签名而成。

梁方仲致托尼（一封）

Oct.19，1946.

My dear Prof.Tawney，

I am exceedingly grateful to you for your kind letter as well as the reading list you sent me. It is a great pleasure indeed that I shall have the honour to see you in your office at 4: 30 on Tuesday，Oct.22.In accordance with your instruction，I enclose a copy of an outline of the thesis on which I would like to work and which，I hope，may provide the basis of our discussion on Tuesday.

I also enclose a letter from Dr.L.K.Tao.

West best regards，

yours respectfully，

F.C.Liang

Oct. 19, 1946.

My dear prof. Tawney,

I am exceedingly grateful to you for your kind letter as well as the reading list you sent me. It is a great pleasure indeed that I shall have the honour to see you in your office at 4.30 on Tuesday, Oct. 22. In accordance with your instruction I enclose a copy of an outline of the thesis on which I would like to work and which, I hope, may provide the basis of our discussion on Tuesday.

I also enclose a letter from Dr. L. K. Tao.

West best regards,

yours respectfully,

F. C. Liang

译文：

亲爱的托尼教授[1]：

十分感谢惠掷之阅读书目清单和有幸邀我10月22日（星期二）下午4点30分到您办公室晤面。遵嘱，随函奉上我准备撰写论文的大纲一份，它可为星期二之晤面讨论提供基础。

随函还附上陶孟和[2]博士的一函。

致以最美好的祝福。

梁方仲谨上

1946年10月19日

①1946年暑假后，梁方仲离美赴英国伦敦政治经济学院访问研究，其学术指导者为世界著名的社会经济史家托尼（Richard Henry Tawney）。

②陶孟和，字履恭，故其英文名写成L.K.Tao。陶氏早期在英国伦敦政治经济学院求学，并在该校获得博士学位。时陶氏为中央研究院社会科学研究所所长。

肆　梁方仲与亲人来往信札

梁方仲致梁承邺、梁承烈（一封）

广州康乐中山大学东北区七号
梁承邺 收

方仲寄自上海大厦908号
十四日上午

承邺爱儿、承烈爱女：

我前自大连寄发一函，想已收到。兹于本日（十四日）抵沪，下榻上海大厦第九楼。预定十八日午车首途返穗，大约廿日早上可以抵步。你们最好向王越教务长处一询，能到车站见面甚盼。请问祖母安，祝好。

父字

说明：1956年6月，梁方仲代表中山大学参加高教部主持召开的综合性大学文史教学大纲审订会。会后“插队”参加由陈序经带队的广东省高等学校教授专家暑期参观团往东北、华东参观访问。上海是参观团最后一站。

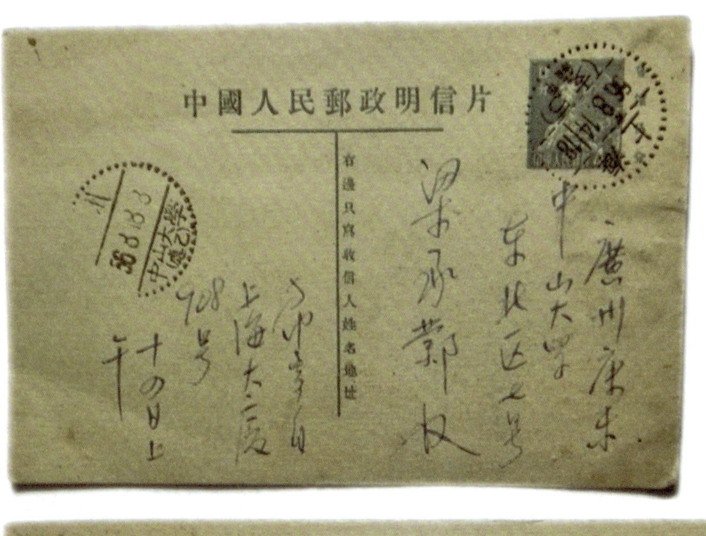

中國人民郵政明信片

寄邊只寫收信人姓名地址

廣州康乐
中山大学
东北区七号
梁承鄴收

上海大厦
708号
梁方仲寄自
十四日上

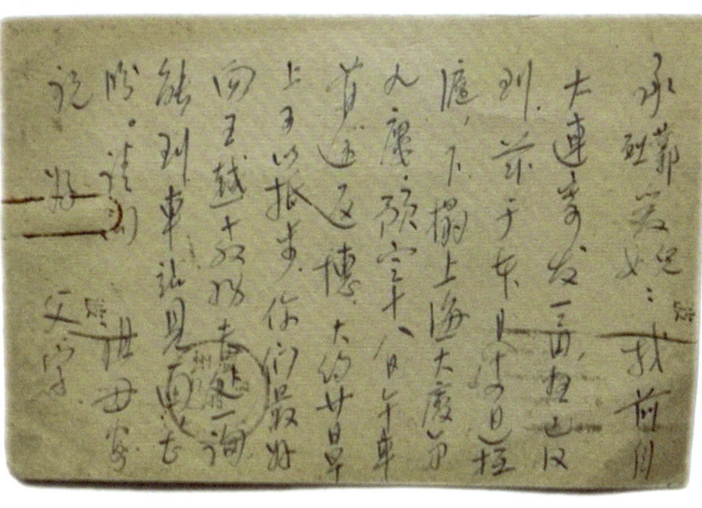

承鄴宏安姪：我前月大連寄的一函想已收到。茲于本月十四日抵滬，下榻上海大廈第八〇八號。預定十八日午車首途返穗，大約廿日早上可以抵步。你們最好向王越十叔借一輛汽車，能到車站見面。時請說好。

父字 伯毋寄

梁方仲遗稿

信札、珍藏书画、遗墨观痕

甲 信札

肆 梁方仲与亲人来往信札

梁方仲致梁承烈（二封）

一

广州石牌华南师院附中高中二（2）
梁承烈

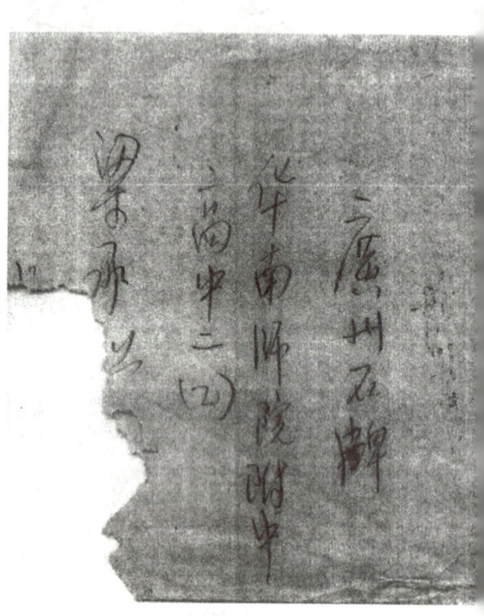

承烈爱女：

我抵此已三日，天天参观，忙个不了。[①]你的雨衣，今天已买得，甚好，可以冬夏两用，价32元余。

我们明天参观复旦、交通两大学。21日早车去宁，26日自宁转往徐州等地。

我在沪买了不少物件，对家里可以补助一些。你们当必大为喜欢。

告诉你一个坏消息，陶孟和先生今午12时15分在沪去世，我曾赶往医院及殡仪馆看视，可惜均不能视其遗容。今午尸体正在上防腐剂，明日后我当前往一祭也。[②]

---

①1960年4月，梁方仲参加广东省科教团赴杭州、上海、南京、徐州、武汉等地参观学习。

②陶孟和时任中国科学院副院长，在上海会议期间突然发病，经抢救无效而辞世。梁方仲曾在陶氏手下工作十五六年之久，情谊殊深。

承烈爱女：

我抵此已三日，天天参观，忙个不了。你的雨衣，今天已买得，长褛，可以冬雨两用，值32元钱。

我们明天参观复旦、交通两大学。21日早乘车去宁，26日自宁转往徐州等地。

我在沪买了三四物件，对家里可以补助一些。你们当会大为喜欢。

告诉你一个坏消息，陶孟和先生今午12时15分在沪去世，我当时在医院，及亲视他[illegible]，可惜他不能[illegible]。今午[illegible]，明日后我当前往一祭。

我们定下月3日前返回穗，届时定必将我的[illegible]交给可靠的人，或妥当的地方。来信给我也告诉我便得。

祖母鼻咽的丸已服得未？念念！如须多买些，快来信给她吃！[illegible]。[illegible]可以作补充之用。你要好好地调养。我会[illegible]。

努力读书及锻炼身体为要。不多及，祝

好

父字　17夜

我仍定下月9日前后返穗，届时应先将我的睡房钥匙交给可靠的人，或妥当的地方，来信给小七告诉我便得。[1]

祖母鱼肝油丸已购得未？念念！必须多买些生果给她吃！罐头的亦得。肉类罐头及特种肉票[2]，可以作补充之用。你要好好地调度，我必带些罐头回穗，勿念。

努力钻研及锻炼身体为要，不多及。祝

四好

父字

17夜

①梁方仲之子小七（梁承邺）时在武汉大学学习，科教团有往武汉的计划，故有如此交代。

②1960年属经济困难时期，党和政府为照顾高级知识分子的生活，特制定了一些在食品、粮食等方面的优惠措施，发放特种肉票即为其中之一者。

二

广州石牌华南师院附中高二（2）

梁承烈

方仲寄自徐州市招待所

承烈爱女：

我到徐〔州〕已三天，昨天下煤矿，今天参观大运河，即搭晚车去郑州，明天早上可达。在郑匆留四五天，便将到武汉。下月九日大约可抵穗市。你们最好事前向陈序经先生或党委会方面了解，我相信学校可能派车到车站相接，如果是的话，你们最好有一人同到车站接我（一人便够，切勿两人），因行李较多，我自己无法全部携出月台也。祖母身体如何？鱼肝油丸已买到未？甚以为念。二人粮食如不够，可暂向人借粮票，俟我返穗时奉还可也。这里天气较沪、宁略寒。此问

四好！

父字

廿九日早七时四十分

中国人民邮政明信片

售价五分

收信人地址：广州石牌

华南师院附中高二（2）

收信人姓名：梁承邺

寄信人地址姓名：寄自徐州市招待所

承邺览：我到徐已三天，昨天下煤矿，今天参观大运河，即搭晚车去郑州，明天早上可达。在郑句留四、五天，便将到武汉，下月九日大约

1-1958

可返抵穗市。你们最好事前向陈序经先生说，觉得各方面了解，我相信学校可能派车到车站相接，如果是这样的话，你们最好有一人同到车站接我，因行李较多，我自己无法全部搬出月台也。祖母身体若何？鱼肝油丸已买到未？要买为公工人粮食如不够，可暂向人借粮票，俟我返穗时奉还。这里天气较凉，宁愿此间

四好！！

父字

廿九早七时四十分

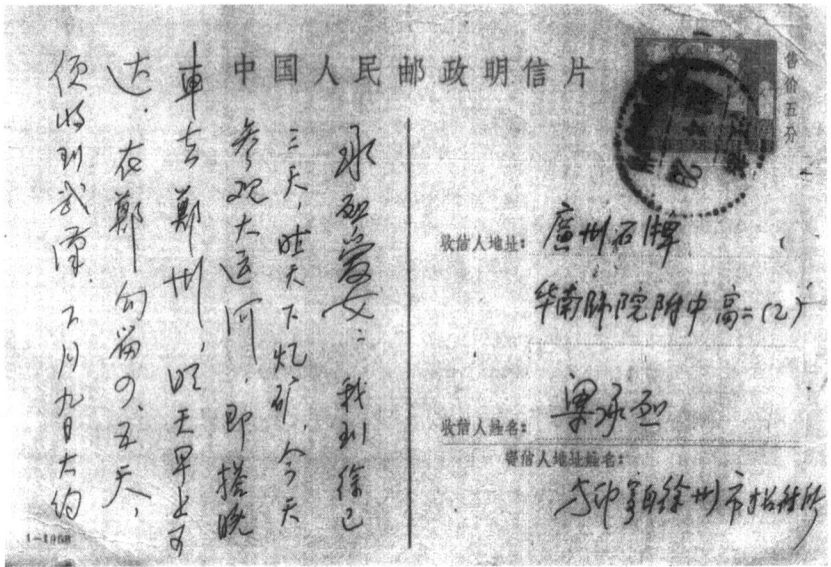

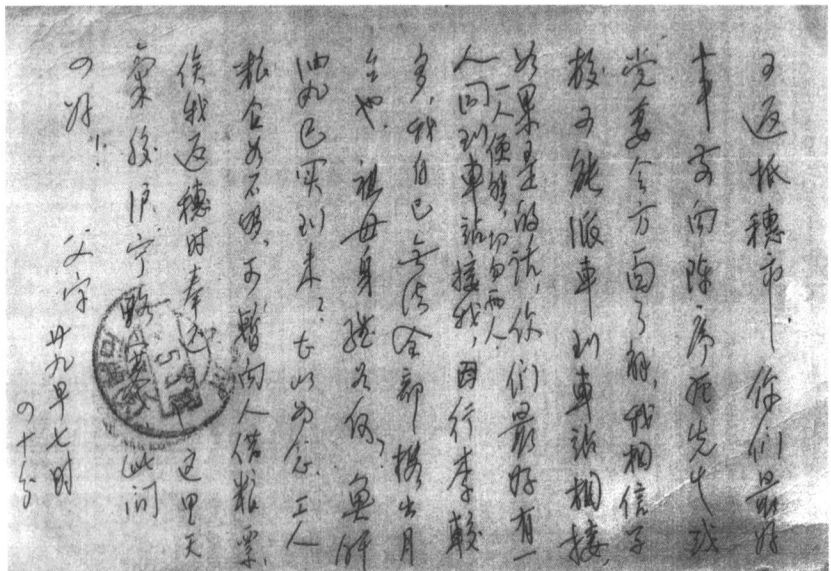

梁方仲致梁承邺（三封）

一

承邺爱儿：

星〔期〕二日我往第二医院[①]作血压、心电图、透视、小便等项检查，结果大约均属正常。据许锦世[②]教授说，我的胸腹间疼，乃由神经痛所致，他嘱我于本星期六上午再往检查，然后决定留院与否，特驰函告汝，以免悬系。你星〔期〕六晚可径回家，当可面详一切。

《英华大辞典》已购得，寄上海挂号书一册，亦早已发出（二角二分）。即望

努力学习

父字

廿八早[③]

并问邦彦[④]先生及爔姪好。

①即中山医学附属第二医院。

②许锦世，时为中山医学院附属第二医院内科主任、教授。

③此函初步判断写于1963年，因1964年梁承邺已离开广州到外地进修。

④黄邦彦，福建沙县人。1953年毕业于台湾大学园艺系，1954年到美国康奈尔大学学习，1955年前后回国到中国科学院华南植物所（园）服务。1956年黄氏与梁方仲在广东省高等学校教授专家暑期参观团一道活动，两人从而结识。

永葵爱儿，

昨二日我往第二医院作血压、心电图、透视、小便、大便、粘查，结果大约均属正常，据许锦世教授说，我的胸腹间疾，乃由神经痛引致。他嘱我于本星期六上午再往检查。此后决定留院与否，将再函告你，以免悬系。你星六晚可返回来，当可面详一切。

英华大辞典已购得，系上海版书一册，亦早已

参考书籍 即此

努力学习 父字 廿六早

并问

郑彦先生及炽煌好

二

承邺爱儿：

12.29下午自广州寄发一信，想已收览。你24日来信，27日早便已收到。我在29日信中未有明白提到，但从我去信中所说种种，大致也可以看出来了。今特补一笔，以免令你可能系念。你29日信，元旦日早上收到，你说不欲妨碍工作，遇必要时再请假回穗，这正是我29日去信的主要宗旨。我病情虽然比较严重，但自信短期内当不至急剧恶化，你切不可为我的事情过度忧虑，至要！！！你务须将工作搞好，才对得起人民的培养！！！

我近几天来，又多次到二院检查，迭经超声波和血清检查（抽2CC），经内科主任医生（游大夫，五十多岁了，经验似乎颇丰富）断定是肝硬化且向恶性转化，有癌症（Cancer）现象，兹将两次检验结果照录如下：

超声波（12.31日）：肝增大，出波Ⅱ，右肋下厚8mm、长5mm，剑音（二字无法认识，只能照描画）下厚9mm，长约8mm。

肝区分隔波及部分束状波（左叶）。

肝（？）脾中35，肋下0，提示肝Civ.+Can变。

抽血标本（2CC）：目的：碱性磷酸（？）酶。结果：16单位碱性磷酸酶（King氏–Armotrong）/100ml血清。

说明：此函写于1966年1月上旬。

承鄴贤兄：

12.29下午自广州寄发一信，想已收览。你24日来信，27日早便已收到。我在29日信中未有明白提到，但从我去信中所说种种，大致也可以看出来了。今特补一笔，以免令你多挂念。你29日信，元旦日早上收到。你说不敢妨碍工作，忍待我再读你回穗。这正是我29日去信的深意。我病情虽然比较严重，但自信短期内尚不至急剧恶化。你切不可为我的事情过度忧虑，至要！！！你能将工作搞好，才对得起人民的培养！！！

我近几天来，又多次到二院检查，做超声波和血清检查（抽2cc.）[为慎重了，须化验血清标本]，经内科主任医生（梁大夫）断定是肝硬化且向恶性转化，有癌症（Cancer）现象。兹将两次检验结果照录如下：

超声波（12.31日）：肝增大，出波11。右肋下厚8，長5mm。剑突（二字无法认识，只能照描画）下厚9，长约8mm。

肝区分隔波及部份束状波（左叶）

肝(?)脾中3.5，肋下0。提示肝cir.+can变

抽血标本（2cc.）：目的：酸性磷酸(?)酶。结果：

16单位酸性磷酸酶/100ml.血清

（King氏-Armstrong）

三

承邺爱儿：

五日（星〔期〕一）上午我往肿瘤医院诊治，医生对二院游医生的判断，基本表示同意，仅作抚摩腹部的检查，就开了药方给我，其中中药部分是：半枝莲、白花蛇舌草（以上两种也由游医生开过给我的）及茅根各二两，五碗水煮为一碗水，每天服一次。半枝莲一药，迭经我自己和朋友多人四出访购都买不到。此次肿瘤医院一次就发给三种药每样二斤，足够十日之用；还有西药一种是酵母素，这也是二院以前开给我的，亦够十天的分量。此外，说我有肾病，不能吃钙盐，只能用钾盐（即代盐）煮菜调味，也给我一瓶子。医生嘱，待十日过后，再到该院检查，大约还需进行超声波等项检查。并给我写了证明需休息三十天。当日下午三时许才回到中大。不久，李松生（系革委领导小组留校负责人）、黄萱[①]等都来看我，商量结果，于昨天（六日）由校革委会派人往该院接洽，请允许我入院留医，以便进行详细检查。昨天下午回来的人说，该院的答复是让我先把十天的药服完以后再行考虑，如果有开刀之必要是可以留医的，否则按排号的排列次序还须待两个半月以后才有空床位。因此李等劝我不妨先搬到本校保健室休养，这件事我自己以前也接洽过，按马医生言，全室仅有五名职工，许多事情还须病人自己动手。至于膳食方面，室只能替病人去膳堂领菜，不能代住〈煮〉炖品等，由于膳堂的菜一定是放盐的，所以李又答应了派人前往交涉，是否在未加盐以前把我的菜拨起来，结果如何今天（7日）上午还没有回复。但黄萱同志已给我找来了彬嫂（梁彬[②]的爱人）作临时

---

①黄萱是梁方仲在中山大学历史系的同事，她是陈寅恪的专门助手、医学家周寿恺的夫人，亦是梁方仲的老朋友。

②梁彬，中山大学总务处职工。

帮工，每天给我作三餐饭，煮生草药，洗衣服和到医院挂号等，每天工资1.4元。从明天开始，每日生活问题至此总算基本上解决了。彬嫂还答应了给我炖鸡，到墟市买鸡、生鱼、瘦肉等。还有每早送来面包，一切煲药、煮饭以及洗衣服等等，都是她拿回她自己的家里去作的。她住在往日陈序经之房子，钟一钧之楼底下，与此距离不远。药与鸡汤都是用温水瓶装来的，可以保暖，但以后还须补贴她的煤球，因为一切都在她家中弄，一初时本当在我家中弄的，但汝母不答应，所以无奈出此。

关于我在肿瘤医院检查的经过，本来昨天便想给你一信，只因昨天上下午都有不少人来看我，没得休息。吃中草药后竟然呕吐起来——前两次是没有这样反应的，昨天李松生和叶显恩都劝我拍一电报催你回来一下，我意希望你最好能在十五、六日前后赶回，因为这是我再往……[①]

①梁方仲确诊患肝癌时间为1970年1月初，此函便是将此噩讯告知其已到粤北五七干校的儿子，应写于1970年。

……得二院的医生
……查，我开了药方
……以上两种中药的
……水，每天服一次，
……方购，都买到了，
……斤，足够十天用；
……给我的，以后
……只能服用钟
……医生的；待十日
……后再去复诊检查。
……午三时许才回
……责人）黄莹等
……某委会派人往读
……细检查。昨天
……十天的药服完
……为医的，更判
……才有点来住。
……宝休养，这件了

第 1 頁

我自己以前也接洽过，据写医生云，全家仅有我女职工，请缓了些还须病人自己动手。至于膳食方面，家只能替病人专膳些熟菜，不能代作饭品等。由于膳食的菜一定是较贵的，所以李文蔚等主张病人当住三院，是否在其加些以前把我的菜先搞起来。结果到今天（7日）上午还没有回音。但黄莹同志已给我找来了彬嫂（梁彬的爱人）作临时帮工，每天给我作三餐饭，煮生草药，洗衣服，和到医院挂号等。每天工资1.4元，从昨天开始。每日生活问题至此总算暂时上解决了。彬嫂还答应了给我做鸡，到墟市买鸡、生菜、瘦肉等，还有每早送来面包。一切煲药、煮饭、以及洗衣等了，都是她拿回她自己的家里去作的，她住在往日旧房之房子，钟一均之楼底下，于此很易不远，药了鸡汤都是用暖水瓶装来的，可以保暖。但以后还须补给她的煤球，因为一切都在她家中弄——和时交在我家中弄的，但比较不卫生，所以无奈出此。

关于我在肿瘤医院检查的经过，本来昨天应当给你一信。只因昨天上下午都有不少人来看我，没得休息，吃中草药后，竟然呕吐起来——前几次是没有这样反应的。昨天李松生和叶显恩都劝我拍一电报催你回来一次。我表希望你最好能在十五、六日前后赶回，因为这是我开始

第 2 頁

梁广照致梁方仲（一封）

手谕官儿[1]知悉：

李柳溪[2]丈信想已收递。伦、陈两公[3]函亦想已投递。如何答复？倘有切实意思，我即来京津小住两月亦不妨，否则港中年尾正是各校聘教员之时，亦须早些落囲矣。

有信或径寄粤。我念念不忘在北平也。[4]瑛材[5]上款立爱山为写蝇头小楷经收到否？念甚！用快信挂号，想不至失耶。

十月廿三日[6]

父谕

明后日即成行。

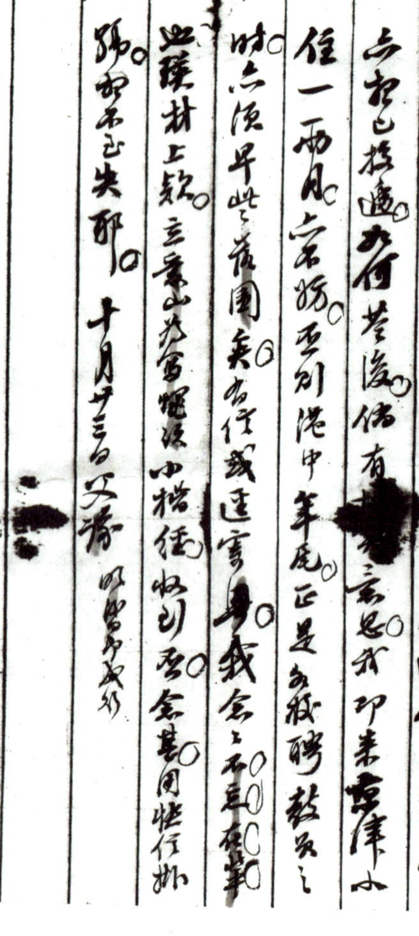

---

①梁方仲原名梁嘉官。

②即李家驹。

③伦、陈两公疑为伦明、陈焕章。

④梁广照曾在北平清廷任职10多年，对北平感情甚深。

⑤即梁方仲之妻。

⑥此函估计写于20世纪30年代。

黎淑婉致梁方仲（一封）

方仲吾儿：

来信均收到，七嫂[①]赴武汉会承邺孙。春日承顺[②]母亲带孙媳来。眼疾用药由谭先生[③]问陈医生要了一小瓶滴眼水。前数天骨痛，经请梁医生[④]上门诊治，敷外科药，效果良好，勿念。你安心劳动就是。家里食油用量已罄，经负责任人许可，可暂缓交油证买菜票[⑤]。黄嫂[⑥]不熟家务工作，已另托人觅女工。家庭无人看守，暂不拟入院割治眼。谨此复告。

祝你

劳动好

七嫂已回家。

母黎氏写于

十一月二十六日[⑦]

---

①即梁方仲之妻。

②即梁方仲之侄儿。

③即谭彼岸。

④即梁绮诚，中山大学医疗室主任。

⑤即在学校食堂买菜票须交油票。

⑥即所请的保姆。

⑦此函写于1958年，盖梁方仲时与中山大学历史系师生下放到广东东莞劳动锻炼。

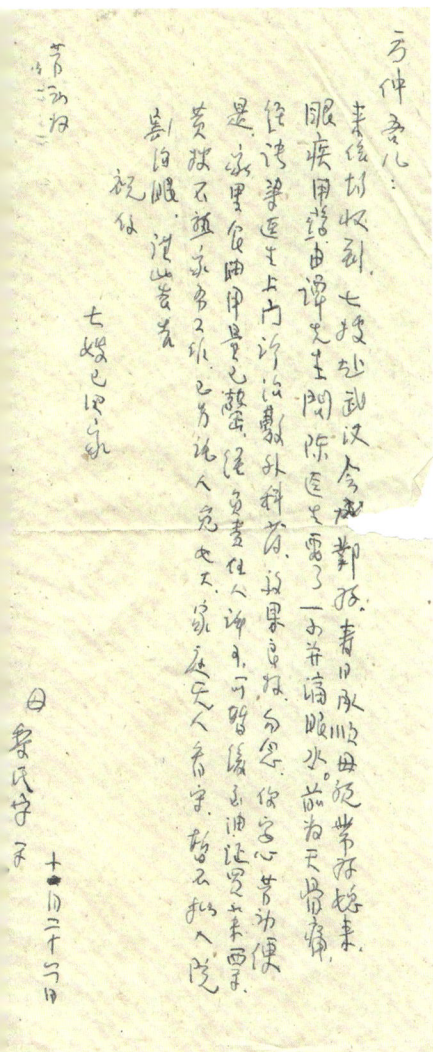

梁承烈致梁方仲（二封）

一

最亲爱的爸爸：

您的信我们都收了。很遗憾——我因学习很忙，不能在你下乡[①]之前回来看您，又抽不出时间及时回信给您，请您原谅。祖母、妈妈、成顺[②]及我身体都好，勿念。小七[③]自回武汉后曾写了两次信给我们，你的信我已寄给他看了。你的书现在我正帮你用报纸封好，请你放心吧！祖母和妈妈相处还算不错——很少吵嘴，她在家里还算不寂寞：家中有群姐[④]、成顺弟、妈妈照顾，而且，有时拾姐[⑤]还会来看她的。我每星期六必定回去看她的。我们现在星期日只放半天假，不过，将来或许要实行星期天不放假（暂时）。成顺弟的学习成绩不算十分好，大多数都是三四分。《红旗》《学习》我本想给你和信一起寄去的，但妈妈说一定要她帮你寄，那我只好听她的话了。不知你收到了吗？我在越秀山生活[⑥]得不错：每天六点钟起床，锻炼一小时，吃完早饭，进行读报，小队要讨论会，然后锻炼两小时。吃完午饭午休两小时，三点开始练习，一直到

---

①1958年10月至1959年1月，中山大学在学术思想大批判后，文科许多教师下乡到广东东莞接受贫下中农教育，继续参加教育革命运动。梁方仲厕身其列。

②梁成顺，梁承邺的堂弟，原在香港生活学习，后回穗求学，住在梁方仲家，读中山大学附小。

③即梁承邺。

④即女保姆。

⑤即前女保姆。

⑥梁承烈，梁承邺的妹妹，时在广州华南师院附中就读。1959年国家举行了第一届全运会，她1958年下半年被广东省体委抽调参加广东省女子垒球队，进行了一年多的集训。

六点多钟结束。晚上多数是开会。我们训练的内容是：传接球、跑接球、挥棒、守垒、垒上传球、开场打球。平时辅助运动是：爬山、举哑铃、举重、练习短跑、跳远……（这些都是增强我们体力的有效方法之）。每星期我们都有一次集体出去看电影。我的牙齿将在明天装上假牙了。现将小七的来信寄给您看吧！

你们现在的生活过得怎样？劳动紧张吗？你喜欢那里吗？我们希望你能在那里把身体锻炼好。回来时一定要变得胖一些。你房门、客厅、厕所钥匙都已配好，勿念。最后祝您
健康

小女烈

58.10.24中午

二

亲爱的爸爸：

从信中得知您沿途的收获很大[①]，这真令人羡慕和高兴。

家中各人安好，祖母除了30号因耳朵发炎外，她的身体一直都是正常的。

每星期汤[②]、谭[③]、二伯娘[④]都会来探望她，我每星期也必回家一次。家中食用都够，都好。

姑妈[⑤]的肉松在前两星期都收到了。汤先生要我转告您，统计表已完成了。

您替我买了雨衣，谢谢。我总觉得不宜买质地过于精细的那种，应买粗穿耐用才好，价格便宜些才好。请别忘记我替哥哥买的礼物。

您什么时候到达广州？请预先写信到我学校，好吗？以便我抽空回家一次。钥匙的事，我把它放在火炉上插有珊瑚的那个花瓶里，另一条放在妈妈那里。

（以下略）

小女烈

2/5[⑥]

---

①1960年4月10日至1960年5月12日，梁方仲参加广东省科教团访问参观华东、华中高校、工厂等处。

②即汤明檖。

③即谭彼岸。

④即梁方仲二兄梁嘉铭之妻。

⑤即梁方仲之姐梁翘葆，时在香港行医。

⑥依函中所谈的内容，此函应写于1960年5月2日。

梁承邺致梁方仲（三封）

一

爸爸：

大札今日落手，知悉新情况，请勿念！

情况在不断地变化，要使自己适应新的情况，就得学习，就得实践。的确没想到一下子就要较大规模疏散。[①]疏散时碰到的第一问题，恐怕就是妈妈安置的问题。我的意见，她能跟你去英德，或到我处暂住最好，多劝说一下，看她能被说服否。但如她执意不走，这也很难勉强她改变的。所以，届时也不要采取强迫手段（那怕是学校方面想用此手段）。如留穗时无非一是去四叔公处或后街住。去四叔公处，照料会好些，但房子问题一定要解决，最好请学校方面再出一证明请四叔公代办；而去后街实际得不到多少照料[②]。一是仍留在中大，留在中大，好处是一定程度上较安全，也可看管住所，但最大问题是无人照料。如果能一个亲戚陪住（三祖母那里不知有人能来否）就好些。假如三祖母处没人来，是否找大孖[③]或韵兰[④]来住（哪怕不是每天住），如果韵兰因上班路远不方便的话，可以把我的自行车借给她用。以上所提办法哪一种行得通，恐怕主要决定妈妈的态度了，您根据情况决定。假如她留下时只需要留下一些钱、食物，我准备马上寄上一些钱及粮票。

您下去的地点，我看去老教师集中的地方为好。下去时一定要带

---

①1969年10月24日，中山大学开展“做好工作，准备打仗暨下厂进行教育革命动员誓师大会（大礼堂），崔政委讲话”；10月26日“于东南亚研究室陈××宣布下乡疏散计划”（见梁方仲《案头日历记事》）。

②后街亲戚平时较少来往之故。

③即谢国伟、谢国良，谢文通和梁丽金的儿子。梁丽金为梁方仲的堂妹。

④谢韵兰为谢文通和梁丽金的女儿。

够衣物（被子、毛毯、棉衣、毛衣、卫生袄、棉袄、热水袋、水鞋、胶鞋、药物、水桶……）及一些日常必用物，不必要或不合时宜的用物尽量不带。行李不需多，可以被袋及行军袋（印度制的）为主，再带一个大一点的皮箱和一个小皮箱就行了。著作最好也带在身边，不会占很多位置的。留下的物品中重要的（尤其妈妈不在中大情况下）可酌量交给四叔公或者韵兰家代看一下。走之前可以请四叔公家或韵兰家帮助检查行李。四叔公处及韵兰处我将分别去信。您下去时钱及粮票要多带些（当然也不要太多）。钱不够时，可把我处的储蓄拿出一些（但不知秀彝[①]已下乡否？），不行时可向系校提出，要求解决，这是合情合理的。从坏处想，可能时局以后更紧张，时间拖得比预想的还要长些，因此各项安排力争妥善。所以，原则上一定要安排好才动身下去，不要过于匆忙（当然时间会很紧的，不容许有很多自由支配的时间，抓紧是重要的）。

今天也同时接到秀彝来信，说她马上要跟学生去东莞暂住一至二个月，本想把新儿一起带去，但女保姆不肯，留保姆一人在其校带新儿她又不放心。所以，她决定暂把新儿交给她的一个亲戚带1—2个月。在这种情况下，我同意她这样做，当然，我以为女保姆能跟秀彝父母亲住最好。由于今天才接她来信，我的复信需要转到东莞去了——她说这几天就要走了，学生早已出发了。所以，新儿的事你们请放心好了。

在如此头绪纷繁、情况复杂情况下，我的确想回穗帮助你们分挑担子，无奈我刚返校[②]，领导也不想学员为疏散这类事请假——这会引起大家情绪上的紧张；另外我又是相当民兵——人民治安纠察队的一员，此时更不好离校，请你们谅察！

时间关系，就此。有什么新情况请即见示。

承邺上

1969.11.2

---

①即叶秀彝，梁承邺的妻子，其时在中学任教。

②即广东省连山永和五七干校。

二

爸爸、妈妈：

来信都收到，请释念！

爸爸病了这么久[1]，的确需悉心保养才对。但愿不是肝硬化。肝大也不是小病，不要掉以轻心，应及时积极治疗。年纪大了，搞不好，很危险的。当然思想不要紧张，紧张无济于事，反而加重病情。听说现在广州订牛奶容易，是否您及妈，都订牛奶。每天有营养补充，比之不常吃鸡之类还要效果大些。枣类我设法去找，而药品到底要哪一种，数量如何？望见示，以便心中有数，不至乱买。来信说，二院还没给你做仔细检查。我想，要积极争取机会。不确定病症，医疗便不准确，以至无的放矢了。

妈妈，您要注意身体，吃好些，睡多些。不要吸那么多烟。我不吸烟不是很好吗？花钱在这方面实在不值得。能请一女保姆，好处很多，在爸爸有病情况下尤为必要。保姆一定要请的，不要阻拦。请后，可请她煮饭，这样也不需要到饭堂拿饭（菜可拿）了。您的手爆破容易愈合些，因她可帮你洗东西。

爸爸、妈妈，谢谢你们的爱护，千万不要给我买或做衣服。一则，需要时我自己可以买，自己买也合身些。二则，我衣物已够用。最近我买了一件补助棉大衣，买多了东西，既花钱又无必要。特别是，妈妈你千万不要替我做衣服，造成浪费又不好。

秀彝大概元旦到了中大吧？平常她很忙，不必惦记过多。当然，我希望他们能多抽空到中大。

---

①梁方仲身体一直不好，特别是1969年疲劳不堪，疼痛不已，下半年时医生已怀疑他肝脏有大问题。

见到韵兰、国良、国伟兄妹[①]请代问好，谢谢他们各方面的帮助。

最近，我们在学习元旦社论。这一周内还要订今年四好计划及生产科研计划，工作颇多。

何日有假期返穗不知，不过总会安排的。

专此，即颂

五好

承郇上

1970.1.5

一些治病的方法、药单（处方）我正在访求中。——又及

①韵兰兄妹是梁承郇的表妹、表弟。梁承郇下放粤北山区五七干校后，韵兰兄妹常去梁方仲家帮助解决一些生活困难问题。

三

爸爸、妈妈：

爸爸前一信正准备复，刚又接到你俩的信。得知爸爸患了重病，实在使我难过。但这并非良策，只有一个希望，希望您排除各种顾虑，以积极态度来对待病魔。首先是思想要开朗。其次，尽快治疗。再次，注意休息与营养。最后，家庭、不快事少想些，多想将来为党、为人民做多点事。

我准备本月20号左右返穗。即是说，你不要等我而影响到肿瘤医院检查，甚至在我不能返穗情况下，仍要按计划一直检查治疗下去。20号能否一定成行，尚无法告知，因我还得提出请假报告（拟明天提出），而且在“大跃进”形势下，在春节前后大大控制请假人数情况下，批假也不是很随便的事。当然，我会尽力争取机会的。同时，假如需要系来电报时，我会通知你们。

如有什么嘱办之事，请示知。没有其他特殊情况，在最近也可以不来信了。

妈妈，希望你能很好体贴与照料爸爸，新儿、秀彝无须惦念过多。等我返穗时，一定带新儿来中大住一阵。跟秀彝未通讯也有月余了。听说，中学老师最近很忙。

附上才探询到的药单，据云很有效治肝硬化，请征求医生意见后决定用否。——又及

珍藏书画

乙

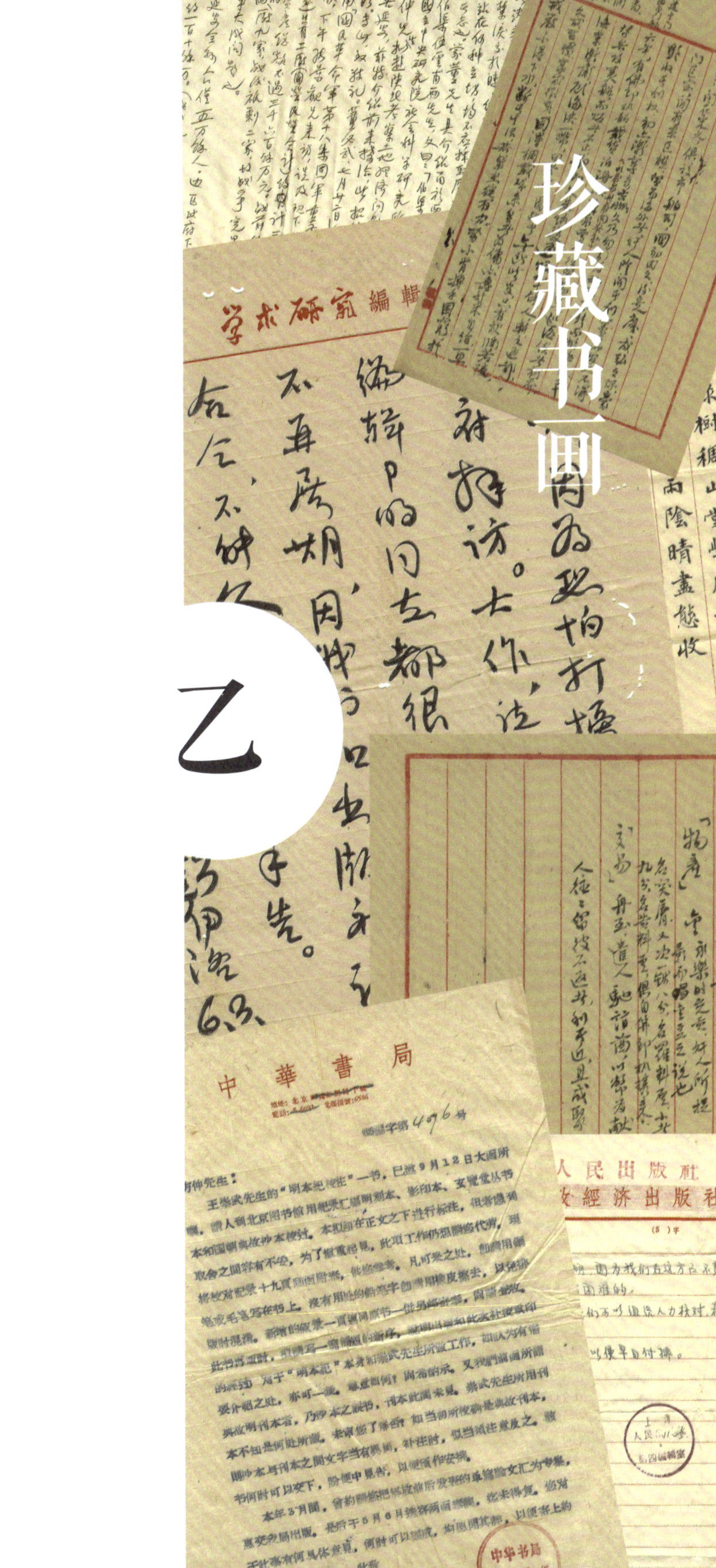

陈槃书法扇面、题辞

陈槃，历史学家，广东五华人。1931年毕业于中山大学文学院，旋入中央研究院历史语言研究所工作，历任副研究员、研究员。1949年随中央研究院历史语言研究所赴台湾。后兼任台湾大学文学院教授。1963年当选为台湾“中央研究院”院士。1969年10月任“中央研究院”历史语言研究所历史组主任（按：之前陈寅恪为该组主任，历史语言研究所迁台后一直保留陈氏主任位置）。著有《左氏春秋义例辨》（上海商务印书馆，1947年）、《大学中庸今释》（台北正中书局，1954年）、《旧学旧史说丛》（台北编译馆，1991年）等。精古典文学和书法。

陈槃与梁方仲结识于抗日战争期间，特别在四川李庄时期，他俩经常诗歌唱和，友谊日笃。陈氏应梁氏的请求，为后者的祖父梁庆桂的遗稿——《式洪室诗文遗稿》撰写题辞；梁方仲于中华人民共和国成立前夕曾主动推荐陈氏到广州岭南大学中文系任教。

一、扇面

圣主回銮甬百

灵紫云图美景

南山塞天地，日月石上生。

高峰夜留景，深谷昼未明。

山中人自正，路险心亦平。

长风驱松柏，声拂万壑清。

到此悔读书，朝朝近浮名。

危城中写□东野诗，方仲仁兄大雅之属

卅七年冬季十一月

陈槃

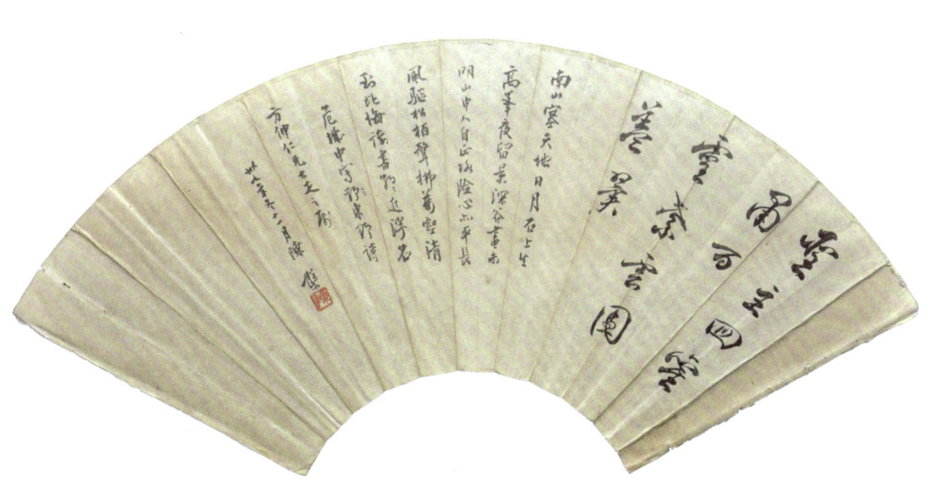

二、题辞

《式洪室遗稿》者，方仲令先祖小山先生之作也。先生于文托体骈俪辞藻华深，诗亦冲融隽洁。方仲属题，至今五年矣。东岛流寄，烦忧中人。庭馆寂寥，灯寒如水，络绎雅翰，葳蕤古馨，耽玩沈吟，怅然泚笔。

岛树悲风昼日闻，一编遥夜惜清芬。觚棱梦冷劳忠怨，世业人归有典坟。终究海尘蒿倦目，故因牢落遂雄文。南园即事成兴废前清宣统三年先生与梁节庵、黄晦闻、汪莘伯、汪景吾、盛季莹诸君等重开广州南园诗社，卓雅当年既不群。

五华后学陈槃拜稿

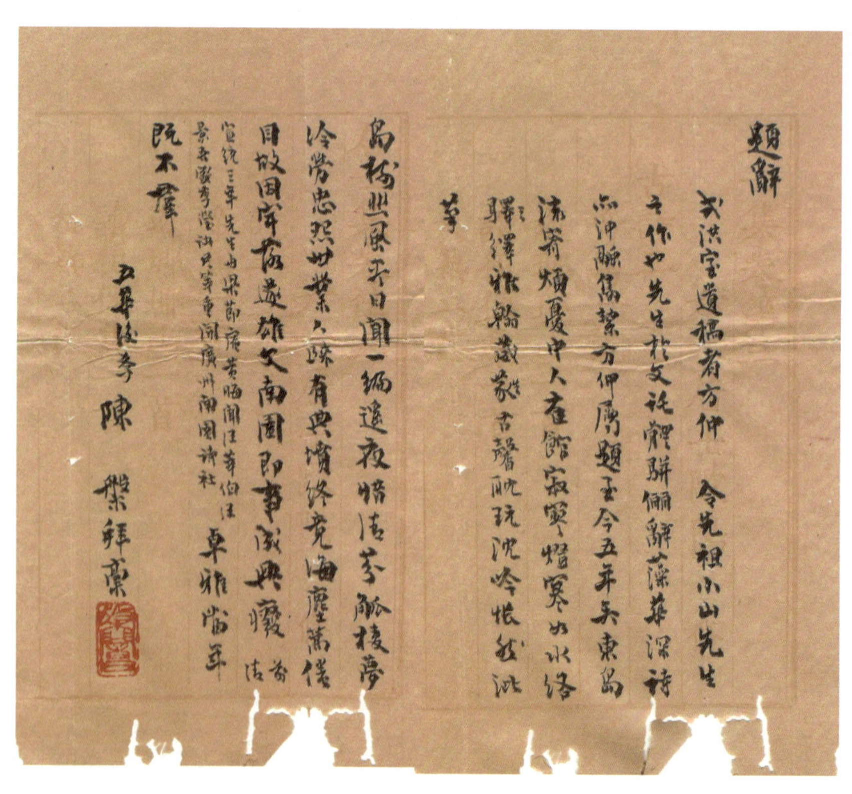

題辭

式洪室遺稿者方仲 令先祖小山先生之作也先生於文託體駢儷辭藻華深詩亦沖融雋潔方仲屬題至今五年矣東島流寄煩憂中人庭館寂寥燈寒如水絡繹雅翰葳蕤古馨耽玩沈吟悵然泚筆

島樹悲風晝日聞一編遙夜惜清芬觚棱夢冷勞忠怨世業人歸有典墳終究海塵蒿倦目故因牢落遂雄文南園即事成興廢前清宣統三年先生與梁節庵黃晦聞汪莘伯汪景吾盛季瑩諸君等重開廣州南園詩社卓雅當年既不羣

五華後學陳槃拜稿

陈垣书法扇面

陈垣，历史学家，广东新会人。1907年考入博济医学院（岭南大学医学院前身），后转读光华医学院。受孙中山革命思想影响，投身反帝反清活动，参与创办《时事画报》《震旦日报》等。民国时期曾任北平师范大学历史系主任、辅仁大学校长、京师图书馆馆长、北京图书馆委员、故宫博物院理事兼故宫图书馆馆长，兼任中央研究院历史语言研究所研究员，院评议员、院士。中华人民共和国成立后，历任辅仁大学校长、北京师范大学校长、中国科学院历史研究所第二所所长、中国科学院哲学社会科学部委员等职。著有《元也里可温教考》（1917年）、《记大同武州石窟考》（1919年）、《浙西李之藻传》（励耘书屋，1926年）、《元西域人华化考》（励耘书屋，1934年）、《二十史朔闰表》（古籍出版社，1956年）、《明季滇黔佛教考》（中华书局，1962年）、《南宋初河北新道教考》（中华书局，1962年）、《中国佛教史籍概论》（中华书局，1962年）等。喜收藏书画等，善行书。

曾南丰《徐孺子祠堂纪》引《图记》言：晋永安中于孺子墓碑旁立思贤亭，至拓跋魏时，谓之聘君亭。孺子墓在江南，与拓跋氏何涉？南丰盖以此语出《水经注》，原文“至今”故改为至拓跋魏时，然《水经注》文本引自雷次宗《豫章记》，所谓“今”者，指宋元嘉间也。曾文有语病，无可为讳。丁亥书以。

方仲世兄方家正之

陈垣

程大璋书法条幅

程大璋，书法家，广西良丰（今桂平）人。早年补博士弟子。光绪二十年（1894）中举人。翌年赴京会考，与康有为同寓南海会馆，积极投身维新变法运动，是“公车上书”的起草者和签名者之一。戊戌变法运动失败，程氏被捕入狱，后获保释。时值清政府举行“大挑”，程氏被选为一等举人，分发江苏知县试用。不久弃官从文，在京赋闲，撰书不辍。数年后到广东汕头，任教时敏学堂。1907年还乡，先后受聘为浔郡中学堂和桂平师范学堂监督、桂平劝学所所长。1913年民国国民议会成立，程氏当选为众议员。1916年出任《桂平县志》总纂。1918年任县立中学校长。1921年再次进京，继任国会议员兼孔教大学教授。

程氏学识渊博，擅长辞章及训诂学，善作文，工书法。著有《王制通论》《王制义按》《古今伪书考书后》《无终始斋诗文集》（以上有《半帆楼丛书》《白坚堂丛书》本，均刻于1928—1930年间）。

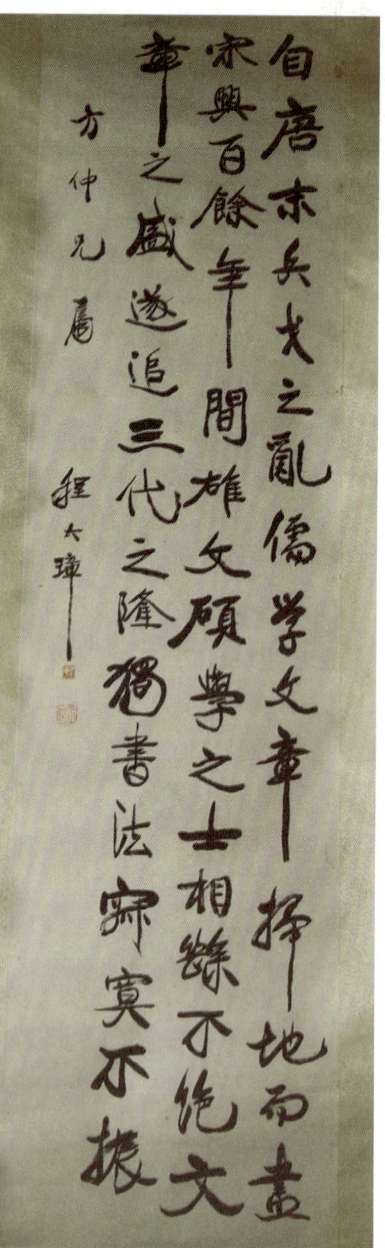

自唐末兵戈之乱，儒学文章扫地而尽。宋兴百余年间，雄文硕学之士相继不绝，文章之盛遂追三代之隆，独书法寂寞不振。

方仲兄属

程大璋

达寿书画扇面

达寿，满洲正红旗人。光绪二十年（1894）恩科进士。光绪三十一年（1905），任学部右侍郎。光绪三十四年（1908），任理藩院左侍郎。宣统三年（1911），任资政院副总裁。袁世凯内阁成立后，任理藩部大臣。1916年，任内务部次长。1917年，任镶白旗汉军都统。1920年，任蒙藏院副总裁。1922年，任将军府都统。善工书。

远山烟重树萋迷，潮落沙寒水一溪。
独坐茅亭无一事，晴鸠啼过雨鸠啼。
李君实诗画
方仲世兄大人雅属
达寿作

邓尔雅书法条幅

邓尔雅，书法家，广东东莞人。1899年入广雅书院就读。1905年携妻儿赴日学医，后改学美术。1910年回国，与潘达微等同办《时事画报》《赏奇画报》。1912年与黄节等创办贞社广州分社，活跃于艺林，享誉南北。此时得见黄牧甫（黄士陵）篆刻，遂专心研习黄牧甫的印。1926年在香港与潘达微、黄般若组建国画研究会香港分会、艺观学会和南社书画社。1936年与黄节组建南社广东分社。1937年移居香港。1940年香港举办广东文物展览会，任征集组组长。善金石书法、文字训诂，兼善诗画，富收藏。著述甚富，诸如《文字源流》《篆书千字文》《邓斋笔记》《艺觚草稿》《篆刻卮言》《绿绮台琴史》《绿绮园诗集》《邓尔雅诗集》等。

盛事因春及，清游引兴长。
朗怀殊自得，幽抱暂相将。
此日期同咏，临风合尽觞。
世间山水趣，静者或能赏。
林与亭阴合，山当竹外崇。
禊游贤者事，述作古人同。
流揽情无极，清言兴未终。
春怀于以畅，临水又临风。
宇宙大文寄，咏言今在斯。
春林初长后，流水遇风时。
曲曲幽情畅，欣欣乐事随。
天怀相感会，人所不能为。
每感少年日，诸贤取次临。
山间揽短竹，风外听长林。
极目当春暮，娱情向水阴。
流觞虽古迹，管领在于今。
生遇崇文世，欣同稽古人。
管弦左右列，言咏短长陈。
地是尝游地，春殊昔日春。
故山相向作，寄慨岂无回。
方仲姻世讲属临
邓尔疋

董作宾书法条幅、扇面

董作宾，古文字学家，河南南阳人。1924年北京大学研究所国学门研究生毕业。1925年，先后在福建协和大学、河南中州大学和广州中山大学任讲师、副教授、教授。1928年后到中央研究院历史语言研究所工作，历任研究员、代所长、所长。1948年被选为中央研究院院士。曾任美国芝加哥大学客座教授。1949年任台湾大学兼职教授。1956年后历任香港大学、崇基书院、新亚书院和珠海书院兼职研究员或教授。曾主持殷墟发掘工作，著述甚丰。擅书法及篆印，今存《平庐印存》一册，书法以甲骨文书写尤精。

一、条幅

王占曰有祟其有来艰迄至七日己
巳允有来艰自西长友角
告曰吉方出侵我示𨺅田七十人五
癸巳卜壳贞旬亡祸王占曰有祟
其有来艰迄至五日丁酉允有来艰
自西沚或告曰土方正于我东鄙
灾二邑吉方亦侵我西鄙田

甲申仲冬既望写箐华丙辞
奉方仲先生正
董作宾
时客四川栗峰

二、扇面

亦用九年
大食其
翌日辛
王其迍
于匀亡灾
于盂
亡灾
翌日辛于宫
王其迍亡灾
于向亡灾
王其延

至于戌声方
亡灾
田不雨
王迺
于壬
惠归田省
不遘雨
大吉
辛亥卜今日王其田弗每
惠瀗田
亡灾禽

其逐
鹿自
东北亡灾
王其田
雞
惠丧田省灾亡
田省灾亡
惠宫
田亡灾
贞王其
壬申卜

写殷式乙卜辞呈方仲先生正之
作宾
三十年一月时同客西川

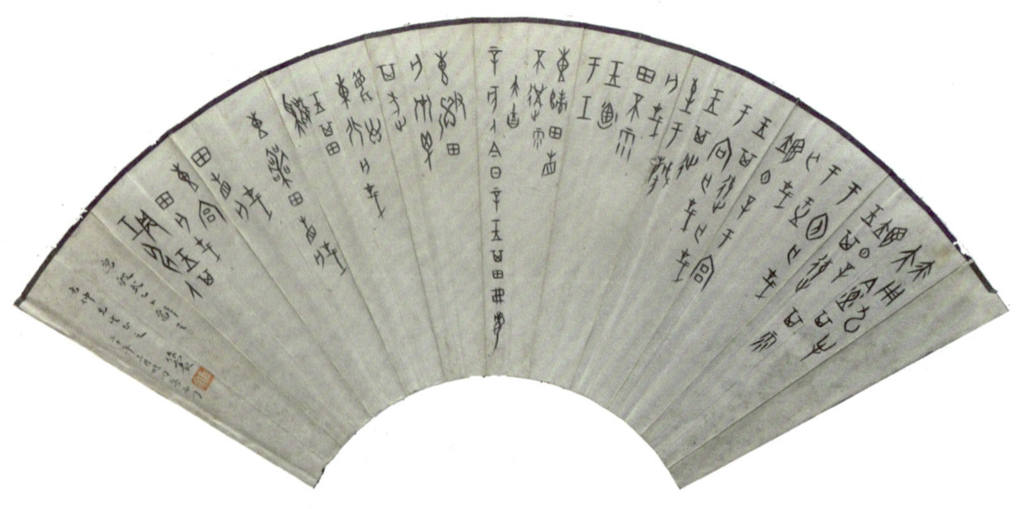

古元版画

古元，版画家，广东香山（今珠海市）人。1932年考入广东省立第一中学（今广雅中学）。1938年赴延安入陕北公学学习。1939年进入延安鲁迅艺术文学院美术系第三期学习并加入中国共产党。1941年在鲁迅艺术文学院担任美术工场木刻组组长，兼任部队美术教员。1944年鲁迅艺术文学院美术工场改为研究室，任研究生创作组组长。1946年任华北联合大学文艺学院美术系教员。1952年调任人民美术出版社创作室主任。1958年调中央美术学院任教授、版画系教研室主任。1979年历任中央美术学院副院长、院长。1985年当选为中国美术协会副主席。他被称为“人民版画家”，是延安木刻最具代表性的画家之一，也是我国新兴版画的大师。

说明：此版画是梁方仲由延安带回的。1939年下半年至1940年初，梁方仲在西北农村土地经济调查时曾两度入延安，并参观过鲁迅艺术文学院，会晤过冼星海、丁玲等多位文艺界人士，估计此版画是梁氏在访问鲁迅艺术文学院时，古元送给他的。此版画成于1939年。

胡嗣瑗书法条幅

胡嗣瑗，贵州贵阳人。光绪二十九年（1903）癸卯科进士。精通史学，擅长诗词、书法。点翰林后历任翰林院编修、天津北洋法政学堂总办，又充任直隶总督陈夔龙的幕僚。辛亥革命前后任江苏金陵道道尹、江苏将军府咨议厅长。民国初年被直隶总督冯国璋聘为督军公署秘书长。1917年参与张勋复辟，出任内阁左丞。后随溥仪到东北任职，任伪满洲国执政府秘书长。

天外秋云薄，从西万里风。
今朝好晴景，久雨不妨农。
塞柳行疏翠，山梨结小红。
胡笳楼上发，一雁入高空。

老杜《雨晴》一首，方仲世讲雅属

乙亥伏日胡嗣瑗

胡彤恩书法扇面

胡彤恩，书画家，广东三水（今佛山市）人。光绪二十九年（1903）癸卯科举人，亦有资料说后考取进士。曾任清政府刑部员外郎、军机章京等职，民国年间还任过两浙盐运使。善诗书，为稊园诗社早期社员。

野人复何知，自谓山泽好。
来禅奉常议，识笳鼓羽葆。
谁怜老垂垂，却入闹浩浩。
营巢犹是寓，学圃何不早。
淮桂手所植，汉瓮躬自抱。
花开不忍出，花落不忍扫。
佳客夜深来，清尊月中倒。
一禅两居士，更约践幽讨。

山东隆准公，未语心已解。
按剑堂下人，成事汝应退。
非无带砺约，政尔有恩害。
平生三寸舌，松间漱寒濑。

右姜白石诗二首，庚申五月录为方仲贤世讲大雅正

勿庵胡彤恩

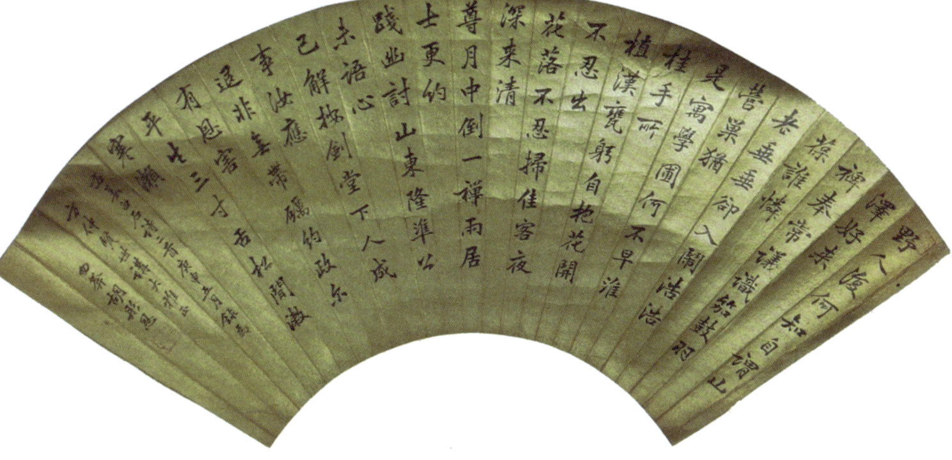

黄炎培书法字条、自作诗

黄炎培，政治活动家，江苏川沙（今属上海市）人。光绪二十七年（1901）入南洋公学，选读外文科，受教于中文总教习蔡元培。光绪二十八年（1902）中举人。光绪二十九年（1903）在家乡办学。光绪三十一年（1905）参加同盟会。辛亥革命前，先后创办和主持广明小学和师范讲习所、浦东中学。辛亥革命后，曾任江苏都督府民政司总务科科长兼教育科科长，后任江苏省教育司司长，兼任江苏省议会议员、省教育会副会长等职。20世纪初到日本、美国、英国、菲律宾等国考察，着重考察职工教育方面。1917年5月6日，联络教育界、实业界知名人士在上海发起成立中华职业社。抗战时期积极投入抗日救亡运动。1941年，与张澜等人发起组织中国民主政治同盟，任主席。1945年又与胡厥文等人成立中国民主建国会。中华人民共和国成立后，历任中央人民政府政务委员、政务院副总理兼轻工业部部长、全国政协副主席、全国人大常务委员会副委员长、民建中央主任委员等职。工书法，擅行楷书。

一、字条

诗以写所蓄，无所蓄者不能诗；有所蓄矣且蓄之富矣而术未工，则虽能写而不能达意，能写亦不能动人。

方仲兄精研社会问题而纵横之所蓄之富超乎常人，尤难得者，其功力其天趣。民纪卅一年六月邂逅成都，获读大著数种，倾倒于心，书此数语以相质。兄以专学报国报群，自有其独到处。即在公余吟事亦自不凡，吾乌能测兄之所至邪？

黄炎培

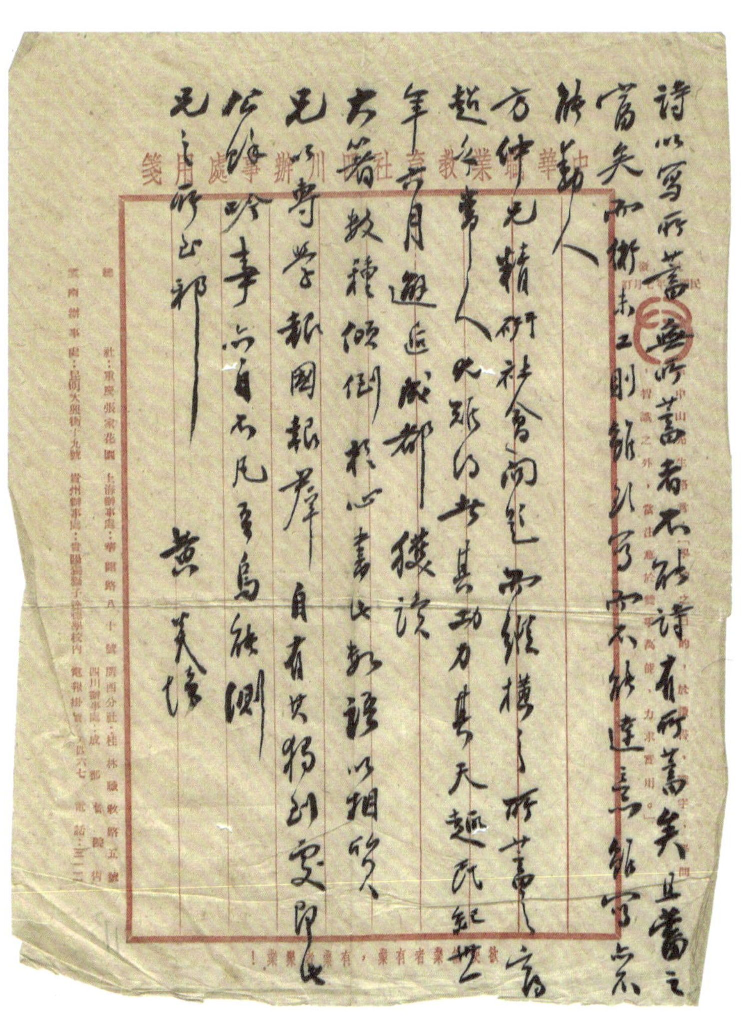
中華職業教育社四川辦事處用箋

詩以寫所蓄無所蓄者不能詩有所蓄矣且蓄之
富矣而術未工則雖能寫而不能達意能寫亦不
能動人
方仲兄精研社會問題而縱橫之所蓄之富
超乎常人尤難得者其功力其天趣民紀卅一
年六月邂逅成都獲讀
大著數種傾倒於心書此數語以相質
兄以專學報國報群自有其獨到處即
公餘吟事亦自不凡吾烏能測
兄之所至邪
黃炎培

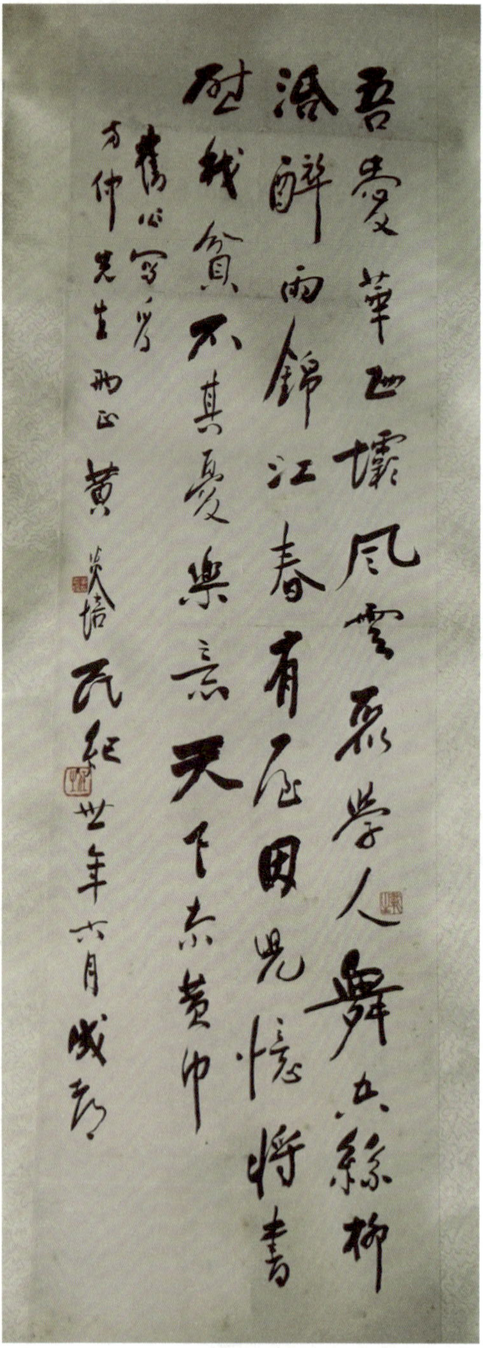

二、自作诗

吾爱华西坝，风云丽学人。
舞空丝柳活，醉雨锦江春。
有屋因儿忆，将书慰我贫。
不其忧乐意，天下奈黄巾。
旧作写为方仲先生两正
黄炎培
民纪卅一年六月成都

劳榦书法扇面

劳榦，历史学家，湖南长沙人。1931年毕业于北京大学历史系，旋入中央研究院历史语言研究所工作。1941年任副研究员。1946年升任研究员并兼任中央大学教授。1949年随中央研究院历史语言研究所赴台湾，任台湾大学教授，当选为台北“中央研究院”院士。后赴美国任洛杉矶加州大学教授、系主任。著有《居延汉简考释》（商务印书馆，1949年）、《秦汉史》（中华文化出版事业委员会，1952年）、《魏晋南北朝史》（台北中国文化大学出版部，1980年）等。亦精辞章，工书法。抗战胜利后，历史语言研究所撤离四川李庄时所立《留别李庄栗峰碑铭》由该所众力公推而由劳氏手书。

劳榦与梁方仲结识于抗日战争时期，尤在四川李庄时来往颇频，时有诗唱和。劳氏曾在梁方仲主编的《中国社会经济史集刊》上发表过两篇书评，可见两人间私谊也发展到学术上的切磋和合作。

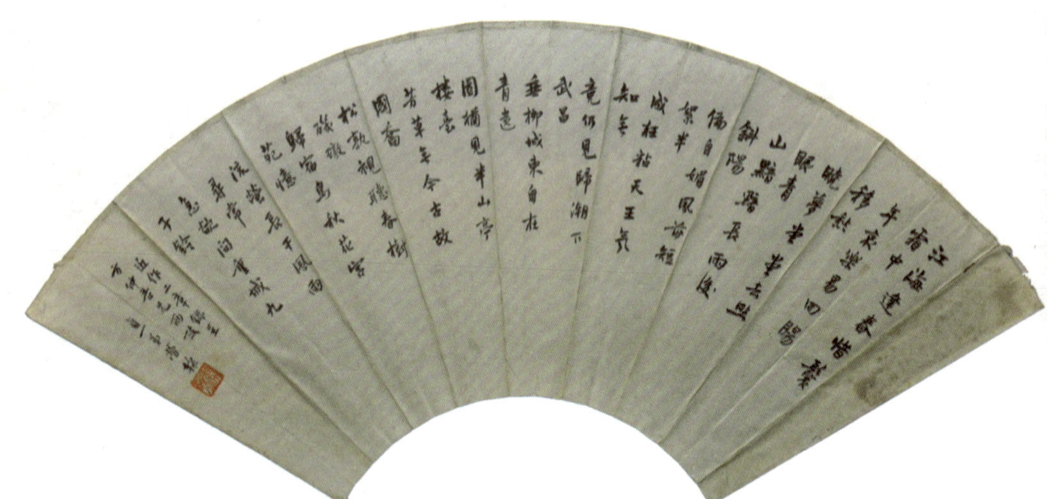

江海逢春惜鬓霜，中年哀乐易回肠。
移愁晓梦堂堂去，照眼青山黯黯长。
雨后斜阳偏自媚，风前短絮半成狂。
粘天王气知无竟，仍见归潮下武昌。

垂柳城东自在青，遗园犹见半山亭。
楼台芳草无今古，故国乔松孰视听。
春树矶墩归宿鸟，秋花宫苑忆流萤。
长干风雨寻常急，欲问重城九子铃。
近作二章录呈方仲吾兄两政
贞一弟劳榦

李家驹书法条幅

李家驹，广东广州人，原籍汉军正黄旗。光绪二十年（1894）甲午科进士，授散馆编修。督湖北省学政，历任京师大学堂提调、总监督、学部右丞、学部左侍郎等职，大力推行教育改革。1907年任驻日公使，深入研究日本政治、法律、财政制度。回国后成为新政、立宪运动领袖之一。1911年秋临危受命，出任资政府总裁（所谓“末代议长”），推出《宪法重大信条十九条》。1914年任参政院参政。工书。

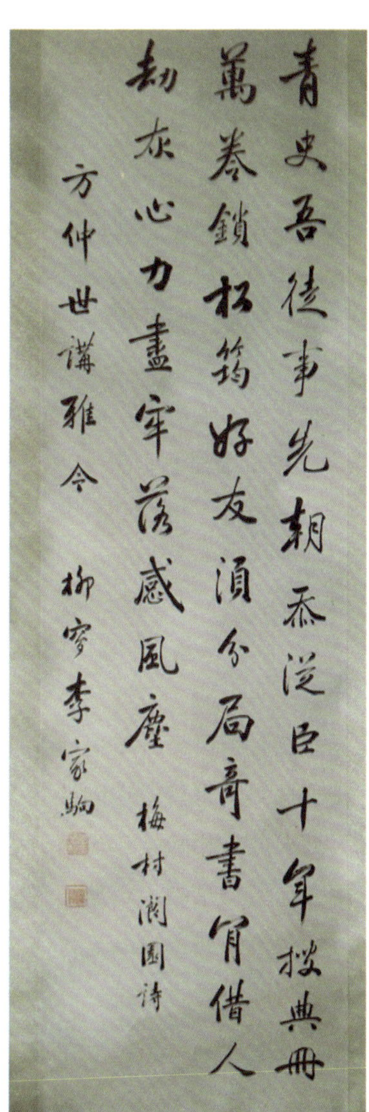

青史吾徒事，先朝忝旧臣。
十年搜典册，万卷锁松筠。
好友须分局，奇书肯借人。
劫灰心力尽，牢落感风尘。
梅村《阆园》诗
方仲世讲雅令
柳叟李家驹

李天马书法条幅

李天马，书法家，广东番禺（今广州）人。自幼经父亲指导书法，遂成毕生之事业。青壮年时供职于银行，曾任广州农工银行襄理，却乐于书道，请教书坛前辈，博览碑帖墨迹。后应聘到广州美术学院教授书法，受聘为广州市文史馆馆员。后迁居上海，为上海市文史馆馆员。曾主持拍摄书法教学影片《怎样写好毛笔字》和《笔中情》。著有《楷书行书的技法》（华东师范大学出版社，1984年）、《张氏法帖辨伪·余氏书录辨伪》（齐鲁书社，1987年）等。

浮湘孤月下灵渠，牢落残魂伴索居。
庚子日斜闲野鸟，端阳沙淈见江鱼。
天高未敢重相问，年少何劳更上书。
此去樊城望京国，定从王粲赋归欤。
方仲教授吾兄正字
天马写邝湛若诗

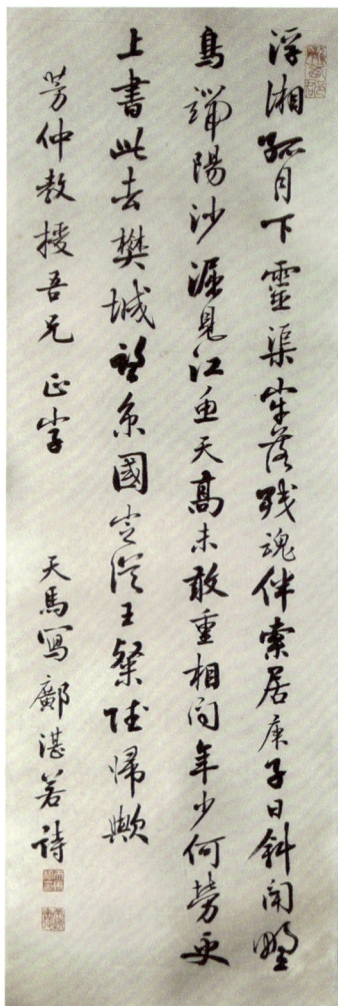

李兆垣书法扇面

李兆垣，文史学者，广东南海（今佛山市）人。毕业于北京朝阳大学。抗战前在广西梧州女中任教。抗战时期曾任湖南省政府秘书（薛岳之秘书）。后从事教育工作，先后在江苏省立江苏学院、广州大学、中山大学、广东法政学院、广州知用中学、清远师范学院等学校任文史教席。著有《中国文学史》《不忘念室诗集》。酷爱诗词、书法。

一

拜起月初三，月比眉儿瘦。不遣红灯照画廊，縹缈临风袖。　　庭院似清湘，人是湘灵否？谁写长天秋思图，熨得栏干透。

录定庵词呈方仲兄雅属

李兆垣

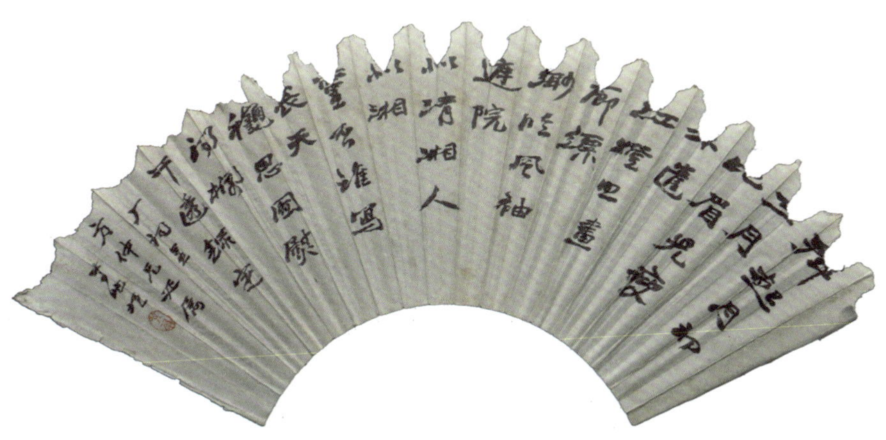

二

岩岩西岳，峻极穹苍。

奄有河溯，遂荒华阳。

节临《华山庙碑》，方仲兄雅属

李兆垣

三

南陌东城尽舞儿，画金刺绣满罗衣。
也知爱惜春游夜，舞落银蟾不肯归。

灯已阑珊月气寒，舞儿往往夜深还。
只因不尽婆娑意，更向阶心弄影看。
己巳灯节后应方仲兄之属
李兆垣

四

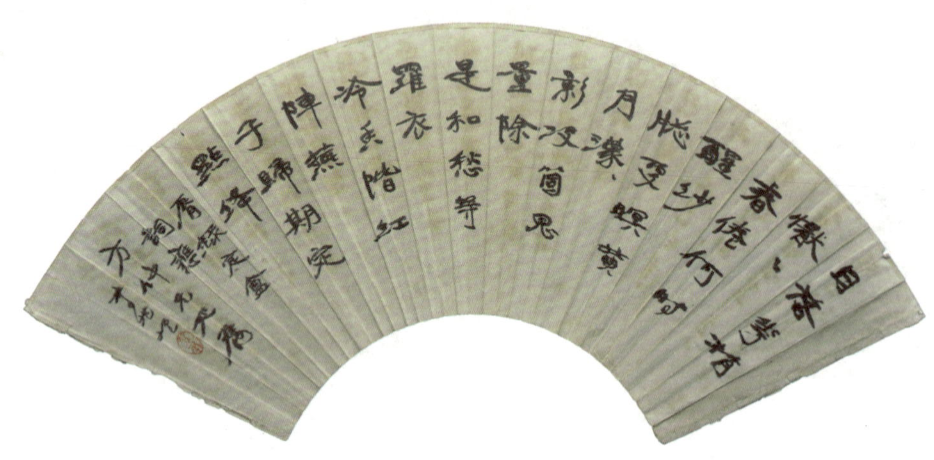

日落花梢，恹恹春倦何时醒。纱窗更暝，黄月濛濛影。　　没个思量，除是和愁等。罗衣冷，香阶红阵，燕子归期定。

《点绛唇》

录定庵词，应方仲兄雅属

李兆垣

五

一梳春月，淡溶溶欲上，鸾尾云晴碧天扫。正文窗四扇，缥缈华空，晶艳艳，玉女明灯一笑。　　几番携手处，昙誓天边，寒绿深深纱帐悄。

为方仲兄政畹

李兆垣

梁用弧书法扇面

梁用弧，广东顺德（今佛山市顺德区）人。光绪二十四年（1898）（一说光绪二十八年，1902）戊戌科进士。为翰林院庶吉士，改授户部主事，官至邮传部左丞。梁氏博学，擅诗文，亦善书。

北风卷地白草折，胡天八月即飞雪。
忽如一夜春风来，千树万树梨花开。
散入珠帘湿罗幕，狐裘不暖锦衾薄。
将军弓角不得控，都护铁衣冷犹著。
瀚海阑山百丈冰，寒云惨淡万里凝。
中军置酒饮归客，胡琴琵琶与羌笛。
纷纷暮雪下辕门，风掣红旗冻不翻。
轮台东北送君去，去时雪满天山路。
山回路转不见雪，上空留马蹄行处。

右录唐岑参《白雪歌送武判官归》一首，方仲宗世讲大雅属

饮侯梁用弧

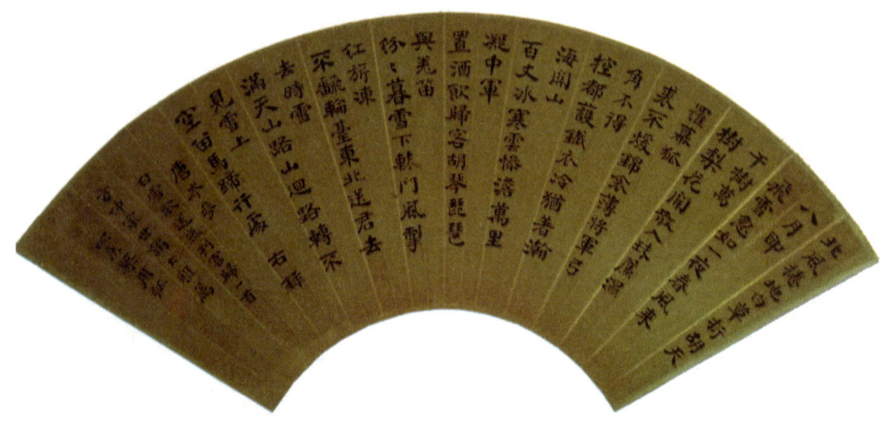

龙潜书画

龙潜，社会活动家、书画家，四川云阳（今重庆市）人。1930年参加革命，1933年加入中国共产党。后到延安，先后担任陕北公学人事部科长、中共长江局党训班主任。1938年春任新四军驻桂林办事处主任。后任中共中央南方局组织部秘书、中共南方局工作检查委员会秘书主任、周恩来的秘书。1943年回到延安出席中共七大。1945年任中共中央社会（情报）部第二室副主任。1949年任南京市公安局党委书记。曾任湖南省委宣传部第一副部长、湖南大学党委书记、湖南省文联党组书记。1952年后任中共中央华南分局副秘书长、办公厅主任，宣传部副部长，中山大学副校长、党委书记，昆明工学院副院长，中国历史博物馆馆长、党委书记，国家出版事业管理局领导小组成员，国家出版局顾问等职。

龙氏在指头书画方面有深湛造诣，颇得行家好评。

美丽的北京早晨，
灿烂又光明，
怎么不叫人心向神倾，
可惜不能同你共度晨昏。
伸出指头画它几笔，
管它像不像来传不传神，
只要我心儿高兴，
如置身在北京就行。

啊，伟大的首都——北京

你岂止是人杰地灵，

重要的还是领导建设社会主义的中心。

一九五四年一月十九日于广州东山

龙潜指头画

请方仲同志指正

龙潜留赠

罗复堪书法条幅

罗复堪，书画家，广东顺德（今佛山市顺德区）人。早年与堂兄罗瘿公从康有为受业于万木草堂，后肄业于京师大学堂译学馆。民国初年在教育部、财政部供职。后长期在北平艺术专门学校和北京大学文学院讲授书法。中华人民共和国成立后，为中央文史馆馆员。擅章草，被誉为现代章草第一人。著有《三山簃诗存》《三山簃诗浅说》《书法论略》等。

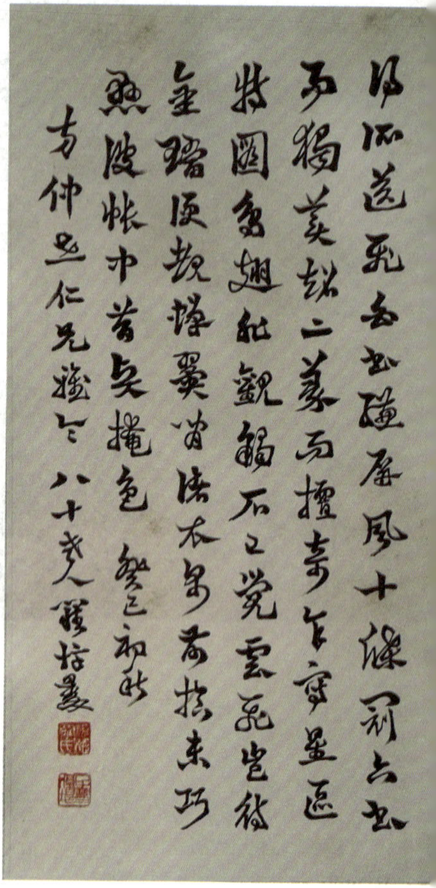

得所送飞白书缣屏风十牒，冠六书而独美，超二篆而擅奇。乍写星区，特图鸟翅。非观触石，已觉云飞。岂待金珰，便睹蝉翼。间诸衣帛，前指未巧，悬彼帐中，者贤掩色。

癸巳初秋方仲世仁兄雅令

八十老人罗惇㬊

罗振玉书法对联

罗振玉，古文字学家，江苏淮安人。1896年在上海创立农学社，开办农报馆。1898年创办东文学社。1900年任湖北农务局总监兼农务学堂监督。1904年创办江苏师范学堂，任监督。1921年参与发起组织“敦煌经籍辑存会”。1924年奉溥仪之召，入值南书房。著有《贞松堂历代名人法书》（齐云出版社，1976年）、《三代吉金文存》（中华书局，1983年）等。

方仲世讲属殷契文

日在林中初入暮

风行水上自成文

松翁罗振玉

旁题：古篆传世不多，替人学书苦于无取材，往往规模二李以求形似。至邓石如广参众碑并及汉碑额以博其体，而篆法一变之者推为千年来第一人，所叔言。先生生于甲骨彝器文字大出之时，采石作篆而篆法再变，虽笔力深浑不若石如，而结体冲和古雅非石如所能及。方仲先生出此属题并为释文于上

三十八年八月四日

容庚

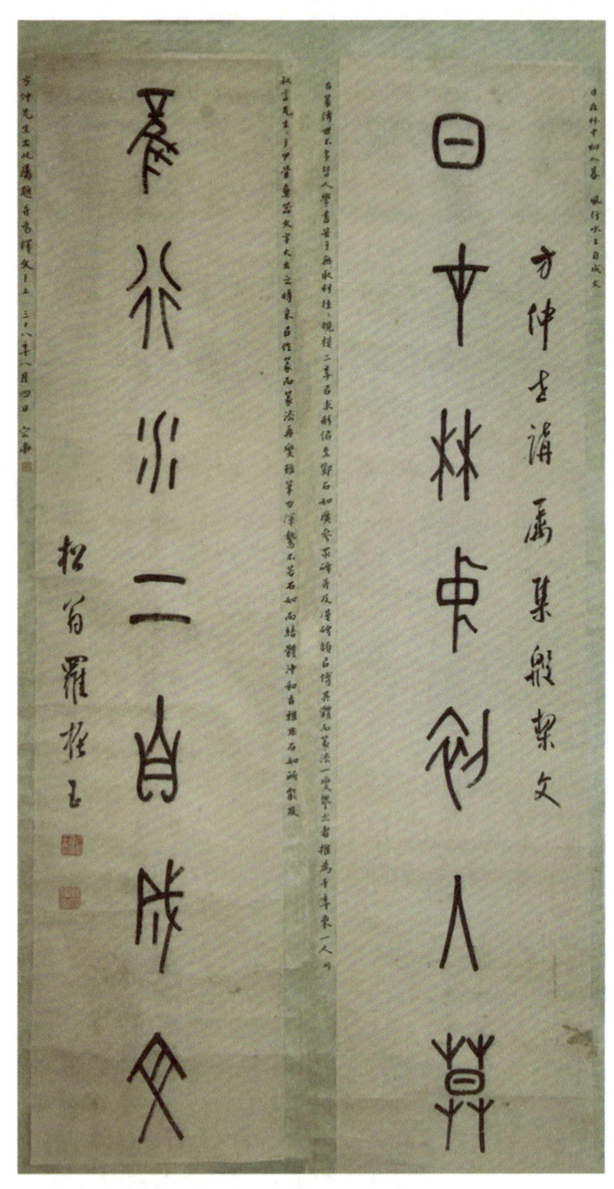

说明：罗振玉为以甲骨文入书者之一，编有《明吴门四君子法书》《贞松堂历代名人法书》等。容庚、商承祚等皆为其弟子。此送梁方仲甲骨文七言联估计成于20世纪20年代后期至30年代初期，因梁氏那段时间在北京学习工作。1949年8月间梁方仲将罗氏此对联给容庚阅看，后容氏写出观后题记，认为罗氏与书法篆刻大家邓石如相比，两人各有所长，难分伯仲。

缪钺赠诗、文稿

缪钺，历史学家，江苏溧阳人。1924年北京大学文科肄业。抗战前先后任教于保定私立培德中学、志存中学、省立保定中学、河南大学、广州学海书院。1938年任浙江大学中文系副教授，1940年升为教授。抗战胜利后到成都华西协合大学中文系任教授，兼任四川大学历史系教授。1952年院系调整后任四川大学历史系教授。曾任四川大学历史研究所副所长、古籍整理研究所名誉所长等职。兼任国务院古籍整理出版小组、中国魏晋南北朝史学会、中国唐史学会、中国唐代文学会、中华词学学会之顾问或理事。著有《元遗山年谱汇纂》（钟山书局，1935年）、《诗词散论》（开明书店，1948年）、《杜牧诗选》（人民文学出版社，1957年）、《三国志选》（中华书局，1962年）、《杜牧年谱》（人民文学出版社，1980年）、《冰茧庵丛稿》（上海古籍出版社，1985年）、《冰茧庵剩稿》（四川大学出版社，1992年）等。

一、赠诗（三首）

苏联火箭到达月球喜赋二首　一九五九年作

火箭乘风去，长空任漫游。
嫦娥迎远客，樽酒话清秋。
已悔偷灵药，争禁碧海愁。
人间方大庆（今年十月一日庆祝建国十周年），同驾返神州。

织女居何处，传闻银汉旁。
愿来学机杼，非是乞瑶浆。
云洗罗衣薄，风生翠带长。
支机石畔坐，仔细说耕桑。

夜读《毛泽东选集》　一九六〇年十一月作

高文如日月，万古景常新。
国运繁花发，精言四海真。
身心多受用，灯火喜相亲。
一卷饫名理，熙熙若遇春。

方仲吾兄教正
弟缪钺呈稿

蘇聯火箭到達月球喜賦二首 一九五九年九月作

火箭乘風去長空任漫游嫦娥迎遠客樽
酒話清秋已悔偷靈藥爭禁碧海愁人
間方大慶（今年十月一日慶祝建國十周年）同駕返神州

織女居何處傳聞銀漢旁頻來学機杼
非是乞瑤漿雲洗羅衣薄風生翠帶長
支機石畔坐仔細說耕桑

夜讀毛澤東選集 一九六〇年十一月作

高文如日月萬古果常新國運繁花發
精言四海真身心多受用燈火喜相親
一卷饫名理熙熙若遇春

方仲吾兄 教正

弟 傅械生稿

二、文稿

课田与占田之关系及其意义

占田与课田的关系，据我粗浅的看法，似乎应当是这样：占田是悬空的立限，课田是实际上课税的土地。

西晋为何要实行课田？则与当时农业生产情况有关。自东汉末年以来，经过军阀混战，三国兵争，人口锐减，西晋统一后，有二百余万户，一千六百余万口，较之在汉桓帝时户口，尚不及三分之一。人口既少，而又多不从事农业生产，以至于土地荒废，粮食收获少，所以在西晋初年，有一重要问题，即政府督促地方官如何使人民从事农耕，开垦荒田。《晋书·食货志》说，晋武帝初即位时，“江南未平，朝廷厉精于稼穑”。泰始五年（二六九）正月，“勅戒郡国计吏、诸郡国守相令长，务尽地利，禁游食商贩，其休假者，令与父兄同其勤劳，豪势不得侵役寡弱，私相置名”。同年十月，又下诏褒奖汲郡太守王宏。《晋书·王宏传》说：他所督厉农耕，开垦荒地，晋武帝下诏褒奖说：

> 朕之夙夜警戒，念在于农。虽诏书屡下，勅厉殷勤，犹恐百姓废惰，以损生植之功，而刺史二千石、百里长吏未能尽勤，至使地有遗利，而人有余力。……今司隶校尉石鉴……
>
> 上汲君太守王宏勤恤百姓，导化有方，督劝开荒五千余顷。而熟田常课顷亩不减，比年普饥，人不足食。而宏郡界独无匮乏，可谓能矣。其赐宏谷千斛，布告天下，咸使闻知。

虽然“勅厉殷勤”，但是普时地方官似乎很多不能像王宏那样“督劝开荒，务尽地利”的，所以在上一年（泰始四年）傅玄上疏陈五事曾说：“二千石虽奉务农之诏，犹不勤心，以尽地利，昔汉化以垦田不实，征杀二千石以十数。臣愚以为，宜申汉化旧典以警戒天下郡县，皆以死刑督之。”（《晋书·四年·傅玄传》）后来，齐王攸奏折也说：

当今方隅清穆，武夫释甲，广分休假，以就农业。然守相不能勤心恤公，以尽地利。……今地有余羡，而不农者众，加附业之人复有虚设，通天下谋之，则饥者之不少矣。今宜严敕州郡，检诸虚诈害农之事，督实南亩。（《晋书·三八·齐献王攸传》）

傅咸上书也说：

自泰始开元以暨于今，十有五年矣，而军国未丰，百姓未赡，一岁不登，便有菜色者？诚由官众事殷，复除猥滥，蚕食者多，而亲农者少也。（《晋书·四七·傅咸传》）

齐王攸奏议，本传虽未言在何年，但记于咸宁二年（二七六）为司空之前，傅咸上书中言：“自泰始开元（二六五），以暨于今十有五年”，应是二七九年，即咸宁五年，尚在太康平吴（二八〇）之前。由齐王攸的奏议中，我们可以知道，当时政府虽使“武夫释甲，以优农业”，增加农业劳动生产力，但是各地地方官还未能督促人民，开垦荒地，因此“地有余羡”。所以在太康平吴（二八〇）之后，制定户调式，规定课田制度，使郡县守令按制度督厉其所辖区中劳动人民中的丁男、丁女、半丁男等耕种一定数量的土地。土地从哪里得来呢？据我的推测，地方政府可能根据当地土地情况，分配给一部分熟田，但是同时也鼓励人民自己去开垦荒田，大概当时荒地很多，据上文所引王宏传，汲郡是人口相当稠密的地区，而王宏于熟田之外，督厉人民开垦五千余顷，可见国内荒地很多，只要人民肯去开垦。其所以规定每一丁男课田五十亩，收租四斛，而不按亩收租者，就是要强迫他多耕种一些，如果他不耕种五十亩，他仍然要缴四斛租，因为租是按丁我上面所引资料看来，晋武帝[illegible]望地方官吏督劝开荒，"开荒"之前，以屯田的[illegible]督劝"千[illegible]来说，它课田制[illegible]的这样[illegible]则的希望和屯[illegible]种任以县耕的制度，所以课田[illegible]罢了。

上级的奉供中，我们可以知道，当时政府训练"武夫释甲，以从农业"，增加农业劳动生产力，但也在各地地方官选来使督促人民开垦荒地，因此地有特定"。所以每方广千步（三八〇）土地，制定户调式，规定课田制度，使郡县守令按制表督属其所辖区中劳动人民中的丁男、丁女、半丁男女，耕种一定数量的土地。土地使用者得来呢？据我们的推测，地方政府可能根据当地土地情况，配给一部分熟田，但是同时也鼓励人民自己去开垦荒田，大概当时荒地很多，据上文所引王宏传，汲郡是人口相当稠密的地区，而王宏于督课田之外，简阅人民所开荒五千余顷，可见荒地很多，又要人民自去开垦，可以想见当一丁男课田五十亩，收租四斛，而不按亩数收租者，乃是要强迫他多耕种一些，如果他不耕种五十亩，他们也要缴四斛租，因为租是按丁计算的。但是又规定男子十人占田七十亩，就是鼓励他多开垦荒地，如果他耕种超过五十亩，他又要不能超过七十亩，他仍然要缴四斛租。所以这种办法主要是强迫劳动人民附着于土地，而又辅之以鼓励。

如果再进一步探索课田制的意义，西晋政府向与大地主争夺劳动人民之事，似也存在着。自汉末三国以来，各大地主不但占有大量土地，而且占有劳动人民，以之为"部曲""佃客"。又使大批无地贫苦农民投为私家之户籍。晋政府要想增加人民为政府所纳课役，所以对于大地主占有劳动人民要加以限制。上文所引晋书食货志平吴之后，晋武帝即已有"豪势不得侵役寡弱，私相置名"之诏，晋书九三外戚王恂传亦说："魏氏给公卿以下租牛客户数各有差，自后小人惮役，多乐为之，贵势之门动有百数。……武帝践位，诏禁募客。"晋书三七高阳王睦传，"咸宁三年，睦私占七百余户，为冀州刺史杜友所奏，贬为县侯。"可见晋武帝为保持自己的利益，对于贵族官僚大地主占有劳动人民要加以制裁，平吴之后，颁布户调式的同时，又将官品占田制，对于官僚占有劳动人民的数量，亦规定限度，以制止当时非法的兼并。虽未能完全彻底执行，此着亦相当收效果。贵族官僚既不能够很多的大量占有劳动人民，政府用课田的办法，将这些劳动人民尽量督促去耕种各个荒地，以保证自己的剥削。

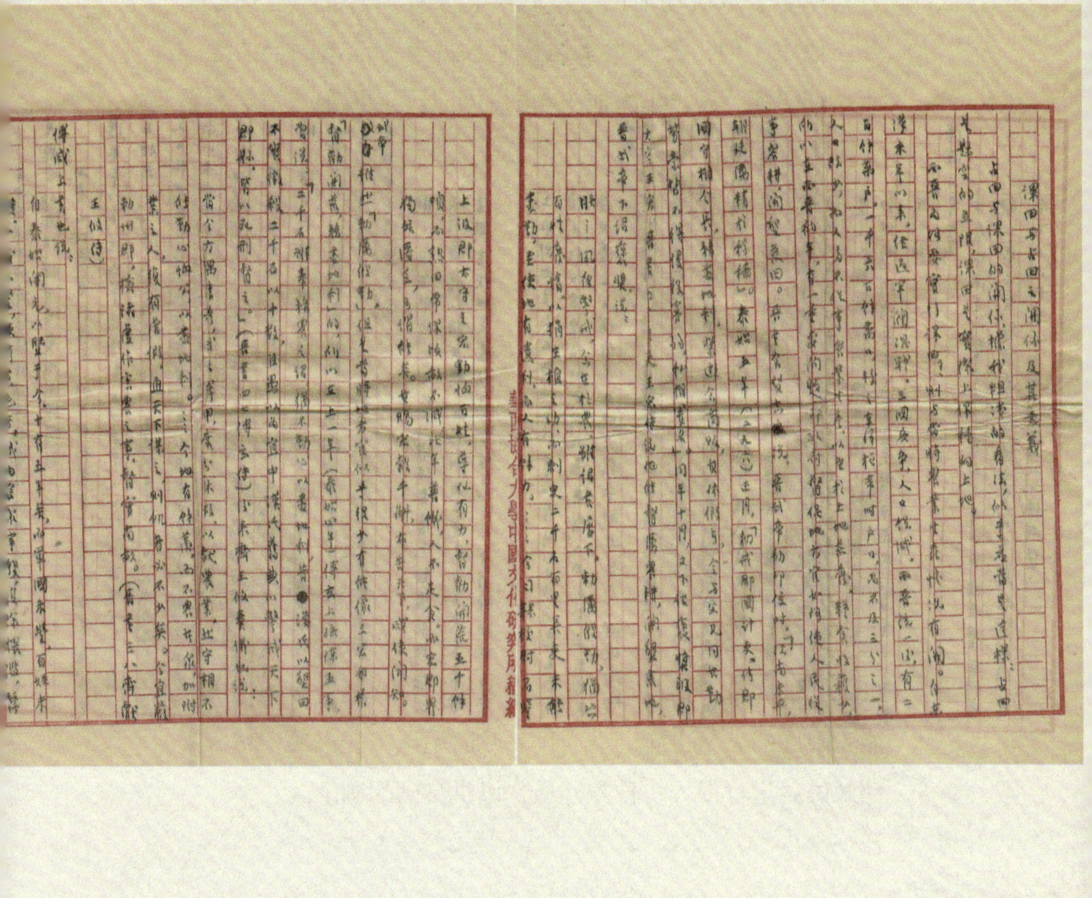

课田与占田之关係及其意义

计算的。但是又规定男子一人可以占田七十亩，就是要鼓励他多开垦些荒地，如果他垦地超过五十亩，只要不超过七十亩，他仍然缴四斛租。所以这种办法主要是强迫劳动人民耕种而又稍加以鼓励。

如果再进一步探索课田制的意义，还可以与西晋政府向各大地主争取劳动人民之事联系起来看。自汉末三国以来，各大地主不但占有大量土地，而且占有劳动人民，谓之“部曲”“佃客”，只供大地主剥削，而不著于政府之户籍。晋武帝要想劳动人民多为政府（即皇室）服役，所以对于大地主占有劳动人民要加以限制。上文所引《晋书·食货志》泰始五年武帝勅戒郡国守相，已有“豪势不得侵役寡弱，私相置名”之语，《晋书·九三·外戚王恂传》亦说“魏氏给公卿已下租牛客户，数各有差。自后小人惮役，多乐为之。贵势之门，动有百数。……武帝践位，诏禁募客”。《晋书·三七·高阳王睦传》，记高阳王睦初封中山王，咸宁三年，睦私占七百余户，为冀州刺史杜友所奏，贬为县侯。可见晋武帝即位之后，为维持自己的利益，对于贵族官僚大地主占有劳动人民要加以制裁，平吴之后，在颁布户调式的同时，又颁布官品占田制。对于官僚占有劳动人民的数量，亦规定限度。此制在当时虽未必能完全严格执行，然当亦发生相当效果。贵族官僚既不能无限度的大量占有劳动人民。政府用课田的办法，将这些劳动人民尽量督促去耕种与开垦，以供自己的剥削。

潘伯鹰书法字条

潘伯鹰，书法家，安徽安庆人。早年随吴闿生习史文词，对文学颇有造诣，发表过一批小说。后潜心诗词与书学。1918年入读北京交通大学。毕业后公费留学日本。回国后任交通部职员。1930年，任教于北平辅仁大学。抗战期间赴重庆，任中央银行秘书。1946年任暨南大学教授。1949年任国共和谈秘书。中华人民共和国成立后，任同济大学、复旦大学、华东音乐学院教授，兼任上海市书法篆刻研究会副主委、上海市文物保管委员会顾问。潘氏书法涉猎面广，擅行书、楷书。著有《中国的书法》（上海四联出版社，1955年）、《中国书法简论》（上海人民出版社，1962年）、《玄隐庐诗》（新加坡文化学术协会，1990年）等。

大诗清新俊逸，如玉山照人。入蒙纪程[①]坚浑处足唐贤法乳。李庄春兴一首[②]又同光诸公，学宋神味也于此里见工力。良深佩叹！

伯鹰拜读[③]

---

①“入蒙纪程”是梁方仲1940年西北农村土地经济调查到内蒙古时所写的六首诗（详见《梁方仲文存》，中华书局，2008年，第285页）。

②“李庄春兴”是梁方仲1943年写于四川李庄时之诗：“贞一李庄春兴诗和韵兼视陈槃庵　绚烂山茶倚槛明，古欢文字饮初成。一时风月谁为主，二妙诗篇我所兄。畹晚艳阳春在树，空濛前浦雨催耕。蜀江芳草殷勤绿，依旧东君不世情。”

③潘氏此字条估计写于抗日战争胜利后和中华人民共和国成立前之间。有不少文字评述，潘伯鹰为人“孤高不群”，有“狂人”之称。故掌专家郑逸梅在其笔记《艺林散页》中写道：“潘伯鹰有狂人之号，有以所刊之诗集饴彼者，往往鄙薄之，或垫砚，或楷。对待一般俗子，如此当无妨；而对一些才识超群的友善之朋，潘伯鹰都十分敦诚谦恭。”从此字条来看，潘氏确是很敦诚、谦恭的，可知他对梁方仲的诗甚为欣赏。

大詩清新俊逸，如玉山照人，人驚絕。稽墨渾厚，是唐宋法乳，書藝卓一等，又同光諸公學宋神味也，於此見工力良深俗輕。

少麐拜讀

其𬀩山水扇面

其𬀩，生平不详。

方仲七兄雅属

庚申新秋弟其𬀩写于春明未能寡通斋之南窗下

容庚题字

容庚，古文字学家，广东东莞人。出生书香门第家庭，自小受到熏陶。后师从四舅邓尔雅治《说文》及刻印。1916年毕业于东莞中学。1921年任东莞中学教员。1922年经罗振玉推荐入北京大学研究所国学门读研究生。毕业后任北京大学讲师。1927年任燕京大学襄教授（助教授），兼任故宫古物鉴定委员会委员。1928年任燕京大学教授兼《燕京学报》主编。1941年任北京大学教授。1946年任岭南大学教授兼中文系主任、《岭南学报》主编。1953年任中山大学中文系教授。著有《金文编》（科学出版社，1959年）、《商周彝器通考》（哈佛燕京学社，1941年）、《殷周青铜器通论》（科学出版社，1958年）、《颂斋书画小记》（《南国》1950年第2期）、《丛帖目》（中华书店，1980年）等。

容庚和梁方仲为远房表兄弟，很早便认识，特别是在岭南大学、中山大学期间，两人交往十分密切。

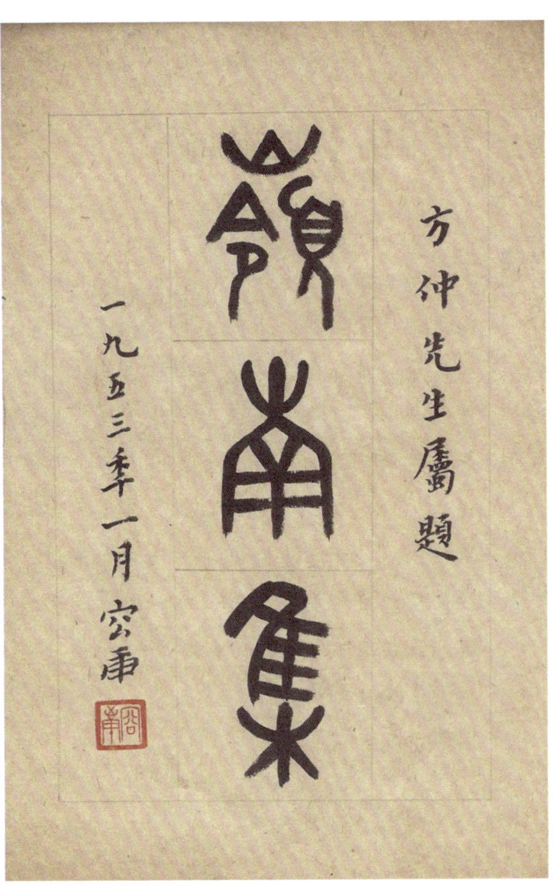

方仲先生属题

岭南集

一九五三年一月

容庚

容祖椿书画扇面

容祖椿，书画家，广东东莞人。15岁时从岭南画派大师居廉学画，人物、花卉、翎毛、山水皆工，以画谋生。清光绪末年，容氏移居广州，初时寄住同门伍德彝家，观摩临摹伍氏所藏名画，画艺大进。20世纪20年代初，加入清游会。1926年，加入广东国画研究会。1937年，日寇以飞机轰炸广州，容氏乃避难归东莞，后去香港。1941年，香港沦陷后，复归广州。容氏在继承居派书画的撞水、撞粉的技法外，有所创新，在人物画和花鸟画上造诣颇高。

容氏此扇面作于1935年，正是其创作旺盛、成熟期的作品。

周晚山点笔紫薇，松秀不落作家气，雨窗拨闷，偶师其意。时癸亥六月。

方仲仁兄世大人雅鉴

自庵容祖椿画并记

商衍鎏书法扇面、赠诗

商衍鎏，书法家，广东番禺（今广州市）人，原清驻防广州正白旗汉军籍。光绪二十年（1894）甲午科举人。光绪三十年（1904）甲辰科进士。曾任翰林院编修。1906年被派往日本东京法政大学学习法政。后历任国史馆协修，实录馆总校官、帮提调等职。1912年受聘德国汉堡殖民学院东亚系（该学院后并入汉堡大学）当研究助理，讲授中文。1919年回国，历任副总统府顾问、江苏督军署内秘书、大总统府咨议、江西省财政特派员。1927年任国民政府财政部秘书。中华人民共和国成立后历任江苏省文史馆馆长、中央文史馆副馆长、广东省政协常委、广东省文史馆副馆长等职。著有《清代科举考试述录》（三联书店，1958年）、《太平天国科举考试纪略》（中华书局，1961年）、《商衍鎏诗书画集》（香港商务印书馆，1962年）等。

商衍鎏与梁方仲皆为广东番禺人，出生书香世家、望族，成为世交。商衍鎏送给梁方仲一首诗中便有“三世交联马少监，最难智慧性肫诚”的句子。在中山大学时期，商衍鎏、商承祚父子与梁方仲时有来往，唱和诗作与切磋学术。

一、扇面

已而云气常绕，神灵密卫，天屣有响，皇威凛然。及臣之至者，八十三年矣。方今加惠万灵，蕃字育养，以增方来之隆，而顾追已睹之盛。臣芾于是丹垩其上，冀修封之后，有是举也。

方仲仁世兄雅正

商衍鎏七十有五

二、赠诗

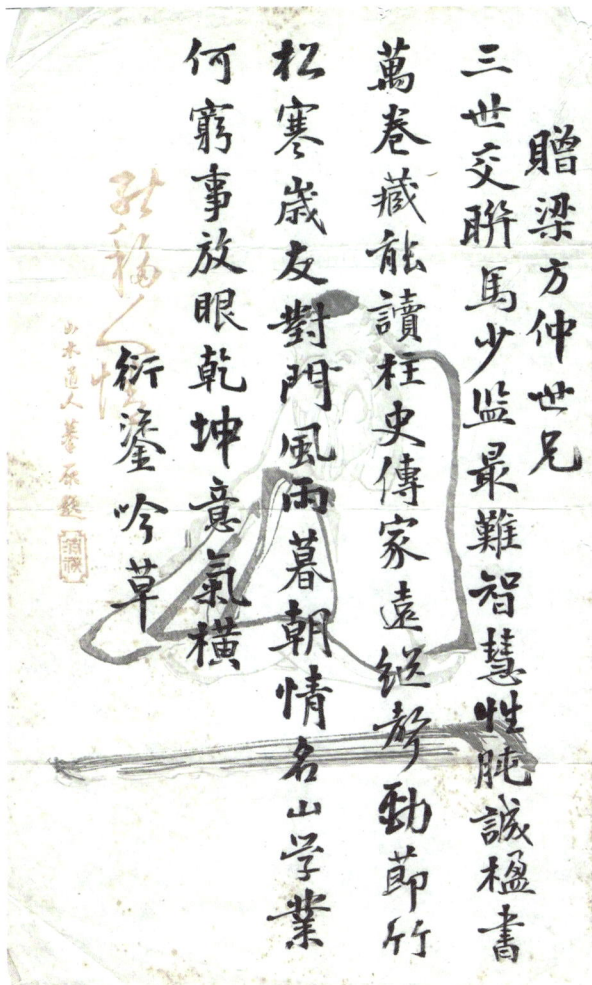

赠梁方仲世兄

三世交联马少监，最难智慧性肫诚。

楹书万卷藏能读，杜史传家远继声。

劲节竹松寒岁友，对门风雨暮朝情。

名山学业何穹事，放眼乾坤意气横。

衍鎏吟草

三、赠诗

方仲世讲性情醇挚，故其诗一洗凡响，不假雕琢而语自秀丽。中学具有根柢，更留学欧洲，足迹遍于东西，返而著书精研历代之粮赋户口。出以问世，是皆有益于社会民生经济之专著，间为吟咏亦复琅然可诵，为此喜而赋之。

沧海狂澜少壮年，经遇哀乐眼云烟。
虬龙浪击三千丈，骐骥风嘶万里边。
纪事怀人存挚性，专门史学著粮田。
尤难独具宏通识，心系苍生手一篇。

一九六二年一月

八十八叟商衍鎏于康乐村

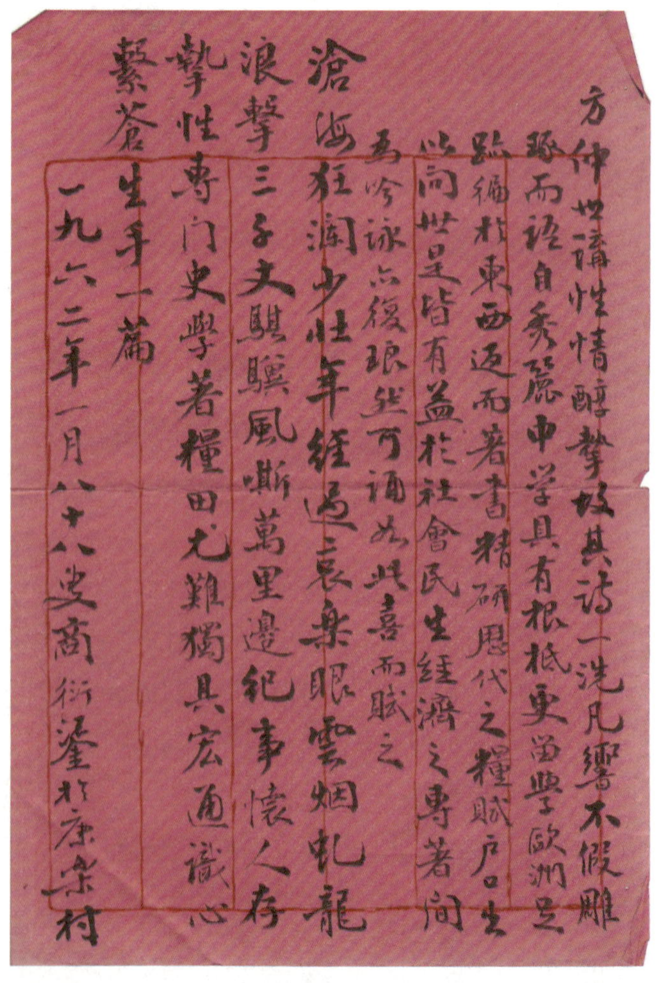

方仲世講性情醇摯故其詩一洗凡響不假雕
琢而語自秀麗中學具有根柢更留學歐洲足
跡徧於東西返而著書精研歷代之糧賦戶口出
以問世是皆有益於社會民生經濟之專著間
為吟詠亦復琅然可誦為此喜而賦之
滄海狂瀾少壯年經遇哀樂眼雲烟虬龍
浪擊三千丈騏驥風嘶萬里邊紀事懷人存
摯性專門史學著糧田尤難獨具宏通識心
繫蒼生手一篇
一九六二年一月八十八叟商衍鎏於康樂村

四、哀词

梁承烈世侄女哀词

梁氏有好女，问名曰承烈。家世称清华，绵绵衍瓜瓞。
溯女堕地初，夷裀正兀嵲。避寇在西蜀，半椽困竭蹶。
一旦得掌珠，父母心愉悦。学步觅枣梨，学语弄簧舌。
幼小解人意，玲珑斗冰雪。寇退到金陵，小学车发辙。
随父共读书，弯灯闪明灭。不久获解放，全家还东粤。
我也适南归，万宇喜邻结。女父三世交，相见往来迭。
知女锲不舍，学修日通彻。在家孝庭闱，在党奉圭臬。
不但智慧优，身体更如铁。运动得锦标，比赛红旗掣。
上海与北京，球队推骁杰。年岁则十九，高中前茅列。
政府善培养，爱护加提挈。社会竞奖羡，师友咸夸说。
正如出匣剑，精光吐列缺。奈何霹雳惊，突然发高热。
或言游泳起，毒菌窜入血。或言脑膜炎，罡风吹木折。
病源医未知，昏瞀忽长诀。刀割父母心，崩催肝胆裂。
我闻亦凄恻，慰语含哽咽。岂是天瑶草，人间生不屑。
岂是我佛言，缘尽亲则绝。茫茫叹人生，电光本一瞥。
彭殇寿同致，蒙庄义曾泄。江河万古流，那有尽清洁。
明月共千秋，那有圆不阙。苦痛世间常，事实非虚设。
伤心到极处，只有忍心撇。且劝女父母，勉看空一切。

一九六〇年五月三十一日方仲丧其爱女承烈，亲党师友失声同悲，余与方仲交深，竟不能出语以解之。为赋哀词，尚望方仲且心达观，善保有用之身，以勉释悲思于万一耳。

商衍鎏并识

毒菌竄入血中言腦膜炎罡風吹木折
病源醫未知昏瞀忽長訣刀割父母心
崩摧肝胆裂我聞亦悽惻懸語含哽咽
豈是天瑤草人間生不屑豈是我佛言
緣盡親則絕茫茫歎人生電光本一瞥
彭殤壽同致蒙莊義曾泄江河萬古流
那有盡清潔明月共千秋那有圓不闕
苦痛世間常事實非虛設傷心到極處
祗有忍心撇且勸女父母勉看空一切

一九六零年五月三十一日方仲喪其愛女承烈
親黨師友失聲同悲余與方仲交深竟不能出語
以紓之為賦哀詞尚望方仲且心達觀善保有
用之身以勉釋悲思於萬一耳　商衍鎏并識

梁承烈世姪女哀词

梁氏有好女向名曰承烈家世稱清華
綿綿衍瓜瓞潮女墮地初弟禍正兀臬
避寇在西蜀半椽困谒蹶一旦得掌珠
父母心愉悦學步覓棗梨学语弄黃舌
幼小稱人意玲瓏剔冰雪寇退到金陵
小學車發轍隨父共讀書書燈同明滅
不久慶解放全家遷東粤我也適南歸
寓字喜隣结女父三世交相見往来迭
知女鍥不舍学修日通徹在家孝庭闈
在黨奉圭臬不但智慧優身體更如鋼
運動奪錦標比賽紅旗掣上海与北京
球隊推驍傑年歲剛十九高中前茅列
政府善培養愛護加提挈社會競獎羡

五、赠诗

康乐村居杂诗

十月风花绿树稠，山堂学府境清幽。
纱窗不隔天光远，云雨阴晴尽态收。

雁来红傍绿迎春，远近繁疏各有神。
移植芭蕉虽弱小，卷舒常喜叶翻新。

万木浓阴朝日薄，风声疑是雨声来。
荔枝橄榄香檬果，掩映松杉错落栽（居舍前后花木）。

终日纱门静不关，论文得友乐宽闲。
有时把卷游廊坐，惜被云封少见山。

啁啾小鸟倦还飞，任意枝栖饮啄微。
堪笑吞舟鱼巨口，但求死饱一身肥。

天真活泼爱孙曾，问字观书共一灯。
昵我坡陀闲散步，争先笑我怯超腾。

浅草平沙四处通，携筇不辨路西东。
相逢尽是青春侣，我亦颓颜欲返童。

红花夹道叶冬荣，高耸繁英说紫荆。
莫是移来从海外，群芳比拟锡嘉名（道旁时有二三丈大树，遍开红花，自冬至春数月不绝，绿荫中间之殊为美观。人谓之紫荆，然与旧载之称紫荆者迥异，故疑为海外南岛之花）。

得地盘根万竹林，节坚不畏雪霜侵。

迎风总爱晴和好，独立干霄自古今校内竹林一区，历年搜集品类有一百余种。

目中所见惟书史，耳畔不闻车马声。

痴愿淘将渣滓净，此身与世共光明。

衍鎏率草

方仲诗家和正

用箋

淺草平沙四處通携筇不辨路西東相
逢盡是青春侶我亦頹顔欲返童
紅花夾道葉冬榮高聳繁英說紫荊莫

考古學社用箋

是移来從海外羣芳比擬錫嘉名（道旁時有二三丈大樹徧開紅花自冬至春數月不絕綠陰中間之殊為美觀人謂之紫荊然与舊載之稱紫荊者迥異故疑為海外南島之花）
得地盤根萬竹林節堅不畏雪霜侵迎風總
愛晴和好獨立千霄自古今（校内竹林一區歷年搜集品類有一百餘種）
目中所見惟書史耳畔不聞車馬聲癡頑
淘將渣滓淨此身與世共光明

衍鎏寧草

方仲詩家和正

康樂村居襍詩

十月風花綠樹稠，山堂學府境清幽。紗牕不隔天光遠，雲雨陰晴盡態收。

雁來紅傍綠迎春，遠近繁疏各有神。移植芭蕉雖弱小，卷舒常喜葉翻新。

萬木濃陰朝日薄，風聲疑是雨聲來。荔枝橄欖甘（香）檬果，掩映松杉錯落栽。（居舍前後花木）

終日紗門靜不閑，論文得友樂寬閒。有時把卷遊廊坐，惜被雲封少見山。

啁啾小鳥倦還飛，任意枝棲飲啄微。堪笑吞舟魚巨口，但求死飽一身肥。

考古

商衍瀛书法扇面

商衍瀛，书法家，广东番禺（今广州市）人，原籍汉军正白旗。光绪二十九年（1903）癸卯科进士，授翰林。曾任散馆编修，翰林院侍讲兼京师大学堂预科监督。1908年被派往日本考察大学学制。被溥仪授予南书房行走官衔。在伪满洲国任执政府秘书兼内务官。中华人民共和国成立后，任中央文史馆馆员。善书法。

予家深山之中，当春夏之交，苍藓盈阶，落花满径，山门无剥啄。松影参差，禽声上下，午睡初足，汲山泉，拾松枝。烹苦茗，随意读《周易》《国风》《左氏》《离骚》，太史公书及陶、杜诗，韩、苏文数篇。从容步山径，抚松竹，与麟犊共偃息于长林丰草间，坐弄流泉，漱齿濯足，既归竹窗下，山妻稚子作笋蕨，供麦饭。欣然一饱，弄笔胸间随小大作数十字，展所藏法帖墨迹画卷纵观之。兴到则吟小诗，或草《玉露》两段，再煮苦茗一杯。出步溪边，邂逅园翁溪友，问桑麻，说秔稻，量晴较雨，相与剧谈一饷，归而倚杖柴门则夕阳在山矣。

方仲世兄清拂

商衍瀛

沈宗畸山水扇面、书法扇面

沈宗畸，字太侔，号南雅、孝耕等，广东番禺（今广州市）人。光绪十五年（1889）己丑科举人，任礼部祠祭司。有吟诗咏词的雅好，早年以一首《落花诗》闻名京师，是南社社员。1908年在京发起成立“著君吟社”。同年还发起编辑《国学萃编》杂志（原名《国粹一斑》）。亦是藏书家，并辑刻有《晨风阁丛书》等。

一

方仲七世兄正

南野畸

二

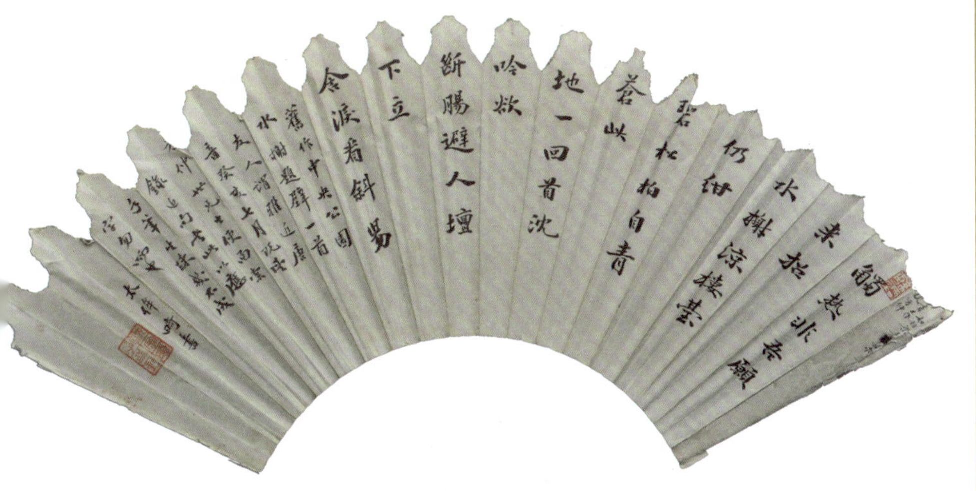

触热非吾愿，来招水榭凉。

楼台仍绀碧，松柏自青苍。

此地一回首，沈吟欲断肠。

避人坛下立，含泪看斜阳。

旧作中央公园水榭题辞一首，友人谓雅近唐音。癸亥七月阮望方仲世兄出便函索录近句，书此以应，手笔生疏，几不成字，勿哂也。

太侔畸书

苏玉海书法扇面

苏玉海，书法家，奉天府义州（今辽宁锦州）人。光绪年间钦赐举人。纳资得道员，官至山西候补道。溥仪逊位后，即返原籍，终日诗书相伴。著有《铁园诗文稿》。

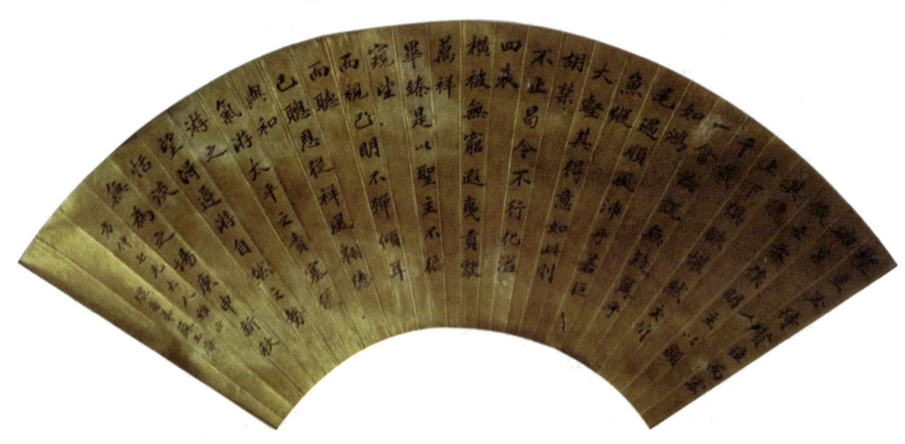

圣主必待贤臣而宏功业，俊士亦俟明主以显其德。上下俱欲，驩然交欣，千载一合，论说无疑。翼乎如鸿毛遇顺风，沛乎若巨鱼纵大壑。其得意如此，则胡禁不止，曷令不行？化溢四表，横被无穷，遐夷贡献，万祥毕臻。

是以圣主不遍窥望，而视已明，不殚倾耳，而听已聪。恩从祥风翱，德与和气游，太平之责塞，优游之望得。遵游自然之势，恬淡无为之场。

庚申新秋方仲七兄大人雅正

琨甫弟苏玉海

王鉴心书法扇面

王鉴心，广东南海（今佛山市）人。道光十七年（1837）丁酉科举人，候选教谕。咸丰初经办秀水局团练，以规划有方获六品顶戴，得太常寺博士、光禄寺署正衔。以授徒为业，在广州文澜书院执教50年，道光三年（1821）始，任广州文澜书院山长。著有《匪不可斋讲义》《匪不可斋诗草》《易经图说》等。

伊兹事之可乐，固圣贤之所钦。课虚无以责有，叩寂寞而求音。函绵邈于尺素，吐滂沛乎寸心。言恢之而弥广，思按之而逾深。赋云谢朝华于已披，启夕秀于未振，是余书旨也。晋时王廙专师钟书，及右军出，始夺其名。所谓小儿不爱家鸡唯爱野鹜耳。

光绪壬午春三月临董帖，伯惺仁弟书家雅属

六朝老人王鉴心

王嵩儒书法条幅

王嵩儒，汉军正红旗人。清政府时曾为湖广总督张之洞幕僚，历任湖北县知事。民国后投湖北督军王占元。1919年4月任湖北财政厅厅长。后任湖北督军署秘书长、西岸榷运局局长。1923年历任北京政府内务部次长、农林部次长。著有《三国志兵事钩元》《掌故零拾》等。

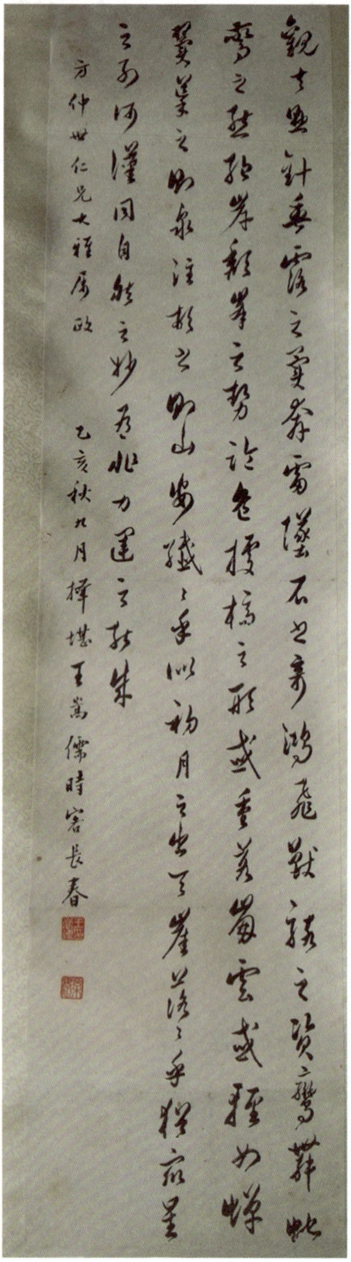

观夫悬针垂露之异，奔雷坠石之奇，鸿飞兽骇之资，鸾舞蛇惊之态，绝岸颓峰之势，临危据槁之形；或重若崩云；或轻如蝉翼；导之则泉注，顿之则山安；纤纤乎似初月之出天涯，落落乎犹众星之列河汉；同自然之妙有，非力运之能成。

方仲世仁兄大雅属政

乙亥秋九月择堪王嵩儒时客长春

王献唐书画扇面

王献唐，图书馆学家，山东日照人。毕业于青岛高等专门学校土木工程科及礼贤书院文科。1925年赴北京，开始研究目录学，并与丁惟汾等共同研究音韵、古文字。1929年任山东省立图书馆馆长。1940年任国史馆总纂（总干事），兼任山东大学、武汉大学教授。1948年复任山东省立图书馆馆长。中华人民共和国时期曾任山东文物管理委员会副主任、故宫博物院研究员等职。精于金石文字、版本目录之学，善诗文、书画和印章。著有《两汉印帚》等。

方仲先生出先德书扇嘱画，勉写秋山枫影，愧未相称也，希正之，时三十三年九月京华雨窗记。

王献唐

王育仁书法扇面

王育仁，生平不详。

道可道，非常道。名可名，非常名。无名天地之始；有名万物之母。故常无，欲以观其妙；常有，欲以观其徼。此两者，同出而异名，同谓之玄。玄之又玄，众妙之门。

天下皆知美之为美，斯恶已。皆知善之为善，斯不善矣。故有无相生，难易相成，长短相形，高下相倾，音声相和，前后相随。是以圣人处无为之事，行不言之教；万物作焉而不辞，生而不有为，而不恃，功成而不居。夫惟不居，是以不去。

不尚贤，使民不争。不贵难得之货，使民不为盗。不见可欲，使民心不乱。是以圣人。

方仲七兄大人教

庚申六月

王育仁

王越赠诗

王越，教育史学家，广东兴宁人。1926年毕业于东南大学教育系。1930年入燕京大学研究院、北京大学研究所国学门当研究生。历任中山大学、广东文理学院教授。中华人民共和国成立后，历任中山大学教务长、暨南大学副校长、广东省第二届至五届政协副主席，并曾任第一届全国教育学会副会长、全国教育史学会副理事长等。1957年加入中国共产党。著有《人格测量》（上海商务印书馆，1931年）、《教学原理》（香港文化供应社，1942年）等。

将别中大赠方仲

王　越

论交犹忆卅年时，沥胆披肝传有之。
大破狂言皈马列，俯看岭表矗红旗。

说明：王越原是中山大学的教务长，1958—1959年前后暨南大学在广州复办，王越受命作为筹办人之一，由中山大学调至暨南大学。此诗即写于此时。

中山大學

臨別牛大姊方仲

論交猶憶卅年時，瀝膽披肝信有之。
大破狂言成馬列，仰天嘯表插紅旗。

王越

魏戫书法扇面

魏戫，书法家，浙江山阴（今绍兴）人。光绪十一年（1885）乙酉科举人。工书法，尤擅魏碑。又工诗词声律，对传统乐器及昆、徽等戏曲无不精通。梅兰芳、程砚秋、余叔岩、俞振飞等都曾向其学习。又善武术，常以武人自居，尚或授武，为人仗义，有古侠士风，号“大侠”。著有《寄榆词》（济美堂袁涤庵木活字本，1937年）等。

公乃勉率僚佑，肃心营造，远访名工，穷尽巧丽，建七层之宝刹，写双树之光仪。金琼叠照，朱紫联华，长廊四密，广厦清疏，名僧远萃，大法津流。

方仲世兄雅属

庚申七月魏戫

温肃书法扇面

温肃，书法家，广东顺德（今佛山市顺德区）人。光绪二十八年（1902）壬寅科举人，次年中进士，改翰林院庶吉士。后任散馆编修，继任国史馆、实录馆协修。宣统二年（1910）补授湖北道监察御史。1917年张勋复辟，被授予都察院副都御史。他曾为溥仪的老师，1922年被溥仪授予“南书房行走”之职。1929年受聘香港大学教授哲学、文词两科。著有《贞观政要讲义》《温文节公集》等。工书法。

玉帐牙旗出上游，安危须共主君忧。
窦融表已来关右，陶侃军宜次石头。
岂有蛟龙愁失水，更无鹰隼与高秋。
昼号夜哭兼幽显，早晚星关雪涕收。
方仲老世台属
庚申八月
温肃

吴晗致梁方仲信封

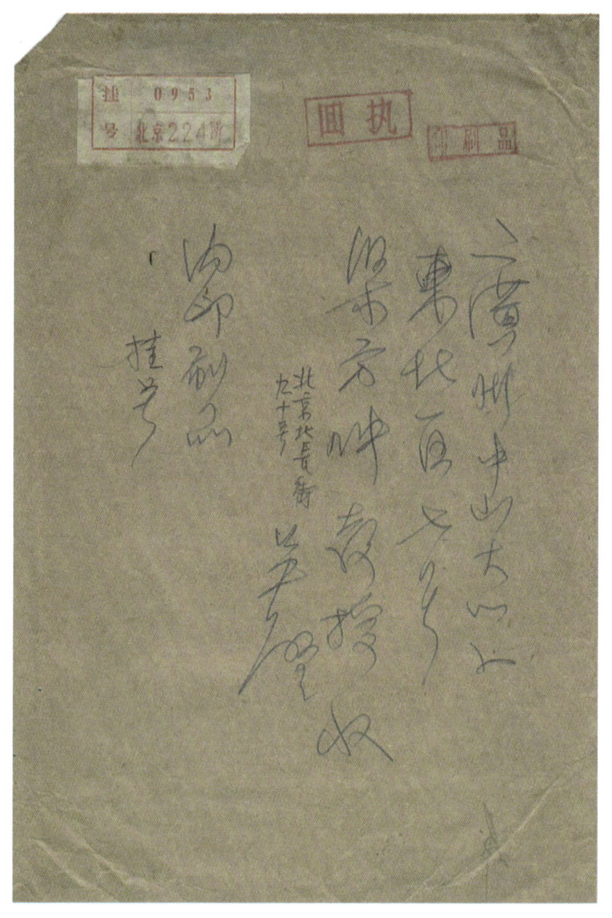

广州中山大学东北区七号

梁方仲教授收

北京北长街九十号吴晗

内印刷品

挂号

向达题莫高窟碑拓本、转录陈寅恪赠诗

向达，历史学家，湖南溆浦人。1924年毕业于南京高等师范大学（一说东南大学）文史系。1924年后任商务印书馆编辑、北平图书馆编纂委员会委员，兼北京大学讲师。1935年先后出访英国牛津大学图书馆、伦敦不列颠博物馆、德国普鲁士科学院及法国巴黎国立图书馆，研究敦煌文书及中外交通史。回国后，任浙江大学、西南联大、北京大学教授。1941年随西北史地考察团赴河西走廊和敦煌实地考察。1943年，作为西北科学考察团历史考古组组长，再赴河西。中华人民共和国时期，历任北京大学教授、图书馆馆长，中国科学院历史研究所第二所副所长，中国科学院哲学社会科学部委员，第二、三届全国政协委员。著有《唐代长安与西域文明》（《燕京学报》专号之二，1933年）、《中西交通史》（中华书局，1930年）、《蛮书校注》（中华书局，1962年）等。

向达与梁方仲抗战时期于昆明结识，书生惜书生，不管是在顺境抑或是在逆境中，两人交往不断，友谊维持终生。

一、题莫高窟碑拓本

元至元八年莫高窟碣，在今敦煌城东南四十里之千仙洞，上具梵藏西夏巴斯巴蒙古字及回纥之六体书，皆唵嘛呢叭咪吽六字真言之各种文字对音也。

卅二年六月旅居其间，因手拓一份，奉贻方仲仁兄清鉴。

卅三年二月八日向达记于栗峰精舍

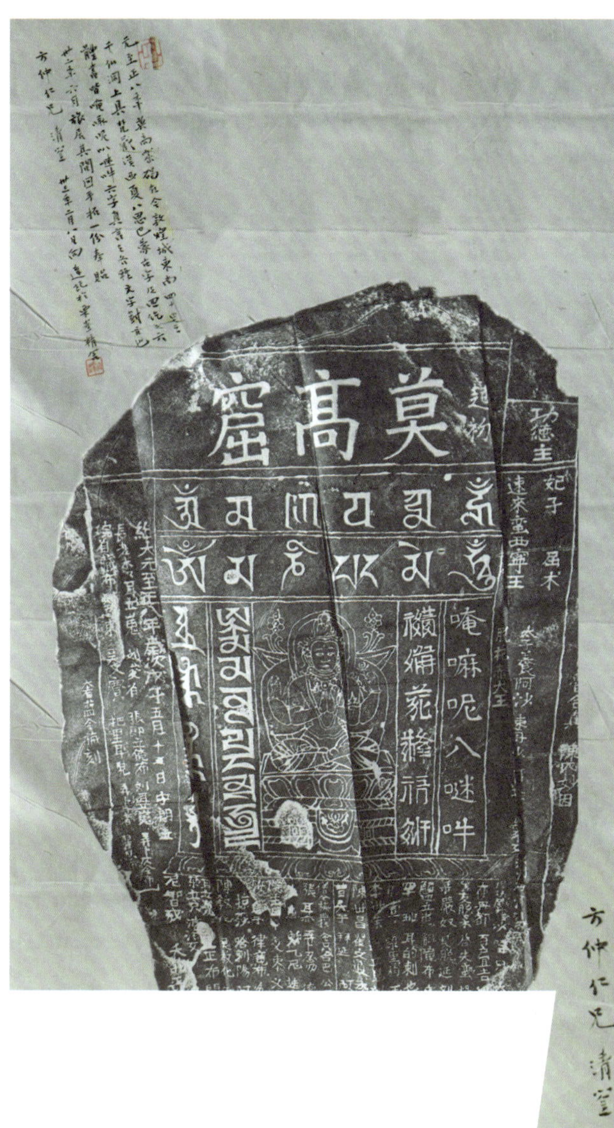

元至正八年莫高窟碣在今敦煌城東南四十里之
千仙洞上具梵藏漢西夏八思巴蒙古字及畏兀之六
體書皆唵嘛呢叭𠺗吽六字真言之各種文字對音也
卅二年六月旅居其間因手拓一份奉貽
方仲仁兄 清鉴 卅三年二月八日向達記於果孝精舍

二、转录陈寅恪赠诗

奉赠觉明兄即求哂政

慈恩顶骨已三分，西竺遥闻造塔坟。
吾有丰干饶舌悔，羡君辛苦缀遗文。

梵语还原久费工，金神宝枕梦难通。
转怜当日空奢望，竟与拈花一笑同。

握手重逢庾岭南，失明膑足我何堪。
傥能八十身犹健，公案他年好共参。
寅恪甲辰春分日
一九六四年三月廿六日向达录呈方仲仁兄

说明：1964年3月15日，向达已摘去“右派”帽子多年，他自费到广州考察研究。中山大学陈序经、钟一均、胡守为和梁方仲到火车站迎接。是日在梁方仲家里吃晚餐，翌日早上由梁氏陪往见陈寅恪。向达在广州与陈寅恪曾多次畅谈，后者于春分日写下三首绝句赠与向达，向达即特转录陈诗给梁方仲，以示老友同好之意。

奉贈

覺明兄即求 哂政

慈恩頂骨已三分，西竺遠聞造塔墳。吾有豐干饒舌悔，羨君辛苦綴遺文。

梵語還原久費工，金神寶枕夢難通。轉憐當日空奢望，竟與拈花一笑同。

握手重逢庾嶺南，失明臏足我何堪。僅能八十身猶健，公案他年好共參。

寅恪 甲辰春分日

一九六四年三月廿六日向達錄呈
方仲仁兄

杨鼎元书法条幅

杨鼎元，生平不详。

爱立此寺，评号等慈，境实郑州县称汜水。班倕既集，矩矱斯备，节临等慈寺碑以应。

方仲仁世兄大疋之属

乙亥冬复道人杨鼎元

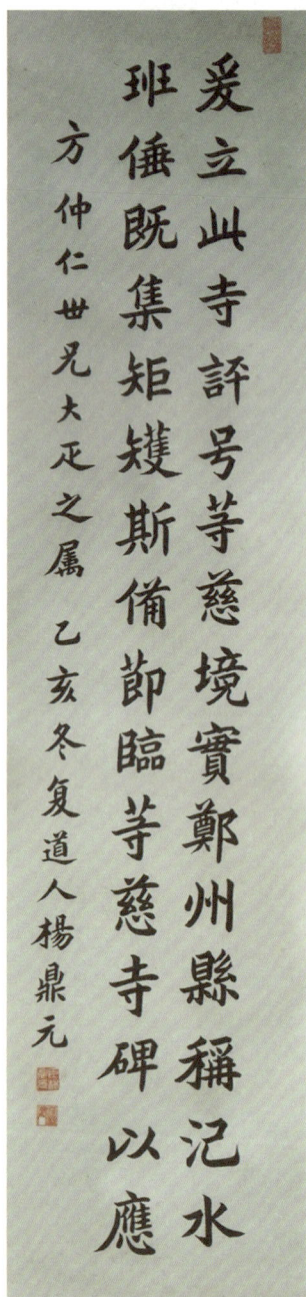

杨景臣松竹扇面

杨景臣，生平不详。

庚申夏六月，方仲世台大雅之属。景臣写于京师

杨联陞书法条幅

杨联陞，历史学家，河北保定人。1937年毕业于清华大学经济系。1940年赴美国哈佛大学读研究生，1942年获硕士学位，1946年获博士学位。后留在哈佛大学远东语文系任教，累升至教授、讲座教授。著有《中国制度史研究》（哈佛大学出版社，1961年）、《汉学散策》（哈佛大学出版社，1969年）、《汉学论评集》（台北食货出版社，1982年）、《中国货币与信贷史》（哈佛大学出版社，1952年）等。

杨联陞与梁方仲虽同为清华大学的学生，由于两人入读和毕业时间相差好几个年级，估计在校期间并不熟悉。而在1944—1946年两人在哈佛大学时一下子便熟络起来，其主要原因之一两人都热心和专注于经济史之研究，同时都热爱诗词。在哈佛大学那段时间，杨联陞和梁方仲、吴于廑、林同济等彼此间常作诗唱和。

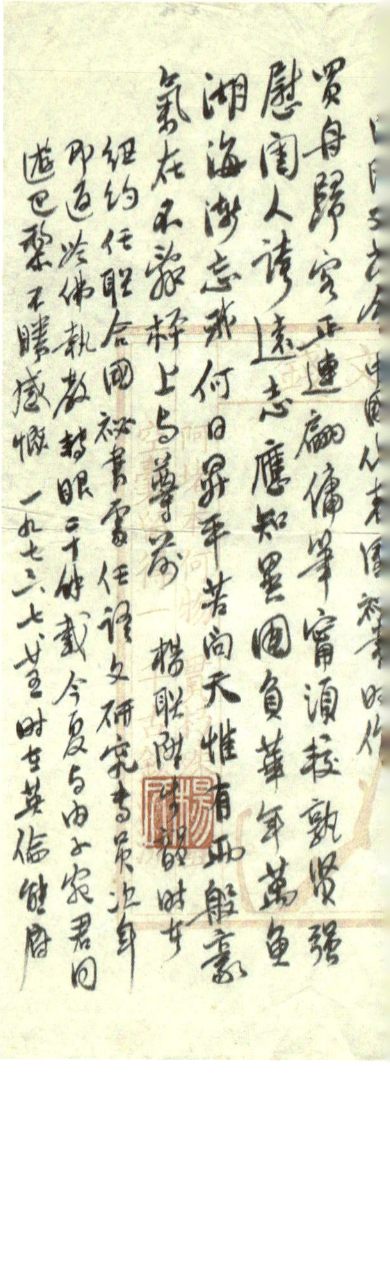

座中书记最翩翩，谁分沉冥觉独贤。
银烛华灯传往事，哀丝繁管集中年。
绝怜醉纸迷金地，来证诸缘众妙天。
铁塔高寒傲湖海，元龙豪气自天前。
梁方仲一九四六年夏在巴黎任国际文教会中国代表团秘书时作

买舟归客正连翩，傭笔宁须较孰贤。
强慰闺人夸远志，应知异国负华年。
万里湖海渐忘我，何日升平若问天。
惟有两般豪气在，不辞枰上与尊前。
杨联陞步韵，时在纽约任联合国秘书处任语文研究专员。次年即返哈佛执教，转眼二十余载。今夏与内子宛君同游巴黎，不胜感慨。一九七三、七、廿五，时在英伦熊府

说明：杨联陞此诗写于1946年10月，然此条幅是写于1973年7月25日。杨氏如此郑重地将梁方仲和他自己所写的两首诗抄于宣纸，猜测其原因有二：一是很欣赏梁氏和自己这两首诗；二是该年（1973年）杨氏与其夫人同游巴黎，面对巴黎景色，尤其巴黎铁塔，触景生情，脑里浮现了他与梁方仲唱和那两首诗。其时梁方仲辞世已三年，杨氏追思往事故人之情油然而生，故特别将之写成宣纸墨品。此条幅亦可看作悼念故友之作。20世纪80年代，杨氏特将保留近二十年的条幅寄赠梁承邺。

叶恭绰书法对联

叶恭绰，文史学家，广东番禺（今广州市）人。清末举人。京师大学堂毕业，后留学日本，加入孙中山领导的同盟会。曾任湖北农业学堂、两湖师范学堂教师，清政府铁道督办。辛亥革命后，曾任北洋政府交通部次长、总长，交通行总理，交通大学校长，全国铁路学会会长，孙大元帅广州大本营财政部部长、南京国民政府铁道部部长、故宫博物院常务理事、国学馆馆长。创办交通银行，筹办交通大学。1950年从香港回到北京，任政务院文化教育委员会委员、中央文史馆副馆长、北京画院院长、中国文字改革委员会常委。1953年发起组织中国佛教协会。著有《遐庵词》《遐庵诗稿》《遐庵谈艺录》等。

叶恭绰与梁方仲都属广州番禺人，两家为世交。

一

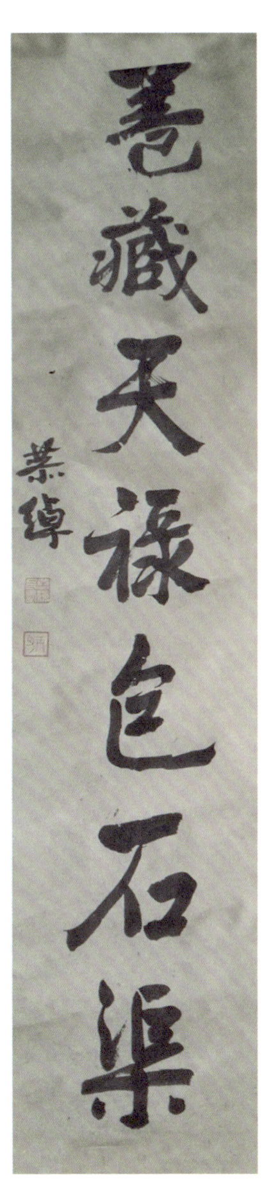

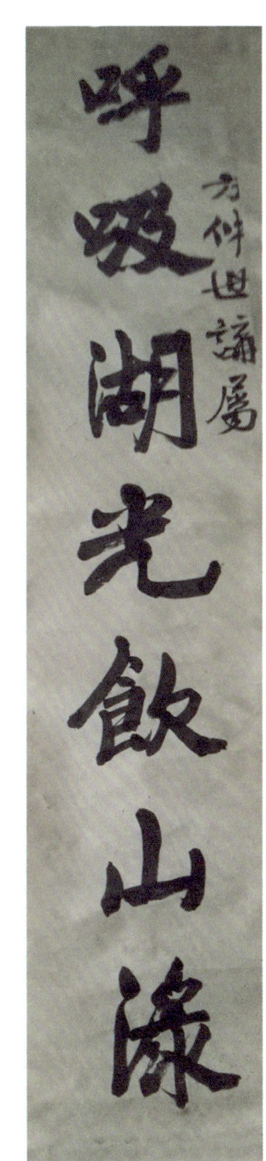

方仲世讲属

呼吸湖光饮山渌，卷藏天禄包石渠。

恭绰

二

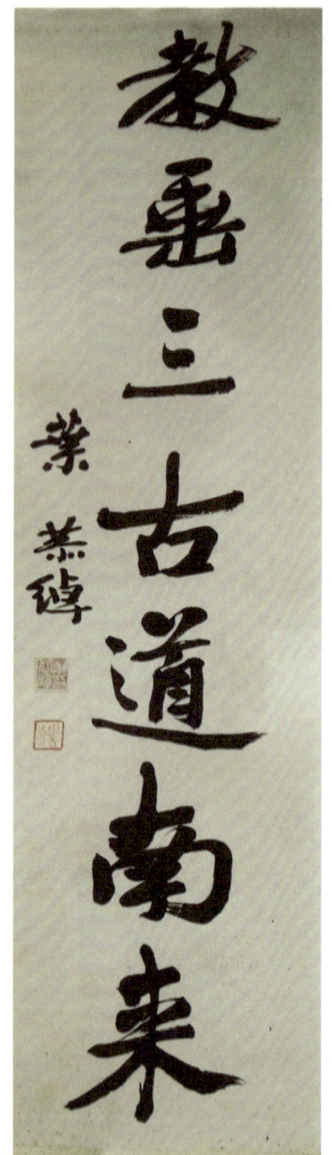

方仲世讲属

学会百川水东注，教垂三古道南来。

叶恭绰

曾习经书法扇面

曾习经，藏书家，广东揭西人。光绪十五年（1889）举人，越年中进士，旋分户部。曾任大清银行监督、税务处提调、印刷局总办，创办税务学堂。民国政府曾三次聘请其出任财政部部长、广东省省长之职，固辞不受。善诗词，著有《蛰庵诗存》《秋翠斋词》等。能书善画，有《曾习经字帖》《挂瓢图》《南塘一角图》等书画传世。拥有收藏繁富的藏书楼“湖楼”，通版本目录学。

初秋凉气发，庭树微销落。
凝霜依玉除，清风飘飞阁。
朝云不归山，霖雨成川泽。
黍稷委畴陇，农夫安所获。
在贵每忘贱，为思谁能博。
狐裘足御冬，焉念无衣客。
思慕延陵子，宝剑非所惜。
子其宁尔心，亲交义不薄。

曹植赠丁仪一首。《魏志》：仪有文才，子建赠以此诗，有怨刺意。

方仲仁世兄雅属

庚申四月

习经

初秋涼氣發庭樹
微銷
落凝霜依玉除清
風飄
飛閣朝雲不歸山
霖雨成
川澤黍稷委疇
隴農
夫安所獲在貴多
忘賤
為恩誰能博狐裘
足禦
冬為念無衣客思
慕延
陵子寶劍非所惜
子其
寧爾心親交義不
薄
曹植贈丁儀

张锡麟书法条幅

张锡麟，书法家，广东番禺（今广州市）人。光绪二十三年（1897）拔贡生、举人。后掌教广东广雅书院。善文史、书法，以写北碑见称，尤以小楷见长。辛亥革命后曾居安福军幕。著有《棨园诗钞》等。

梁方仲祖母乃张锡麟之姐。

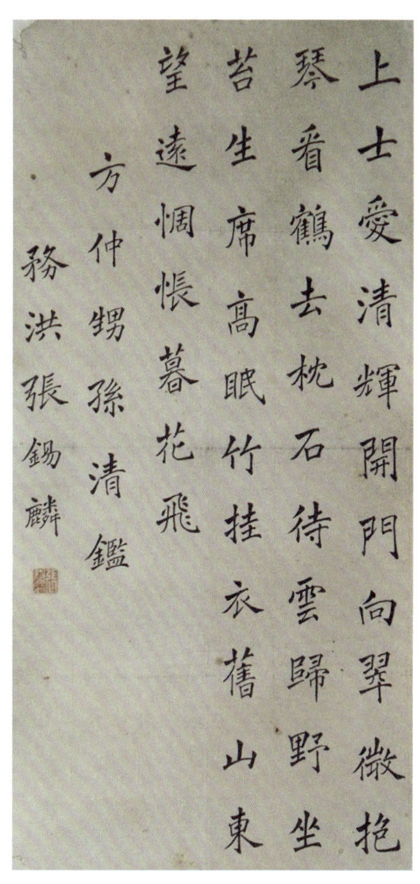

上士爱清辉，开门向翠微。
抱琴看鹤去，枕石待云归。
野坐苔生席，高眠竹挂衣。
旧山东望远，惆怅暮花飞。
方仲甥孙清鉴
务洪张锡麟

张荫麟书法扇面

张荫麟，历史学家，广东东莞人。1929年毕业于清华大学。是年获公费到美国斯坦福大学攻读西洋哲学史和社会学，1933年获哲学博士学位。回国后到清华大学任历史、哲学两系讲师，不久升为教授。抗战时期，曾到长沙临时联合大学、西南联大、浙江大学任教。

梁方仲在入读清华学校不久（1926年）便结识了张荫麟这广东“老乡”，由于对文史和译作等方面等爱好，被这位“老乡”的才气和好学勤奋精神所折服，两人间很快便熟络起来，成为好友和诤友。1929年张荫麟赴美留学在上海出发前专门写下扇面送给梁方仲，便是那时他俩之间友谊的明证。1934年张荫麟回国后到清华大学任教，两人间友谊仍在。梁方仲、吴晗动员张氏参加他们早先组织的“史学研究会”。1934年梁方仲在《大公报·图书副刊》上发表的书评《陈登元著〈中国土地制度〉》就是由张氏推荐给《大公报》的。1942年当张荫麟辞世噩耗突至，震惊悲痛之下，梁氏即时下“哭张荫麟”（三首）。梁方仲于张荫麟辞世后次年，执笔以《中国社会经济史集刊》编辑部名义写了一题为《张荫麟君事略》悼文。

红颗珍珠诚可爱，白须太守亦何痴。

十年结子知谁在，独向庭中种荔枝。

右白香山诗。十八年八月将之美洲，海上书此为方仲弟留念

荫麟

张云涛书法扇面

张云涛，生平不详。

方仲吾弟察书

博学之，审问之，慎思之，明辨之，笃行之。言忠信，行笃敬，惩恶室惭导善改过，正其谊不谋其利，明其道不计其功，己所不欲勿施于人，行有不得，反求诸己，己欲利而利人，己欲达而达人。

此扇系前年方弟属书，置阁遗忘，今检书之。

云涛

丙寅中伏

志达书法扇面

志达，生平不详。

永和九年，岁在癸丑，暮春之初，会于会稽山阴之兰亭，修禊事也。群贤毕至，少长咸集。此地有崇山峻岭，茂木修竹；又有清流激湍，映带左右。引以为流觞曲水，列坐其次；虽无丝竹管弦之盛，一觞一咏，亦足以畅叙幽情。是日也，天朗气清，惠风和畅，仰观宇宙之大，俯察品类之盛；所以游目骋怀，足以极视听之娱，信可乐也。夫人之相与，俯仰一世：或取诸怀抱，晤言一室之内；或因寄所托，放浪形骸之外，虽取舍万殊，静躁不同。当其欣于所过，暂得于已，快然自足，曾不知老之将至；及其所之既倦，情随事迁，感慨系之矣！向之所欣，俯仰之间，已为陈迹，犹不能不以之兴怀，况修短随化，终期于尽；古人云："死生亦大矣！"岂不痛哉？每览昔人兴感之由，若合一契，未尝不临文嗟悼，不能不喻之于怀。固知一死生为虚诞，齐彭殇为妄作。后之视今，亦犹今之视昔，悲夫！故列叙时人，录其所述，虽世殊事异，所以兴怀，其致一也，后之览者，亦将有感于斯文！《兰亭》考辩等于议礼。曾髯农谓：以予所见，赵子固、柯丹邱、汪容甫三本所称定武石者，皆率更书也，与《化度》同意。"颍上本""黄龙本"，河南书也，与《圣教》同意。董思翁称"黄龙"胜"定武"，汪容甫诋之是矣。庚申秋七月写奉

方仲世兄大人正

弟志达

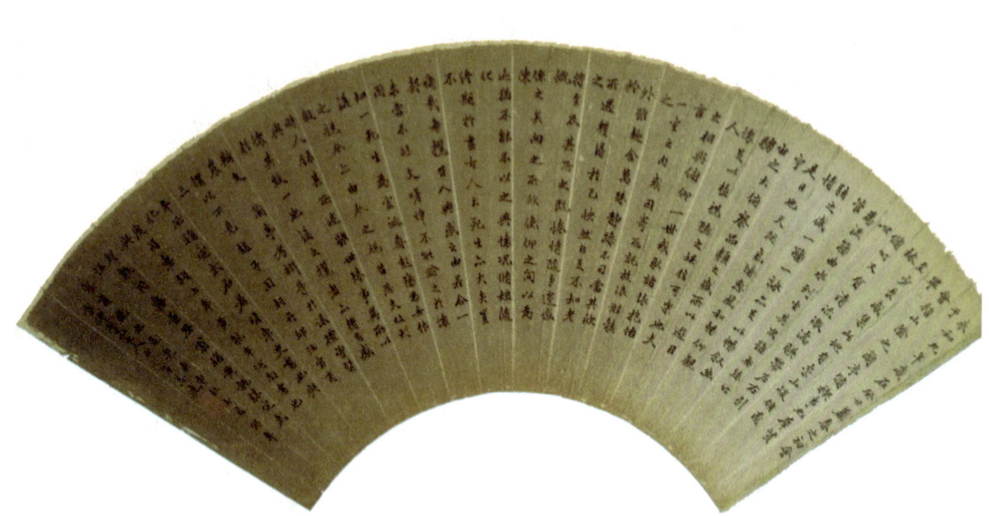

朱汝珍书法扇面

朱汝珍，书法家，广东清远人。光绪十八年（1892）入广雅书院。光绪二十三年（1897）考取拔贡，以朝考一等钦点七品小京官，旋升刑部主事。光绪二十九年（1903），乡试中举。光绪三十年（1904）进士殿试钦点榜眼及第。光绪三十二年（1906），被选派到日本东京法政大学读法律。光绪三十四年（1908）毕业回国。宣统元年（1909）奉派到中国各地调查现代商业操作习惯，提交长达数十万言的调查报告。宣统二年（1910），清朝举办第一次法官招聘考试，被委派往贵州出任主考。民国时期，朱氏以“南书房行走”留在溥仪的小朝廷，从事《德宗实录》等史书的编撰工作。1924年从商于津、沪间，在天津开设印刷馆。1929年在香港创办隘园学院，自任院长；兼任香港清远工商总会会长。1931年任香港大学中文学院哲学及文词两科教席和香港学海书楼主讲。1933年任香港孔教院第二任院长兼附中校长。著有《词林辑略》《中外刑法比较》等。

法师夏腊虽幼，业行攸高，独于众中，迥见推挹。每敷摄论，即令覆讲，而披演详悉，词类清畅，诸方翘俊，靡弗归仰。于是遍窥释典，咸通密藏、五乘之说，四印之宗，照尽几初，言穷虑始。每抠衣讲席，隐几雕堂，举以玉柄，敷其金牒，涣乎冰释，颐然理顺。延惠风而不倦，同彼清流；应来响而无疲，类夫虚谷。搢绅之客，慕义波腾；缁黄之侣，承规景处。

临道因碑。庚申四月奉方仲世七兄雅正

朱汝珍

附：炭笔素描梁方仲肖像

附：铅笔素描梁方仲肖像

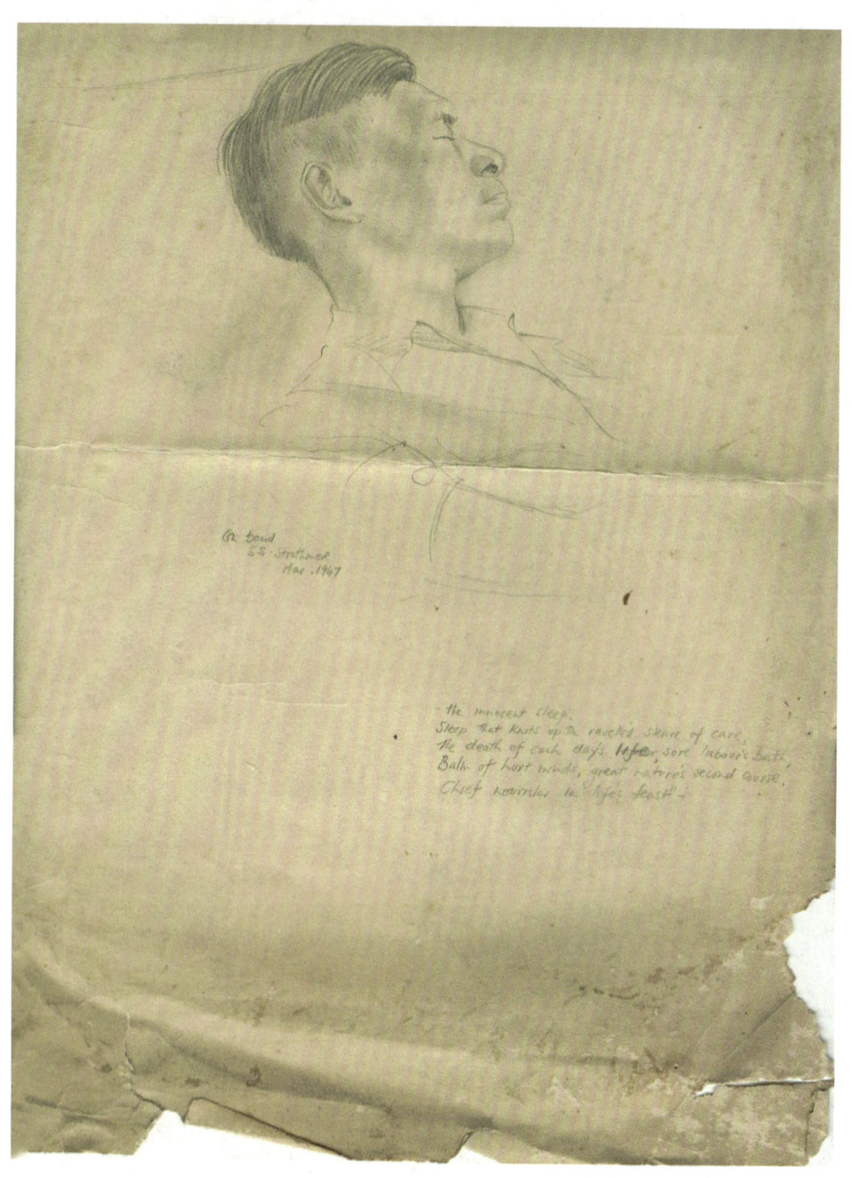
S.S. Strathmore
Mar. 1947
the innocent sleep,
Sleep that knits up the ravelled sleave of care,
The death of each day's life, sore labour's bath,
Balm of hurt minds, great nature's second course,
Chief nourisher in life's feast

丙

鲁兰小传①

鲁蘭小傳

美國 萬德蘭 原著

番禺 梁方仲 翻譯

第一章

查理曼者。法蘭西人也。其父畢篇。以勇著于國中。為異教徒所殺。查理曼討平之。以威名振于遠近。時羅馬教王以其護教有功。使之為日耳曼帝。即位後。與沙拉先、索遜大小數十戰。敗之。查理曼有妹名芝蘭。艷如桃李。傾倒一時。查理曼欲與其擇一貴族為婿者屢屢。但芝蘭素鄙貴族之子弟。惟與一少年美倫者相好。故必欲與之結婚。而查理曼以美倫身非貴族。極不欲使芝蘭妻之。芝蘭見其兄不允。乃靜與美倫私逃。免至為查理曼阻止。已之婚事遂

以勇著于國中，以威名振于遠近，句調累嫌重複，故易之

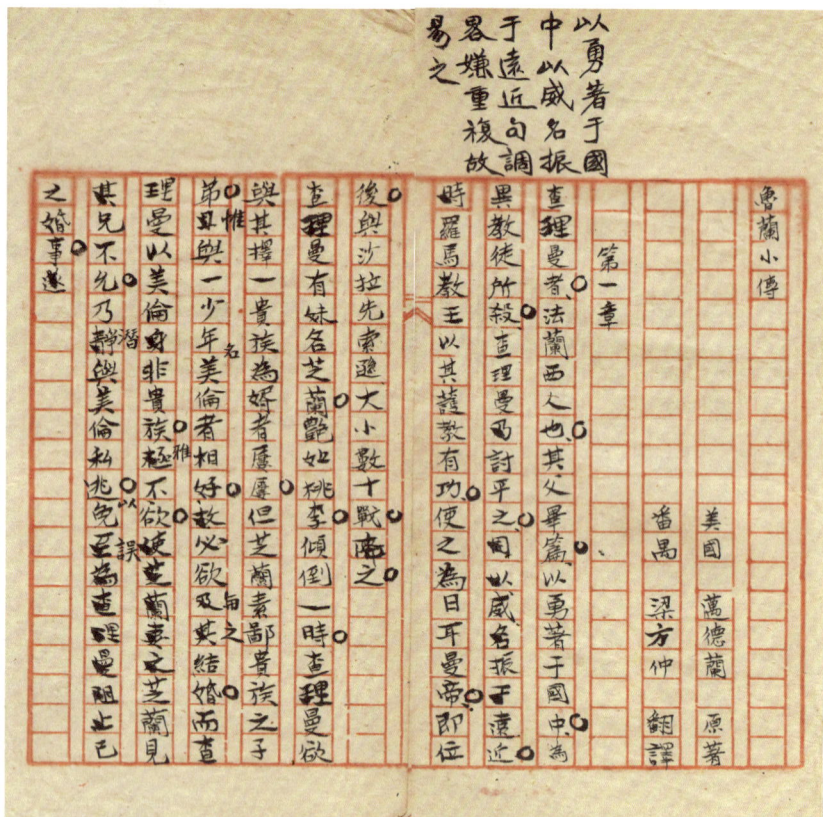

①此是梁方仲11—12岁时的译作。文页上的批语为其家庭教师邬庆时所写。邬氏为方志学家，早年曾就读于时敏学堂和两广方言学校。

甫為少陵之名，工部為少陵之官，故言杜甫也可，言杜工部也可，言杜惟不可言杜工甫。

芝蘭與美倫之逃也。其苦窘不可以言狀。日則與兇狼之猛獸相鬥。夜則蜷伏山穴中。或茅屋中。以避其鋒。銳歷千辛經萬苦。然後得至意大利。

二人既至意大利後。見有一山谷。風景絕佳。綠草如茵。繁花似錦。一若專為彼二人之來特設以歡迎之者。美倫乃于是在此結一小屋。屋之外又遍種花木。簪杜工部牽蘿補茅屋之句。可移于此矣。美倫則日往山中游獵。或緣樹上。採果。芝蘭則獨守家中。主人亦即在此茅屋度活矣（此寂寞之中光陰）。深山大澤。實生龍蛇。故此山谷之中。遂有大英雄大豪傑魯蘭者出。

魯蘭之生也。未有二月。即與尋常二齡之小童無異。其碩大亦可想見矣。芝蘭每欲襁褓之。魯蘭即亂躍不已。以示其不悅之意。蓋其活潑性質不欲受人縛束也。芝蘭乃故任其在草地上游戲。魯蘭亦因之更

肆

壯健矣。光陰如矢。魯蘭已有四齡。美倫即使之往某小學肄業。魯蘭學問與日俱進。故其師則奇之愛之。其同學則敬之畏之。魯蘭在學校有餘暇時。曾與其同學組織一童子軍。同學得其教練。久而久之。各大亦居然成一勇敢之童子軍矣。

第二章

查理曼自討平沙拉先索遜後。又在羅馬與異教徒相戰大勝之。乃帥同大臣武士兵卒等回國。路經蘇唓。此蘇唓即為魯蘭及其父母棲住之處也。查理曼在此處發出布告。謂若有賢能之人來請。即往營相見。必甚為歡迎也。時魯蘭適在外與其同學游戲。聞之。立與童子軍三十人往。查理曼營中。昂然而入。查理曼大奇之。即賞以食品。詎魯蘭食量兼人。且頻以食品納之囊內。查理曼問其故。魯蘭回因余父母未得食耳。請以

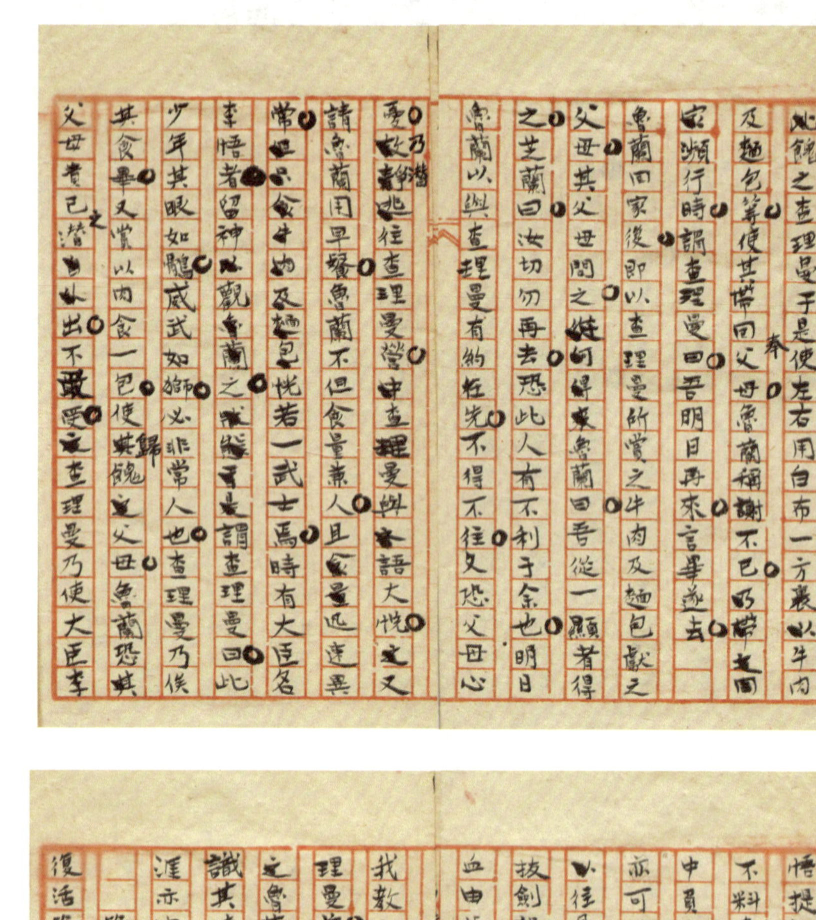

此饋之查理曼。于是使左右用白布一方。裹以牛肉及麵包等。使其帶回奉父母。魯蘭稱謝不已。以帶之回家。臨行時。謂查理曼曰。吾明日再來。言畢遂去。

魯蘭回家後。即以查理曼所賞之牛肉及麵包獻之父母。其父母聞之。詰何得來。魯蘭曰。吾從一顯者得之。芝蘭曰。汝切勿再去。恐此人有不利于余也。明日魯蘭以與查理曼有約在先。不得不往。又恐父母心憂。乃潛往查理曼營。中查理曼與之語。大悅。又請魯蘭同早餐。魯蘭不但食量兼人。且食量迅速異常。只食牛肉及麵包。恍若一武士焉。時有大臣名李悟者。留神以觀魯蘭之狀態。乃謂查理曼曰。此少年其眼如鷹。威武如獅。必非常人也。查理曼乃俟其食畢。又賞以肉食一包。使其歸饋之父母。魯蘭恐其父母責己之潛出。不敢受之。查理曼乃使大臣李

悟提利二人送其回家。芝蘭見魯蘭回來。大罵不已。不料李悟提利已見及芝蘭。芝蘭大恐。適美倫由林中負物回家。亦大恐。李悟于是謂芝蘭曰。汝有此子。亦可以免前日之罪過矣。提利乃速與美倫換鮮衣以往見查理曼。查理曼一見芝蘭二人。不禁大怒。欲拔劍殺之。魯蘭望見。急上前盡力執其手。查理曼之血由指尖迸出。查理曼見魯蘭之英勇。因大笑曰。此我救之小砲也。于是使之坐於己側。芝蘭二人長跽查理曼前。求其赦以前之罪。查理曼扶之起。赦之。魯蘭四望。見桌上無物可食。心甚焦急。查理曼洞識其情。命左右與之往餐房用餐。而魯蘭之窮苦生涯亦由是結束矣。

第三章

復活節之日。查理曼在營內受四方朝賀。時李悟等

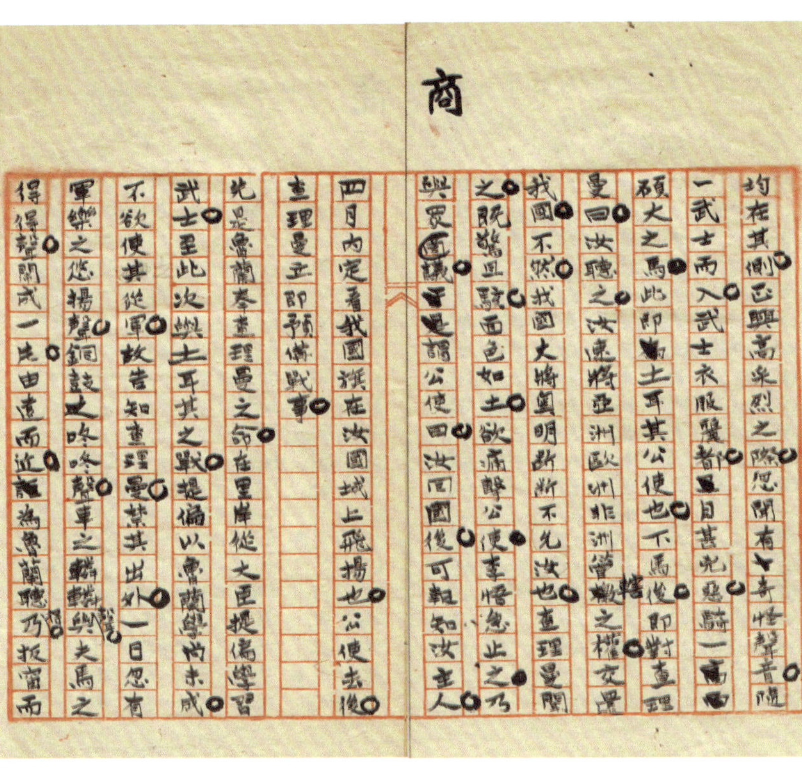

商

均在其側。正興高采烈之際。忽聞有一奇怪聲音。隨一武士而入。武士衣服襤褸。目甚兇惡。騎一高而碩大之馬。此即土耳其公使也。下馬後。即對查理曼曰。汝聽之。汝速將亞洲歐洲非洲管轄之權。交還我國。不然。我國大將眞明明斷斷不允汝也。查理曼聞之。既驚且駭。面色如土。欲痛斥公使。幸悟急止之。乃與眾議。謂公使曰。汝回國後。可報知汝主人。

四月內定看我國旗在汝國城上飛揚也。公使去後。查理曼立即預備戰事。

先是魯蘭奉查理曼之命。在里岸從大臣提備學習武士。至此次與土耳其之戰。提備以魯蘭學尚未成。不欲使其從軍。故告知查理曼。禁其出外。一日忽有軍樂之悠揚聲。銅鼓之咚咚聲。車之轔轔聲。與夫馬之得得聲。聞成一片由遠而近。為魯蘭聽得。乃扳窗而

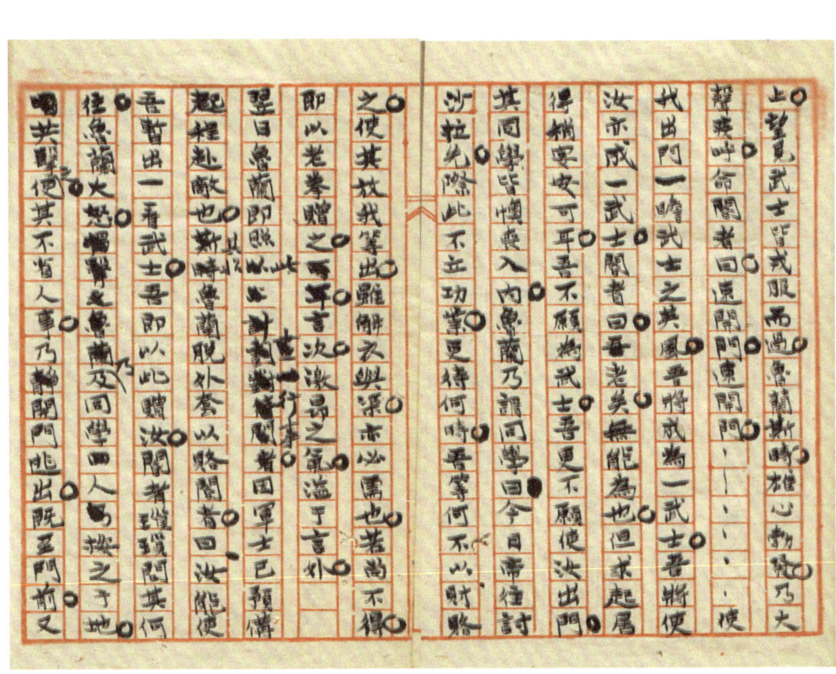

上。望見武士皆戎服而過。魯蘭斯時。雄心勃發。乃大聲疾呼。命閽者曰。速開門。速開門。、、、、、使我出門一瞻武士之英風。吾將成為一武士。吾將使汝亦成一武士。閽者曰。吾老矣。無能為也。但求起居得稍安安可耳。吾不願為武士。吾更不願使汝出門。其同學皆懊喪入內。魯蘭乃謂同學曰。今日帝往討沙拉先。際此不立功業。更待何時。吾等何不以財賂之。使其放我等出。雖解衣與渠。亦必需也。若尚不得。即以老拳贈之耳。言次。激昂之氣。溢于言外。

翌日魯蘭即照此計一一行事。閽者。因軍士已預備起程赴敵也。斯時魯蘭脫外套以賂閽者。閽者曰、汝能使吾暫出一看武士。吾即以此贈汝。閽者瓚閱其何往。魯蘭大怒。喝聲之。魯蘭乃及同學四人。共擲之于地。共擊之。使其不省人事。乃靜開門逃出。既至門前。又

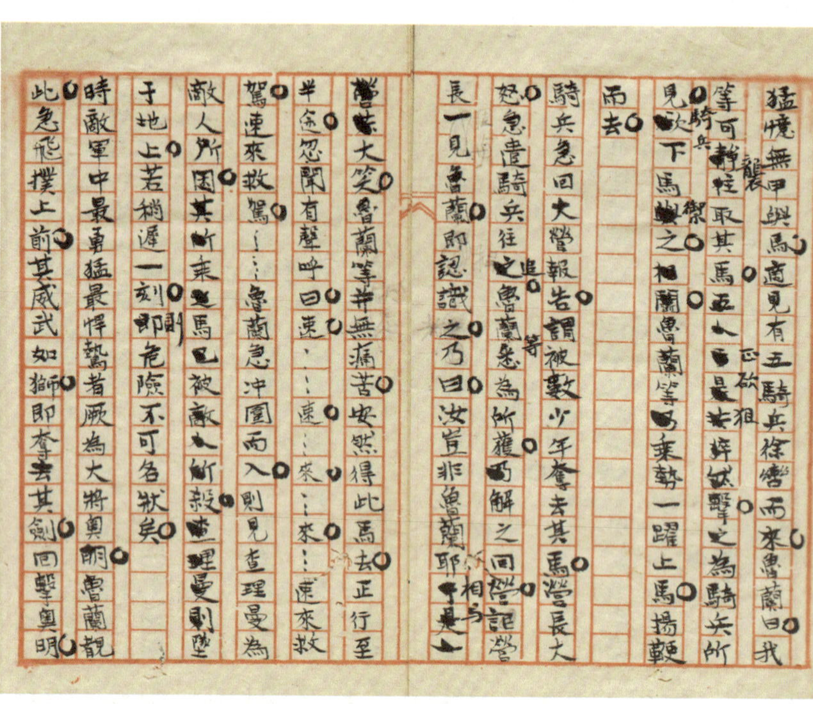

猛獷無甲與馬。適見有五騎兵徐徐而來。魯蘭曰。我等可襲取其馬。正欲狙擊之。為騎兵所見。騎兵下馬禦之。魯蘭等乘勢一躍上馬。揚鞭而去。

騎兵急回大營報告。謂被數少年奪去其馬。營長大怒。急遣騎兵往追。魯蘭等悉為所獲。解之回營。記營長一見魯蘭。即認識之。乃曰。汝豈非魯蘭耶。于是營[illegible]大笑。魯蘭等并無痛苦。安然得此馬去。正行至半途。忽聞有聲呼曰。速……速……來……來……速來救駕。速來救駕。……魯蘭急冲圍而入。則見查理曼為敵人所困。其所乘之馬已被敵人所殺。查理曼則墜于地上。若稍遲一刻。則危險不可名狀矣。時敵軍中最勇猛最悍鷙者。厥為大將奧明。魯蘭覩此。急飛撲上前。其威武如獅。即奪去其劍。回擊奧明。

奧明[illegible]小死地上。魯蘭反身趨前。向查理曼道安。時李悟提倫等亦已聞報。帥兵來救矣。查理曼將魯蘭護駕之功向群臣娓娓陳之。又親自將奧明所遺之寶劍名[illegible]蘭地者賜之魯蘭。命李悟等[illegible]其衣以金甲。更特授以武士之位。而魯蘭之素願亦以償矣。有志者事竟成。誠非虛語。吾願與諸君勉之。

一時兩軍又復相遇。[illegible]鏖戰數小時。而英雄武士戰死者不可勝數。魯蘭之父美倫亦于此時與君書長別。其後卒為查理曼戰勝。查理曼在此居住數年。法人共與[illegible]將異教徒盡行驅逐出境。忽查理曼聞國中諸侯有欲反叛者。乃返國中。

第四章

時有諸侯名施拿者。起兵以拒查理曼入國。其兄弟名利里牙。亦攜其子奧利父女阿昌助之。查理曼于是率魯蘭等抵禦之。一日阿昌静立觀兩軍相戰。魯蘭見之欲上前奪之。詎為奧利父所見。一手擊魯蘭于地上。然後抱其妹出險。(顧其妹甚愛魯蘭。見)魯蘭為阿兄推跌。不禁怒焉。憂之。而奧利父欲報復魯蘭奪妹之仇。乃送阿昌回營後復來助戰。鹿死誰手。尚未可知也。時兩軍相約以魯蘭與奧利父相鬥。誰贏誰負。即以此為定。迨天色初明。二人即相與比武。而阿昌乃在城上作壁上觀。時魯蘭忽將奧利父之馬刺死。阿昌既愛其兄。復愛魯蘭。乃與(為)二人祈禱。不知奧利父甚勇敢。雖失去乘馬。亦不少怯。乃步行與魯蘭相戰。不久亦刺死魯蘭所乘之馬。二人于是相(与)步戰。時利里牙在城上呼曰。願上天庇佑余子。查理曼亦呼曰。願上天庇佑余魯蘭。二人于是再接再厲。幾有一日。及至力疲氣喘。稍憩息片時。又復相戰。二人之頭盔及護心鏡均碎

此段寫武士之精神躍躍欲動，而當日武士之信條久因此可窺其一二

至百餘片。其目皆為血所蔽。幾至模糊不能相辨。阿昌見之。乃大呼曰。兩虎相爭。必有一死。汝二人若喪去一人。則我法蘭(西)可至亡國。汝二人何故相殺耶。吾最親愛之友乎。最親愛之兄乎。今在吾之目前相戰。誠令吾癲矣。吾望上帝大發慈(悲)以救彼二人也。言畢放聲一慟。(昏)絕于地。

當魯蘭二人死力相鬥之時。奧利父忽撲近魯蘭身前。詎魯蘭手急眼快。即將奧利父之劍砍為二段。奧利父斯時手無寸鐵。復覩此屍馬及斷劍。自以為死期已至。乃束手待斃。魯蘭忽謂奧利父曰。汝以(為)吾亦殺此無兵器之小卒乎。汝可速回營覓一銳劍再來決一死戰。汝更可取飲。因余亦口渴非常也。施拿闋之。于是將一寶劍名花成黎者。賜之奧利父。時奧利父以杯與魯蘭。魯蘭乃在地上取飲。飲畢還之奧利

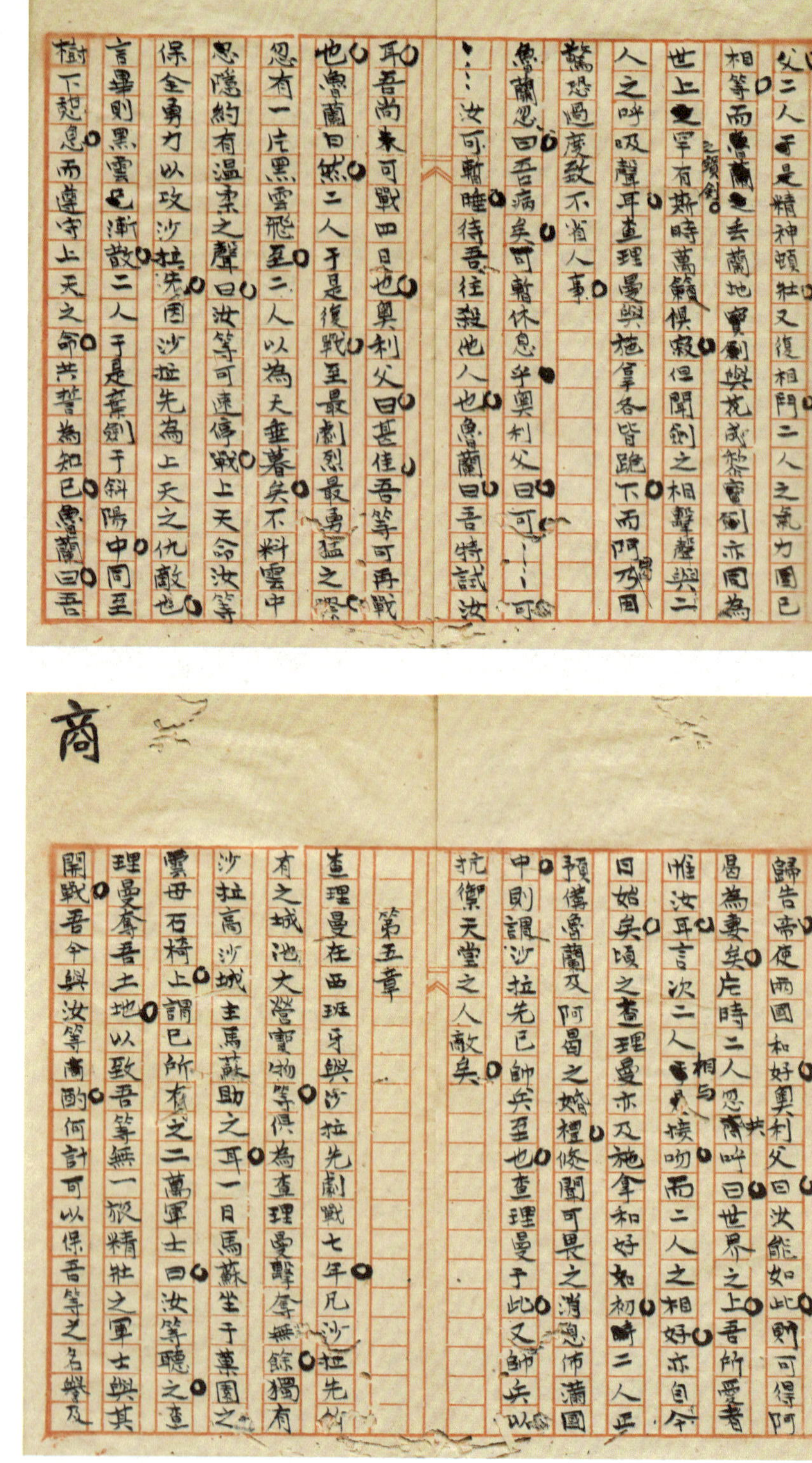

父。二人可是精神頓壯。又復相鬥。二人之氣力固已
相等。而魯蘭之丟蘭地寶劍與抗成黎寶劍亦同為
世上之罕有之鋒劍。斯時萬籟俱寂。但聞劍之相擊聲與二
人之呼吸聲耳。查理曼與施拿各皆跪下。而阿昌固
驚恐過度致不省人事。
魯蘭忽曰。吾病矣。可暫休息乎。奧利父曰。可……可
……汝可暫睡。待吾往殺他人也。魯蘭曰。吾特試汝
耳。吾尚未可戰四日也。奧利父曰。甚佳。吾等可再戰
也。魯蘭曰。然。二人于是復戰。至最劇烈最勇猛之際。
忽有一片黑雲飛至。二人以為天垂暮矣。不料雲中
忽隱約有溫柔之聲曰。汝等可速停戰。上天命汝等
保全勇力以攻沙拉先。因沙拉先為上天之仇敵也。
言畢則黑雲已漸散。二人于是棄劍于斜陽中。同至
樹下憩息。而遵守上天之命。共誓為知己。魯蘭曰。吾

商

歸告帝。使兩國和好。奧利父曰。汝能如此。則可得阿
昌為妻矣。片時二人共呼曰。世界之上。吾所愛者
惟汝耳。言次二人相与接吻。而二人之相好。亦自今
日始矣。頃之。查理曼亦及施拿和好如初。時二人正
預備魯蘭及阿昌之婚禮。倏聞可畏之消息佈滿國
中。則謂沙拉先已帥兵至也。查理曼于此。又帥兵以
抗禦天堂之人敵矣。

第五章

查理曼在西班牙與沙拉先劇戰七年。凡沙拉先所
有之城池大營寶物等。俱為查理曼擊奪無餘。獨有
沙拉高沙城主馬蘇助之耳。一日馬蘇坐于菓園之
雲母石椅上。謂已所有之二萬軍士曰。汝等聽之。查
理曼奪吾土地。以致吾等無一旅精壯之軍士與其
開戰。吾今與汝等商酌。何計可以保吾等之名譽及

生命乎。時有一軍官起立曰。吾等不必恐懼。可遣一公使往查理曼營內。答應送以禮物。然後與其相約。使往法國厄士城。候吾等。吾等于本月廿九日即來為彼之人民。為基督之教徒矣。彼若允許。吾等即以三十人為質。若如是。吾輩止失此三十人耳。豈不勝于失西班牙之一國乎。馮蘇曰善。乃遣一最有材智之辯士往查理曼營內。

營內有草地一片。樹陰蔽日。薔薇盛開。中有金座一。查理曼即在此座坐。長髯如雪。鬚皆灰色。狀甚奇偉。群臣則侍立其兩旁。鼓樂喧天。軍士或歡笑。或舞劍以迎使者。時與查理曼最親近者為魯蘭、奧利父及諸將軍。公使下馬。後群臣即引之入見查利曼。公使乃將來意陳。于查理曼前。且曰。今敝國王送上獅熊駠豹駱駝每北百。驢四百。最華麗之馬車五十乘。金錢一千。以表敬意。且請帝於厄士城一月內。臣等即為陛下之奴隸矣。查理曼默然。久之。即命使者出外暫憩息。然後與群臣商議。群臣皆曰。勿信其言。魯蘭更力勸查理曼復戰。斯時唯老臣加里岸力主議和。李悟亦隨之。而王親亦大數主議和。因各回家。一視其愛妻嬌兒也。結查理曼曰。吾今使誰往回覆之。魯蘭應聲曰。吾願往。奧利父曰。或吾去亦佳。因魯蘭躁率也。

大觀書局

查理曼曰。勿再言。吾以為汝輩無一人能任也。提偏曰。吾或可以往。查理曼曰。汝亦何言。可靜待吾命。吾將選一人往也。魯蘭曰。然則必使加里岸往矣。羣臣皆稱善。加里岸曰。汝等自為計則得矣。[illegible]為吾則險矣吾若往。必須汝等保護吾子。因吾無復見彼也。查理曼曰。勿恐。汝可命馬蘇以西班牙一半為吾奴隸。其餘歸之魯蘭。不然。則吾復率大軍踏之。必使其不得死所也。查理曼于是與以文書及隨員。使加里岸往覆[illegible]馬蘇。唯加里岸心甚啣魯蘭。欲害之。意欲將法兵分作二截。使魯蘭押後。因如此則魯蘭兵力削薄。沙拉先可破滅之矣。加里岸即將以上

凱

計劃與馬蘇相議。議妥即帶禮物等回覆查理曼。且曰。現沙拉先已服我國矣。查理曼曰。極佳。立即下令停戰。且預備凱旋。回國是夕查理曼忽發一最奇異之夢。見己執一杖在一險隘之地。詎為加里岸奪去其杖。擊碎為粉。飛揚空中。粉即不見。及天明。查理曼召羣臣曰。當吾拔師回國時。誰可為殿軍者。加里岸曰。魯蘭可矣。誰能及其勇敢乎。羣臣皆曰善。查理曼忽憶昨夜之夢。謂魯蘭曰。吾師兵一半回國。一半即與汝殿後。查理曼遂拔師去。留二萬精銳兵卒與魯蘭。馬蘇聞查理曼已去。東袍率師往襲魯蘭。時魯蘭之軍在一奇險之黑山駐紮。翌日天色甫

明○郭聞有馬之嘶聲喇叭之聲動地而來○奧利父曰○此何聲也○魯蘭恐不久吾等與沙索拉又有戰務矣○于是策馬登高山而望之○即呼曰○前有大軍蜂湧由山谷至○吾等為加里崖所絕矣○魯蘭○汝可速吹刀角○使帝知之○使其速率大軍回救也○魯蘭曰吾斷不羞辱我法蘭西及我軍○為我軍為全軍之精銳○我等須速擊敵○為國而死○吾等之榮幸也○奧利父曰○汝狂矣○沙拉先[illegible][illegible]之眾○我軍只得二萬人○大小相懸如此○魯蘭可速吹刀角○此不足為恥也○魯蘭曰○吾寧死不能○奧利父曰○我法蘭西二萬兵士○盡懸于汝手○生死只在此片刻矣○魯蘭可速吹刀角○事急矣○魯

蘭曰○不可○勿再言○我二萬英雄○可再與其相戰○奧利父○此為丟蘭地寶劍○設吾死○後人必謂此劍為英雄之劍也○時沙拉先已成陣○蔡師提鎗至魯蘭前○各皆跪下○祈禱畢○兩軍于是開戰○于時死尸枕藉○唯沙拉先軍士甚眾○前者[illegible]○後[illegible]繼○法兵時滿面皆血○各欲一舉其劍○亦困難異常○但仍不少卻○久之○戰勢為傳者死者填滿無遺○魯蘭于是謂奧利父曰○噫、吾甚不欲[illegible]於○此時吹刀角○使帝來救可乎○奧利父曰○遲矣○至此時而吹○真恥辱矣○此非英雄所為也○提備聞二人之言○乃曰○汝二人皆為英雄○勿再爭論○魯蘭○此時宜吹刀角乞援○此不足為恥○不然吾等以致全軍覆沒矣。魯蘭曰：然。時魯蘭已受重傷，乃奮力亂吹角聲達里大軍中。查理曼聞之，曰：汝等聽之，我後軍為人所擊也。加里岸曰：誰出此亂言？必不實也。隨又聞角聲數次，查悟，曰：我後軍必為人所擊，無疑矣。魯蘭必不吹此也。加里岸曰：汝真亂言。彼魯蘭之矜誇，而無事時，走嘗此作戲耳。時魯蘭正將角置唇中，盡力吹之，額上之迴管爆裂，幾至不省人事。查理曼又聞角聲，曰：魯蘭必被困矣。吹角蓋以欲告吾同軍也。吾為奸賊加里岸所害矣。於是立即下令同軍，雖山谷之深、山路之險，眾將卒皆以救魯蘭故，不避艱險，速往

赴救。當大軍未到時，魯蘭四顧，見法兵所剩者不過數人，乃謂奧利父曰：此吾之過也。吾將為法蘭戰死矣。時所剩之卒皆呼曰：吾等可再與敵人決一死戰。於是復戰。沙拉先及下令合力困之。時新死之尸又不可勝數。不久，奧利父已受重傷，[illegible]亦不得則[illegible][illegible]流成河。乃撲倒大呼曰：魯蘭，從此請辭。眾兄弟亦從此請辭。言畢乃死。魯蘭見奧利父未死已前，不禁痛哭，哀聲下。尚及醒，見奧利父已死，提偏及各卒亦死，只剩者惟己一人，以為死期將至。斯時雖欲支持起立亦不能，乃臥地上。更嘗逾時醒，乃在地上坐。執己所佩之寶劍與之接吻，曰：汝切勿入于異教

大觀書局

徒之手。又嘗見旁有一大石。于是執劍亂砍之。但此劍銳利異常。魯蘭欲毀之。反致大石毀爛。再用力斬之。力盡。劍亦不毀。亦謂劍曰。汝從此轉戰數千里。未嘗落無膽匪類之手。以後汝切勿為此輩所得。言畢。然後以身蔽之。及其與牙角已乃結襟。時頭猶倚一頃之。即淹然長逝矣。死後。查理曼大軍已到。是可哀可憐之境。實現目前。無地不為死尸所掩。大怒。軍士見其父母兄弟子姪朋友悉為敵殺。大哭呼曰。復仇、、、、、復仇。、、、、、、大復仇。、、、、、、、、、、拔劍沙塵沖天。沙拉先已帥兵隱遁矣。查理曼立帥軍追之。無何已及。乃大殺之。凡未殺之兵。悉墜河中淹死。魯蘭之仇已報。乃帥餘軍及英雄遺體回國。葬之于法蘭西大禮拜堂中。其餘二萬戰死之兵士。悉葬之死難之谷。

一日。查理曼坐大堂上。一女郎入。曰。問魯蘭何在。彼曾與余訂婚。查理曼曰。汝詢彼消息乎。余不勝悲痛。蓋彼已戰死矣。女郎曰。嗚呼。魯蘭既死。余可以不必久居人世矣。當其言時。兩膝變作慘淡色。頹然倒在查理曼足上。眾人急扶之起。延醫來診視之。當時眾人皆以為其一時之憤怒。而不知其永無復起之日。美女阿馬于是死矣。

查理曼遂定加里岸責國之罪。流于太漠。半途而死。

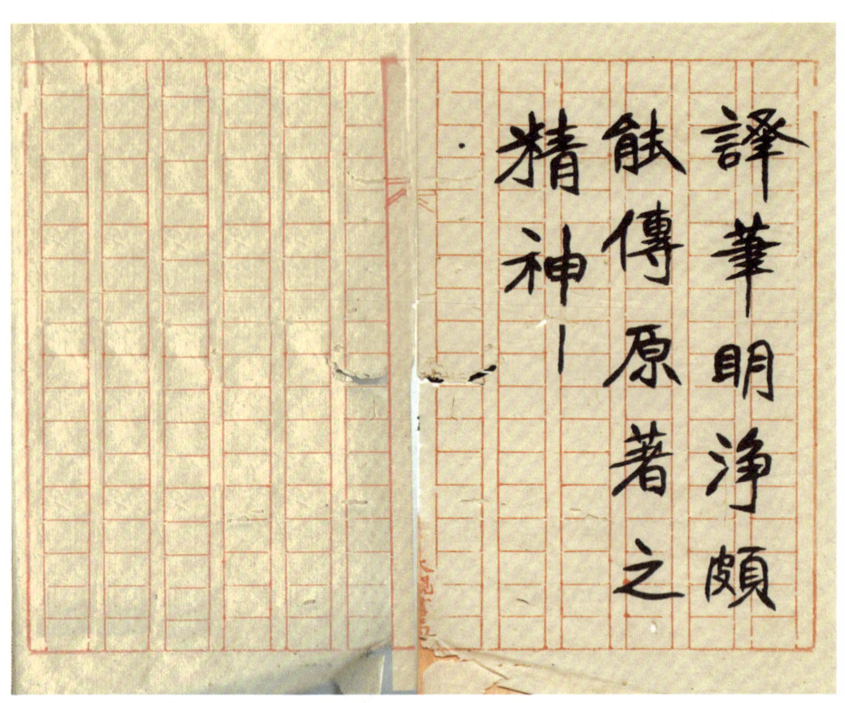

譯筆明淨頗能傳原著之精神——

抗战期间读书札记选辑①

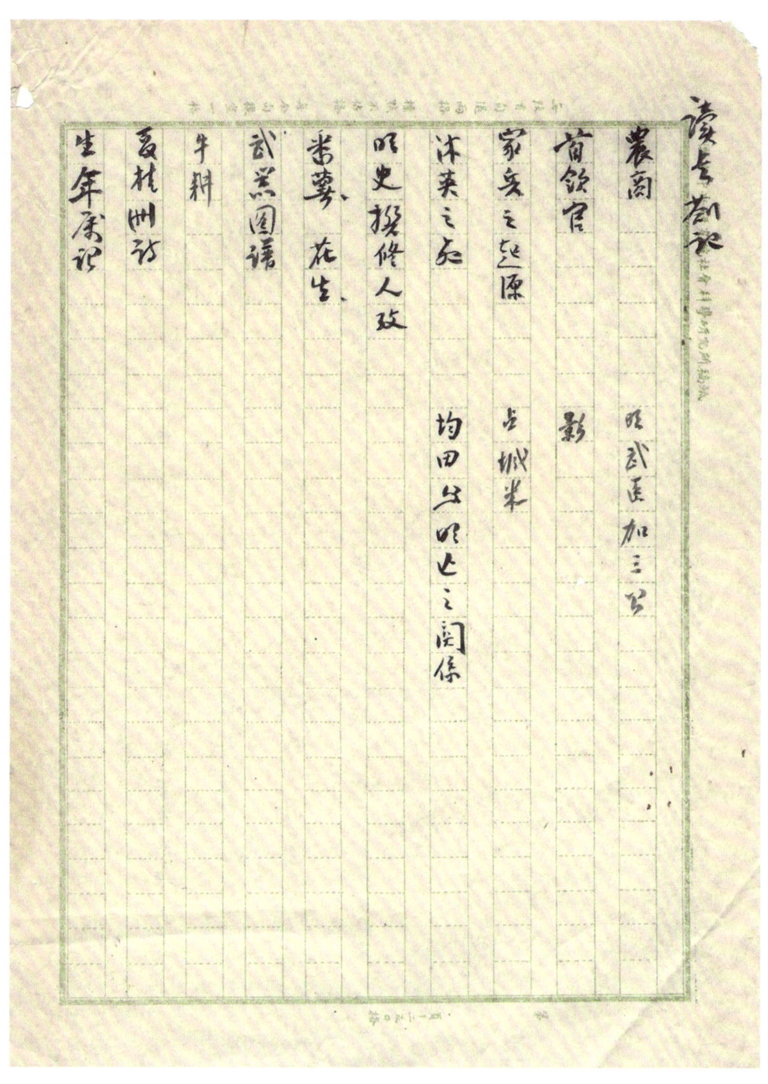
讀書劄記
農商　明武臣加三等
首領官　影
家奴之起原　占城米
沐英之后　均田與明史之關係
明史撰修人攷
番薯、花生、
武舉圖譜
牛耕
夏桂洲訪
生年考證

①抗日战争期间，梁方仲一直与国共患难，颠沛流离在长沙、桂林、昆明和四川李庄镇。其间，除继续研究撰写论文外，他还写了一批读书札记。现影印的是1939年前后写的一些读书札记。

荀子儒效篇：人積耨耕而為農夫，積斲削而為工匠，積反貨而為商賈……相高下，視墝肥，序五種，君子不如農人；通財貨，相美惡，辨貴賤，君子不如商人；設規矩，陳繩墨，便備用，君子不如工人。

農、商、

國策：濮陽人呂不韋賈於邯鄲，見秦質子異人，歸而謂父曰：耕田之利幾倍？曰十倍；珠玉之利幾倍？曰百倍；立國之贏幾倍？曰無數。曰，今力田疾作，不得煖衣食；今建國立君，澤可以遺世，願往事之。此呂不韋以耕田不如營商，營商不如操縱政局；於是認質子異人為奇貨可居，以千金美人結納之。其後趙國謀殺異人，不韋復以六百金予守者，異人因得脫險而得歸秦；秦之國祚，亦遂潛移於呂氏。

商鞅為左庶長時，定變法之令，其第一次變法，依史記，其中有「僇力本業，耕織致粟帛多者復其身，事末利及怠而貧者，舉以為

家兵之起源

左传宣十二年晋楚之战，楚熊负羁囚知罃，知庄子以其族反之。杜注：族，家兵也。

宣十七年，郤克请伐齐，弗许，请以其私属，又弗许。杜注：私属，家众也。

野获编补遗卷三，家丁八页

沐英之死

沐英雖亦不得善終者。明史卷一二六本傳云：「（洪武）二十五年六月，聞皇太子薨，哭極哀。初，高皇后崩，英哭至嘔血。至是，感疾卒於鎮，年四十八。（三）歸葬京師。」按此，殊不見其有暴卒之痕。然罪惟錄啓運諸臣列傳上沐英云：「英在軍，初聞高皇后崩，哭踊三日不食。二十五年，懿文皇太子薨，英故常侍東宮，有恩誼，哭嘔血，方坐堂（皇）事，忽中風卒，年四十有八。」不知其死因出哭也。王崧雲南備徵志卷十二引國朝（清）馮甦撰滇考下沐氏世裔云：「二十四年秋，遣使八百大甸，招之入貢。明年來朝。滇人言：『上遣使賜英刀

二十八年四月廿八日昆明[illegible]寓跋

縄藥湯三物，英頭知之，建小鼓樓於南城外，語丞，仰藥光。以櫬至京，上啟棺，慟哭。」

清史稿 文苑一

明史撰修人攷

虞稷傳附倪燦字闇公上元人以舉人授檢討撰藝文志序
而姜宸英刑法志稿並推傑構々有湛園集。嚴繩孫字蓀友無錫
人明尚書一鵬孫々亦授檢討撰明史隱逸傳々有秋水集。
萬斯同字季野鄞縣人々康熙十七年薦鴻博辭不就初順（又卷廿八子斯同有專傳々）
治二年詔修明史未就康熙四年又詔修之亦止、十八年命徐
元文為監修、取彭孫遹等五十人官翰林、與右庶子盧琦等十
六人同為纂修、斯同嘗病唐以後史設局分修之失、以謂專家之
書才雖不逮、猶未至如官修者之雜亂、故辭不膺選、至三十二年
再召王鴻緒于家、命偕陳廷敬張玉書為總裁、陳任本紀、張任志、

癸年七月廿四日

庞垲字霁公任邱人……康熙十八年荐入试鸿博，授检讨，分修明史，[illegible]……

文苑三

而鸿绪独任副使，乃延斯同于家，委以史事，而疏进衔名于佐之。

……邹遂平传附（作补之）吴任臣字志伊……以精天官乐律试鸿博入翰林，承修明史历志。

姜宸英字西溟慈谿人，明太常卿应麟曾孙……侍读学士

叶方霭荐名鸿博，以讯而罢，方霭总裁明史，又荐充纂修官，七局

修分撰刑法志，极言明诏狱廷杖立枷东西厂之害，辞甚恺至。……

……黄虞稷字俞邰上元人，本籍晋江……以诸生荐鸿博，遭母丧

不与试，左都御史徐元文荐修明史，又修一统志，尝与宸英同。家富

藏书，所撰千顷堂书目为明史艺文志所本。

汪楫传附王[illegible]蔚字芾卿长洲人……十五年进士，选庶吉

士……尝于方略馆校[illegible]殿板初印明史稿本，眉上批有

明史稿秦纮、江东传俱汤斌撰（见下考）

及朱先、冯琦、范济春上传，指汤斌撰。

黄钺、窦光鼐乾隆敕撰政谱未竟之本、因多方搜求通俗历所集

及繁冗、宋元札要、成八史艺证摘选之十余卷、……

明史稿江东传汤斌撰，载乾隆山东通志卷三十五，艺文传，

页廿一—四。今据此传不见明史及现行之史稿内。惟据八十九

种明代传记综合引得V 01770页16，东字伯阳（通志作朝阳），深泉襄，

见 5/57/54a 16/119/206 32/96/290

明史稿靳李颜传王鸿绪撰（同前）此传与明史289本传文字

仅有数字出入，余俱相同。

明史稿戚继光传王鸿绪撰（同前）明史卷212本传附〈弟继美

朱先、通志本未载、

国立中央研究院社会科学研究所稿纸

严绳孙字荪友，无锡人。明刑部侍郎一鹏幼孙。举博学宏词，特命授检讨，其異数也。在明史馆纂隐逸传，寄兴萧散，自负道不志仕云。著秋水集二十卷。（江南通志一六六人物志文苑二、常州府、）

缪荃孙撰李如一传（江阴李氏得月楼书目卷首）晚与虞山钱受之定交，受之谈明史，尝贻书姚叔祥访求郑端简后妃权伟等十二传以助之。崇祯庚午卒（三年），年七十有四。（蔡志）

山阳阮葵生茶余客话卷一：严钱同修明史（乾隆），卷二李穆堂绂论之偏，卷四吾名南一生三劳

闽俗称番薯为地瓜（闽杂记）

番薯 花生

万历（福建泉州府）惠安县续志 万历壬子（四十年）黄士绅纂 日本帝国图书馆藏

卷一物产续纂云：（另条）

周亮工闽小纪（说铃本）下卷番薯：万历中闽人得之外国，瘠土砂砾之地，皆可以种，初种于漳郡，渐及泉州，渐及莆，近则长乐、福清皆种之。盖度闽海而南，有吕宋国，度海而西，为西洋，多产金银，行银如中国行钱，西洋诸国金银皆转载于此以过，故闽人多贾吕宋焉。其国有「朱薯」被野连山而是，不待种植，夷人率取食之。其茎叶蔓生，如瓜蒌、黄精、山药、山蓣之属，而润泽可食，或煮或磨为粉，其根如山药、山蓣，如蹲鸱者，其皮薄而朱，可去皮食，亦可熟食之，

可熟食，亦可生食，亦可釀為酒。生食如食蔗，熟食色如蜜，其味
如熟荸薺。生貯之有蜜氣，香聞室中。夷人雖蔓生不吝，然恡而
不與中國人。中國人截取其蔓咫許，挾小盖中以來，於是入閩十
餘年矣。其蔓雖萎，剪插種之，下地數日即榮，故可挾而來。其初入
閩時，值閩饑，得是而人足一歲。其種也，不與五穀爭地，凡瘠鹵沙
岡皆可以長。糞治之則加大，天雨根益奮滿，即大旱不糞治，亦不失
徑寸圍。泉人鬻之，斤不直一錢，二斤而可飽矣。於是耄耆、童孺、行
道鬻乞之人，皆可以食，饑焉得充，多焉而不傷，下至雞犬皆食之。

乾隆浙江通志103物產三寧波府：番薯（普陀山志）可以藥而紫，
味甘，種來自日本。

光緒定海廳志卷二四，物產，甘薯 似芋，剝去皮，肉白，南方以當米穀，種出
交趾（[illegible]引廣志），或亦名番薯（[illegible]甘薯疏）。今有紫皮、白皮二種，紫皮者肉亦帶紫

美洲植物传入中国之年代：番薯于1594年，落花生于1608年，蕃茄于十七世纪初年，马铃薯、波罗蜜、[?]烟相继于十七八世纪中移於中国。（李劫[?]氏中国与美洲，新中华复刊一卷六期）

花生

明史卷二八八文苑四曹学佺传附曾异撰传云："曾异撰，字弗人。晋江人。家侯官，父为诸生，早卒，母林氏以遗腹生，家窭甚，纺织给晨夕。异撰越孤，竟事母至孝。岁饥，拣薯叶杂糠秕食之，母妻胥负畚锸乾草给爨。异撰久为诸生，崇祯十二年举乡试，年四十九矣，再赴会试还，遂卒。"

清东莞丁卯师範韩真[?]聲[?]四之一炊[?]鹿聲[?]葉页四十八云："落花生为本果中第一，以其资於民用者最广。宋元间与棉花、蕃瓜、红薯之类粤估从海上诸国得其种，归种之，呼棉花曰吉贝，呼红薯曰地瓜，落花生曰地豆，滇曰落地松。高雷廉琼多种之，大牛车运之以上海船而货于中国，以充包苴，则纸裹而加红签以陈于市。"

刘𫓧推西砌白只。寻常豆构不资花生。故自乾市至夜市，烛然星陈。若明海滨滩生，以榨油为上，故自闽及粤，无不食落花生油，且资之为灯，供夜作，今已遍于海滨诸省，利至大，性宜沙地，且耐水淹，数日不死，长江黄河两岸沙地太多，若遍种之，其生必大旺。今棉花种于南北几遍，要蔴若亦如遍种落花生，则其利益中原尤厚，故自此去可推言之。

东坡山民《一澂研斋笔记》（见《泥麈杂录》第二）卷七：花生亦曰长生果，又名落花生，然无名也。以其花落于地，一丝牵蔓，结实土中，故曰落花生。曰花生，减字呼之；曰长生，以形名之。此果初出日本，东粤间有僧应名携种归国，乃数植至今，以取油为大宗之用，以資果餅亦應用之一、余幼時居省上，一日，忽傳某肆中有賣種大花生，亦又購一包，買者甚多，特并云來自外國，即今時所常見者，較之昔日又不足爲奇，原有之果，乃相形見絀，名曰小花生，其味雖佳，只此一物，性狀變遷，及余身所見已如此。」

Dr. Berthold Laufer, 1874–1934: Notes on the Introduction of the Peanut into China. Congrès internat. des Américanistes. Quebec, 1907, vol. 1. pp. 223–257.

The Introduction of Maize into Eastern Asia. pp. 259–262.

武器图谱

Dr. Berthold Laufer, 1874-1934: Chinese Clay Figures. Part I. Prolegomena on Chinese Defensive Armor. 64 plates + 55 text-figure. Field Museum Anthropological Series, Vol. XIII, No. 2, 1914, pp. 73-315.

宣德山东通志卷一三五艺文十子部兵家： 孙子八阵图一卷 孙武撰见隋志注 又孙子牝八变阵图二卷 孙武撰已佚 武侯八阵图一卷 诸葛亮撰见宋志 教骑阵图 吕才撰见宋志本传 大小阵图解说七篇 赵宇撰（宋史陈希亮传作赵禹） 见通鉴长编 兵图 李晟撰（州志本传） 武备新书四库存目提要四库本影明戚继光撰之、 又戚继光著：火器图说 侯钺撰（东

阿魏志本付） 以上明 礮車製造法一卷宋應穀撰 火戲

火車圖說王之浩撰 火器圖說前人撰 兵譜十卷華成陸撰

鐵礮圖說一卷袁偉長撰 火法本說一冊武備心法四卷築

塞圖說一卷丁守存撰 以上清

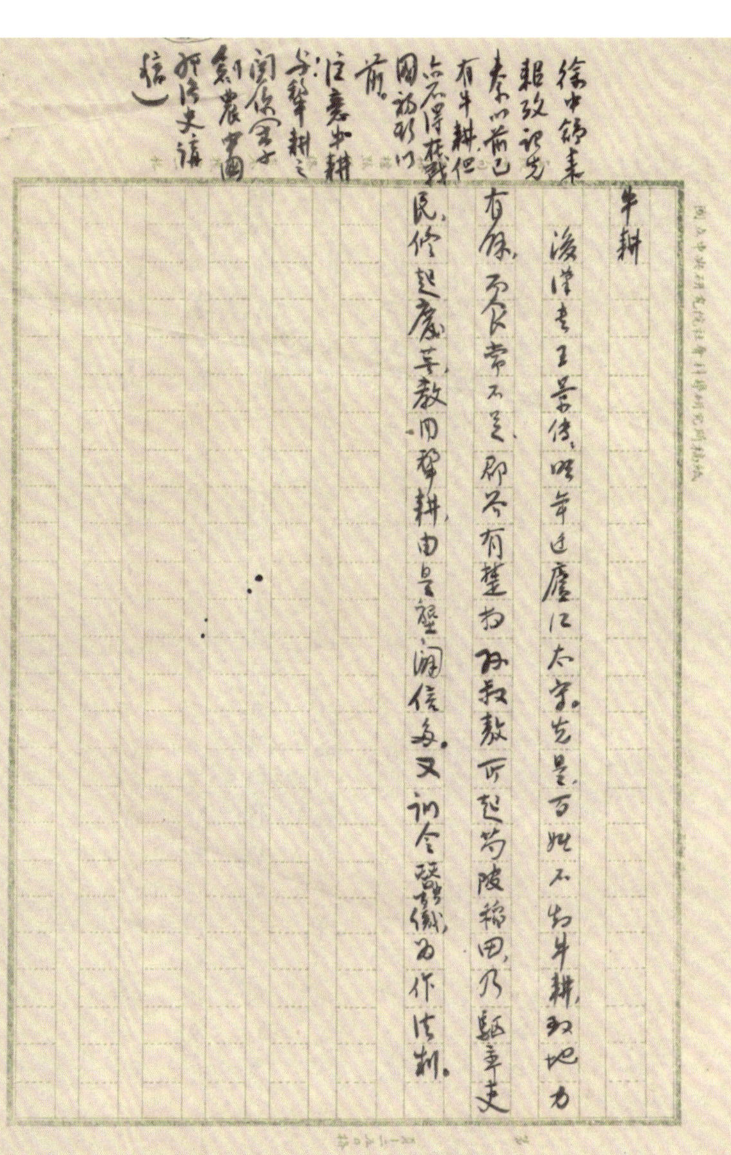

夏桂洲詩

江陰陳鼎子重著滇黔紀遊（說鈴本）云：「螺峰在城東北隅，倚山建圓通寺，殿宇亭榭，名人題句甚多，俱刻巖石，松楸蔚盛，四時濃陰交蔽，水雲溶漫，差足游覽。夏桂洲有五言律一首，鐫崖石上，其辭曰：古寺翠岩陰，危亭絕頂臨，嶺巢松有鶴，雲出岫無心，仄徑攀躋上，叢臺刻竹吟，南窗秋日暝，哀響合猿音。正德十三年秋七月五日廣信夏言題。」但未考桂洲何事而至滇也。

明史卷一九六夏言傳：「字公謹，貴溪人。父鼎，臨清知州。言舉正德十二年進士，授行人，擢兵科給事中。」

生年属相（生肖）

晋书谢安传「谓所亲曰，昔桓温在时，吾常惧不全，忽梦乘温舆行十六里，见一白鸡而止。白鸡主酉，今太岁在酉，吾病殆不起乎。」按谢安卒于乙酉年。王安石诗「相看且发白鸡年」，又「我逢新年过白鸡」。猗觉寮杂记记安石生于辛酉。

（壹是纪始卷一、天文类、「生命属[illegible]於六朝」）陆深春风堂随笔（[illegible]）周宇文护母书，[illegible]护曰：「昔在武川镇生汝兄弟，大者属鼠，次者属兔，汝身属蛇。」

（方言以十二生肖配十二辰始於何时[illegible]）

（[illegible]已有此语，此狱中无以十二生肖配[illegible]，[illegible]胡语耶？）

辅仁学志冯承钧的译伯希和著」

我们古代甚早就有干支的分配，合为五组，六十甲，殷人已都知道這種方法，並且有確實的證據。十二干為屬一生肖，這像是漢人發明的。但是在我國末年也有這種說法。例如呂氏春秋達鬱篇："周鼎著鼠，令馬履之，為其不陽也。不陽者，亡國之俗也。"陳玟烺先生以為卯子午相衝之說，古是。此外，丑未衝，寅申衝，卯酉衝，辰戌衝，都可以有說。而巳亥衝，正是封豕長蛇的相衝突，龍與狗的衝突，正如趙世家熊與犬相衝的轉化。不過中國的圖騰並不按照十二干的次第，十二干的次第，恐怕常有地方色彩的。查就文字上的證據，中國古代民族圖騰從蛇開始。甲骨文中祀字从示从巳。巳象蛇形。小篆的巴字，也象蛇形。說文云：說巴蛇食象。天問說："一蛇吞象，厥大何如？"象就是封豨，這是說南方的[illegible]

域裡的了。因此方以馬履鼠的為衡，是一樣的情狀。又據周礼[illegible]官司常：「日月為常，交龍為旂，通帛為旜，雜帛為物，熊虎為旗，鳥隼為旟，龜蛇為旐，全羽為旞，析羽為旌。」管子兵法篇九章：一曰舉日章則晝行，二曰舉月章則夜行，三曰舉龍章則行水，四曰舉虎章則行林，五曰舉鳥章則行陂，六曰舉蛇章則行澤，七曰舉鵲章則行陸，八曰舉狼章則行山，九曰舉韟章則載食而駕。這兩種說法各有不同。在裡面也含有許多古代圖騰的殘遺痕跡。合上所說的十二干的鼠、牛、虎、兔、龍、蛇、馬、羊、猴、雞、犬、豕共十二生肖說之各有不同。而其共同所有的是蛇、虎、鳥、龍。若照周礼的說法，交龍即二龍相合，此外龜蛇相合，熊虎相合，鳥隼相合。合于十二干相衡实之说，又是一种意义过程的关系，大人们各如此说得很好。即如话讲九旗古义设（述）也未能搞，然其精意所在。而荀子中画り、原泽り、水り、林り、陂、行（衍）り、陆り、山り、耕原り、更原、晚出之义。所以这三种不同的资料，使能供我们参及，还得另由西清古鉴来氏中的关系。（刘节《中国古代民族社会之分布及其关系》，四、图腾原创观，稿本）

明武臣加三公之始

康熙延绥镇志卷四之二八物志下梁震传（明史二一一）评曰：「明初也，帅臣加三公者，武左都督而上斩级功五级加禄荫府，再有功封流伯，再有功于流伯晋世袭，再有功加晋秩公，振将中内阁不请与故将以太子太保加大同总兵梁震，继以太保加大同总兵周尚文，是后锦衣卫指挥使亦援加少保以至太保矣，寔不重可叹哉。盖明会典之所而三公平坂，祖宗之法几何不渐灭而且尽也」。今按明史211周尚文传，终明之世，总兵官加三公者为文一人而已。」

影

荆公爱看水中影，此亦性所好，如"秋水写明河"、"藕花底又桃花诗云"晴沟涨春绿周遭，俯视红影移渔舠"，皆观其影也。下接云"攀条弄芳畏晚晚，已见黍雪盘中毛"，乃见称诗题据此可安。隐克旦小言并无意於荆公所爱看水中之物影耳。又刘贡父一日问苏子瞻："老身倦马河堤永，踏尽黄榆绿槐影"，非阁下之诗乎？子瞻曰："然。"贡父曰："是日影耶？"子瞻曰："竹影金琐碎，又何劳说白月也。"二公大笑。《道山清话》

占城米

蘇軾白塔鋪歇馬「甘山廬阜鬱相望，林隙熹微漏日光，吳國晚蠶初斷葉，占城蚤稻欲移秧，迢迢澗水隨人急，冉冉巖花撲馬香，望眼終從飛鳥遠，白雲深處是吾鄉」（雍正江西通志卷154藝文、詩八）

[illegible]中日錄

宋史 137/84，173/126

宋會要食貨（全漢昇南宋稻米的生產與運銷）

均田与明亡之関係

朱之瑜舜水全集陽九述略致虜之録「逆虜(指清)乘流寇之讧而临北京，遂布散流言，倡为均田均役之说，百姓既以贪利之心，並欲乘机而伸其抑鬱无聊之志，於是合力一心，翹首徯后，

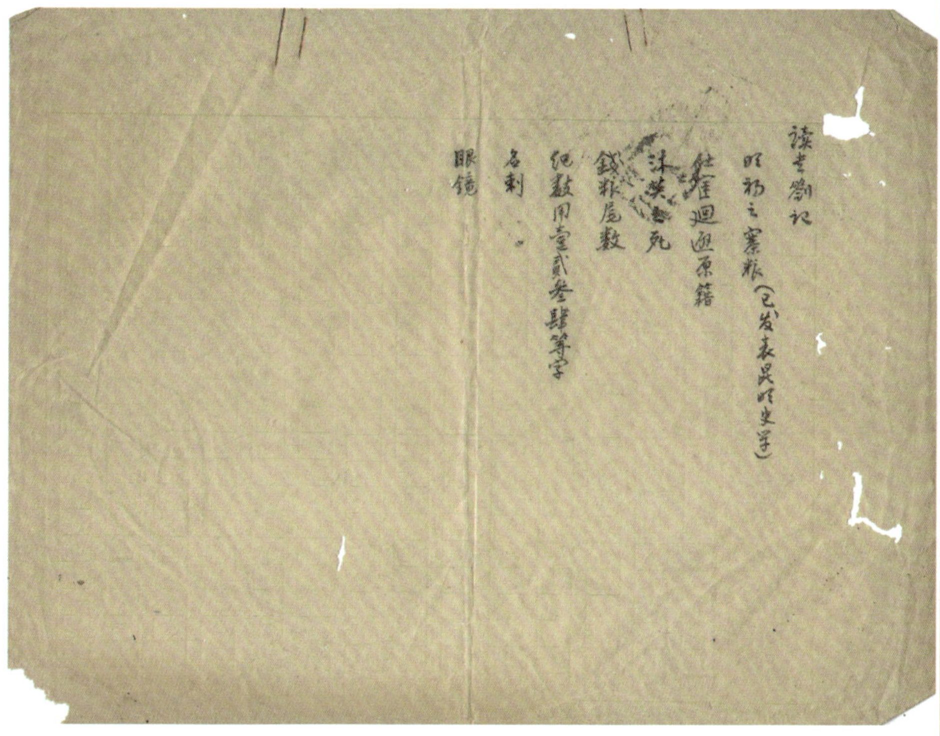

讀書劄記
明初之寨糧（已發表吳晗史學）
[illegible]迴迴原籍
沐英之死
錢糧屆數
紀數用壹貳叁肆等字
名刺
眼鏡

廿九年八月十五日

首領官

明史卷六十九選舉一：……國子學之設，自明初乙巳（元至正廿五年）連稿……其教之之法，每旦，祭酒司業坐堂上，屬官自堂丞以下，首領則典簿，以次序立。……

卷七十二職官一、吏部、明初設主事司務各一人，為首領官，有主事印。

七十三職官二 大理寺 洪武三年，置磨勘司，設司令、司丞，七年增設司令一人，司丞五人，首領官五人，分為四科。

七十四職官三 太僕寺 又設首領官知事主簿各一人。

东诸睢山卫志卷一：经历、知事、职列上，自藩臬都司下及郡各卫所卫，亦设为专员，以总其政；亦设首领，以分其职，上下相维，协恭王事，不可废也……

日知錄卷八 掾屬

仕宦迴避原籍

地方官吏回避本貫，其法至明代始嚴，然僅限於文職；若武官及教職俱不禁。唐宋以前，不禁本地人為官，如（漢）朱買臣（會稽吳人）即為會稽太守；宋時蔡（襄）君謨，莆人（據宋史卷三二〇本傳作興化仙遊人），而三仕於閩。我國前州武弁及廣文不禁，其外則土官與曲阜令耳。然不聞以鄉曲故，法令不行也。不知文職何以禁之？弟當中郎地（閩侯人，明史卷一五八顧佐傳附）以浙人也。按兩浙以知國初尚無此禁也。南贛閩府兼制閩廣，然常慎以廣人（余從祖素（長樂人））（明史卷二二七）以閩人皆嘗為之，嘗不知云何。從祖當時已有稱不便者。一二驕奢家奴且挾勢不避監司矣，不如引嫌之為愈也。又河道總督制及浙西，而潘季馴以浙西（烏程人，明史卷二二三）為之，每行文移於監司守令，常有格不行者。古法之不可行於今，此其一端也。然解縉洪武

二十一年大庖西室封事已有「郡守縣令不在回避鄉郡」之語（解文毅公集卷一），則在杭所謂「國初尚無此禁」之說，亦不盡然也。

按永樂十九年四月癸丑，命尚書蹇義等二十六人巡行天下，安撫軍民（明史卷七成祖本紀三）。時右都御史王彰（鄭人）與給事中王勵往河南。洪熙元年正月，論隆葉春與熊概巡撫江浙諸府，既復命與錦衣指揮任啟、御史賴英、太監劉寧巡視，先後凡三蒞浙西，治事於鄉人無識其私者（明史卷一五九熊概傳附）。明史卷一六〇王彰傳稱「終明世大臣得撫鄉土者，彰與葉春而已」。今考此說亦不盡然。如明史卷一六〇魏源傳載「（南康）建昌縣人。宣德九年，廣信府永豐民夏九旭等據大盤山為亂，帝以源江西人，命撫之，都督任禮帥兵隨其後。未至，官軍禽九旭，因命二人採木四川，兼飭邊務」。源雖未實際任職，得膺此命者，正以其為本鄉人之故。此外則襄城許廓以宣德五年二月奉敕巡撫河南，至是年九月始去職。弘治中黃珂與槐卷三諡本貫

三

載：「永樂甲申（二年）七月改陝西右布政使杜智為左，而以刑科都給事中西安楊荣代之。入謝，以本貫辭，弗許。尋遣一能者往察之，聞礼部尚書呂震，震舉主客郎中吳江平思忠，遂擢參政。思忠起家縣吏，精敏機識，甚著。子安私以紗羅度潼關，為抱關者所獲，時思忠他出，荣命收而勿錄，待其歸付焉。思忠感激，不敢復言其短。久之，荣竟坐罪謫陝西行都司辦事官。辛卯（永樂九年）十二月，上念荣洪武中近臣，被黜於建文時，特宥之，復其原職。又許廓者，家開封之襄城，爲人文學，累官工部左侍郎，奉敕巡按河南。時流民甚眾，亟奏蠲積年逋賦，減免丁夫，禁豪右逼索私負，於是民漸復業。還朝，陞兵部尚書，降敕獎之。樊敬，字守一，（山東）兗州鄆城人，丁丑（洪武三十年）貢試進士，永樂中爲左通政，鎮守洛寧，以行軍司馬行事，陞刑部左侍郎。三人者皆蒞本貫，亦異事也。」楊荣之承宣陝西，雖以本籍辭而不獲許，但尋即以一能吏監察之，亦可見蒞於本貫殊非

四

至於鎮守本鄉兼督漕運者，在宣德末年間尚有王瑜一人。明史卷一五三陳瑄傳附王瑜云：「（淮安府）山陽人，宣德八年進都指揮僉事，充左副總兵，代陳瑄鎮淮安，董漕運，累進左軍都督僉事。淮安，瑜故鄉也，人以為榮。在淮數年。」

州縣官用本貫者，據明末談遷《棗林雜俎》叢贅知縣本貫云：「金華府志：永康知縣呂兼明、呂文燧，俱本縣人。仙居縣志：洪武四年邑人任繼先除仙居知縣，時法令嚴峻，繼先最久。六年歸隱於下黃。其教職任本貫頗多，不載。」由教職任本貫者，固無禁，然鄉試考官則例不用本鄉人。明初有……明史卷一三七安然傳附杜佑云：「（山西平陽府解州）安邑人，洪武初嘗三主本布政司鄉試，稱得人。」蓋亦異事也。P.T.O.

地方官迴避原籍之禁令，至清代更趨細密。順治十二年題准外任官督撫以下，雜職以上，均各迴避本省；教職原係專用本省，止迴避本府（州）（清史稿職官志三儒學）。至康熙四十二年又准旨

阮元廣東通志卷一五八宦績略一

唐高宗上元三年以嶺南五管黔中都督府得即任土人而官或非其才，乃遣郎官御史為選補使，謂之南選。（通典、文獻通考）

（唐會要卷七十五）貞元九年五月敕黔中、嶺南、閩中郡縣之官不由吏部，以京官五品以上一人充使就補，御史一人監之，四年一往，謂之南選。（杜氏通典）

（咸通三年五月十八日）廣州奏：海嶠擇吏與江淮不同，若非諳熟土風，即難搜求人瘼。且嶺中往往染其下選，今之監是此道每年吏部選授，道途遙遠，瘴癘交侵，選人年深，肯來者少，漸州官吏伏以諸補存例，不令吏部旨擬，且委本道求才，若攝官廉慎有聞，依前許觀察使奏正，可怯於久，請可施行。敕旨宜令依允。（唐會要）

宋史（……）詔廣南東西兩路闕員者多，其十數年不調官屬，並差土人充攝官。（宋會要）

（元）福建兩廣官員選充，令年第官應得本地面。（元史選舉志）

（元）省選廣、福建、兩廣官員多闕，都省差人與彼處行省官員一同以本土周迴相應人員委用。（同上）

舊唐書卷六十八，列傳四十九，常袞孫元賓……（明）率……州刺史，假……父子相代為本州，當世榮之。

（西漢）州之佐吏，有別駕、治中、主簿、功曹、書佐、門亭長、兵曹、郎……

郡國有事吏輿，郡有佐等，皆州自辟除，通為百石。（文獻通考）

後漢有郡之僚，本漢魏間以江左為雷郡主簿，皆太守自辟除。（前書）

漢氏郡國以本郡人為之，晉後每更，及東晉氏革選……

用他郡人。唐高宗舉為品官吏部選授。（前書）

昌黎廣東通志列傳二梁嵩、馮融（……人，北燕……）乃其孫羅州刺史……初融之從父……

兵雖三世為守牧，然他鄉羈旅，號令不行。……高涼太守寶娶於郡大姓洗氏……以信義結於本鄉……洗氏之力也……（據廣州人楊俘）

荊州長史宜陽袁惠……

李坤元引病余芳草云：嵌将主乡试，朝命而聘于藩司，其昭祸即行之累邪，相沿皆然。……嵌制至万历乙酉始考更其制，举民择三与文衡，一时江……皆拿命出……是何……之也。

五杂组卷十五事部

严几道年谱（王蘧常撰） 光绪二十四年戊戌（1898）先生四十六岁。秋，特诏求人材，先生以王锡……荐，召对……缮所拟万言书以进。吴汝纶尺牍七月七日答严又陵云："……"

陈宏谋 临桂人 林文直……

……议定，候补候选知县各官，其原籍在现出之缺五百里以内者，均行回避。乾隆初年复议准寄籍人员，以及邻境接壤与原籍相距五百里以内者，亦应回避（参嘉庆会典事例卷三十九吏部汉员铨选，或乾隆会典卷五吏部铨政）。咸丰间冯桂芬著校邠庐抗议（卷上）有免回避议，亦可参看。

民国以来，此种禁令早已废弛，然亦不无欲恢复之者。如民国六年二月廿四日大总统黎元洪通令云："近闻知事之履历报告，多混用本省人员，军事倥偬之际，因一时之权宜，难依规定。今大局已定，规定岂容紊乱。"此令不行，……

沐英之死

明太祖功臣多不得令终，其于诸将杀戮尤甚。洪武二十六年二月蓝玉之狱，列侯以下坐党族灭者至一万五千人，于是元功宿将相继略尽。（明史卷一三二蓝玉）沐英幼从太祖，得太祖与孝慈皇后之爱怜，抚为义子，从朱

五

姓，賜名周舍（見明史卷一三四何文輝傳）。其恩遇如此，宜若可以保全終始矣，然參之史乘，似亦不然。明史卷一二六本傳云：「洪武二十五年六月，聞皇太子薨，哭極哀。初，高皇后崩，英哭至嘔血。（按在洪武十五年八月丙戌）至是感疾，卒於鎮，年四十八。……歸葬京師。」以哭皇太子過哀得疾而卒，其事已甚可疑，然尚未見有暴卒之痕跡也。明萬曆間東莞尹守衡明史竊卷二十黔寧王世家第六云：「初，高后之薨也，英在滇中，哭三日不食。後聞懿文太子訃，哭失聲，飲食皆衰。一日，出廳事，俄然仆，頃乃蘇，曰：吾死矣。夫遂以其年六月薨，年四十八。……上哀之如太子焉。歸葬京師。」又明末查良嗣罪惟錄啟運諸臣列傳上沐英亦載：「英在軍，初聞高皇后崩，哭踊，三日不食。二十五年，懿文皇太子薨，英故常侍東宮，有恩誼，哭嘔血。方坐堂上案事，忽中風卒，年四十有八。」可見其死因甚突兀也。清嘉慶間王崧雲南備徵志卷十二引國朝（清）馮甦滇考下沐氏世爵竟云：「明年（二十五年），暴卒。滇人言：上遣使賜英刀繩藥酒三物，英頗知之，建小鼓樓於南城外，詔至，仰藥死，櫬至京，上啟棺慟哭。」其言應有所本，姑錄之以俟再考。

錢糧尾數

[illegible]

曩年整理清內閣大庫檔案，見錢糧奏銷冊指內所載之尾數甚為繁細，往往有多至十餘位者，且各府不同，各縣不同，有時一縣之中因年份之先後亦各自不同。今姑以清初河南數府縣易知由單所載為例，如衛輝府新鄉縣銀數兩以下為錢，分，厘，毛，絲，忽，微，纖（有時纖字作「宠」），沙，塵，埃，渺，漠。同府輝縣兩以下為錢，分，厘，毛，絲，忽，微，纖，埃，渺，漠。河南府鎮平縣兩以下為錢，分，厘，毛，絲，忽，纖（有時[illegible]）同一單中每作[illegible]（手）未（不作微）先（亦作纖）沙，匡（亦作塵）。甚雜同一單中，字體亦有正寫簡寫之別，可謂紊亂複雜極矣。明末陳繼儒以為此乃錢糧混淆之起因，其言云：「賦數如海，見者望洋。況米之數，則曰升，曰合，曰勺，曰抄，曰撮，曰圭，曰粟，曰顆，曰粒。銀之數，則曰厘，曰毫，曰絲，曰忽，曰微，曰纖，曰[illegible]

（銀兩錢分厘毫絲忽微纖沙塵渺漠埃逡巡須臾（曰埃，曰逡巡為止））

紀數用壹貳叁肆等字

陸容菽園雜記（墨海金壺本）卷三：「壹貳叁肆伍陸柒捌玖拾阡陌等字相傳始於國初刑部尚書開濟。然宋邊實（壹是紀始作邊寶，誤）崑山志已有之，蓋錢穀之數用本字，則姦人得以盜改，故易此以關防之耳。」按開濟洪武初以明經舉，授河南訓導，入為國子助教，以疾罷歸。十五年七月召試刑部尚書，踰年實授。其年十二月以罪棄市。明史卷一三八本傳，謂其「以綜覈為己任，請天下諸司設文簿，日書所行事，課得失，又各部勘合文移，立程限，定功罪。……敏慧有才辯，凡國家經制田賦獄訟工役河渠事，眾莫能裁定，濟一算畫，即有條理品式，可為世守。」則當時相傳「此事始於開濟」者，不為無因也。邊實崑山志今已失傳，然阮芸臺四庫未收书目提要卷五載有玉峯志三卷，玉峯續志一卷，宋淩萬頃、邊實同撰，云：「邊實，陳留人，其高祖始遷崑山，詳於志邊惇德傳。而續志又復為自序一篇，詳其家世。玉峰本崑山地，宋南渡時始析為縣，即今之嘉定是也。志中所載

魏崧壹是紀始卷十二紀數用壹貳阡陌等字條於宋係全引陸書而無錢穀義

注呂毖明朝小史卷二洪武紀，潛改用云：「壹貳叁肆伍陸柒捌玖拾阡陌等字皆始于洪武中刑部尚書開濟，義錢穀之數用本字則奸人得以盜改，故易此以關防之耳。」（玉芝堂談薈卷……）

沿革風俗以及人物古蹟甚悉，宋元時崑山志乘存者不多得，是册足備一方之文獻也。」又云：「萬頃，字叔度，（理宗）景定三年（公元一二六二）進士，本陽羨人，因其父世於崑山，顏氏因家焉。」則志書之成，當在南宋末年矣。

姑蔑徐應秋（字君義）輯玉芝堂談薈（日本宮內省圖書寮藏）卷三十一「折計數目」語（頁二九至三二）云：「……文海披沙：今文書一字至十字，皆用同音畫多者，以防作偽。其中壹貳音義俱同，肆伍陸玖拾音同義異，叁字字書所無，蓋以叁字微變之。古語，匃貳以二，匃叁以三。考工記叁分其股。漢志叁分損一，則叁亦可作三也。柒字亦無字，按束晳賦，朝列九鼎之奉，夕宿桼娍之房。桼即古七字。太玄七政亦作桼政。奈何不桼乎？捌字見急就章（襄驂也）。」以言各字假借之由也。又論各字之異寫云：「陳心叔字畧：一或作弌，又作翯；又壹作壺，又作盫，又作壼，並古。二，古作弍，又貳，一作僌，一作戲，並古。六，一作奥，一作鋥，並古。七，一作柒，一作漆，並俗。四，一作亖，又作咒，又作𦉪，又作咒，並古。肆，一

按謝肇淛文海披沙蓋亦多之數目字為深字，或四深寫其原來之寫法，則四段字或讀字，另羨以為西吏之大寫，小寫之稱，非今不好借用也。

作𩬳，又作髼，又作鬆，又作䰐，又作鬉，並古。……

沙，田壟，田塍，此頃積之無補於丘山，而算之甚昧於心目，惛惛悶悶，得毋為驪龍之睡乎？龍睡，而探者攫其珠去矣。前輩云：銀至厘而止，米至合而止，其下悉宜抹除之。不然，墮入奸人雲霧中，可恨也。此錢穀混淆之所自始。（石樵真稿卷十二田賦八故，查錢糧瑣碎易眩之故）所云抹去細數之議，天下郡國利病書卷五十二河南三懷慶府田賦一條款云：……因考舊志，以計田畝宗總會田糧文冊，以為原額起運存留之數，使為民父母一展卷間而大數宛然在目。田以頃計，止於畝，而毫厘不計焉。糧以石計，止於升，而圭撮不計焉。銀以兩計，止於分，而絲忽不計焉。吏書防細弊，冊籍不得不詳；君子識大體，史志惟撮其要。亦即此意。惟尚未明數目過於瑣細，則吏胥反得因緣為奸也。清末李慈銘越縵堂日記第四十冊第九一至九二頁對此問題亦有頗詳盡之論載，文長不錄。

陔卷卅條笑談老四通投名刺之濫觴：「南史何思澄每宿昔作名一束，曉便命
駕，朝賢無不悉狎，投晚還家，所齎名必盡。今人以小紅箋作名紙遍投，[illegible]
觴也。」

名刺

陔餘叢考云：「古人通名，本用削木書字，漢時謂之謁，
漢末謂之刺。漢以後，則雖用帋，而仍相沿曰刺。」[illegible]
卷十一投刺條（及補遺）（三國）魏云：「紫微雜記，稱衡題名於紙，投刺於公
侯，可為魏時仍沿曰刺之證。至唐則亦曰名紙，[illegible]
妓家[illegible]天寶遺事云：「長安平康坊妓女所居，每年新進士
以紅箋作名紙，遊謁其中。」[illegible]亦用紅紙
[illegible]南唐近事[illegible]
（[illegible]九丈文戲小紅箋作名紙始於六朝云：「南史何思澄每宿昔作名一束，曉便命駕，朝賢悉投，晚還家，所齎名必盡。今人以小紅箋作名紙遍投，[illegible]此。」[illegible]三刺姓氏三國云：「三國」）
云：「新[illegible]用本朝時，百官門狀啟禮，悉用紅紙，故宰師（紅）紙候
[illegible]十數，侯古人名紙、門狀皆用白也。門狀於唐李德裕
（[illegible]）
為相時，人每通謁，致其銜起居，謂之門狀。」明正德以前
（可知用紅紙雖[illegible]）
[illegible]尚不普遍也。
（[illegible]門謁長安[illegible]三牓，恭致尺札。」（[illegible]）[illegible]三刺[illegible]）
至宋亦曰榜子，皆臨時手自書之。陸游老學庵筆記
云：「士大夫交謁，祖宗時用門狀，後結牒右件如前謹牒，若
今公文，後以為煩，而去之。元豐後又盛行手刺，前不具銜，
上云某謹上謁某官某月日結銜姓名，刺或云狀，亦或不

結銜，止書郡名，然皆手書，蘇（軾）黃（庭堅）晁（補之）張（耒）諸公
皆然，今猶有藏之者。後又止行門狀，或不能一一作門狀，
則但留語閽人云某官來見，而苦於閽人匿而不告，紹興
初乃用榜子直書銜及姓名，至今不廢。」
（[illegible]（五八三））
錢大昕十駕齋養新錄卷十九云：「張世南游宦紀聞
云：士大夫謁見刺字，古制莫詳。世南嘗藏石本元祐十六
君子墨迹，其間有觀敬賀子允學士尊兄正旦，高郵秦觀
手狀，庭堅奉謝子允學士同舍正月日江南黃庭堅手狀，
耒謹候謝子允學士兄二月日著作郎、並國史院檢討張
耒狀，補之謹謁謝子允校書同舍尊兄正月日昭德晁補
之狀，汝礪參候子允校書同舍，以次凡十六人，皆元祐四
年時，惟彭公為中書舍人，餘皆館職也。字或書官職，或書
郡望，或稱姓名，或只稱名，既手書之，又稱主人字，且有同
舍尊兄之目，風流氣味，昭之以識，今人觀之，宜泚顙矣。」又
云：「周煇清波雜志云：大父有手札藥方，乃用廳門狀為策，
楊見元祐間雖僧道謁刺亦大書謹祗候起居某官伏聽

屬分，或云謹狀，官稱不過呼，絕無初士大夫猶有以手狀通名，止用小竹紙親書，往還多以書簡，箋非親筆，小官於上位亦然，自行劄子，禮雖至矣，情則反疏。」（以上兩節皆採瞿宣穎中國社會史料叢鈔甲集下冊，二十，雜俗制度，投謁）

癸辛雜識云：「昔日投門狀，有大狀，小狀，大狀則全帋，小狀則半紙。今時之刺，大不盈掌，足見禮之薄矣。」殊不知禮節愈後愈趨簡便，不足為病也。名刺之用單片者，始於明季。蒿菴閒話云：「寸楮往來，始於崇禎，以嚴禁請託，於投揭為便也。」

近人東塘山民一瓻研齋筆記卷六云：「近今用名刺，以小式白紙為之，仿外國例，實自古已然。古時削竹木書名姓，曰刺，後乃易以紙，其形不過闊及二指。若遇喜慶事，有易以紅色者，厥後紅色用久，至不用白。粵沿歐俗，謂為新穎，抑亦陋矣。」（粵中鈔為紅箋）予幼時見前輩所用名片，皆用紅色，有喪服始用白紙或藍紙為之。大約投謁長者或訪候親好時，多親筆書之，普通（則屬便）用木刻者，或以木印臨時塗墨蓋紙上。此事不知起於何時。近今則舊式名帖幾已絕跡，惟見所謂西式之卡片矣。

姚叔祥見只編卷上（鹽邑志林53）頁八「鄭端簡公為大司寇時，知今宦家奴不欲以一名刺留其於室，乃倡議自今名部大寮往來名刺率以月朔命掌記聚還本家，此法至今行之……」

宋赵令畤字德麟，号聊复翁，侯鲭录，[illegible]卷31，[illegible]判牍云：古无文刺，唯书竹简以代结绳，谓之简，[illegible]士取名于纸，是后[illegible]名投刺[illegible]后相以刺谒[illegible]

[illegible]上[illegible]

眼镜

Berthold Laufer: Optical Lenses. I. Burning-lenses in China & Japan. T'oung Pao. 1915. pp. 169-228
Burning lenses in India. &c. pp. 228-231.

壹是纪始卷十一，眼镜始於明。张靖之方州杂录云：见其父宗伯公所得宣庙（明宣宗（1426—1435））赐物如钱大者二，形色绝似云母石，而质甚薄，以金相轮廓而纽之，合则为一，歧则为二，老人目昏，张此物於双目上，则大明。来自番舶满加剌（Malakka）国，名曰叆叇，皆玻璃所制，后粤东人仿其式以水晶石制之。

许衍灼中国工业史要第三卷第四章第七节钟表及眼镜云：「眼镜创始於宋，盛行於明，亦名叆叇。字通曰：叆叇，眼镜也。元人小说曰：叆叇出西域。援鹑堂笔记曰：淮南子泰族篇，欲知远近而不能，教之以金目。注，金目，深目，疑即今之眼镜。是眼镜当始於汉，然未详也。洞天清录曰：叆叇，老人不辨细书，以此掩目则明。则宋时眼镜之不通行甚又可知。降至有明，制造大兴，用者遍中国。近世眼镜制造者，以湖南为最盛，占全国制造者二分之一有余，湖北、广东次之，江苏、江西又次之。向多为水晶制品，自海通後，洋貨玻璃眼鏡輸入日多，近時始有自造者，若華明及精益等公司，其最著者。」

宣統南海縣志卷二十六雜錄

民廿二吳縣志卷七十五下列傳藝術二：「孫雲球字文玉，一字泗濱，居虎邱……用水晶創為眼鏡，以佐人目力，有老少花、遠近光之類，隨目對鏡，不爽毫髮。聞者不惜出重價相購，尤名公文康高若鏗視。雲球出千里鏡相贈，因偕登虎邱試之，遠見城中樓臺塔院，若接几席，天平靈巖諸峰巒蒼翠，萬象畢現，乃大詫且喜曰：神哉技至此乎。雲球笑曰：此未足以盡吾長也。又出數十鏡示之，為存目鏡，百倍光明，無微不矚；萬花鏡，能視一物化為數中、乎鴛鴦鏡、半鏡、夕陽鏡、多面鏡、幻容鏡、察微鏡、放光鏡、夜明鏡，種種神明，不可思議。著鏡史一帙，今坊市依法製造，遂觸目于世……康熙初卒，年三十三。」傳莊斗一

夏桂州詩

江陰陳鼎子重著滇黔紀遊雲南（說鈴本）云：「螺峰在城東北隅，倚山建元通寺，設象亭榭，名人題句甚多，俱刻巖石，松楸蔥盛，四時常陰，文度慶雲游覽其處，夏桂州有五言律一首，鐫崖石上，其詩曰：古寺翠微隱，危峰絕頂臨，鶴巢松有蓋，雲出岫無心，反徑攀蘿上，叢臺劃竹吟，南雲秋日暝，哀響合猿音。正德十三年秋七月五日廣信夏言題。但未考桂州何事而至滇也。」

明史卷一九六夏言傳：「字公謹，貴溪人。父鼎，臨清知州。言舉正德十二年進士，授行人，擢兵科給事中……」

读张燮《东西洋考》择录

东西洋考十二卷　明龙溪张燮绍和著　商务印书馆从书集成初编据惜阴轩丛书排印　初编各从书仅有此本

目次

万历丁巳（四十五年，1617 A.D.）㽦田萧基序

月港之人周起元序……乘穆庙时除贩夷之律，于是五方之贾，熙熙水国，刳艅艎，分市东西路，其捆载珍奇，故异物不足述，而所贸金钱，岁无虑数十万，公私并赖，其殆天子之南库也。……於戏澄之船政，岂非理国阜财、固圉绥边之最便者哉……

万历戊午（四十六年）晋陵王起宗序

凡例

八

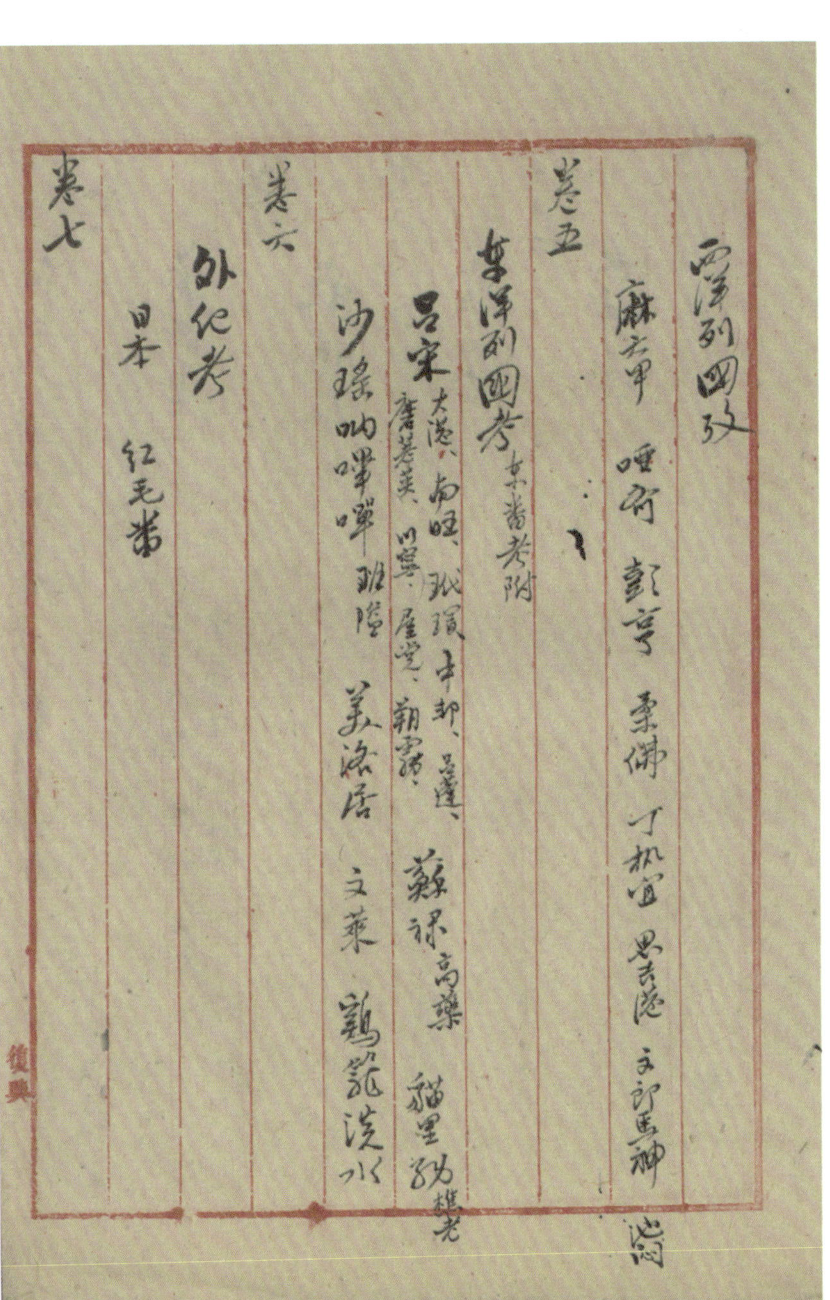

西洋列國考

麻六甲 啞齊 彭亨 柔佛 丁机宜 思吉港 文郎馬神 遲悶

卷五

東洋列國考 東番考附

呂宋 大港、南旺、玳瑁、中邦、呂蓬、磨荖央、以寧、屋黨、朝霧 蘇祿 高藥 貓里務 礁老

沙瑤吶嗶嘽 班隘 美洛居 文萊 雞籠淡水

卷六

外紀考

日本 紅毛番

卷七

復興

東西洋考卷一　西洋列國考

〇〇交阯

……（成山侯王通既棄交阯），利（黎）於是遣還文武官吏四百十七人，進代身

金人象、布帛謝罪，且乞封，而宣宗用大學士士楊榮……遣（使）

……封爵章敕利，求陳氏後立之，利詭陳氏已絕，更遣（使）……冊為權署

安南國事，利遣使入（謝）謝，歲貢五萬兩，然已改元順天，帝其國

中美……

「物產」全

卷□ 西洋列國紀

□□ 古城

「物產」 金，即金山所出者，本系由金汁流出 銀之史(?)因進其男

礼(?)浦(?)國居轄，首鑄金銀人像大十圓 本國王信物，大

銀三錢，小銀五十七錢，碎銀一箱(?)，爲贄，瑞(?)款，又獻金葉九節(?)

權(?)植(?)，因國王爲未臻進步，使(?)楊(?)不捺(?)來，以見誠意。

卷三　西洋列国考

〇下港（一名顺塔，唐称阇婆，一名诃陵，亦名社婆，元称爪哇，《通志》又名蒲家龙）……姻嫁无媒妁，但以黄鱼为礼，

「物产」　金、银（唐书：出黄白金）

「交易」　蕃船将到，有酋来问，船主送橘一笼，小雨繖二柄，酋驰信报王，比到港，用果币进王，王立华人四人为财副，番财副二人，各书记，华人谙夷语者为通事，船各一人，其贸易，王置二涧，城外设立铺舍，（宋史阇婆传：中国贾人至者，待以宾馆）凌晨，各上涧贸易，至午而罢，王日征其税，又有红毛番（荷兰）来下港者，起土库，在大涧东，佛郎机起土库，在大涧西，二夷俱哈板船，

年年來往貿易，用銀錢，次每裹則用鉛錢，以一萬為一貫，

十貫為一包，鉛錢一包，當銀錢一貫云、下葢為四[illegible]述之衍歟

舟到時，外州府未（疑為來字之誤）到商人，但將本貨先換銀錢鉛錢，迨

他國貨到，然後以銀鉛錢博買貨物，兼船開駕有早

晚先，以延於他國故也、

○○○東埔寨，即古真臘國，俗訛為甘破蔗，其國自呼甘孛智，……王城周圍五千里

城上石佛頭五，飾其中者以金，……風土記曰……國主……鎮戴金塔……金及橋上皆架石佛……

國中有金塔金橋……

「交易」船至，篙木，以柵為城，酋長掌手盧跋，果報相之遂

成雲而徵償，夷性剛直，以故鑄假錢售矣，之受而錢也

日待售而方物以還，……

大泥〇〇即古浡泥……而用金錢……

「物產」魚

見樣勝覽。田，大金錢名倪伽，小金錢名吧喃。

「交易」華人流寓甚多，趾相踵也。舶至，獻果幣如他國……貨賣彼國不敢徵稅，惟與紅毛售貨，則湖絲百斤稅紅毛五斤，華人銀錢三枚，他稅稱是。若華人買彼國貨下船，則稅如故。

吉蘭丹〇〇〇即渤泥之馬頭也，風俗俱同渤泥……

戊四吉蘭丹即小暹

蘭國，樓小暹西蘭，與柯枝接境，而吉蘭丹在大泥相連之後

（吉）為當字之誤

遂，但大泥、吉蘭丹俱鑄金為錢，而柯枝另小者，吉蘭丹
俱用金錢，以此相合，影响之詞自起也。姑載之以俟證。

舊港○　古三佛齊國也，初名干陀利，又名浡淋……（五字）「詹卑」坡
今王所部，號詹卑國，而以都為巫哇詐破，又名旧港，
以別於柔佛之新村云。俗名吉寧部。其地極饒沃土，諺云：一年
种穀，三年生金，言其米穀盛而多賣金也。……亦用錢
布……
「物」產　金　良（宋時之貢）
「玉器」舟至獻果，都有成數。「詹卑人」商量物價，無議金
多少，然後償金，實償椒也，若值金二兩，則償椒百斤。

大較云，嘉賓夫婦化國為載女子易西椒以還。當
續文獻通考：萬曆丁丑，中國人乞大呂宋
德如用鉛銖矣……
非朝議在三佛齊，則辭為番舶去
如明國……
市舶安

卷四 西洋列國考

啞齊 即蘇門答剌國，一名蘇文達那。

交易 舶到，有把水瞭望，報王，遣象來接。舶主隨之入見，
進果幣於王，為設食，留為館，然後定稅。置果賭（？）田
胡椒、番秤一播，
抵我官秤三百二十斤，價銀錢二十箇，重銀六兩，金錢一箇，即金錢，每
二十箇重金五兩二錢。龍涎嶼出，一兩用金錢十二，一斤該金錢一百
九十二箇，準中國銅錢
九千，價亦貴。
此國產……並得……信……文四

至宋时称东肆多金银铺，工匠技术，咸精于饰，至今富饶犹昔也。

彭亨（星槎胜览名彭坑）……富者头簪金圈数枚……

物产　沙金（印金山时采者，掷沙拣金，金末在锅，至黄金闪烁，就以铅类熔化，乃熔成块）

柔佛　一名乌丁礁林……王用金银器或铁器，民家碌碌……

思吉港　苏吉丹之讹也，为爪哇属国……其酋出入乘车……以金饰象……

「物藏」實係

「文郎馬神」應從沙里……

「物產」沙里 是金山出產土人採 [illegible]

卷五　東洋列國攷

呂宋：亦曰瑞田，產黃金，以故亦富厚，人性樸，不喜爭訟。

「物產」　金　永樂時多產，奸人所掘，最為獨豐之說也。　銀錢　大者重七錢五分，夷名黃幣峙，次三錢六分，夷名突廣，又次一錢八分，名羅料釐，小者九分，名黃料釐，俱自佛郎機攜來。

「交易」　舟至，遣人馳詣酋，以幣為獻，徵稅頗多，綢亦太密，來人往往留彼不返，其利甚近，且成聚故也。

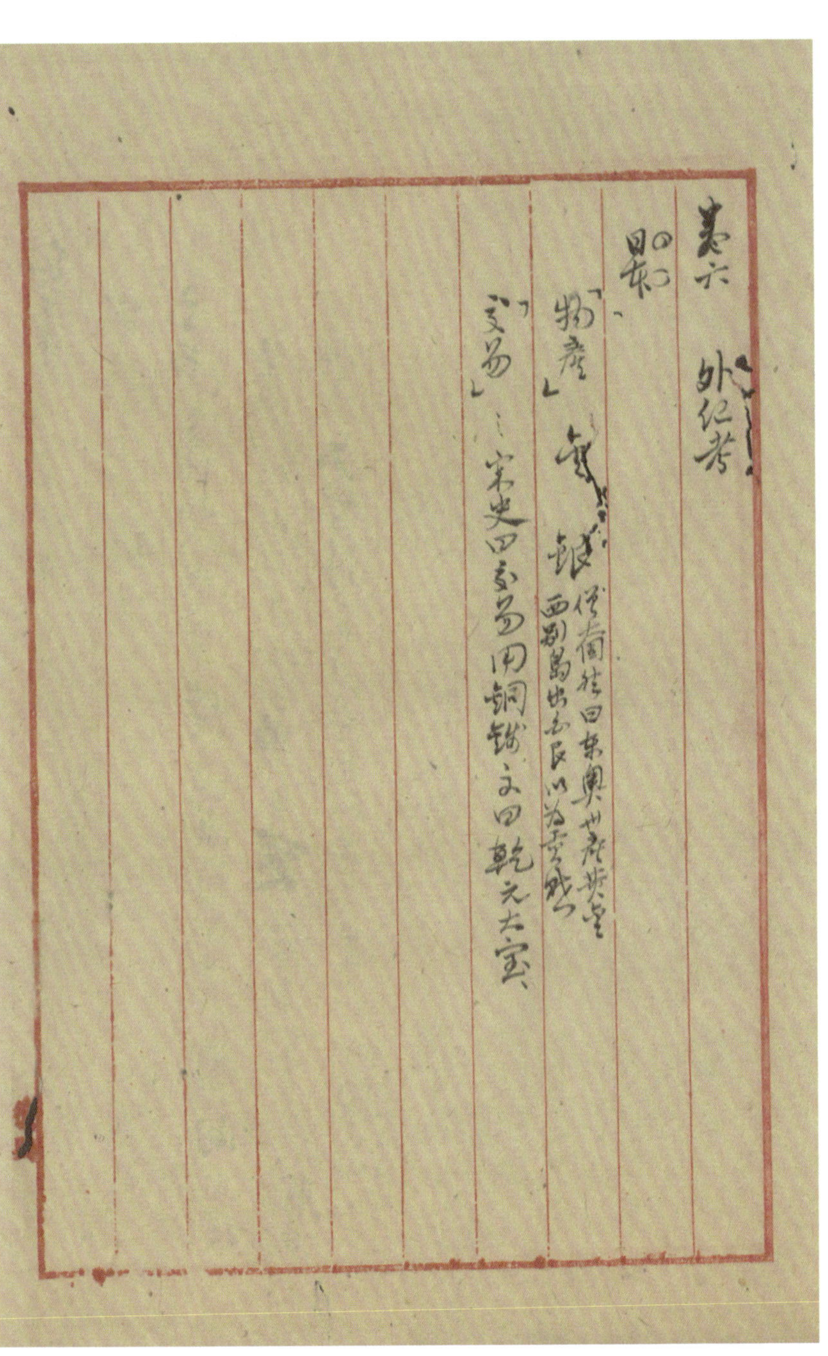

卷六　外纪考

（四）日本

「物产」：金、银：续通考曰东奥州产黄金，西别岛出白银以为贡赋。

「文物」：宋史曰多用铜钱，文曰乾元大宝、

紅毛番 自稱和蘭國

「物產」金、銀、錢

「交易」商舶未有抵其地者，特暹羅爪哇渤泥之間，與相互市，彼國既富，囊饒蕃惠，貨有當意者，輒厚償之，不甚較直，故貨爲紅夷所售，則價驟湧。

浯洲屿，即福建金门岛，今为金门县。金门县，东金门岛，东西三十余里，南北阔廿二十余里，宽廿十里，孤悬大海，东临台湾，西扼厦门港，值中隔海三十余里，烈屿、诸屿、虎屿错立其间，烈屿最大，有小金门之称。

卷七

舶政考

闽在宋元，俱设市舶司，国初因之，及宣德、成弘之际，豪门巨室，间有乘巨舰，贸易海外者，奸人阴开其利窦，而官人不得显收其利权，初亦渐享奇赢，久乃勾引为乱，至嘉靖而弊极矣。二十六年，有佛郎机船，载货泊浯屿（屿居泉州府同安县），漳泉贾人，往贸易焉。巡海使者柯乔，发兵攻夷船，而贩者不止，都御史朱纨获通贩九十余人，斩之通都，海禁尤严。闽海滨一带，田尽斥卤，耕者无所望岁，只有视渊若陆，久成习惯，富家征货，固得捆载归来，贫者为佣，亦博升米自给，一旦戒严，不得下水，断其生活，若辈悉健有力者，不肯搏手困穷，于金门厦门二岛为犄角。此岛东名浯洲屿，明洪武间筑城，清设总兵副将镇守，又有知县驻此，属同安县，民国改称，划归思明，后又设置金门县，属福建厦门道，明郑成功曾屯兵于此。

厦门岛一名嘉禾屿，亦名鹭屿，在福建同安（旧属泉州府）县东南，明洪武间筑城，清康熙二十年废之，设旋改为台厦门道，后设修筑，民国改为思明县，然又前四六年（宋元二年，设为商港）前贸开放，厦门本通商，许之，我国与西人第二通商港也，道光二十年南京条约定为五口之一。

是以夜连结为乱，潜图以出，不久潜踪于外者，更阅数岁，近又连结远夷，乡导以入，滨海之民，始安之。若兵革奠，四十年来，奏设海澄新治，至明年隆庆改元，福建巡抚都御史涂泽民请开海禁，准贩东西二洋。盖东洋若吕宋、苏禄诸国，西洋若交趾、占城、暹罗诸国，皆我羁縻外达，安但叛，而独禁贩倭奴者，比于通番接济之例。此商舶之大原也。先是发舶在南诏之梅岭，（梅岭在福建诏安县东南三十里海滨，距悬钟山十余里，旧时称洋舶）后以盗贼梗阻，改道海澄。隆庆六年，郡守罗青霄以所部雕耗，（明漳州府）（案东林山明旧海城景年统兵于此，嘉……）一切官府所需，俱取办于三老，良苦于是议征商税，以及贾舶，贾舶以防海大夫（即海防同知）董之，寻改委府佐一人，中更以奉行海防，于舟船以充兵饷，岁额六千，同知沈植条海禁便宜十七事，著为令。于是商引俱

海防官發給，每引征稅有差，名曰引稅（東西洋每引稅銀三兩，雞籠淡水稅銀一兩，其後加增東西洋稅
銀六兩，雞籠淡
水加二兩）。每請引百張為率，盡即請繼，原未定其地而限其船。十
七年，中丞周寀議將東西洋賈舶題定只數，歲限船八十有八，給引
如之。後以引數有限，而私販者多，增至百一十引矣。其征稅之規，有水餉，
有陸餉，有加增餉。水餉者，以船廣狹為準，其餉出於船商。陸餉者，
以貨多寡，計值征輸，其餉出於鋪商。又慮間有藏匿，禁船商無先
起貨，以鋪商接買貨物，應稅之數，給號票，令就船完餉，而後聽其轉
運焉。西洋船，面闊一丈六尺以上者，征餉五兩，每多一尺，加銀五錢。東洋船（頗小，量減西洋船十分之三。陸餉，胡椒、蘇木等貨，計值一兩者，征餉二
分。雞籠淡水，地近船小，每船面闊一尺，
征水餉五錢，陸餉亦如東西二洋之例）。加增餉者，東洋中有呂宋，其地無他產，夷
人悉用銀錢易貨，故歸船自銀錢外，無他攜來，即有貨亦無幾，

故商人回澳，征水陸二餉外，屬呂宋船者，每船更追銀百五十兩，謂之加征。後諸商苦難，万曆十八年量減至百二十兩。每歲夏仲至秋中，風汛屆期，賈客揚帆歸抵海外，經過南澳、浯銅諸寨，及島尾、濠門、海門各巡司，隨報餉館，逐程遣舟護送，以防寇掠，實亦稽查隱匿寶貨云。自万曆四年，餉溢額至万金，利入章程錄，至十一年，累增至二万有餘。二十一年，倭寇朝鮮，閩以震鄰，禁止通販，海上人輒違禁私下海，或假借縣給買穀捕魚之引，竟遠走夷中。丞許孚遠深念之，疏復為寬禁，求請時，復檄招諭，凡留販人船，不論從前有引無引，日遠日近，俱許還港，詣官輸餉如故，凡私通及壓冬情况一切宥免，於是越販商人胡臺謝楠等二十四船，聞撫諭令，皆駕船回澳。二

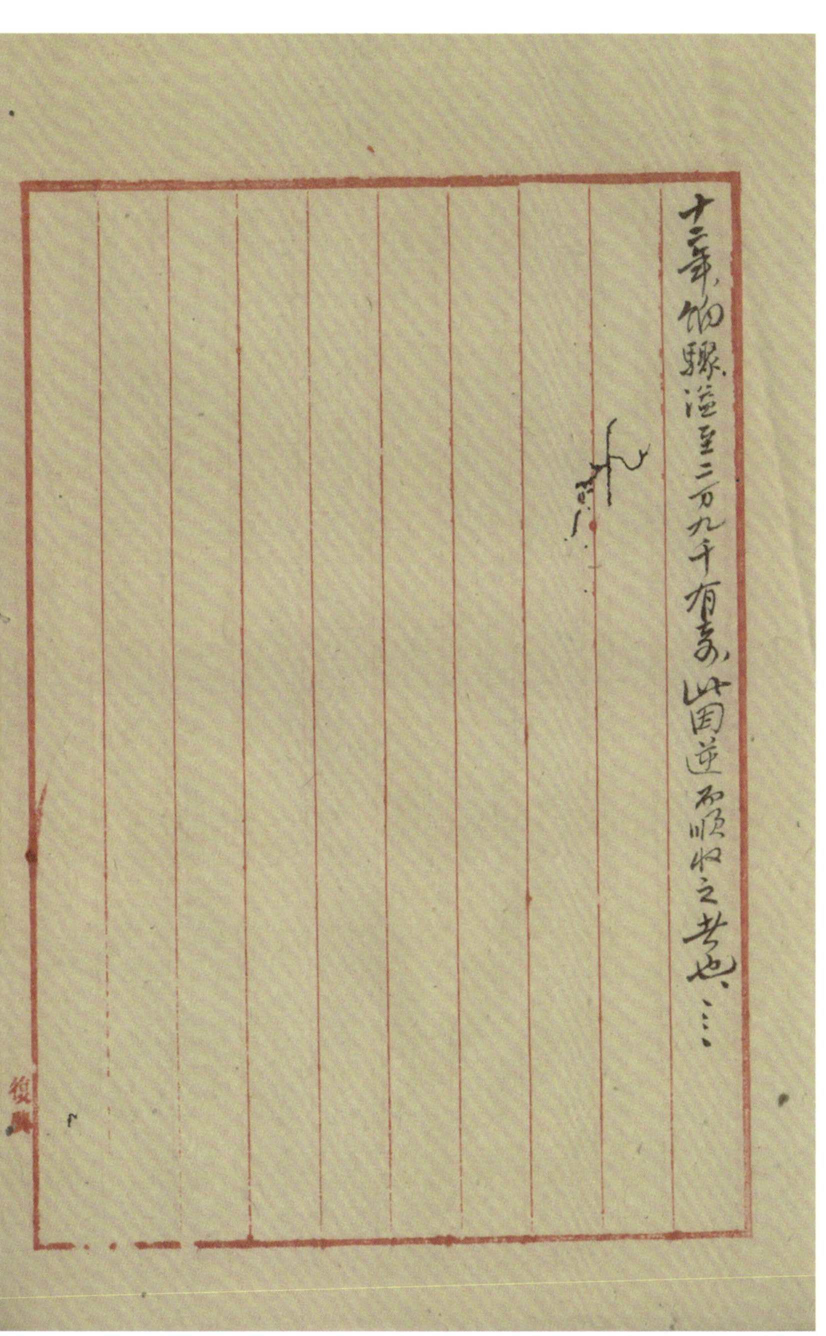

十二年，始骤溢至二万九千有奇，此固逆而顺收之者也。

日记一则①

①该日记没写年、月，只写了日。梁方仲去西北调查农村土地经济情况，成行于1939年七八月间。此日记当发生在1939年七八月前。

内蒙古扎萨克旗社会经济调查提纲[1]

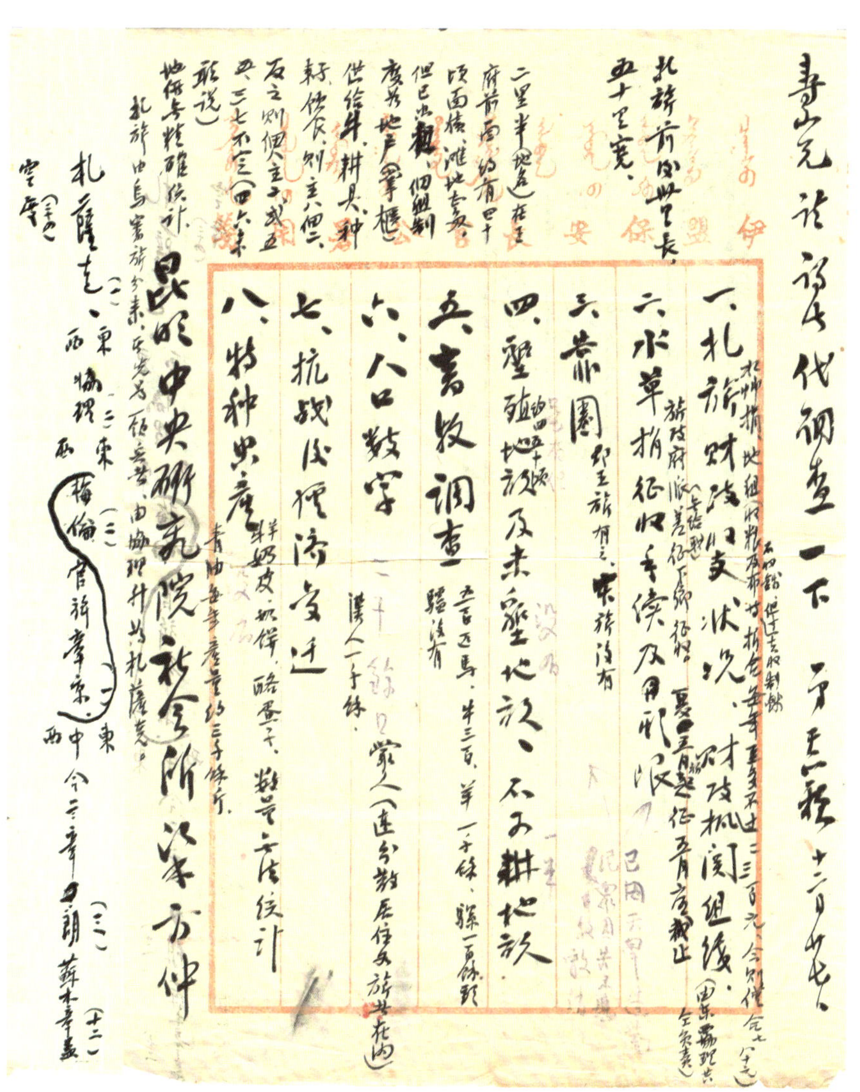

壽山先生请你代调查一下 方仲呈稿 十二月廿七日

一、扎旗财政收支状况、行政机关组织、

二、水草捐征收手续及用形(?)况

三、菜園

四、垦殖地亩及未垦地亩、不可耕地亩

五、畜牧调查

六、人口数字

七、抗战后经济变迁

八、特种出产

民国中央研究院社会所 梁方仲

---

①1939年12月，梁方仲在西北农村进行社会经济调查期间曾到内蒙古扎萨克旗，并开列一调查提纲，请当地人士回答。页内所拟八项调查项目（大字）为梁方仲手迹。

粤东文献备览[①]

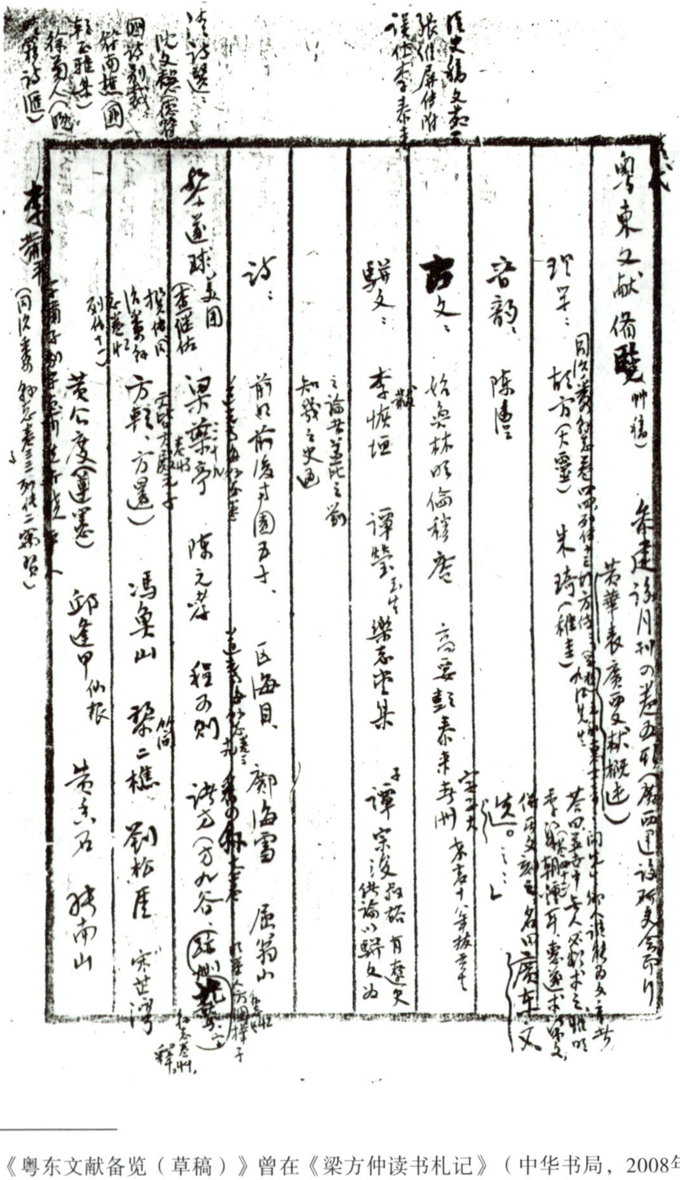
粵東文獻備覽（草稿）

小學：胡方（大靈）　朱琦（稚圭）

音韻：陳澧

古文：

駢文：李恢垣　譚瑩（玉生）　樂志堂集　譚宗浚

詩：前後南園五子　區海目　鄺海雪　屈翁山

梁藥亭　陳元孝　程可則

方氏、方還　馮魚山　黎二樵　劉松厓

黃公度（運墨）　邱逢甲（仙根）　黃香石　張南山

①《粤东文献备览（草稿）》曾在《梁方仲读书札记》（中华书局，2008年）中披载，但仅收录了第一页，而漏收了第二页。该稿写于抗日战争期间。

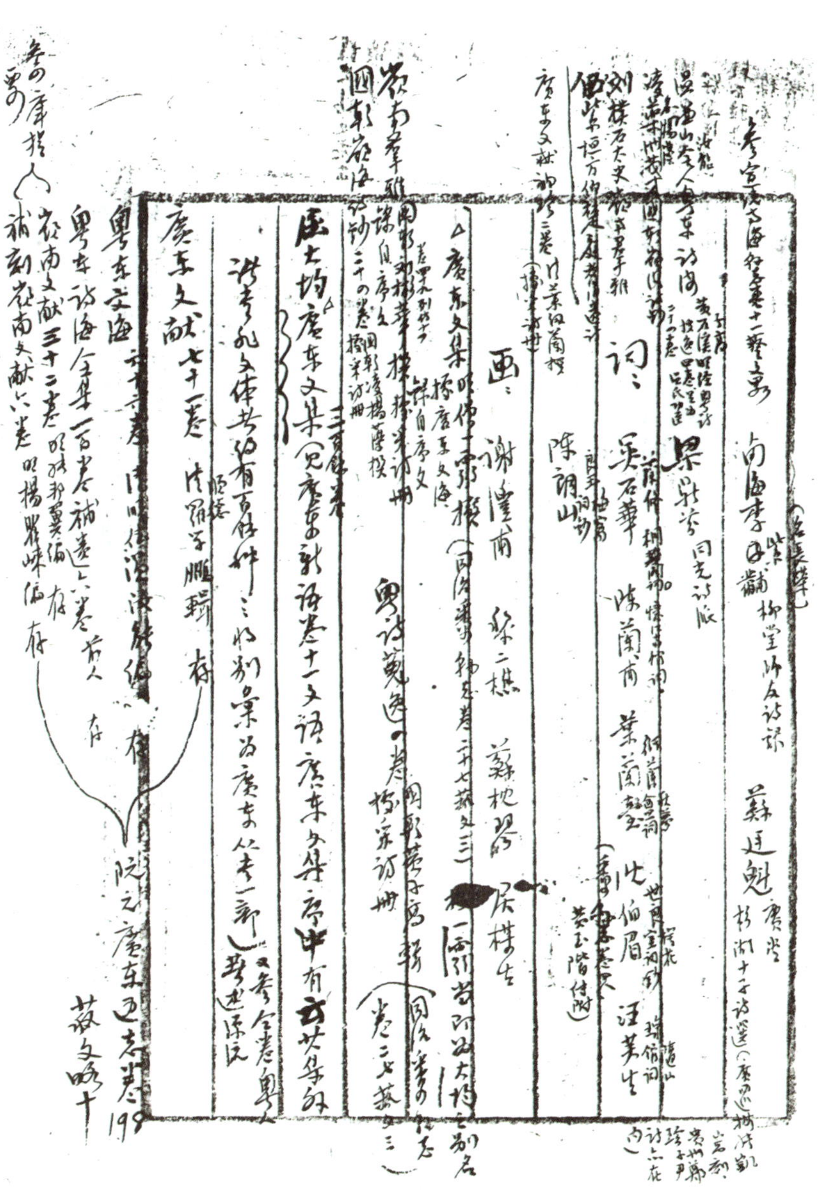

有关对抗战期间我国实施田赋征实与粮食征购政策看法的文稿①

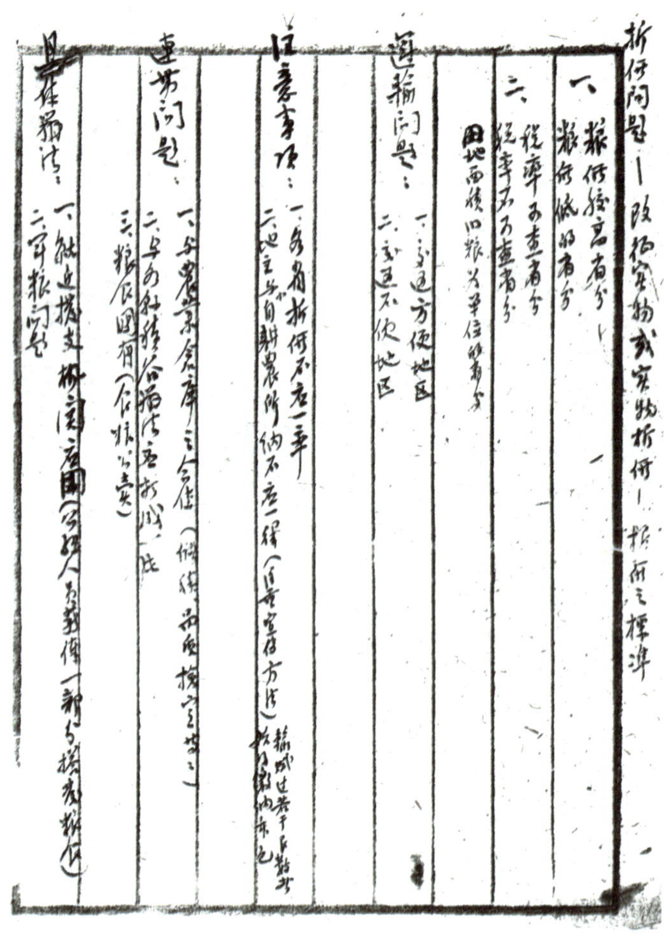
折价问题—改征实物或实物折价—折价之标准

一、粮价较高省分

粮价低的省分

二、经济不安定省分

经济尚安定省分

田地面积旧粮为单位的省分

运输问题：

一、交通方便地区

二、交通不便地区

注意事项：

一、各省折价不应一律

二、地主与自耕农所纳不应一律

---

①国民政府于1941年施行田赋征实与粮食征购两大政策，为我国适应战时需要而行之财政、粮政之兴革。中央研究院社会科学研究所为此于1942年3月至7月在川、湘、黔、桂、赣五省开展调查，承担者为梁方仲、丁文治、彭雨新、陈鹤梅、陈思德（以上担任川省调查）、刘隽（湘省）、严中平（湘、赣两省）、林兴育（黔、桂两省）。调查人写出调查报告，经综合各方意见，社会科学研究所中同人长时间讨论，于7月底写成意见书一份，对于征实、征购、仓储、军粮、公粮等项均提供了意见，当即印送各有关机关参考。梁方仲这份手写文稿生前未发表，2008年中华书局出版的《梁方仲文存》一书中将此文稿的后部分以《田赋折价问题：改征实物或实物折价与折价之标准》为题予以发表。此影印件前两页似为讨论会上或作者撰写时所拟的提纲，颇有参考价值。

对于经济之影响：一、信任的心理　六、数额

受押问题：一、自耕农　二、地主　三、转租地主

[illegible]赎问题：一、表形式　二、程序

实例：一、陕甘宁边区　二、闽浙、粤、山西

历史的来源：一、水旱灾荒　二、衣不出产之害　三、与清报之关系

四、[illegible]中之地丁折征与两税，早[illegible]清初一项，向由本色，至清咸同间，如前有漕粮改为折色，至光绪末年，除江苏浙江两省外，各省皆改折色。民国成立之后，江浙漕粮亦[illegible]，而乃以民元代内[illegible]

先决问题：一、监理　二、行政人员　三、[illegible]地价税

实行之条件　信越：一、[illegible]单位陈报之办法　二、地方事中之区域

（八）查田時征收實物最好要請示「陝甘寧邊區政府」。其征收標準以秋收之後每人的平均收成數來計算，但繳納時以家為單位，將全家人口應繳的數目合併起來繳納。照「救國公粮條例」第五條的規定，每人一年之內所收各种粮食，合計不滿三百斤者免收，三百斤以上至四百五十斤者征收百分之一，（以下每增加三百斤，便增加征百分之二）。四百五十一斤至七百五十斤者征收百分之二，七百五十一斤至一千零五十斤者征收百分之三，（以下每增加五百斤，即增征百分之三；一千零五十一斤至一千五百斤者征收百分之四；一千五百零一斤以上者征收百分之五。出租土地的地主，于其所收租粮额不满三百斤者亦征收百分之三，三百斤以上者照上例加倍征收。廿七年全边区征收救国公粮数额为一万五千担，廿八年为二万担，廿九年要完成三万担的任务。

陕甘宁边区如晋察冀边区则行所谓「合理负担」的办法。

(2)晋省自廿六年抗战军兴，境内作战之军队，为数至众。中央对于军饷虽按时拨发，惟战时物价逐渐高涨，且有法币不能流通之情形，军队购粮极感困难，故晋省府于廿七年间即仿行一种所谓合理负担之摊派办法，以达存粮出售之目的，藉应军需之不足。于摊派之对象，系以财产在三千元以上之富户分为三等九级，按等递年摊派之。嗣于二十八年间晋省为整军备粮之际，改行价由驻军评定价格向物资村府及人民要粮，尤为困难，实含征用。以致群众发生难办不便之困难。第一，对于人民有代办军粮给养之烦。后以评价与市价相差多则三倍至五倍，以至五十倍，人民赔累不堪；第二，对于驻军亦感不便，并害军法，对军用粮草之摊按规定评价向人民购粮，则根本难以到粮。乃于二十九年春间，倡行田赋改征粮秣办法，规定每征田赋银一两要改征小麦一石（按该省田赋征额平均每二十亩征粮银一两），杂粮则照比例折征之。而晋东南一带（其本系征收粮秣者，亦依据各县旧有标准，亦有依据市价折征者，亦有订。）因洪灾困难，请准减征三分之一，即每两征收小麦六斗六升。自此项田赋征收粮秣办法办理以来，军民两感便利，中央亦以晋省情形特殊，且试办颇有成效，已于去年七月间准行有案。晋省田赋改征食粮，其征收标准已如上述，惟于附加一节，未有明文规定，以致各县对于有加征一石之小麦以为附税，亦有不附征者，制度未能一致。

(3) 关于为适应战时所需要，宜有田赋改征实物为标准办法，民国二十九年十一月一日开始实行，据该省财厅长严家淦同年十二月十四日对中央社记者谈，全省六十三县区，皆已先后实行，其办法要点如下：（一）依各县七七抗战前一年（即民廿五年）之平均米价为准，将现有田赋正附税额，折成米额，改征米谷。（二）征米如有困难，得依米价折合缴纳国币，如以去年十月至本年三月之六个月平均米价为第一期，或上忙标准，本年四月至九月之六个月平均米价为第二期，或下忙标准，由财政厅呈省核定公布。（三）田赋临时附加，归并实物，或米折后一律取销，以后县之经费，用以补救各县取销田赋临时附加，废除苛什并实施新县制及平定各级县政经费。（四）本年了需剩余，亦依折合价缴纳国币，准予八折实收。

（4）关于田赋改征实物及米折办法，业经行政院令公布（三十年二月九日第五十号），如下，（参看第十小组决议案）

请增附税，均以同样标准折征，人民负担过重，将来推行时恐有困难，希望中央加以

注意等语云。

(5) 四川田赋改征实物问题，省府对组织委员会研究具体方案，[以往所有规定，现未予通融，与中央方面对于川省]

改征原则（近有大体决定）（中央日报重庆版三十年一月二十八日、三十日原文）。关于卅年度改征实物，财厅拟定四川田赋改

征实物意见书，内容不主张实行征实，但侧重于折征谷价，拟照民国三年每石二

元之谷价依照上涨四十二倍之数，除依二分之一拨二十一倍征收外，其余征收铺为项省

附加。预计全年约可实收一万万四千余万元，省六县四分配。（成都新新闻廿九年十二月十日）

究竟实施如何，现未能定也。

币，地、山、荡米谷全部折征国币，为免粮原有征册田地山荡科则不能合折者，不分地目，照前项规定办理。（第七条）田赋征纳实物部份，得照谷物予折扣减收实数，再折减成数，由省政府随时规定，折征国币部份仍照十足征收。（第九条）各县每期田赋，依照本办法第四项规定折合国币标准，应于开征前两个月内呈经省政府核定，由征收机关连同纳赋须知分区公告，并会同地方（行政）自治各机关暨法团广行纳赋宣传（纳赋须知另订）。（第十条）业户在上期田赋开征六个月内，俟纳下期田赋米折并其折征标准及折征国币之成数，依照上项之规定。（东七月日报 卅、三、十八）

金华县田赋及征实物之米价，业由财厅核定，该县七七事变前一年平均米价每百市斤为四元六角，即以四元六角合一百市斤（东五日报 卅、三、十八）。二十年度米价系以二十二元二角二分计算（宁前报 卅、三、七日）

新增附捐，均以同标准折谷，人民负担过重，将来执行时恐有困难，亟应重加改定。

景予减轻。[illegible]

广东省战时田赋征收实物及米谷折价施行细则二十条，六经一九五次提委会通过。其中比较重要者为以下诸条：（第二条）本办法第二项所规定田赋改（附征田赋征收实物及米谷折价办法）征实物，以原有不征田地山荡，应依上下级田赋者，计予附捐，征及比照田赋征收之经费暨办理之征收公费，总数折谷，但在三十六年以后新增之抗卫事业费除外。（第四条）业户缴纳实物，以谷为限，应纳米谷一百市斤者，应缴稻谷一百四十三市斤。（第五条）本办法第四项所称平均公定米价，指各县最后市场之公定售价而言。（第六条）各县田赋米额，依照本办法第四项规定，折征国币之成数，由省政府按照地方情形于每期开征前核定之，但遇特别情形，得全部折征国

六、拘追。三、提取欠赋收回，四、查封财产，以为补偿田赋税额，行政处分，征起滞欠

除提支百分之三拨充各该征收经费外，余额照下列分配之：一、省得百分之三十，

六、省与财政部划分：部得百分之六十，县得百分之四十。（四）廿九年份及以前各年份之

旧欠，仍照旧追缴，截至本年度以后六个月内由县政府缴解，一律照原案征收实物，

五、米折标准改征。（十）东北各区细则另定之。（十一）游击战区内征田赋，按各项及已征

收地价税区域不适用本办法之规定。（十二）本办法自省府公布之日呈报施行时陈

备案。 闻各县田赋征收实物，最低限度须达三成，不能折合价款云。

（东南日报 三十年 二月九日） 但据上级星日谕载，浙江省临时参议会第四次驻会委员

会议二月五日上午八时举行第五次会议，讨论下项：一、省政府函请阅议田

赋改征实物一案，经委员意见，以照原定办法不分正税附税，并由廿六年以后

(一)本省各县田赋自三十年份起一律改照本办法征收，(二)各县田赋改征米数以原有各则田地山荡应征上下两忙田赋省县正附捐税及比照田赋标准或按亩征收之税费暨带征之征收各费总数，依照各该县七七事变以前一年内即廿五年七月至廿六年六月之平均米价折算之，(三)各县田赋每年仍分上下两期征收，每期应征米数上期于五月开征，下期于十一月开征，征收期间每期均以两个月为限，逾限后依一次征收，仍照旧例，(四)各县征收实物如因事实困难，得将米数折合国币征收，以各该县各期田赋开征两月前四个月内之平均当地米价为折征标准，(五)各县原有在上期田赋项下附征之抵御捐课，应并入征数内计算米数折征，于每年度终了时由县划解中央核收，(六)各县田赋实施本办法改征后，不得带征任何附加捐税或派征摊费，(七)各业户遇有故抗缴拖欠时，应按欠额十分之一加收滞纳金，

(3)宁夏——原分夏秋两征，夏粮本色折色各半，秋粮全征折色。除折色每年征六十万〇五千七百四三元不计外，每年征本色粮一千〇十三石。近年该省已改为地方经费，不再征收本色。惟该省以供应地方驻军粮秣并提高农产品价格起见，得由地税款内代为採购此项粮秣，由该省军粮局在各县区自行设仓收储，以免耗损。其办法，按地亩税率之高下，规定每亩採买粮秣若干，其价值即由农民按照省府规定价格在税款内扣除作抵。大约一等地每亩税率二元五角，应採买小麦四升、莞豆三升、白米八合、黄米七合，再经降一元云。

(4)西康——除由川省划入之雅安等十四县不计外，其原有辖境，仅康定稍有征收折色者，其余各县概征本色，内分红米、青稞、小麦、碗豆、玉蜀黍、莜

六、边远省分田赋状况

(1)甘肃——本年度已拟定依照旧科则一律改征实物，盖甘省原有粮石赋则，仍存未废，此时只将原征折色者，仍征本色，于赋则方面毫无变更。据该省三十年度概算所载，全省可收粮一七六〇四〇石，按每石十六元二角计，全价可得二，八〇六，二四三元，较之上年度预算一，一七九，四〇〇元，约增一百五十余万元。数字虽较增益，然以原有粮额计核，实际上并未另增人民负担云。

(2)青海——征收实物问题，最近尚在计划考虑，据二十三年统计，全省每年征粮米四万六千余石，除同仁循化全额征收本色粮米外，其余各县皆征本色四成，折色六成。

麦、粟米之粮、洋芋等类、据最近调查、广宁县十九都每年收杂粮约二万五千余石。

六、田赋的历史的发展

(1) 地租与田赋不分时代，即私人地主还没有产生的时候，以劳役地租为主

(2) 劳役田赋

(3) 实物田赋 A、定率的——自春秋中叶到两汉

B、定额的——自三国至明中叶

(4) 货币田赋——自明中叶起

按货币田赋，本来原实由于折色，数额不甚重。折色之原因不外：一、水旱灾荒，收成歉薄，二、交通运输不便，三、本非本地出产之物。

田赋中之地丁两项，折收银两最早，惟漕粮一项向收本色，至清咸同以后各省将漕粮改征折色，至光绪末年除江苏浙江两省外，其余各省之漕粮皆改纳折色。民国成立以后，江浙漕粮亦裁废除，

而改门民之代纳矣。

附錄、參攷資料

吳覺民：永不加賦之商榷 政治建設第三卷四期 二十九年十月一日

蔡尔塗：田賦改征实物米折之意义 閩政月刊七卷三期 三十、十一、卅日

蔡仁慶：糧賦实納的意义 財政評論第五十一期 三十、六、八時事新報滇版

宋同福：推行田賦的征实物实施管见 中央日報經濟彙報二卷十二期 廿九、十二、十六

前人：論田賦改征实物与实物折价 中央日報滇版 卅、一、卅

黃卓：論田賦征收实物 中央日報滇 廿九、十二、十六

梁家楷：田賦的征实物能救济军民粮食吗 益世报滇 廿九、十二、二三

程樹隱：論以糧代賦 陸軍經理雜誌創刊号 卅、六、卅一

鄧南生：田賦改征实物平议 新使月刊二卷一期 卅、一、一

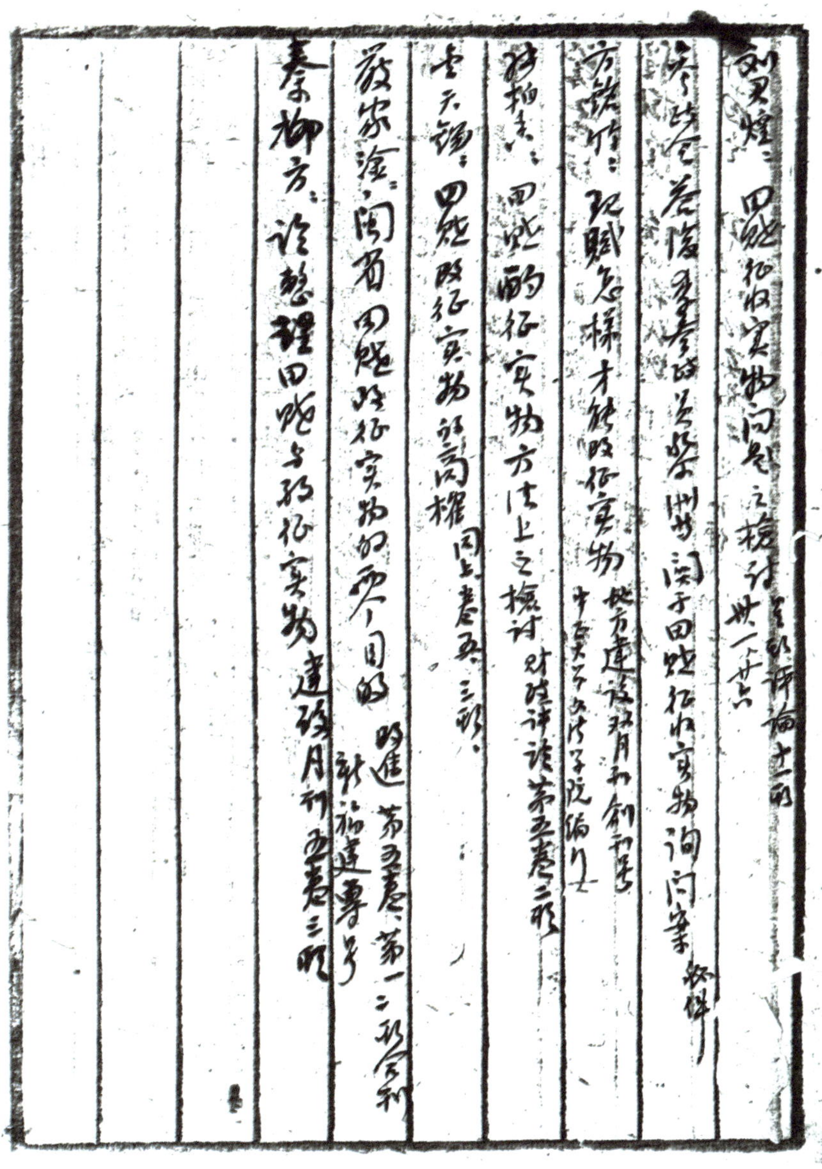

刘兴煌：田赋征收实物问题之检讨　经济评论十一期　卅一、廿六

吴启瓒：恭读蒋委员长训词关于田赋征收实物询问案敬释

方显廷：田赋怎样才能改征实物　新方建设双月刊创刊号　中央大学文法学院编印

孙柏青：田赋改征实物方法上之检讨　财政评论第五卷二期

李天锡：田赋改征实物的商榷　同上卷五、三期

严家淦：闽省田赋改征实物的目的　改进　第五卷、第一二期合刊　新福建专号

秦柳方：论整理田赋与改征实物　建设月刊五卷三期

民国三十三年中央研究院社会科学研究所经济史组工作计划①

卅三年经济史组工作计划 附本组五年工作重心

一、明清田赋史——由梁方仲担任，仍依原定计划进行。关于一条鞭法，拟分二部分进行：一、制度之研究——初稿已完成，即集刊四卷一期所载之论文，稍加补充，即可作为定稿；二、历史之探讨——分省研究，检察其实际情形，遭遇困难，及社会经济上之意义。此部分拟于明年[illegible]脱稿，合为一专书，提前付印。至于明代田赋史全稿则暂定[illegible]年底脱稿。在撰述前，并竭力搜集其他清代田赋史资料之档案予以整理，明前者付印后，清代田赋史一书在[illegible]年内亦可完成。

二、明清物价统计及分析——由[illegible]人担任。就本人历年所搜集之资料，尽心钻究，[illegible]予整理之统计，及本所所藏各有关[illegible]何表格与资料加以整理，渐为专刊。

基于上述两种需要，拟添聘一助手参加计算整理工作。

三、清代盐政史——由刘隽担任

四、清代漕粮之研究——拟[illegible]请李文治担任

本组五年计划应为明清两代财政史之完成，明代财政史由梁方仲、李文治合编，清代财政史则拟发动全组人员通力合作

五、鸦片战争后中外贸易问题——由严中平担任

六、集刊出版，每年两册，请增加印刷费及稿费，列入预算。

七、所藏「张文襄抚晋奏疏」「宗室奏稿」「骆秉章奏稿」「唐三湘中奏稿」「鸦片战争史料」，设法付印

此外一般学者考籍及重要史料之搜集、购置，亦应设法充实之。

①中央研究院社会科学研究所经济史组原来之组长是汤象龙，1942年汤氏离所后，该所经济史组工作由梁方仲主持，故有此梁氏手写的计划书。

清代田赋史研究计划要点

清代田賦史研究

本項研究擬從明末萬曆一朝追溯，蓋清初賦款仍根據萬曆，而一切田賦制度亦多依於前明。至於所根據材料，除正史官書私人撰述以外，其重要參考資料大約不外：萬曆會計錄、畢自嚴撰度支奏議（上兩書北平圖新收藏），及本所鈔存檔案錢糧冊各件。預計此項明清之際田賦款收研究工作約兩年內方可完成。現下第一步工作擬從奏銷制度之研究下手。蓋清初之賦收既大半根據於本所鈔藏之錢糧文冊，則此報銷之制度自應先加以研究也。

历年发表论著要目①

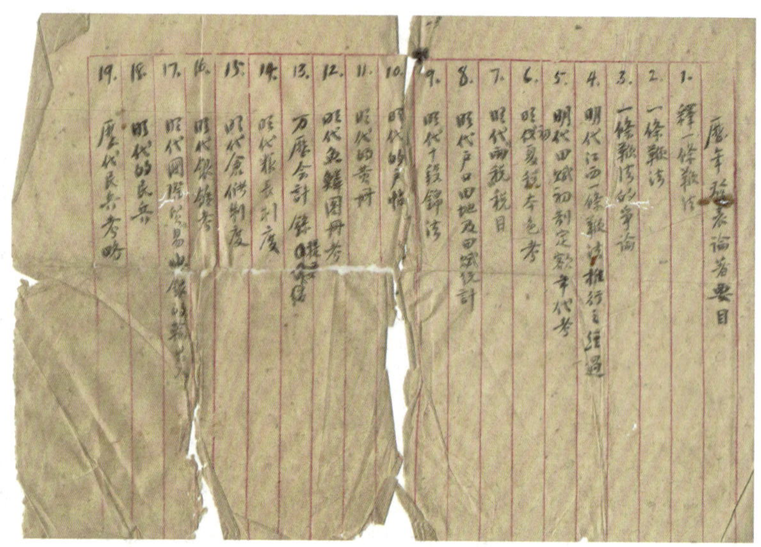

歷年發表論著要目

1. 釋一條鞭法
2. 一條鞭法
3. 一條鞭法的爭論
4. 明代江西一條鞭法推行之經過
5. 明代田賦初制定額年代考
6. 明代[illegible]稅本色考
7. 明代兩稅稅目
8. 明代戶口田地及田賦統計
9. 明代十段錦法
10. 明代的戶帖
11. 明代的黃冊
12. 明代魚鱗圖冊考
13. 万曆會計錄[illegible]
14. 明代糧長制度
15. 明代倉[illegible]制度
16. 明代銀[illegible]考
17. 明代國際貿易與銀的輸出入
18. 明代的民兵
19. 歷代民兵考略

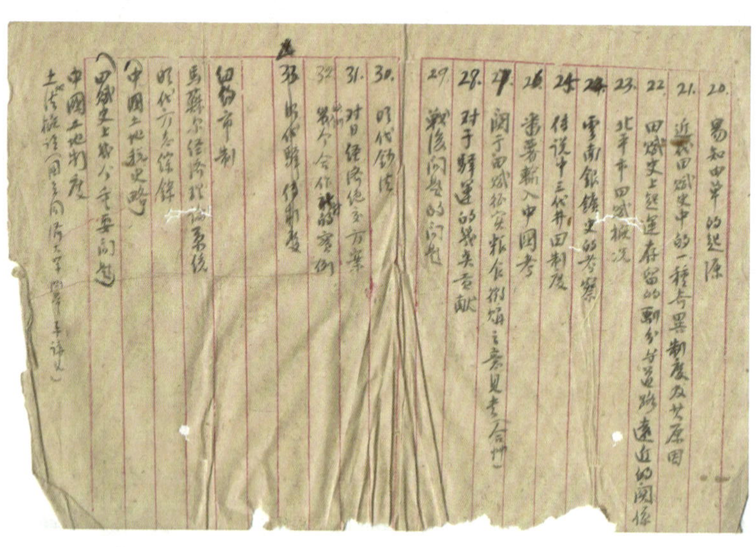

20. 易知由單的起源
21. 近代田賦史中的一種奇異制度及其原因
22. 田賦史上起運存留的劃分與道路遠近的關係
23. 北平市田賦概況
24. 雲南銀[illegible]史的考察
25. 傳說中三代井田制度
26. 番薯輸入中國考
27. 關于田賦徵實糧食[illegible]之意見書（合撰）
28. 對于[illegible]的幾點貢獻
29. 戰後問題的[illegible]
30. 明代鈔法
31. 對日經濟絕交方案
32. 戰時合作社的實例
33. 明代驛傳制度

[illegible]市制

馬蘇爾經濟理論系統

明代方志[illegible]

（中國土地稅史略）

（田賦史上幾個重要問題）

中國土地制度

土地經濟（國立同濟大學[illegible]講義）

---

①此份材料估计写于1943—1944年间，即梁方仲在去美、欧访问考察（1944年下半年至1947年夏）之前。在其所列论著名单中，目前尚有几种未寻到，如《明代驿传制度》《中国土地税史略》《田赋史上几个重要问题》《中国土地制度》。

哈佛大学听课笔记各课之首页①

Hist. of Chinese Thot — Dr. Hu Shih

in 2nd c. B.C.

Confucianism established among superstitions. Leaders in establishment: 1. 公孙弘 2. 董仲舒. In 7 B.C., a century after Tung Chung-shu, the idea of his was carried out into practical politics. Emphasis were laid on the equal distribution of land, curbing of nobilities + merchants, etc. by Wang Mang. (9–d. 13 A.D.) [illegible]

董仲舒's Reciprocal influence between heaven + man. Heaven gives warnings by the following methods: 1. catastrophes; tsai 灾. 2. anomalies (异) This gives rises to Fu-ming (符命) or propitious signs, & Chan (谶) or prophecy.

Read, A. Forke: Wang Chung Lun-Hêng (1907) not complete translation, only 44 chapters out of 84. many errors in translation. Read 1st + last two chapters respectively.

3. Official Establishment of Confucianism (last lecture)
4. Naturalism makes the First Revolt
1. Practice of 方术 ~~+ occultism~~
2. Superstition + occultism

In 两汉 private teachers prevailed. 经 (conf. classics.) 纬 (Apocrypha)

经 纬

There were 36 apocrypha (groups of) existing in ~~late~~ Han. But they were suppressed + prohibited by Gov't action. Contained 谶 (prophecies) in them. Geography + astronomy, astrology contained in 谶. (a part of first century B.C. a part of first century, A.D.)

Devel. of Science

1. astronomy — In 104 B.C. a committee was set up to revise the astrological system + held responsible for the Calender reform. Tai Chu (太初) Calender was introduced. This is quite scientific calender. The committee included Sau-ma Chien. "Moon" month includes $29\frac{43}{81}$, Solar year, $365\frac{385}{1539}$ days. In years 104–78 B.C. there ~~was~~ been long fight for the calender. 11 different schools engaged in this contest. In every case the new calender stood the test, + the contest was silenced. In 62–85 A.D. a second contest about calender emerged. 王充 (27–?100) lived during that time. Chan 谶 → 推背图 → Nostradamus (recent post writing about Hitler, Mussolini, etc.)

Tso (左氏) commentary on Chun Chiu. [illegible] under [illegible]'s father, 五行 (Five element). Acc. to [illegible] 王莽 ordered the court physicians to dissect the dead body of prisoners. + [illegible] the circulation of blood. Encouragement of aviation.

---

①1944—1946年梁方仲在哈佛大学做访问研究，曾听过胡适讲授的中国思想史和哈佛大学经济系多位教授的课。哈佛大学经济系教授是阿歇尔（A.P.Usher）、张伯伦（Edward Chambelin）、里昂惕夫（Wassily W.Leontief）、熊彼特（Joseph A.Schumpeter）等，他们皆是国际著名学者，里昂惕夫后来还获得诺贝尔经济学奖。

Eco. 101a Eco. Theory Heward 2
Prof. Leontief

Sept. 26, 1945. (First Meeting)
Scope of the Course
1. Theory of Firm
2. " " Market
3. " " General Equilibrium

1. Allocation of natural resources (welfare Eco.)
2. Theory of distribution (theory of interest, & profits)
3. Keynesian economics
4. Monetary aspect of the theory & Dynamic Eco.

assig.
Boulding, Eco Analysis.
Chamberlain, Theory of Imperfect (mon.) Competition
Clark, J.M., Overhead Cost
Hicks, Value & Capital
Viner, Cost Curves

Sever #1

Eco 133A   Economic History since 1750
Prof. Usher

Sept. 27, 1945

1. Countries covered in this course — G. Br., U.S., + Europe.

2. Relationship of economics + history — German historical school, + British + Austrian theorists. Theory was pursued by abstract method, history by concrete method. "Closed economy" as used in eco. reasoning. The battle was joined on international trade. They are wrong on both sides, because history + theory are supplementary to each other. Writers like H. Rickert's "Methodology in Social Science" maintained that theory is science, while history is not. This not true. History unlike observation sciences as geology, etc. Science may not yield predictions. Science + Scientific method. The purpose of science is to achieve economy of statement. Generality + particularity. Time + space + movt. Changes in period of time. Can you have "vacant time"? — time in which nothing is going on. Is it true "nothing new under the sun"? Does history always repeat itself. There are dynamic changes in history, which are not predictable, neither in magnitude nor in rate of change.

Oct. 2

Theory of relativity in social science. Viscount R. R. Haldane, Region of Relativity. Ayer, Language, Truth, etc.

The theory that the more abstract the higher degree of truth has long been challenged since Hegel's time. The question ultimately depends upon the fact that abstraction is ~~rather~~ a means to an end rather than an end in itself.

Administration + resources are two vital factors which every eco. historian should take into consideration.

The essence of theory of relativity is that our knowledge of history is quite limited + there is no absolute way of escaping from errors.

The danger of over-abstraction

Some outstanding types of relational categories:

1. inner — outer (categories of this sort do not exist as absolutes)

2. part — whole — the fundamental question is how + under what circumstances individual is related to society. They are not mutually independent of each other.

Eco. 1A Economic Theory + Policy Harvard 5
Prof. Chamberlain

Marshall, A. Principles of Economics
Boulding Economic Analysis (particularly first 5 chs.)
Chamberlain ~~Eco.~~ Theory of ~~Imperfect~~ Monopolistic Competition

Assig. Boulding, Chs. 1-5. pp. 100-116, 177-179. ch. 7-8. ch. 22, 23 -16
Henderson, H.D. Supply + demand ch. 2
Mill, J.S. Book III. Chs. 2, 3, 5. (Ashley edition)
Marshall Principles, Books V ch. 1, 2, 3, ch. 4, 5. Bk IV ch. 13. Bk V ch. 8, 9, 12
E.H.C. Monopolistic Competition ch. 2, ch. 3, 4, 5, 6, 7. pp. 149. App. B, C
Bohm-Bawerk – Positive Theory of Capital, Bk IV. Chs. 1-5
T.N.E.C. Monograph 1 ch. 3
Alsberry: Eco. Aspect of Adulteration + Imitation
Q.J.E. vol. 46 p. 91, 1931

Assig. for reading period – One of the following three:-
Alexander Gray, History of Eco. Thot
Clark, J.M. Overhead Costs
Baster, Advertising Reconsidered (in connection with Chamberlain, ch. 7)

Prof. Schlesinger + Buck
(Harvard Hall 6)

The Making of Modern America, 1865 to the Present (Hist. 5-b)

Dif. between America Hist. + European History
1. Brevity of Amer. Hist.
2. Physical magnitude of that country
3. Swiftness of Development
American Hist. in Relation to European Countries — doctrine of isolation advocated at a time when Amer. was a third or fourth-rate nation.
Party + Election in Amer. Hist.

×1765 – 1787	1841 – 1861
1787 – 1807	×1861 – 1869
×1801 – 1816	1869 – 1901
1816 – 1829	×1901 – 1918
×1829 – 1841	1918 – 1931
	×1931 –

Let × mark the liberal period, while conservative period without mark.

1. Political Consequences of Civil War

2. Eco. Consequences of Civil War
500,000 soldiers (white) have been killed in South. 3,000 slaves liberated.
Story of rise of New South: 1. Partition + disintegration of great plantation, 2. beginning of industrialization. With regard to the 1st, lease + tenant (share-croppers) are 2 main forms whereby big estates were redistributed. Basis of Southern party politics became more democratic after War. With regard to the beginning [illegible] industrialization, Southern industries have been greatly advanced by Northern capital + investments. a. Growth in size + in population wealth of Southern Cities, b. public education system adopted by Southern which pervaded in North long before. c.
d. Flourishing of literature – writer of distinction as Nelson, Page, etc.

3. Racial Relations
After 1875 the North leave to South to decide on his own Negro problem. Practice of ballot (in election) formerly played against South. In 1890, the poll tax tests requirement, + literacy test which required before balloting were [illegible]

1. The result of civil war has brought about a reunion of the South + the [illegible] [illegible]
[illegible]
[illegible]. Pol. voice of south become heard. (?)

伦敦政治经济学院听课笔记各课之首页[①]

Eco. History since 1815   Pt. I   Mr. Beales   Prof. Ashton   Old New Theatre   East 71

Oct. 9, 1946.

1. Scope & Content

Prof. Fisher in next term will deal with agriculture & foreign trade, in the summer term with trade unionism etc.

In this term we are dealing with industry, — the formation of capital, etc. From 1815 to 1939. Analytical method of approach.

There is no text book making attempt to integrate capitalism in Europe & capitalism in U.S. No satisfactory text so far. Knowles' book is out of date. Hobson's latest edition on "~~Evolution~~ of Modern Capitalism" is worthwhile. Sombart's Modern Capitalism is too controversial. Nussbaum "Eco. ~~Institutions~~ of Modern Europe" is not very successful.

Means' "~~American Eco.~~ Structure of Amer. Economy" (1939) published by National Resources Committee, is most helpful.

This course will deal with the devel't of capitalism, both in its corporate aspect as well as in its control etc.

Hobson "Export of Capital" — to 1875. Amer. author Myzen (?) "Europe the World Banker"

Oct. 17

Diffusion of Capitalism — as steamship (Foreign investment)

War in relation to devel't of capitalism, — stimulating, intensifying, or retarding?

Industrialism can adopt to any social institution, either rugged individualistic America or privileged-class England, or feudalistic Japan (with monopolistic capital)

Read Gras: "Types of Business Capitalism" to corporation

Industrialism & Organization — captains of industry, industrial capital to financial capital. Capital depersonalised to form corporate entity.

Read Brady (a Canadian), a polemic book

Involuntary savings. Rainy day savings contribute to capital market is of recent origin only.

Carnegie is transitional figure standing middle way between capt. of industry & impersonal industrialist.

Mobility of capital & its instruments

①1946年秋至1947年夏，梁方仲从哈佛大学转赴英国伦敦政治经济学院继续做访问研究，听了该院一些教授的课。

Oct. 16, 1946 Thursday

1. field system
2. types of settlement
   ① villa system — cf. "Antiquities" vol. 14, Oxoniensia 1939, in Library.
   ② fortified
   ③ pig huts

Both field system & types of settlement don't depend so much on the plow used, etc., as on soil & climate.

Oct. 24

Textile industry (textrina) in Roman Empire. Fuller is a kind of entrepreneur in its earlier sense. Geographical distribution of textile trade: near East, Italy, Gaul, & England.

State factories were set up in Italy. Spain produced dyes. S. Gaul supplied wool to Rome fr. early times. N. Gaul rivalled Italy in industry, famous for garments.

Oct. 31

2 ~~kind of~~ schools of with regard to transition fr. ancient to medieval period:

1. Humanists — catastrophic point of view, complete collapse of civilization after fall of R.E.
2. Modern school — some good points in barbarians, as spirit of democracy & equality

Read: Soc & Eco. Foundation of European Civilization (1st pub. in Vienna, later tr. into English)

Lezoux & Pottery trade

Gallic pottery makers ~~massed~~ produced in Castor, Northampton, & New Forest.

Lamp industry.

Both trade & industry came more & more into hands of Provincial merchants [illegible] Italy. Italy was very great consumer centre. Roman Empire began to decline a[t] 3rd c. Capital levy (decurionis), taxes in kind (Annona), requisitions, were means to meet increasing gov't deficit, & ~~increasing~~ with declining revenues.

Societas, very like joint stock co., were formed among miners.

Conductores, procurators.

Nationalisation of arms industry.

Debasing coinage was another measure

Read: Eco. Hist. Rev. 1935, or annual, 1934.

Compulsory service was another short cut.

All these measures fell short of financial requirements during 4th c.

The Emperor compelled people to ~~take~~ office in 3rd c. (Office compulsory)

Middle of 3rd c. decline of towns set in.

Eco. Hist., 1485-1760 Mr. Judges Room E 198

1. Cf. Ashley, Intro. to Eng. Eco. Hist. & Theory, pt. II, Survey Historic + Economic
Cunningham, superseded by Heckscher, Mercantilism; + Lipson, Eco. Hist. of England
Scott, The Constitution + Finance of Eng., Scottish + Irish Joint-stock Cos.
Heaton, Eco. Hist. of Europe
Nussbaum.
G. Unwin, Works

I. Eco. behavior of England + Wales in the 15th c.
1. Size of population — 2 millions. Density & spread.
2. Towns + cities — Southampton, London, etc
No pressure on the natural resources by that time. Recession of Wars of the Roses. Black Death Plague in the 14th c. marks a beginning of recession. Recent researches show that B. d. did not entirely [illegible] down to 15th c. Population shrinked fr. a later pt. of 14th c. to early 15th c. Shrinkage of agrarian settlement also. Change of relationship bet. peasant + landlord. Thorold Rogers, "Wages + Price" are most important works.
Commuted money pay't for labor service.

II. General trends
1. Pastoral farming is more profitable than agr. farming for reasons:
① Capital is cheap + labor is scarce
② improvement in sheep breeding(?)
③ market for wools continues to expand
2. The "typical" producer in agriculture in 15c. — farming for subsistence
T. Rogers called the 15c. as a slum period as well as golden period of agriculture. Are these two terms incompatible?

III. Trade: Hanseatic League. Eng. oversea trade shrank very much during the War. (Tudor Period). Trade with Castille (Spain). Closely associated with Spain by marriage for nearly 100 yrs. Most neglected by textbooks. Probably because there was no Spanish cos. organized.
Manufactured goods exchanged for semi-manufactured goods or raw materials bet. England + Ireland.
Trade with Mediterranean, N. Europe, Flemish. "Merchant adventurers" "Merchants Staple"
London as financial centre
Large volume of unfinished clothes exported fr. England.
Tremendous relation with low countries.

Theory of Eco. Policy Prof. Robbins [illegible]

Oct. 16

Meade, Eco. Ana. + Policy
Pigou, Economics of Welfare (latest ed.)
J. M. Clarke, Social Control of Business (Institutional rather than analytical)
Dalton, Pub. Fin.
Pigou, Pub. Fin.
Cannan, Economists Outlook
" , " Protest
Economics in Practice
Economics of Peace
Lerner, Economics of Control
Sedgwick, Principles of Pol. Eco. (Art of Pol. eco.)

Oct. 23

Problem of distribution — essentially prob. of scarcity of goods. Human nature is also a factor. — Customs play a part.

Siege Economy as an example — Ration system would be natural solution. No "incentive" effect in considerable degree. Undifferentiated claims such as point value would be introduced. We are assuming distribution of given quantity of goods in this case. 1. On demand side, point system resembles price sys. to great detail, but on supply side, they are different, because no profit is made under point syst. 2. Under point sys., adjustment of supply to de. is ~~less~~ flexible than price system. 3. Mixed system used in rationing during last war. (rationing vs "no point")

Distributive Justice + productive efficiency 1. distribution to need, 2. broad classification of social groups.

Oct. 29

A. Smith argument University teachers' pay't accdg to results.

Reasons against his argument: Profit motive is not incentive to action for a profession, it is rather love of fame that counts. Other motives as ethical, patriotic, etc. have to been taken into consideration. "Stick" is a ~~motive~~ incentive in a slavery society. ("Lash")

Vertical difference of pay (in a same industry)

Another dif. due to skill, technique owing to <u>change in demand</u>. Some shift of labor is necessary. Variation of incentive is necessary.

Experience suggests some inequality is necessary to provide adequate incentive.

H. W. Smyth, Mast + Sail in Europe + Asia 1929 (Wm Blackwood + Sons. London) New edition
C. H. Philips, The East India Company 1784-1834 (1940, Manchester Univ. Press)
Sir Wm Foster, England's Quest of Eastern Trade 1933
J. W. Jeudwine, Studies in Empire + Trade 1923 (Ch. 28. The Trade of E. India Co., iv-vi, The trade with China)
Brief Guide to the Chinese Woven Fabrics (Victoria + Albert Museum, Revised 1938. 9d.)

清华大学研究院第一级介绍①

①梁方仲为清华大学研究院第一级研究生。此文估计是为校刊或校内其他出版物所写。时在1930年。

一無二的北方之強者。這也叫不易。

按照清華的不成文法，凡大學四年級的同學都自稱或被稱作老大哥。這樣的比例上說起來，我們研究院的同學都似乎應當自稱及被稱作老爺了——不錯，以前國學研究所也是有這個尊稱的；我們為甚麼得不着呢？簡單的答覆，不過就是自序：我們人老而心不老，行為更不老。這可以從多方面看出來：

普通心理學生理學或人類學告訴我們：年青人與年老人最大的分別，在於前者好動而後者不好。所以研究院同學老否，即可以從他們好動與否去觀察之。在用功時期而心猿意馬蠢蠢欲動者，我們當中當然是少有；至於課外

國立清華大學稿紙　第2頁

一切活動，我們的範圍就不見得會十分亞於大學部的同學了。學校學生會每次對外對內的活動，我們總有同學在裏面贊助，運動會和其他各種比賽我們也儘有同學參加（助興——更是不用說的了）。圖書館科學館固然是我們常在的地方，體育館和運動場也是我們時常出沒的所在。聯絡內部感情，我們有級會；增進外面的友誼，我們又有籃球隊各種球隊的組織。說到玩的人才，我們也不見得缺之，除去幾位鼎鼎大名的運動大將如蕭滌非●●●●君外，如中樂西樂，坤曲二簧，也有人能胡來一氣。總之：我們是活而非靜的團體。我們老否，當思過半了。

至於我們能否以這種長生不老的精神，用於學術上的研究，以謀中國學術上的獨立（這是本校設立研究院的目的），這固然是在本院同人的努力，但亦有待於師長和同學的指導和督促！

國立清華大學稿紙　第3頁

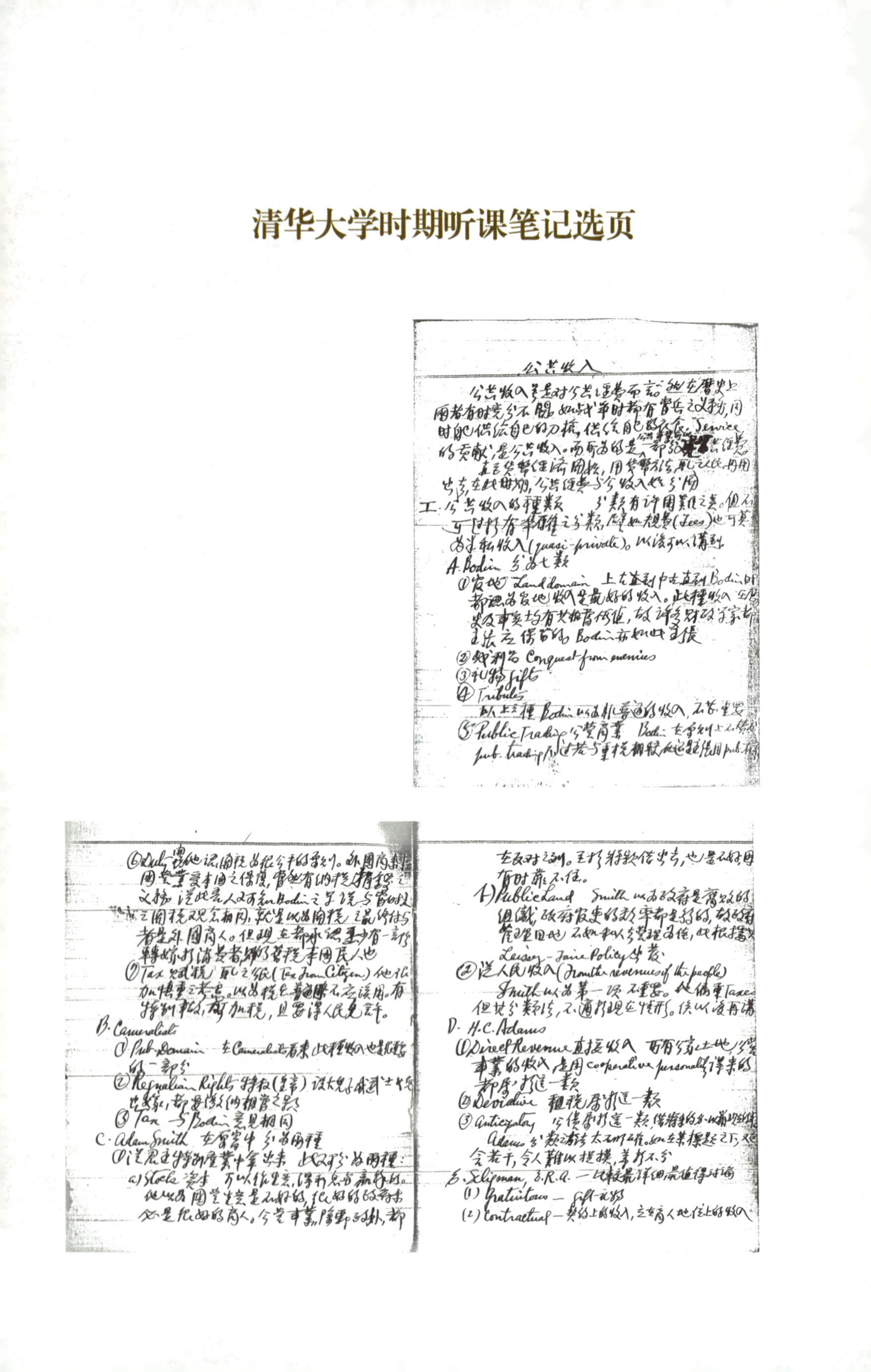

清华大学时期听课笔记选页

(3) Compulsory { Eminent Domain 不必得人民许可用公款买来
Penal Power 惩罚权
Taxing Power { Special assessment 特捐
Fees 规费
Taxes

特捐(Spec. ass.) 譬如上海开大街修马路，政府用强迫方法取特捐

Seligman对Fees详细的分了一下。规费的目的是拿来作公共的用途，而所得利益归私人的利益。如学校费，律师诉讼费，最初享受国家的服务的利益的是私人，而最后的利益是公共的。税是以担税之能力为标准，而规费则全视所受的利益如何来规定。此外规费之特点，在其不致超过国家的费用。

对于Seligman之分类之批评，第一是规费与税往往不能分得很清楚。Bastable对Seligman之分类认为不满意。只谓规费不致超过国家之所费事实上此种分法不大明晰。以美国邮局作例，邮局作两种，寄信的费曰fees，但此fees超过国家的费用。Postal Post……虽然也是fee，但不是国家的专利。

另外一点，Seligman说国家的行为与规费相等，如令人添孩子之Birth Certificate，政府对于一

有关系之职务。

Special assessments 最重要的是美国英国发明的。从不动产提出一部分特捐来改良不动产或是Real estate improvement。例如上海开大街修路，利益虽普及全城，但得到利益最大的部份是不动产之地主。故应加以特别税。

①修道之目的，虽为Public Interest，但结果尚有Special benefits，special benefit可以测量，此为与租税不同之[illegible]

②特捐多为Local govt所设，此与税不同之第二点

③特捐之征收係用之于特别事务，国家不能使之[illegible]

④特别捐祇有Proportional，没有progressive

与Fees之不同点：

①特捐祇能用于土地与不动产的改良

②规费加于个人，関係是個人与政府的，没有阶级的関係。至特捐则是对某阶级而设

③特捐祇纳一次。

特捐大部分为美国所採用，将来是否能成为普遍的，仍成问题。

此外可批评的，为特别捐未能依地价之大小为比例，大地主所得的利益未必比小地主所得[illegible]

Problems in Taxation

ch. VII

Land Taxation in China

I. 三皇五帝时的状况

II. Land Reform under the Chin Dynasty

A. Breaking down of Tsin Tien system

秦孝公用商鞅废井田開阡陌，其理由有三：

1. 王道主义之衰歇
2. 计口授田祇能行之于地广人稀之时
3. 經土制地祇能行於人存政举之时

什一之税废止的理由：

1. 征道用费都邑用费大于古时大[illegible]诸侯
2. [illegible]则收入减至不利于诸侯
3. [illegible]

III. 北魏的田制 [illegible]

[illegible]

租庸调何以破坏的原因：
1. 户籍丧失——太宗以后历代君主多主宽厚
2. 唐律规定成丁者得免租庸调。但六年后课造卿。安史之乱，成丁之死亡者既不课卿，而长发又以死亡上报。
3. 唐律规定官吏僧侣皆免租庸调。于是许多上丁者皆不按田亩纳税之作弊案。

两税法已非纯粹的土地税，乃为general property tax。其好处：
1. 手续简单
2. 税负均平——因大小各丁只以贫富为差也
3. 量出为入——从前为量入为出之旧习
陆宣公批评两税制与今日学者评美国之general property tax的论调一样。

宋：田赋、宅地、丁口、沿纳（杂税附加税之起源）
元：北方用租庸调，南方用两税法。
明：万历年张居正用一条鞭法。其实一条鞭法不始于万历，在嘉靖时已有之，但名曰钢银一串铃等。

其之内的范围亦狭。
清：以明代洪武户籍为鉴，本修《赋役全书》（顺治三年），初定五年修改一次。但最末一次之修改，在康熙五十年。是年并规定以后永远不加赋。雍正年又定摊丁于地，至此丁税遂废，地税略增。
中国土地税的三大时期
1. 井田制度
2. 均田制度——北魏
3. 两税制

Present Methods of Land Taxation
A. Classification of land（根据《赋役全书》，大约分为四类）
1. 民田 2. 皇庄 3. 官庄 4. 屯田
此为四大种类，但其中有分类又有出入。直隶有二十三种为民赋田、更名田、农桑地、苇渔地……等，均属于民田。
皇庄又分四种：1. 皇室庄田 2. 宗室庄田 3. 八旗庄田 4. 驻防庄田。庄田有租课而无税。入民国以后此种庄田归官产处办理。
官庄又分：1. 学田 2. 牧地 3. 籍田 4. 祭田。

牧地为牧养马匹地。籍田为皇帝春耕所用之田，如先农坛等。祭田为御赐祭祠之田等。官庄只有租课无税。
4. 屯田又分：①直省屯田 ②西路屯田 ③北路屯田 ④新疆屯田

B. Cadastre & Records
1. 《赋役全书》起于洪武二十年。其后万历行一条鞭法，顺治三年之《赋役全书》即以万历的为根据。初定五年一修，但实际上，康熙时曾修改两次、雍正一次、乾隆一次而已。
2. 粮户册（黄册）以户为主而田系焉
3. 土地册（鱼鳞册）以田为主而户系焉
现代风行以后两种为根据，第二种尤为重要。
4. 奏销册（四柱册）完、欠、支解、存留。——支解指上解于藩司而言，存留指存留本县支用而言。入民国以后改称报销册
5. 票据（串票）初为两联单，行于明初。康熙时改为三联单
6. 会计册——由本县编报先于布政司，后以有奏销册，遂废。

C. Collection
1. Administration
户部——藩司——县令——书吏——差役
其弊在行政人员与财务人员同为一人。
2. Collection period
分限：上忙，下忙。上忙（二至六月）下忙（八至十一月）
3. Payment 缴收
输纳（assessment 用滚单催输）。亲输：依照县衙门前置木柜，（纳税者纳款其中）。代征（分区，以便亲输）。串票、截票、三联串票、连票（定税率期，一户部，存藩司）。串票之形式如下：

比限查截	纳户执照	票根
查截候比	某年 月 日 限完 催收入柜……验存 票根以便查对 须知 票根者	某县为催收……串令换……即完 花户……完纳

岭南大学以及中央大学西洋经济史讲稿辑页①

---

①1948年梁方仲是南京中央大学兼职教授，为经济系研究生班讲授过西洋经济史，1949年到广州岭南大学后，为岭南大学经济商学系本科生专门开了西洋经济史课。现选辑该课讲稿散页若干，详细讲稿尚待整理。

Holders of servile tenement owed: ① week-works (often 3 days a week) ② boon-works, extra days of labor ③ dues:- tallege – a tax at the will of the lord; heriot ④ specified paym'ts in kind, perhaps some fowls at X'mas + some eggs at Easter. ⑤ monopoly of milling, baking, brewing, + [illegible] by the lord.

}the services can, like, be described as "rent" paid to the lord for use of the land; or the use of land can be described as "wages" paid by the lord

Labor [illegible] not [illegible] unfree [illegible] give his daughter in marriage as he pleased, + hold unfree land would owe the service due p. 27.

[illegible] depended on the land held, the condition, free or man, with rights to leave the m.

3. Free man — free to leave the m., could sue in royal courts, could never be sold, free to marry whom he chose, not subject to such dues like heriot (right of the lord to take the best animal belongings to the serf at the serf's death), merchet (a fee paid in goods, or more often in money, when a serf married off one of his daughters), relief (at the death of a serf, his heirs often had to pay to the lord a sort of inheritance tax, commonly a yr's rent), chevage or cens (in England it was usually paid only by serfs who wished permission to reside off the m., in France it was a sort of head tax paid by all the serfs.) tallage (French, taille, was an arbitrary paym't; i.e. the lord's right to demand what cash he thought he could get each year fr. the serfs.) Normally he could sell an animal without his consent.

villein's services: in truth, neither "rent" nor "wages" are appropriate to the circumstances, since among other reasons, arrangement rested much more on custom + status than on competitive contract. It s'd be added, for completeness' sake, that the tenant was often bound to make certain small periodical paym'ts in kind, such as poultry or eggs: but, by the side of the labour, obligations such as these were quite inconsiderable. Ashley, The Eco. Organisation of England, p.13)

Ultimogeniture (on unfree land passed to the widow, + if no widow often to the youngest, not to the eldest son) as opposed to the primogeniture on free land, suited conditions in that it kept the family together until all could work.

莊園乃從羅馬 great estates 分本地鄉村(villages)衍化而… 它的組織在九至十世紀時已甚明顯，至十三世紀已達發展頂峯，後逐漸衰退。它有些特點在英法一直保留至十八世紀末葉，在東歐直至二十世紀。

農奴制度(serfdom)大約亦由羅馬之[illegible]制度衍化而…；自五世紀後戰爭紛亂，羅馬大地產中之奴隸與佃農逐漸變為農奴，同時北歐往日之自由農民因要求保護，亦逐漸降為農奴。農奴制至十二世紀已發達至高峯，十五、六世紀時在西歐大部分消滅，但在法與德一部分遺跡直留存至十八世紀，在德大部分仍保留至…世紀。俄之農奴制成立較遲(十六至十八世紀)，直至1861。

自十三世紀以後，許多農奴都逐漸取得自由農民的地…

The service due of holders of manors to the king or their superiors was mainly military service, so that they were said to be "tenants in chivalry", + the chief other "incidents" of this tenure were submission to the lord's rights of wardship over an heir while under age, + of providing for an heiress the marriage – rights which were originally of considerable pecuniary value. [illegible]

Most villages [illegible] were no longer serfs in France by 1400 + in England by 1500. (p.20)

"Tenure" was a fundamental part of medieval feudalism, but it has since ceased to have any real meaning. Military service, as a condition of landlordship, passed away completely in the 17th c. (earlier acc'd. to Thompson) when a paid army came into existence; it had long been a mere shadow of its former self. (Ashley, The Eco. Org. of Eng. p.10)

II. Letting Out of Lord's Demesne

But of almost equal importance was another change that we find place: During the last half of 14 c. occasionally, & during 15 c. with greater pr we find it becoming the practice of manorial lords to let their demesne a short term of yrs., together with the rights & perquisites connected with, including the peasants' services or rents. Hitherto, so far as individuals c'd be said to direct the traditional agriculture of the country, it the lords of land who did so, personally or thru their agents, their st & bailiffs. In this task they begin now to extricate themselves, & the conduct of farming operations gradually passes out of their hands.

In the farmers of the demesnes in the 14, 15, & 16 cs. we find on chief historical sources of the modern (Eng.) farmer class. But they differed at 1st fr. modern farmers in that they did not possess anyth like so much capital. And the reason was that they were often those who had themselves acted as bailiff or reeve of the manor. (Ashley, p. 554)

comparison of such a lease with the métayer system.

With that (Eng.) system the only feature it had in common was provision of stock by the landlord, & under the métayer plan even that wa neither universal nor uniform. The "farmer" of the Eng. Middle Age tracted for a fixed money rent; the essential feature of métayer tenancy payt to the landlord of an agreed or customary proportion of the produce commonly a half (whence, indeed, the name). Moreover, the Eng. "farmer's" hold was fr. the 1st comparatively large, that of the métayer was almost univers been small. The former, in fact, replaced the lord on the demesne; the latter be out of (or occupied the place of) the small, villein, tenants. (Ibid, p. 556)

III. Enclosure

In the 2nd half of the 15c. began the enclosure mov't. (for sheep-far[ming]) In some counties there was plenty of stone at hand wherewith to build walls; but in the centre & south of the country no stone was easily ob[tained] & the enclosures took the form of hedges. It was chiefly the work of the lords. Under the circumstances of the time, it c'd hardly take place on a [large] scale without encroaching on the arable fields.

By the middle of 15c. the lords had succeeded, in large meas[ure], in disentangling their (scattered & intermixed) demesne fr. the open fields & bring[ing] it together in compact areas.

But where the demesne still lay in open fields, the lord [could] do nothing with separate acre or half-acre strips; to be able to enclose spaces of convenient size he must somehow get into his hands the [adja]cent strips of his tenants. For this & other reasons, we find that enc[losure] very commonly meant, in practice, the disappearance of a no. of customary [hold]ings in the open fields. They were greatly facilitated, in the earlier stages of enclosure mov't, by the uncertain state of the laws as to customary ten[ure].

By about the end of the 15th C., the Eng. "copyholder" was given equal protection with the freeholder.

At some period not yet quite satisfactorily determined, customary tenants came to be known as "copyhold tenants", since they [were] said to hold by copy of the court roll on which their services were [registered]. And undoubtedly copyholders have been secure in their holdings f[rom] early pt. of 17C. The term "copyholder" was apparently, for sometime, app[lied] very loosely to almost any kind of customary tenant, including even ten[ants] for life or lives. But it was only "copyholders of inheritance", who [could] appeal to the king's courts with any confidence.

It was in the period of the Reformation that this commercia[liza]tion (of farming) first made headway.

To this new feeling concerning land a greatly wider scope [was] inevitably given by the dissolution of the monasteries in 1536 & 1539.

Ashley, pp. 56-67.

(4)

国立中央研究院社会研究所
统计室稿纸

抄录者______
计算者______
審正者______

(in western Europe during 800-1300)

The Medieval Countryside (Heaton, ch. 6, pp. 91-111)

An occupation census of Europe 11th c w'd prob. have shown that 90% of the people were country-dwellers, drawing their livelihood fr. farming, fishing, or the forest. Here & there were towns, but few of them c'd boast of 10,000 inhabitants.

3 cs. later 始可大有改善.

Theory of "typical manor" doubtful. In the English midlands & south villein holdings & domains predominated, esp. on the big abbey & church estates. In England the stripped arable lands were rarely found outside the midlands & south. SE, compact holdings. W.

A recent investigation of pt. of the Eng. midlands shows in 1279 only 60% of the townships examined consisted of domains with villein holdings attached. The remainder was non-manorial; it had no unfree tenants, no domain, or it consisted of estates wh. were all (or all) domain. In northern & western England, & also in Wales, the manor was not pre[valent], partly because the land was much more fit for pasturage than for tillage.

Similarly in France & other countries of the west, hist. & geography excluded large areas fr. the manorial economy. In France, north of the Loire, big open fields with triennial rotation; in S. France oblong holdings, more free fr. communal control; in Brittany, village scarcely fo[und].

The manor was an important type of estate management, but it was not the only one, & the non-manorial regions can't be dismissed as exceptional.

至於50年前之英国制度之知识，多从遗存下来的 rolls of the manorial cou[rts] 或大地主之 records & accts 得来。但多为十二世纪或其后时期之记载；据此时[illegible]城市工商业之势力均有发展，与已非纯粹之自足经济时代矣。

The Problem of Sustenance

The villager cultivated land that he did not own, & his time or produce, or both, divided into 2 pts: (1) that wh. was used to meet his own needs, (2) that which went to meet the claims of landlord, church, & possibly the state.

The King's Domain:

Charlemagne is said to have kept over 1,600 [estates], scattered over France, the Rhineland, & Italy. Some of them might contain 50 farming villages, some were covered with forest for their hunting, some were rich in stone or metals, some had towns on them.

When William the Conqueror shared out England, he kept about $\frac{1}{5}$ of the country. [In] most villages was a royal farm worked by the villagers, & the produce, plus that colle[cted] in rents or other dues, was consumed by the local royal officials, by fighting forces, or [the king] & his entourage when they visited the area.

(5)

國立中央研究院社會研究所
統計室稿紙

抄錄者
計算者
審正者

The Church Estates

In the early days the Benedictine monks did much labor on their own land but they became too tired, rich, or feudal. Endowments came sometimes in the form of villages.

The Cistercian order, founded in 1092, preached the gospel of manual [illegible] fine fervor.

One monastic manor in Essex had $\frac{2}{5}$ of its land in the domain & the rest in [illegible] of tenants.

Village Classes

When Wm. the Conqueror's commissioners surveyed England in the Domesday inquiry of 1085-1086, they squeezed all the cultivators into 4 categories — free men, who comprised 12% of the population, villeins (38%), cottars & bordars (32%), & [illegible] (9%). [illegible]

The no. of slaves declined steadily in the west after A.D. 1000. Slavery [illegible] fr. England by 1200, but survived in Mediterranean lands much longer. [illegible] helped to eliminate it in France & Eng., & when wars of conquest by the Norse [illegible] mans ended, the supply of captives was reduced. Hence most villagers belonged to the other 3 Doomesday classes.

The freeman must bear arms, the villein did not.

France had its vilain libre or vilain franc who resembled the Eng. free [illegible] while its vilain serf was the counterpart of the Eng. villein. The border line bet. the classes [illegible] sometimes ill-marked, but the chief eco. difference was that the lord had a double [illegible] on the labor, produce, or income of the serf — one on him as a person of servile [illegible] & one on him as a tenant. On the freeman he had only one claim, that on a ten[illegible]

国立中央研究院社会研究所
統計室稿紙

抄錄者
計算者
審正者

Freeman

Must bear arms
had access to - king's courts
c'd give his daughter in marriage,
let his son enter - priesthood,
or sell an ox or horse.
Might hold his land on payt only of an
annual quitrent in money or produce,
or both. (sometimes purely nominal).
If payt was made partly in labor, he
did not have to spend 3, 4, or 5 days
a week on - domain as
the freeman worked for - lord only at
special busy time, such as harvest.
Not tied to - land, but c'd terminate
his tenure if he wished, or bequeath
his farm to his son.

Villein

not
c'd go only to his lord's court
none of these things without getting his lord's perm[illegible]
& paying a fee.
the villein did.

Bound to - soil, as were his children of [illegible]
yet at his death - landlord had - right [illegible]
possession of his holding, & if - villein [illegible]
was allowed to keep possession - land [illegible]
claimed - best beast as heriot & [illegible]
a money fine as relief when - son [illegible]
into his father's shoes.

c'd not be sold in - open market

國立中央研究院社會研究所
統計室稿紙

抄錄者______
計算者______
審正者______

The Tenants' Dues,
in one or more of 3 ways — labor, produce, & money.

1. Labor dues: (for a "normal" villein holding a virgate of 25 to 35 acres of arable land)
① week-work — 3, 4 or even 5 days a week on the lord's domain. Sometimes he had to bring another man with him, & possibly oxen & equipment
② boon-work — extra labor. The landlord provide meat or drink, or both.

2. Payment in Produce: At Quarter day or on some holy day the villagers deliver such money as they must pay & a stipulated amount of produce to the manor house. Eggs & poultry were part of most rents, esp. at Xmas or Easter — hence the egg. Xmas cakes, a Yule log, a lamb, ram, pig, or ox, eels, wine, cloth, clothes, grain or malt, plowshares, horseshoes, cheeses, & salt are mentioned

These annual pay'ts were more than mere rent. They had in them elements of feudal taxation, & were pay'ts to the lord as well as a landlord.
① Taille (French) or tallage — levied on the produce of all grades, an arbitrary
② Tithe 什一税 — originally ecclesiastical exactions, but in 9c. appropriated by the proprietary [illegible]

Many occasional pay'ts were also incidents of feudalism
French, "formariage" ① Merchet — the fee paid by villeins on the marriage of their daughters, by widows when they re-married, & even by some villein at marriage.
② Compensation for the villein's son when he was to be trained for entry into the clergy.
③ heriot or mainmorte — the claim of the best beast, a heavy death duty
④ relief — a heavy inheritance tax, often amounted to one yr's [illegible]
⑤ Fees on the sales of livestock, on the business of inn keepers & wine dealers, & on the beer brewed for sale by villeins were pt. of the landlord's market rights.
⑥ Price paid for winning the owner's approval of a transfer of land
⑦ Fines & fees paid in court
⑧ Banalités — partly a perquisite of feudal power & partly price charged for the use of such medieval "public utilities" as flour mill, wine press, brewery, oven, dye vat, sawmill or fulling mill.

3. Pay't in money was difficult until the revival of trade & the growing circulation of currency in the 11th to 13th cs. brot cash to the village.

國立中央研究院社會研究所
統計室稿紙

抄錄者
計算者
審正者

Productivity per Acre. （中古农业每一方英里约能维持100人） 每一乡村面积大约为……英方里，包括3千至6千亩 (Day, p.3)

	Bushels of seed	Bushels of Crop	Date
② Wheat	2	10 （最高）	c. 13th c. England (Heaton)
Oats or barley	4	15 （" "）	
① Wheat or rye	2	6	Domesday Book Eng. (1086)
" "	2	8-9	中古末年（以之与现代比较是其 $\frac{1}{4}$ 或 $\frac{1}{2}$）
③ Oat or barley	4	15 （最高）	c. ② [illegible]
(Peas or beans	2	15?)	

Each acre strip received about 2 bus. of seed, probably less, on an average. A yield of 10 bus. per acre was about a maximum — only 8 bus. net.

Yields of only 3 fold (i.e. 3 bus. of grain for each bus. sown) were undoubtedly [illegible] seldom more than a 4 or 5 fold return. The yield of agriculture today is 10 or 20 fold. [illegible]

A recent study of a yield of 8 Eng. church manors fr. 1200-1450 shows that fr. 2.5 bushels of seed per acre a yield of 9.4 bus., or nearly fourfold, was repaid. This yield is about $\frac{1}{3}$ that of Eng. wheat farming today. (Heaton, p.106, 31 Beveridge)

(about 1905, for over 90 yrs.)
Rothamstead Experiment — Continuous cropping, 12 bus. of wheat per a[cre]
不用肥料. Alternation of wheat + fallow, 18 bus. of wh. per a.

國立中央研究院社會研究所
統計室稿紙

抄錄者
計算者
審正者

Meadow

After ~ arable fields, ~ most important piece of land in ~ village was ~ meado since ~ peasants depended largely on its hay crop for their winter supply of fodder. Pending ~ devel't of corn, turnips, & other arable fodder, improvement in ~ quantity & qu of ~ hay crop wd seem to be one of ~ most imp. tasks of ~ medieval village. The hay be shared among ~ virgateres, ~ meadow might be divided into sections & distributed annu by lot, or each peasant might have permanent possession of one piece; but annua reallotment seems to have been most common.

Common pasture etc.

The rest of ~ village lands consisted of ~ common pasture, marsh, moor, & woo Here sheep, swine, cattle, horses, & poultry sought their food. During $\frac{2}{3}$ of ~ yr. had to feed themselves. Here also ~ peasants sought their lumber, peat, rushe litter for ~ beds of themselves or their animals.

The right of pasture was in theory proportionate to ~ size of ~ tenant's arable holdi must provide food for as many animals as were necessary for plowing & manuring arable fields.

Classes & Village Organization (Knight, etc. pp. 172–179)

I. Freemen & sokemen

1. exempt fr. what were regarded at the time & place as servile condit[ions] of tenure. The man was not free who had to get his lord's consent in [order] to give his daughter in marriage, or to sell an ox or a horse.

2. exempt fr. week work, might hire substitutes for the boon da[ys]; generally paid established rents — "rent of assize."

3. exempt fr. heriot (a fine consisting of the best animal or other prop[erty] of a deceased tenant) or relief (a money fee or fine paid to the lord by an [heir] when he received his inheritance at majority), or both. Exemption fr. the esp. the heriot, would indicate a recognition of ancientness of tenure equal [to the] lords', & not derived fr. him.

II. Villeins or virgaters (holding of about 30 acres) — half-free. Serfs.

This lacks of being downright slavery, only the right of the master to s[ell] them separately fr. the land. Peasants who based their claims on copie[s of] entries of the manorial court were called "copyholders". (late in the middle [ages])

III. Cottagers (cotters, crofters, bordars, Kossate).

The had no oxen, paid light labor dues for cottages with sma[ll] plots of ground attached, & eked out a living by working for the above.

~~pay~~ a tax at the lord's ~~permission~~ will, the tallage. (French taille). The lord might [not] kill or maim a villein, but might beat or chain him or even sell him.

They lacked the right to move about as they pleased. They & their children after them were bound to the soil: the lord had the right to pursue & capture them if they ran away. A woman of this class must pay the lord for permission to marry, paying more if she asked to leave the lord's protection. A male of villein birth might not enter the Church without his lord's permission. They must

1. <u>no element of communal property</u> in the open-field system. However land lots were first distributed, they remained <u>private</u> holdings from one generation to another; there was never, within the period of written record, a redistribution & equalization of shares such as prevai[led] until recently in the Russian communal land system. Even rights to the meadow land or hay crops were attached to perfe[ctly] definite shares in the village arable.

The Decline of the Manor　原因：

1. 货币经济逐渐兴起，货物、工资与地租均以货币交纳
2. 商业与工业之增加，市场增加
3. 民族国家(nat'l states)之兴起 — 国家租税替代庄园義務(manorial dues)，国家法庭替代庄园法庭.

此种现象自十三世纪以后逐渐显著.

I. The process of "Commutation" of services for money payt. This was brot about [illegible]

Conditions: The precondition was that the manorial lord & manorial tenants s'd be familiarised with [illegible]

1. Extension of trade — 1st in the great fairs & in the towns, & then in the markets which sprang up during this period in every substantial village.
2. actual existence of a sufficient & suitable metallic currency
3. surplus produce on pt. of customary tenants for sale
4. It involved the presence of a demand for this surplus produce.

Motives:

1. inconvenience of labor services
2. adverse influence upon production (In Austria in 18 c. the labor of a serf was equal to only $\frac{1}{3}$ that of a free hired laborer — may be somewhat exaggerated)

Commutation was frequent but not general when the [illegible] Plague devastated the country in 1349 (& later in 1361 & 1369). The Peasants' [Revolt] in 1381 brot about no sudden change; but in the yrs. which closed the 14th & during the early decades of 15th, commutation went on much more rapidly than before, & that on terms favorable to the peasants. (Ashley, Eco. [Org.] of Eng., pp. 48–52) By about middle of 15 c., the practical disappearance over the large pt. of the country, of labor dues, & the substitution of money rents which in their turn, became fixed by custom. (p. 53)

This commutation we can trace in England fr. its early & slow beginnings in 13 C., thru all its stages — "the stage" as Maitland has put it, "in which the lord is beginning to take a penny or a halfpenny instead of each (day's) 'work' that in that particular yr. he does not happen to want, thru the stage in w. he habitually takes each yr. the same sum in respect of the same no. of works, but has expressly reserved to himself the power of exacting the works in kind whenever he chooses, to the ultimate st. in w. there is a distinct understanding that the tenant is to pay (a round sum as) rent instead of doing wo[rk]"

Or rather, I w'd add, to the final stage when not only the week work but the extra services or in the harvest times & other busy seasons — which were long retained after the week work had been parted with — are all ultimately exchanged for cash (Ashley, p. 49)

(14)

Gray, H.L.
English Field Systems

* at the most an acre or an acre & half, seldom than a quarter of an acre.

II ⊛ Plowland: (inland) (being perhaps a third or half of the whole in England)
1. lord's demense.
2. Free land (commonly the smaller pt. of the remaining land held of the lord for def[inite] dues resembling a modern rent.)
3. Unfree land.

I. 1. Dwellings (5 a. manor-house, b. villagers' dwellings) 4. meadow & pasture (cattle ... on it)
2. Garden plots 5. Woodland
3. plowed fields (plowland)⊛ 6. Waste

Fields & crops

乡村面积大约为二至三英方哩，包括三千至六千英亩。(Day, p. 3)

人民住在乡村，工作（耕种）则在 open field 在乡村以外。(Field) 田场分为较小之单位，每一单位约自八至十英亩。此一单位（名曰 culture 或 shots）再分为长而窄之条形（strips），面积约为一英亩*。此种条地约为一把犁（plow）每一日所能耕种之面积。长窄的地形为的省去犁的翻动频繁。

每一耕种者所有的条地，往往并不联系在一起。理由或为使之耕种者所得之土壤地质较为平均，但亦由于团体合作犁耕，或由于遗传习惯，或由于各农场之逐渐开辟所致，尚无一定之定论。

About 4 bus. of oats or barley were sown to the acre; of peas or beans half that am't. The yield of oats & barley was usually less than 15 bus., leaving say 10 bus. net, over the seed.

Open field system: 耕种的方式，是集体的，合作的。

1. One-field system — crops were grown for several yrs. "Convertible husbandry" 土壤枯竭则换新地。
2. two- " " (in large areas of southern France, Alsace, & Brittany) — where one field grew all the crops while the second lay fallow, of the 2 fields being alternated each yr.
3. four- & five-field systems (7 or 11-fields, in Netherland).
4. three-field system (most common) — 3-yr. rotation (大致面积相同)

Bare fallowing 对于恢复消耗的地力有益大利，中古时期农之常识。初时 biennial fallow 最普遍，及八世纪以后 triennial fallow 已有确证。

	Field A	Field B	Field C
First yr.	Wheat or rye (bread crops) 小麦或裸麦	大麦、燕麦、豆	休[耕]
2nd "	Barley (drink crops 大麦), Oats, peas (cattle food crops or fodder crops) 燕麦 豆	Fallow	小麦[或裸麦]
3rd "	Fallow	小麦或裸麦	大麦[燕麦豆]

Rothamstead Experiment (about 1905) — for over 90 yrs. — continuous cropping, 12 bushels of wheat per acre (不用肥料); alternation of wheat & fallow, 18 bus. of wh. per acre

小麦或裸麦秋种，明夏收，名曰 Winter grain (latter part of August, or during September or October.) (又名 Fall crops)

大 " 或豆 早春种（有时亦种麦类）名曰 Spring crops. plowing & sowing during Feb. & March

收成率：（小麦与裸麦）Domesday Book (1086) 之英国，大约每亩 6 bushels，但 2 bus. 须留作种子之用，净收 4 bus. 在中古末年，8 至 9 bushels，但是大约为现代收成之五分之一。

Yields of only three fold (i.e. three bushels of grain for each bushel sown) were undoubtedly frequent, seldom more than a four or five fold return. (The yield of agriculture today is ten or twenty fold)

Each acre strip received about 2 bus. of seed — probably less, on an average. A yield of ten bus. per acre was about the maximum — only 8 bus. net.

In the 3-field system the lord's demesne, like the peasant's holding, was scattered in strips over the common fields. (Nussbaum, p. 25)

III Three kinds of land (c. Day, Eco. Devel't in Europe, pp. 5–6)
1. lord's demesne or domain, which was direct in his possession. the lord's agent, bailiff. If the lord had several manors, a seneschal or steward might have charge of them (look after the lord's interest in the whole manor).
2. Free land — held of the lord for definite dues resembling a modern rent.
3. Unfree land — burdened with labor services & with incidents which marked the dependence of the tenant on the lord.

國立中央研究院社會研究所
統計室稿紙

抄錄者……
計算者……
審正者……

1949春季

1. 试[illegible]
2. [illegible]
3. [illegible]
[illegible]
[illegible]
[illegible]

1949秋季 中段

1. 解释以下各名词

Neolithic Age
Metics
freeman + freedman
manumission
Hellenistic period
Collegia
Coloni
heredium
~~Serf~~ perioeci
publicani
Homeric Period
Minos
Lydia

2. 试述埃及巴比伦的经济发展概况

3. 试述希腊罗马之农业状况及其奴隶使用之情形

LINGNAN UNIVERSITY

广州私立岭南大学

Jan. 7th. 1950

Final Exam.

1. 试依以下各项叙述欧洲中古期间之庄园制度

a. 土地种类

b. 农村各阶层及相互间的义务与权利

c. 土地使用情形及农作经营

d. 生产工具

2. 试述庄园崩溃之经过及其原因

3. 试就商行与工行制度比较同异，并简述两者发展之历史

4. 解释以下各名词

① merchet
② relief
③ heriot
④ virgater
⑤ cotter
⑥ copyholder
⑦ Jacquerie (in France)
⑧ Wat Tyler
⑨ Hanseatic League
⑩ Merchants Adventurers
⑪ forestall
⑫ engrossing
⑬ regrating
⑭ bourse
15 métayer
16 Regulated Co.

5. 中古时期fair与market之组织及其对于贸易之关系

西洋经济史考试题目 (1949—50)

Books:

- ° Turner, F. J. The Frontier in American History. (1920). ° Significance of Sections in Amer. Hist. (1932)
- Paxson, F. L. History of the American Frontier 1763-1893 (1924)
- Clark, D. E. The West in American History (1937)
- Abernethy, T. P. Western Lands and the American Revolution (1937)
- Nissenson, S. G. The Patroon's Domain (1937)
- ° Woestmeyer, I. F. & Gambrill, J. M. The Westward Movt (1939)
- ° P. J. Treat, The National Land System, 1785-1820 (1910)
- B. H. Hibbard, A History of the Public Land Policies (1924)
- Thomas Donaldson, The Public Domain, Its History with Statistics (1884)
- A. M. Sakolski, The Great Amer. Land Bubble (1932)
- P. W. Gates, The Illinois Central Railroad & its Colonization Work (1934)
- R. G. Wellington, The Pol. & Sectional Influence of the Public Lands 1828-1842 (1914)
- George M. Stephenson, The Pol. Hist. of the Public Lands from 1840-1862 (1917)
- Homer Hoyt, One Hundred Years of Land Values in Chicago, 1830-1930 (1933)
- ° R. M. Robbins, Our Landed Heritage (1942)
- ° P. W. Bidwell & J. I. Falconer, Hist. of Agriculture in the Northern U.S. 1620-1860 (Carnegie Institution, 1925)
- ° Lewis C. Gray, Hist. of Agr. in the Southern U.S. to 1860 (Carnegie Inst., 2 vols. 1933)
- E. Q. Hawk, Eco. Hist. of the South (1934)
- ° Leo Rogin, The Introduction of Farm Machinery in its Relation to the Productivity of Labor in Agriculture of the U.S. (U.C. Pub. in Economics, 1931)
- ° H. W. Quaintance, The Influence of Farm Machinery on Production & Labor (Pubs. of the Amer. Eco. Assn, 3rd Series, Vol. V., No. 4. 1904)
- L. B. Schmidt, Topical Studies & References on the Eco. Hist. of Amer. Agriculture (rev. ed. 1937)
- A. H. Sanford, The Story of Agr. in the U.S. (1916)
- E. E. Edwards, American Agr. — the First 300 Years (1940 Yearbook of Agr.) pp. 171-276
- R. P. Brooks, The Agrarian Revolution in Georgia 1865-1912 (1914)
- E. A. Goldenweiser & L. E. Truesdell, Farm Tenancy in the U.S. (Census Monograph No. 4, 1920 Census, 1924.)

A.C. Ford, Colonial Precedents of our National Land System (1910)

E.E. Edwards, A Bibliography of the History of ~~Amer.~~ Agriculture ~~etc~~ in the U.S., Dept. of agri. ~~Mich.~~ Misc. Pub. no. 84 (1930)

Lyman Carrier, The Beginnings of Amer. Agri. in America (1923)

L.H. Bailey (editor), Cyclopedia of Amer. Agri. (1907-9)

P.D. Evans, "The Holland Land Company" Buffalo Historical Society Publications v.28 (1924)

R.P. Teele, The Economics of Land Reclamation in the U.S. (1927)

L.E. Truesdell, Farm Tenancy in the U.S, census monographs no 4, 1920 census (1924)

S.J. Buck, The Granger Movt (1913)

John D. Hicks, The Populist Revolt: A Hist. of the Farmers' Alliance & the People's Party (1931).

Sato, Hist. of the Land Question, in John Hopkins Univ. Studies, IV.

Dowell, A.A. & Jesness, O.B., The Amer. Farmer & the Export Market (1934, the Univ. of Minnesota press, 269 p.) Econ 6519.34.5

Land Tenure Policies at Home & Abroad, by Henry Wm. Spiegel (1941)

Articles

B.W. Bond, Jr., "Quit Rent System in the American Colonies" (in the Amer. Hist. Rev., Oct. 1912)

V.F. Barnes, "Land Tenure in English Colonial Charters in the 17th century," Essays in Colonial History (1931)

R.H. Akagi, The Town Proprietors of the New England Colonies (1924) - a monograph

P.W. Gates, "Land Policy & Tenancy in the Prairie States" Journal of Eco. Hist. vol. 1. pp. 60-82 (May 1941)

F.A. Shannon, "The Homestead Act & the Labor Surplus," Amer. Hist. Rev. Vol. XLI, pp. 637-651 (July, 1936)

P.W. Gates, "The Homestead Law in an Incongruous Land System," ibid., pp. 652-681.

G.T. Du Bois & G.S. Mathews, Galusha A. Grow, Father of the Homestead Act (1917) Book

A.O. Craven, Soil Exhaustion as a factor in the Agricultural Hist. of Virginia & Maryland, 1660-1860 (1925) - a book

P.W. Bidwell, "The Agricultural Revolution in New England (Amer. Hist. Rev. vol. XXVI, No. 4, 1921)

H.M. Thomas, "Agricultural Policy in New France" Agricultural History vol. 9 pp. 41-60. Annual Report of the Amer. Hist. Assn.

W.R. Shepherd, "The Land System of Provincial Pennsylvania" (~~Amer. Hist. Rev.~~ 1895. pp. 117-125)

P.W. Gates, "The Disposal of the Public Domain in Illinois, 1848-1856 (~~Annual Report~~ (Journal of Eco. & Bus. Hist. v.3, pp. 216-40)

" " " "Recent Land Policies of the Federal Gov't" (Supplementary Report of the Land Planning Committee to the Nat'l Resources Board, v.7, pp. 60-85)

A.P. Usher, "Soil Fertility, Soil Exhaustion, & their Hist. Significance, QJE v.37, pp. 385-411.

J.D. Black & R.H. Allen, "The Growth of Farm Tenancy in the U.S." QJE v.51, pp. 393-425.

C. M. Andrews, The Colonial Period of Amer. Hist. 4 vols. (1934-38)

Curtis P. Nettels, The Roots of Amer. Civilization (1940) - A Hist. of Amer. Colonial Life
- ch. 4 The Eco. Background of Eng. Colonization (pp. 80-106)
- 5 The Eng. Promoters of Colonies (pp. 106-130)
- 6. The Founding of Colonies (pp. 131-154)
- 9. Economic Foundations (pp. 222-250)
- 12. The Social Structure (pp. 304-328)
- 13. The Social Conflicts (pp. 329-354)
- 16. The Growth of Amer. Capitalism — Plantation Economy (pp. 412-415)
- 19. The Struggle for Land & Currency (pp. 516-542)
- 24. The Revolution within — The Revolution & the Land (pp. 677-687)

Gustavus Myers, History of the Great Amer. Fortunes (1936 ed.)
- Pt. II The Great Land Fortunes (Chs. I-10) pp. 85-212

J. T. Adams, The Founding of New England (1921)
" " , The Revolutionary New England, 1691-1776 (1923)

L. K. Mathews, The Expansion of New England (1909)

J. C. Ballagh, "Introduction to Southern Economic History: The Land System" (in Amer. Hist. Review, 1897, pp. 101-29)

P. A. Bruce, Economic Hist. of Virginia in the 17th century, 2 vols. (1895)

C. P. Gould, The Land System in Maryland, 1720-1765 (1913)

W. R. Shepherd, Hist. of Proprietary Gov't in Pennsylvania (1896)

Frederick Merk, Eco. Hist. of Wisconsin During the Civil War Decade (1916)

Joseph Schafer, A Hist. of Agri. in Wisconsin. (1922)

Emory Q. Hawk, Eco. Hist. of the South (1934)
- ch. III Agriculture in the Colonial South
- VIII Land & Population of the Ante-Bellum South, 1783-1860
- IX Agriculture in the Ante-Bellum South, 1783-1860
- XVI Eco. Progress in the South After 1880
  - Agri.
- XVII Present Eco. Problems of the South
  - Agri.
- XIII Causes of the Civil War
  - Land Policy of the Federal Gov't

Hans Christian Adamson, Lands of New World Neighbors (1941)
William R. Van Dersal, The American Land, its History & its uses (1943)
Revolution in Land, by Charles Abrams (1939)
Sir Thomas Whitaker, Ownership, Tenure, & Taxation of Land (1914)
Wanneford Moffatt, Land & Work (1888)
Early Land Revenue System in Bengal & Bihar vol. 1, 1765-1772, by D. N. Banerjee (1936)

W. B. Munro, The Seigneurs of Old Canada: A Chronicle of New World Feudalism (1914)
The Seigniorial System in Canada (1907)

Eco. 44B. Reading List

Wickizer, V. D. and Bennett, M. K. Econ. 7683.50
The Rice Economy of Monsoon Asia. 1941
Wickizer, V. D. Tea under International Regulation 1944
Econ 7805.244

A. P. Usher
Castine,
Maine
Box 83.

H. M. Bain
Ores & Industry in the Far East

Manuel R. Garcia
33 Walter Hastings Hall
4th Entry

Barnes, H.E., An Eco. Hist. of the Western World, 1942.

Pt. I The Foundations of Euro. Eco. Life

Ch. I The Origins of Eco. Life

(I) Introduction

(II) Eco. Progress in the Stone Age

Stone Age (lasted for at least half a million yrs.)

1. the Eolithic 原始石器時代 period, — man used shaped stones as he found them fashioned by nature

2. the Paleolithic, — improvement in the stone culture.

a. the Mesvinian period

b.

? Mousterian period — discovery of a method of making fire by rubbing of 2 pieces of wood.

n. the Tardenoisian period

3. the Neolithic, — stones were ground & polished. New types of food, the mastery of fire, the domestication of animals, & beginning of rudimentary ~~age~~ architecture.

This period began some 10 or 15 thousand yrs. ago & faded into the copper background of the

Bronze Age in various localities at dif. times —
about 4000 B.C. in Egypt
" 3000 " " " Britain & Scandinavia.

During the Neolithic Age man ceased to be simply a food-gatherer. In addition to being a hunter & a fisherman he became a shepherd & a farmer.

Paleolithic Age — no agriculture, no domestication of animals, except for the domestication (or self-domestication) of the dogs in some areas at the close of the age. There was no textile industry, no pottery. Making clothes of animal skins. The primary tool & weapon was the flint coup de poing — stone hand-ax or fist hatchet. The typical coup de poing would be almond-shaped, 4 to 10 inches long, 3 ins. wide, & 1 in. thick, with one edge sharper than the other.

國立中央研究院社會研究所
統計室稿紙

抄錄者______
計算者______
審正者______

Neolithic Age

[illegible] The bow + arrow made their appearance in the early Neolithic, + the large hewn stone ax originated about the same time. Increased improvement in work of [illegible] from + bone

Stone mill for grinding grain in the late Neolithic.

"Man began agriculture as an irrigator," — G. Eliot Smith. Discovery of agr. possibly woman's achievement.

Cereals have been cultivated in Nile Valley for some ten thousand yrs.

No plows in this age. Only "hoe culture."

Domestication of animals perhaps took place at about the same time (as dom. of plants). Cattle, swine, sheep, + goats by the close of Neolithic Age. They served 1st as a reserve of food + later [illegible] + hand work.

Beginning of spinning + weaving. Flax (亚麻) the chief fiber material.

Evidence that cereals have been cultivated in Nile Valley for some ten thousand yrs. Neolithic peoples familiar with barley, wheat, millet, peas, lentils, beans, apples, + certain other fruits, + flax.

Artificial dwelling, which was the exception in the Paleolithic, finally became the rule in the Neolithic period.

Exchange of commodities went on in flints, shells, amber, salt + furs. Trade in cattle. Thus a barter economy prevailed, shell money seems also to have been in evidence.

The Neolithic man still lacked the skill to navigate large bodies of water in sailing ships, the art of writing, + the technique of metal-working.

(III) The Mastery of Metals (Metal ages)

First metal mastered was copper, wh. began to be used in Egypt shortly after 4000 B.C., spread there to the rest of the Near Orient. The true bronze culture is believed to have started in the islands of Aegean Sea just before the middle of the third millennium B.C.

Of the 2 ores (copper & tin), tin was the more rare. It was obtained in ancient days chiefly fr. Persia, Bohemia, Spain & Britain.

The use of iron seems to have been launched by the Hittites of Anatolia in the 14th c. B.C. Fr. there it spread to the other countries of the Near Orient. In West. Euro. the use of iron 1st appeared among peoples living in southern Austria near what is now Salzburg. It is called the Hallstatt culture because of the location of the cemetery w. the iron tools & weapons were 1st unearthed. It extended roughly fr. the 12th to the 6th c. B.C.

The 2nd age of iron in w. Euro. is called the La Tène, fr. its type site in Switzerland. It lasted fr. about 500 B.C. to the Christian era.

The Copper, Bronze & Early Iron Ages embraced the period of what we called ancient history.

Hallstatt age, introduction of iron in large "commercial" quantities. This age continued the tradition of the Bronze Age.

During La Tène age, the use of bronze disappeared almost entirely. The wheel was used in the mft. of pottery, & a rotating mill operated by hand was was employed to grind the grain. The older wooden plows were being displaced by iron-plated plowshares, & the no., types, & excellence of implements increased very notably. Urban settlements were flourishing. Money slowly crept into use. A written language was beginning to appear. Wheeled vehicles of various types became a really important factor in transportation, & small, light chariots were employed in war.

地中海一带石屋建築，北欧木屋茅屋。 Walled towns (oppida) were common throughout Gaul.

國立中央研究院社會研究所
統計室稿紙

抄錄者……
計算者……
審正者……

(IV) Primitive Notions of Property

Hunting or fishing peoples — specific groups (often families or single individuals) commonly have the exclusive right to hunt or fish in certain areas.

Pastoral peoples — communal ownership in land & private ownership of the live stock.

Agricultural peoples — individual ownership of domestic animals, private rights to the cultivation of specific plots of land, & communal control. Communal ownership of waste land & pasture land & individual ownership of the arable land. Well-developed concept of private property with reference to movable chattels, such as women, slaves, pottery, tools & live stock. Incorporeal property rights for primitive songs, rituals (belonging to their composers alone) — a mystical or supernatural factor.

The right of inheritance was distinctly recognized. Group & individual inheritance. Primogeniture & multiple inheritance were present.

Distinction bet. predatory & productive activity — the former being honorable & the latter relatively base.

国立中央研究院社會研究所
統計室稿紙

抄錄者
計算者
審正者

3 main topographical & climate zones:

1. the warm Mediterranean lands.
2. " mountain mass that stretches fr. Spain to Asia Minor & passes on to the Himalayas & Thibet.
3. " cool to cold northern plain that reaches fr. the Bay of Biscay to the Urals & beyond them across Siberia.

Heaton, Eco. Hist. of Eu. Ch. 1. Introduction — The Content of European Eco. Hist. p. 8-9.

Ch. II The Eco. Contribution of Prehistory & the Ancient East pp. 12-27.

The Three Sources of Food Supply

1. by collecting wild plants & edible animals
2. " domesticating animals
3. " " plants

European man lived in the vicinity for at least 250,000 yrs.

The dog seems to have been the 1st to be domesticated. It was getting its food by 6000 B.C. (in some areas at close of Paleolithic Age)

Most of the other animals had been domesticated by 5,000 B.C.

The horse appears late as a servant. As a draft animal on field or road it was inefficient until at least the Middle Ages, because of incorrect harnessing. The harness was attached to a collar placed high up on the horse's neck instead of resting on its shoulders, & a heavy strain must have choked it.

Herding came when wild animals that had once been hunted were domesticated. Agriculture came when wild grasses, grains, roots, & fruits that had once been collected began to be cultivated.

Barley & emmer (a kind of wheat) were 1st cultivated before 5000 B.C. in Western Asia, probably in Syria, & that the practice spread northward to the Black Sea lands & the Danube, southward to Egypt, & eastward to Mesopotamia. The bread wheat, which was a hybrid of einkorn & emmer, came fr. Armenia or the area south of the Caucasus, while oats & rye were domesticated later north of Alps & in southern Russia. We know that by 2,000 B.C. grain was being sown as far west as France, Spain, & Britain.

Woman was the 1st agriculturist. She stumbled on the discovery that seeds would grow if planted. Agr. the 1st inducement to the establishment of a settled home.

國立中央研究院社會研究所
統計室稿紙

埃及希伯来及腓尼基时代(2100—730. B.C.)
巴比伦亚述及波斯时代(730—500 B.C)

抄錄者
計算者
審正者

1. 旧石器时代
2. 新 〃 〃 (6,000 B.C.)
3. 青铜 〃 〃 (3,000 B.C.)
4. 铁 〃 〃 (1,000 B.C.)

The Coming of Industries

Man's earliest (weapons equipment) fashioned fr. wood, stone, bone, horn, fibers, or hides. (paleolithic age, Flints were chipped)

Neolithic age began about 6000 B.C. in favored parts of Asia. Stone implements were improved in shape + edge by being ground + polished. This age that developed pottery, cloth making, + leather work was also the age that domesticated animal + plants.

In the course of time, the wheeled vehicle was well known in [illegible] communities by 3000 B.C., + some metals had been found a millennium earlier. (washing alluvial deposits in search of gold, or digging into [illegible] for copper, lead or silver)

Copper known in Mesopotamia + Egypt by 4000 B.C. [illegible] bronze was made (somewhere before 3000 B.C.) by putting a [illegible] into molten copper, a good tool metal was available.

Iron was found in meteorites as early as 4000 B.C.; but there is little sign of widespread use until about 1500, + the main [illegible] of supply seems to have been the Hittite area of Asia Minor or Armenia.

By 1000 the iron age was well begun.

Life of the River Valley Civilizations (Near Eastern)

By 3000 B.C. the valleys of the Nile, Tigris, Euphrates + Indus [illegible] peoples who displayed great skill in agriculture + crafts, were trading at home + abroad, were ruled by elaborate govts, + had evolved a system of writing, a knowledge of nos. + a calendar.

The foundation was laid in Egypt by at least 3500 B.C., + prob. a thousand yrs. earlier.

Importance of artificial irrigation. King, priests, farmer, official class, nobility, + an army. Slaves or employed laborers [illegible] in farming sometimes. 埃及为波斯所灭，希伯来为巴比伦灭，腓尼基[illegible]

In Egypt + Mesopotamia similar communities were formed. It is still far from clear whether Egypt or Mesop. developed the 1st civilization.

In Babylonia the temples were the early landowners, they [illegible] the waterworks, assigned to each person a portion of land, gave [illegible] rations out of the storehouses, + at harvest time claimed most or [illegible]

[illegible] Cuneiform [illegible]

高88 2[illegible] 抄錄者 計算者

西南亚细亚文化史（中原与茂九郎 杉勇著 杨鍊译）

whole of his produce.

Code of Hammurabi, compiled about 2100 B.C. ... [illegible] organization & methods are highly developed.

巴比伦亡于亚述，以国家内讧至独立而灭亡，独立之国[illegible]所灭，波斯又为希腊所败，终至灭亡。

The Work of Henri Pirenne & George von Below with respect to the Origin of the Medieval Town By Carl Stephenson Cornell Univ. (Analysis 24 in Methods in Social Sciences, ed. by S.A. Rice, pp. 368–382)

A hundred yrs. ago historians still glibly asserted the persistence of Roman municipal institutions. By 1880, it is true, better scholars had abandoned that assumption, but their substitute theories, tho' grand in various ways, were flimsy of structure.

immunity theory vs. Hofrecht theory

By 1880 four rival doctrines, originally propounded by Arnold, Nitzsch, Wilda, & Maurer, still claimed their devoted followers. The 1st derived the town fr. a group of freemen, who as subject of the bishop shared the privilege of immunity that he had secured fr. the emperor; the 2nd fr. a servile community under the manorial jurisdiction (Hofrecht) of a great landlord; the 3rd fr. a private assn., the gild. The 4th, acc. to Maurer, the town was nothing else than a variant of the Mark, the self-governing village, the primeval unit of Teutonic society, the germ fr. which the free institutions of Europe later developed.

The Application of the Quantitative Method to Eco. Hist. (J. H. Clapham, An ~~Introd.~~ Eco. Hist. of Modern Britain. The Early Railway Age. 1820-1850. 2nd ed. 1930) By A. P. Usher (in the Jl. of Pol. Economy, Vol. XL, No. 2, April 1932. pp. 186-209)

1. "The statistician's world is not v historian's. Nor is v general historian's world that of v monograph writer. As a balance to v unreality of v generalized statistical statement + v undue influence of monographs on particularly important trades or topics... it has seemed wise to quote many scattered individual facts p. all up + down v country + all over v eco. field. Readers may find v towns p. trade to trade + p. county to county... a little tiresome, but I do not know how to bring out v diversity of v national eco. life otherwise." (ed. of 1926, p. VIII.)

2. The concept of continuity of social growth. — Eco. policy is presented as a phase of social adaptation rather than as an independently determined creative force. Study of policy therefore begins with objective social conditions, instead of beginning with various ideals that are to be imposed upon society to mould it into conformity with an abstractly conceived ideal. This concept of social develt may be described as "dynamic adaptation." It may be contrasted with v concepts of "passive adaptation" held by many geographers who assume that so. develt is merely a reflection of v objective limitation of v environment. It may also be contrasted with v views ~~by~~ of many institutionalists who hold that so. life is dominated by v institutions created by business men, v policies of statesmen, + v ideals of reformers.

3. Institutionalism vs. Historical Realism

a. The essence of institutionalism lies in v conviction that certain institutions are an "end," or purpose, of v historical process; that particular individuals or classes of individuals, or all the members of a society, may be legitimately required to make any sacrifice that is deemed likely to advance the cause (e.g., that of the national state). The realist holds that institutions are means to individual & social ends. They are a means of securing a more effective adaptation of social life to objective conditions.

b. The institutionalists have always attached great importance to "stages," sequences of institutional forms arranged in an order that possesses some element of logical succession & some relation to the chronology of history. In these schools, the mov't of history is conceived as a sequence of revolutionary or cataclysmic changes. This emphasis on revolution is an inevitable result of the static descriptions of the institutional forms. There is no means of getting fr. one stage to another, save only thru some break in the continuity of historical process. These interpretations of eco. hist. throw little light upon the nature of the hist. process. They do not tell us how things happened, nor in any ~~way~~ very accurate sense when they happened.

The realistic approach to eco. hist. is profoundly different. The empirical recognition of an essentially continuous historical mov't necessarily directs attention to the phase of the historical process that was least interesting to the institutionalist. The problem of ascertaining how things happened naturally becomes a basic question.

The secular trend supplies the realist with the focus of attention essential to any vigorous portrayal of the mov't of eco. phenomena. It imparts to a historical narrative the requisite unity without resort to any artificial device. Any time series will, of course, reveal some secular trend, but certain time series express comprehensively the general mov't of the eco. activities of particular areas or social groups, & they thus sum up correctly the eco. life of society. Three classes

Factors influencing the movt of eco. hist.
1. physical resources
2. technologies
3. Social institutions

of change are of basic importance; & if a combined secular trend were computed, it might be well regarded as expressive of the general resultant of all the eco. forces acting within the area. These fundamental factors are: changes in the mass of population, changes in the distribution & density of population, & changes in the standard of living expressed in the per capita consumption of the population. It is important to observe also that the historian is concerned with the rates of change (not absolute magnitudes) in these quantitative factors. If graphic methods are employed, the semi-logarithmic scale must be used. The arithmetical scale represents a picture that does not portray the "process of growth." The semi-logarithmic trend, on the other hand, may be taken to be a positive portrayal of the moving equilibrium of social life.

Division of labor bet. the statistician & the historian: the former more largely interested in short-run movts, esp. the various seasonal & cyclical changes; the latter primarily concerned with the broad movts over long period of time.

The commentary upon the secular trend must needs include discussion of all the qualitative changes both in technology & in institutions as well as the quantitative significance of changes in the utilization of natural resources.

4. The broader concept of improvement in material conditions involves much more than the discussion of the movt of real wages. In its deeper implications the material well-being of the community may be measured most significantly in terms of vital standards. Whether we take the simpler measure of the expectation of life or the more complex measures afforded by the birth- & death-rates (M. Rubin in "A Measure of Civilization," Jl. of the Royal Statistical Society, LX [189] suggested that the relative vital conditions at dif. dates or among various populations may be measured

by the ratio bet. the square of the death-rate divided by the birth-rate [illegible] there can now be no doubt of the magnitude of the improvements in [illegible] conditions that began in the 2nd half of the 18th c.

5. Problems of eco. statecraft

a. idealistic point of view — The various policies are [illegible] acc. to a characteristic doctrine — mercantilism, protectionism, [illegible] -sez faire, socialism — & the historian defends the statesman [illegible] view he sympathizes.

b. The realistic point of v. makes the prob. more complex. No [illegible] end can serve as a unifying element. The activities of the statesman are conceived as being primarily adaptive. (Concious social [illegible] — the process of transition from custom to the conscious adaptation [of] social institutions to objective conditions. Until the 19th c., eco. statecraft was really dominated by tradition & empiricism. [illegible] were statements of traditions that were presumed to be [illegible]. Old principles might be extended to a new sphere, they were [illegible] more than redefinition & interpretation of the established [illegible] safe to say that substantive eco. policies were dominated [illegible] down to the close of the 18th c. With the exception of Colbert & [illegible] we find little eco. statesmanship consciously directed towards defined objectives before the generation of A. Smith & Turgot.

A History of the Economic Institutions of Modern Europe — An Introduction to Der Moderne Kapitalismus of Werner Sombart, by Frederick L. Nussbaum (Prof. of History, Univ. of Wyoming) 1937. (3rd Printing; Copyright, 1933.)

Introduction: The Problems of European Eco. Hist. pp. 3–14

1. The Problem of History

History is the imaginative reconstruction of past experience upon the basis of vestigial evidence. The creative character of this act of reconstruction imposes upon the historian a problem of abstraction, of defining the entity with which he proposes to deal. It is necessary to present that aggregate as having evolved & evolving, undergoing, like biological organisms, growth & decay. (birth – growth – maturity – decay & disappearance)

2. The Problem of Economic History

Man's pursuit of sustenance has been a social fact.

Several different approaches:

① It was the impressive advance of technique that served as the starting point of Porter's Progress of the Nation (1836) & Samuel Smiles' Lives of the Engineers (3 vols, 1861–1862). This sort of eco. historiography culminated in Arnold Toynbee's Lectures on the Industrial Revolution (1884).

② Political history of economic life — Bishop Cunningham's Growth of English Industry & Commerce (6th ed., 2 vols. in 3, 1915–1921), Levasseur's work, etc. They deal principally with the legal regulation of eco. life (eco. & com'l policy).

③ Retrospective sociology — Marx Weber's General Eco. History (Eng. trans., 1927), Karl Bücher Industrial Evolution (Eng. trans., 1897). They establish concept of successive stages thru which eco. life developed.

④ Institutional or genetic school — (For historians) the conception of world-history as a succession of cultures, each with its distinct characteristic aims, & values evolving as a distinct entity in time & space. (For economists,) the conception of eco. activity as a set of institutions, evolving as a part of the culture in correspondence with it. From this point of view, eco. hist. is the hist. of institutions, ~~evolving~~ as of the social ways of getting & spending, as they evolved in one or several cultures. Such eco. hist. includes technique & legislation as subordinate features of its central problem. It differs fr. the methods of the restrospective sociologists in that its ~~aims~~ is purely historical, that is to say, the portrayal of a unique evolution rather than the deduction of generalizations fr. similarities among the several evolutions. Such history, of course, must be genetic. The culture as a whole & the eco. institutions in particular are conceived in terms of life & growth, maturity, decay & disappearance. An essential part of the problem of such history is the changing psychological attitude with which men in a given culture have approached the questions of sustenance & profit. Eco. life is conceived as a unit among the functions of the organic group in which the men of the culture have developed. Such in brief summary is the method of Prof. Werner Sombart in Der Moderne Kapitalismus (3 vols. in 6, 1916–1927).

3. The Problem of Eco. Hist. of Europe

As a geographical concept, Europe is a continent, or more accurately, a peninsula of the Eurasian continent extending fr. the Urals to the Arctic, the Atlantic, & the Mediterranean. As a world-historical concept, it is a social dynamic entity only imperfectly coinciding with the geographical concept. The Europe whose eco. aspect we have to study is more limited in its beginnings than geographical Europe & is world-wide in its ultimate development.

Our problem is not to be ~ cumulative combination of histories of ~ several states of Europe. The state & capitalism, as complementary aspects of European civilization, have been of ~ very greatest importance to each other. But we are not concerned with ~ eco. aspect of ~ state; our concern with ~ state is rather with ~ pol. aspect of Capitalism.

4. The Place of European Eco. Culture in World History

In ~ co. p. A.D. 400 or 500 to A.D. 1100, while Byzantium was ~ centre of eco. activity in ~ Mediterranean, commerce did not die in ~ West. By ~ time Byzan. at last collapsed under ~ pressure of ~ Turks (1453), ~ eco. life of W. Europe was alive, vigorous, complex, thriving. (Clough & Cole, p. 42)

The economic Europe which we have defined as a social dynamic entity was coterminous & briefly contemporary with what may be called ~ Byzantine-Arab culture.

By ~ end of ~ 9th C., ~ whole of ~ great Roman complex of eco. forms & ways had disappeared fr. ~ European West. Roman eco. organization was displaced in ~ East by ~ superior Byzantine-Arab culture, in ~ West, while Rome was still economically an outpost of ~ Greek culture, it had conquered Spain, Gaul, & Britain, & these countries functioned as colonial areas for ~ industrially & commercially advanced East. They were sources of raw materials & noncompetitive markets.

The Byzantine culture in its eco. aspect was geographically coincident with ~ eastern Mediterranean area. The centres around which Justinian organized his gov't — & his com'l policy — were Byzantium, Smyrna, Beirut, Antioch, Alexandria. In his gov't'l activity is reflected vigorous eco. life that has no relation whatever to ~ miseries & terrors of ~ final decay of ~ properly Roman culture of the West. In ~ eastern part of ~ empire, ~ old eco. organization had shown itself much stronger & not only maintained itself at a high level for [almost thousand years] (say, roughly, down to ~ Crusades), but even evolved in new & significant directions.

國立中央研究院社會研究所
統計室稿紙

抄錄者______
計算者______
審正者______

Three approaches

Eco. hist. is the story of the various ways in w. man has obtained a living. It is a segment of the hist. of civilization. It is variously conceived by different writers.

(1) It is the time sequence or chronology of eco. happenings. This approach is very unsatisfactory because lacking in vital connections.

(2) Eco. hist. is an evolutionary sequence (genetic approach). Weakness: It takes facts out of their setting. In emphasizing the genesis or evolution, it implies an original impulse, which, once started, carries on to the end. Nothing, of course, is further fr. the truth: eco. hist. — all history, in fact — is the result of many forces pushing in various directions. The study of eco. genesis needs to be supplemented by the study of lateral causal influences.

(3) Eco. hist. as a causal sequence. Cause simply means the succession of events which put pressure on one another. "Complete description is complete explanation." 3 relations to keep in mind.

(a) Certain non-eco. situations, such as natural environment, the psychological & physiological nature of man, & social environment, constitute more or less external factors putting pressure on eco. arrangements.

(b) there are the relations w. one eco. situation (e.g. commerce) to another (manufactures, transportation,) in hist. devel't.

(c) there is the sequence of the influence of the eco. on the non-eco.

N.S.B. Gras, The Rise & Devel't of Eco. Hist.
(Eco. Hist. Rev. Vol. 1, No 1)

418

Stages in Eco. Hist.: N. S. B. Gras (Jl. of Eco. & Bus. Hist. vol. II, No3, May 1930 pp. 395–

I. 3 disciplines:
1. Search for facts in their time sequence (eco. chronology)
2. factor sequence (Causal sequence)
3. filial sequence (developmental sequence in form of stages) [illegible] sequence, genetic approach.

II. A Stage is not a period: It is not exactly a segment of time sequence. An eco. stage occurs at dif. times in dif. countries, & it sometimes repeats itself in same country, as when the town economy of Italy arose again about the 12th c. after its decline following the fifth c.

A st. in eco. hist. is not like a floor in a house. It is really a new condition competing with an old one. The old weakens, the new gains. It is a socially competitive condition in which a new method or institution first rivals, then threatens, & finally out-distances an old one.

III Earlier concept of eco. stages
Hesiod (Greek didact. poet c. 700 B.C. wrote Theogony, & Works & Days) — Golden, silver, bronze, heroic, & iron ages.
Dicaearchus (4th c. B.C.) — Hunting, pastoral, & agricultural (Nieboer, Vinogradoff, & Hobhouse, Wheeler & Ginsberg have been more or less followers of Dicaearchus, Varro accepted the stages, & A. Smith & Condorcet.)
Storch (Russian economist) — made the stages of manufacture & then commerce follow agriculture.

國民經濟學體系 分為五期：1. 漁獵 2. 畜牧 3. 農業 4. 農工業 5. 農工商業

Friedrich List (1789–1846) Das nationale System der Politischen Oekonomie 1841 — 5 sts: Original barbarism, or hunting stage; pastoral pursuits, [illegible]; agriculture; agriculture & manufacture (for local consumption); & agr. mfg. & commerce (mfg. for world trade).

But we should ultimately have stages not only in production, but in production, sharing-distribution, & consumption, all woven together.

IV Bruno Hildebrand (1812–1878) ~~(1864)~~ Die Nationalökonomie der Gegenwart und Zukunft (1848) — barter, money, & credit economy.
gift-barter (Malinowski, Trobriand Islanders). (A dawning sense of value was beginning, but exact equations were out of question.)
money-credit economy (& not a pure credit eco. without money).

The full set of stages, to be substituted for Hildebrand's, are gift, gift-barter, pure barter, money-barter (in w. m. was a measure of value but not a means of exchange), commodity-money (some article of accepted value in use was taken as means of exchange), credit-money (In this system commodity money is again a measure of v. & not a means of exchange, similar to money-barter economy), & perhaps money-credit economy. (Note that bookkeeping would be impracticable without a common measure of value.)

國立中央研究院社會研究所
統計室稿紙

抄錄者……
計算者……
審正者……

V. Roscher, W. (1817-1896) Nationalökonomik des Ackerbaues
Nature — Labour — Capital.
Agricultural stages: hoe(鋤) culture, burning + wild field-grass [illegible], the two- + three-field systems (better be called a naked-fallow rotation), [[illegible] rotation], field-grass husbandry, the rotation of crops, + garden culture.

VI. Schmoller, G. (1838-) The Mercantile System (ed. by W. J. Ashley, 1896, German original 1884)
鄭学稼译 重商制度及其 歷史意義(25,商務)
Omitting the earliest, he summed up in 4 sts.
Village, town, territorial (此书最受攻击,因其大半根据 Prussian 歷史…, national + something like world economy. (Weaving together pol. + eco. elements)
N. S. B. Gras, Village, town, metropolitan (particularly true for [illegible])

VII. Bücher, Karl (1847-1930) Industrial Evolution (Ger. eds. 1893 ff. Eng. trans. 1901)
Household (no trade), town(市) economy (direct exchange, bet. townsman & peasant), national eco. (國民) [illegible] exchange dominated by middlemen)
5 industrial sts: Housework, wage-work, handicraft [illegible] or putting-out work, + factory work. (the debut of a theory of eco. genesis as existing apart from a known phenomena of history.)

Reconstructed industrial stages by Gras: (Industrial Evolution, 1930)

I. Usufacture (the making for use)
1. Household phase
2. Outside assistance, either (itinerant) labor or capital (in form of equipment such as [illegible])

II. Retail handicraft (the primitive making for personal or family use by means of only [illegible])
1. Order phase (hold labors for material provide by a family.)
2. Chance-sale phase

III. Wholesale handicraft
1. Independent phase (domestic system)
2. Dependent " (putting-out system)

IV. Centralized industry
1. Central workshops (with effective utilization of labor)
2. Factory (with power machinery)

Generally speaking, a factory is an historical category. It arises only after organization of marketing on a wholesale basis. It enters only after the advantage of discipline & the division of labor have gained some recognition. It is borne only when power machinery has been combined with these.

Hegel 分历史为三大阶段

1. 自然统治阶段—(世界史之幼年时代)，思想尚在混沌迷信，无独立自由，一切为宗教精神(自然)所支配，依自然而生存，如中国印度埃及

2. 反动的精神 " " —(" " 少年 " ")，[illegible]自然及与自然斗争，因独立之精神[illegible]，[illegible]

3. 绝对精神统治 " " —(" " 成年 " ") 人类精神已能独立，征服自然，能支配自然，以为人类，为人类所利用，人与自然之关系已归于统一。欧洲日耳曼[illegible]之历史属之。 cf. 朱伯康 中国经济史纲 pp. 3-5.

E. Whittaker, A History of Eco. Ideas, p. 3 f.

VIII George Wilhelm F. Hegel (1770-1831), Lectures on the Philosophy of History, 1837. Tr. by J. Sibree, London, 1858.
Asiatic period of despotic monarchs,
classical " " dominance of a single class, &
final Germanic period in which men as men governed the state.
Marx & some of his followers have found the 3rd period for their purposes.

IX Karl Marx (1818-1883)
Asiatic
classical
feudal (landed aristocracy)
bourgeois (individual control of eco. activity)
socialist (collective or social control of business)

X Eco. historians have varied in their attitude to eco. stages.
(1) Levasseur, Cunningham, Bolles, Hauser, Lipson, & Bogart have been eco. historians not historical economists or genetic economists.
(2) A 2nd group is made up of eco. historians who do use eco. sts., but in moderation. Ashley & Heaton find in sts. a leaven to chronological & topical exposition. To them sts are suggestive grouping of facts, always to be subordinated, but still to be brot out at strategic points. To Prof. Posthumus of Amsterdam stages are ideal types.
a. Schmoller, weaving together the elements of political & eco. changes.
b. Bücher, one of the earliest critics of Schmoller's stages.
To Prof. Heckscher of Stockholm the most significant stages are those that turn upon the exchange of goods & services. In a general way, he is to be regarded as following the lead of von Thünen & Bücher rather than of Schmoller.
(3) A third attitude of eco. historians toward eco. stages is to make stages the skeleton of their historical flesh & bones. Unwin almost took this attitude or followed this method in his Industrial Organization of England in the 16th & 17th cs. (1904). [illegible] An Introduction to Eco. Hist. (1922) set up metropolitan economy as the latest (tho not the last) stage in general eco. devel't.

or of organizing activity. ~~that~~ in organization at any time there is endless diversity both in degree & in kind, a new stage may supplement rather than supplant an older. some peoples have stopped near the beginning of any list of sts., others have skipped at least one step, & it may be possible to step backwards, as for example fr. [illegible] to pastoral pursuits, or fr. large-scale urban to smaller rural production.

國立中央研究院社會研究所
統計室稿紙

抄錄者
計算者
審正者

XI If we are to use stages in eco. hist., we should see to it that they answer to certain criteria as far as possible.

1. they should be fairly simple. This is not just for convenience + ease of comprehension but because, if they are elaborate + over wrought, they are likely to be descriptions of conditions + results in particular countries or continents.

2. Stages should always be set forth as tentative. They are to be held only until they are overthrown.

3. The terms used should be closely descriptive of a phenomena in question. (cf. Bücher "housework," + domestic system 同时並用，可易引起误会)

4. The stages should be a summaries of real situations + results. To accept a view of Bücher that eco. stages have any reality or value apart fr. actual situations, is to build up an eco. theology instead of an eco. historical science.

It is tempting to add that our stages should be so framed as to facilitate general correlation, for instance, industrial stages with agr. sts. + so on. It is likewise tempting to say that our sts. should indicate not only results but factors. But we must counsel caution.

A searching + pertinent question to raise in connection with every series of stages is: how general are these sts.? Are there any exception.

國立中央研究院社會研究所
統計室稿紙

抄錄者
計算者
審正者

N. S. B. Gras, ~~An~~ Introduction to Eco. Hist. (1922)

1. Collectional economy
2. Cultural nomadic economy
3. Settled village "
4. Town "
5. Metropolitan "

__________, Business + Capitalism, an Introduction to Bus. Hist. (1939)

1. Pre-Business Capitalism, the Dominance of States
2. Petty Capitalism, the Birth of Private Business
3. Mercantile " , " " " control in Private Bus.
4. " " , maturity with a Tendency to Disintegrate.
5. Industrial " , The Triumph of Firm Specialization in Big Bus.
6. Financial " , The Money Middleman influences or controls Bus.
7. National " , Political Instead of Financial Control of Private Capital.

國立中央研究院社會研究所
統計室稿紙

抄錄者________
計算者________
審正者________

Stages in Eco. Hist. (Round Table Conference of the 42nd Annual Meeting of the Amer. Eco. Assn. in the Amer. Eco. Rev. Vol. XX, No. 1 Supplement, Mar. 1930, pp. 3-9)

Herbert Heaton, Chairman

N. S. B. Gras.

Eco. stages are not at all true or final, but they are temporarily significant & important. They are the best that we can do for ourselves at any particular moment. We can serve ourselves best by testing & discarding old sts. & inventing new ones. 按 Jl. of Eco. + Bus. Hist. vol. II, no. 3 所载文远较此为详尽, 此为缩稿, 应参考原文.)

Victor S. Clark.

Eco. sts. are not absolute, but are devices which it is the ~~privilege~~ legitimate of each writer to vary & adapt to the requirements of his presentation of eco. hist. They are tools, not masters.

If I were to define our present eco. st., I would make its characteristic feature the fiduciary administration of capital; i.e., thru the mechanism of corporations. (Wealthy merchants who were accustomed to risking large capitals in far-flung ventures & to co-operating in large business enterprises marks the introduction of a new technique in bus. organization.)

C. R. Fay.

Stages are relative to time & country. The sts. of evolution in a new country like Canada differ fr. those in Gr. Br. or even in the U.S.A. Thus Canada has the sts.: (1) origin of settlement & barter economy with the native. (2) self-sufficient agriculture among the habitants of Quebec; (3) com'l exploitation of natural resources for export — of wheat & timber in Eastern Canada, say 1815 to 1867; (4) industrial specialization, the East supplying finance & mfts. to the West, the W. raising wheat for the markets of the world. In stage "4" Canada "taken off" fr. the senior industrialism of Gr. Br. & the U.S.A., importing & adapting their technique. Thereafter progress exceptionally rapid.

I must differ fr. Mr. Gras when he says of Bücher "certainly, he did not, as Ashley & Unwin have done, confusing organization with assn." These two Eng. writers give the sequence: gild system, domestic industry, factory system. & prima facie this is confusion of planes. But thereby they make big points. If we ~~lo~~ omit gild sys. we lose the thread which runs thru the ages in regard to the unit of enterprise: the gild of free producers, the individual or partnership, the joint-stock co., eventually with limited liability, & finally the combine

國立中央研究院社會研究所
統計室稿紙

抄錄者……
計算者……
審正者……

or integration of today. Stages must not be suffered to become tyrants.

Among stage markers I set little value by the German economists, with the notable exception of K. Marx. His great Hegelian sequence — feudalism (thesis), bourgeoisie (antithesis), socialism (synthesis) — gives stages both of actual history & of dynamic theory. It is an elaboration, with a strong anti-capitalist basis, of A. Smith's famous Book III.

Be very wary in applying to England the area conceptions of the New World. In England there is only one metropolitan centre — London. And let us not suggest that Eng. agriculture is unitary. The sequence of developments in the South-West Midland plain (the home of the open field system) is quite dif. fr. that in the hilly pasture lands of the North & West.

Finally, the Fei (the stone currency) of the Island of Yap are not an example of "a measure of value but not a means of exchange."

It is not very difficult for the period specialist to find no value in stages of any kind. But the teacher of ec. hist. finds that their specialism is apt to be not period specialism, but the specialism of an idea or industry or biography.

Leland H. Jenks.

It has seemed to many historians that there could be no easy substitute for knowing the facts; that the essence of the historical process could not be separated fr. its attributes; that a generalization of any kind, whether as to time, sequence, causality, correlation, function or value must be derived fr. the scrutiny of individual cases so disparate in their characteristics that without reference to them the general statement would be false & misleading.

But our minds are so made that we are bound to think about what has happened, no matter how hard we try to view it naively & objectively. Most historians manage to think chiefly in partial wholes, in partial totalities — in terms of selected groups of phenomena whose relationship seems to the historian to have significance, meaning, usefulness.

Hence, an historian may not press the charge against the stage of town economy or the st. of manufacture that it is not true, that it never happened. For in much the same way the Renaissance, the Coml Rev., the Ind. Rev., the Enlightenment never happened. These famous periods, like the sts., are all historical constructs. They spring fr. the discerning imagination of the historians, who finds relationships beneath the surface

國立中央研究院社會研究所
統計室稿紙

抄錄者……
計算者……
審正者……

of actuality w. enable him to view great masses of phenomena as wholes.

The periods of the ~~great~~ general historian are not more true than eco. sts. But they do possess one or two important traits w. mark them off from the sts. Historical periods, & roughly speaking other partial totalities dealt in by the general historian, possess what has been called individual uniqueness. They do not repeat themselves, except as writers under the influence of stage-theory have transposed labels appropriate to the story of one country or civilization to another.

There can be real helpfulness in the use of sts. taken singly, as may perhaps be done with the Ind. Rev., as a unique event. But the notion of sts. usually involves a series of them, built about some particular eco. function. This is objectionable logically because such stage-series, however numerous they may be, conceal the shifting relevance of the eco. functions which they involve. And the objection becomes doubly important when it is sought thru eco. hist. to understand the present. For the analysis presented by various sets of stages involves a definition, a limitation of the present, which tends more than the ordinary predilections of the historian to influence his selection of facts & his ordering of them in the past.

In comparison with the opportunities for illumination of our eco. situation afforded by broad scrutiny of the cultural implications of eco. institutions by segments of time & place, the elaboration & verification of stage-theory appears to be an arid & scholastic exercise. The time is not at hand to adopt the many suggestive type generalizations in their [illegible] partial truth as the framework for eco. hist. It is our unusual opportunity to make use of the hist. of eco. insts. & ideas as the basis for fruitful re-appraisal of the hist. of civilization. ~~By~~ In doing so we cannot afford to blur the effect due to difs. of time, of geography, of nationality, of population, of contact, of the cultural incidence of eco. types, by adherence to stage-series as the framework for our constructions.

Herbert Heaton.

Stage-makers:

(1) men who had a purpose, who were propagandists. Marx, List.

(2) men who knew little eco. hist. The early German stg.-makers generalized fr. very limited data.

We have to ask not merely "What was each stage like?" but also "What factors caused the transition fr. one to another?", & in the discovery of causes we are still far fr. successful.

Stages have their use if we do not teach them too dogmatically, esp. in a subject in w. there are few dates w. can be used as pegs for narrative. A stage is really just one way of doing things

1. Explain the following terms: (any seven out of ten).

① Neolithic period
② Bronze age
③ Hildebrand
④ Lydia
⑤ Phoenicians
⑥ helots
⑦ Hellenistic
⑧ manumission
⑨ commutation
⑩ Coloni

2. Discuss the slavery system in Greek & Roman History

3. State reasons with special regard to the economic basis of for the decline & fall of Western Roman Empire.

4. Give a succinct account of the manorial system in the mediaeval Western Europe.

Anthropology & Economics, by N. S. B. Gras (in The Social Sciences & their Interrelations, ed. by Wm F. Ogburn & A. Goldenweiser, pp. 10-23)

1. Classification of Anthropologists
   a. physical anthropologists & those absorbed in religion & psychology, who neglect the eco. activity of primitive people.
   b. some social anthropologists, such as E. B. Tylor & Clark Wissler, include eco. (or technological) anthropology in their treatment of primitive civilization, but simply on a par with religion, the family, language, folklore, art, & the like.
   c. the social anthropologists who make eco. activity the foundation of so. anthropology. Their ideal: the eco. changes of primitive peoples should 1st be discovered & then generalized, perhaps in the form of stages. Then, after non-eco. results have been learned, there should be a correlation bet. the eco. & the non economic. (social, cultural, & natural)

2. Groups of scholars in the Eco. Field
   a. Many economists (theorists) who either don't touch eco. anthrp. at all or do so very slightly. They are absorbed in logical aspects of their subject.
   b. some economists who do interest themselves in the eco. activity of prehistoric & primitive peoples. - Brentano, Schwiedland, & Seligman. Purpose: to provide a beginning for the more recent phenomena with which they deal at length, to show the influence of eco. forces, to provide a contrast with present conditions, to find illustrations of eco. condition not elsewhere to be discovered.
   c. scholars in the eco. field who go back to primitive conditions for the sake of completeness. They seek to uncover the whole gamut of eco. evolution.

3. Question of an "Economy" among primitive peoples

evidence, Eduard Hahn (beginning p. 1891) maintained that after hunting came not pasturing but hoe culture, then the domestication of animals & finally plough culture (or true agriculture). Hahn thot the hunter incapable of becoming a herdsman. The hunter might tame animals for sport, but he did not have the foresight to see the eco. advantages of animal culture. On the oth. h., hoe culture was an easy step fr. the hunting stage. While man had hunted animals, woman had grubbed for roots & collected wild plants. Woman could easily go a step further & cultivate the plants w. she had formerly just gathered. Further progress depended on the domes. of animals as beasts of burden, esp. for the dragging of the plough & the wagon, instruments emphasized by Hahn; it also depended on man's taking over much of or most of the field work. Some, not accepting Hahn's arguments, have thrown over the whole series of stages, or have fallen back on types, dodging the difficult question of devel't.

Reply to Hahn

① There are instances (e.g., Hereros & Lapps) of pastoral nomads who depend solely on their new activity of herding & their old one of hunting.

② If hunters could dom. anis. for soc., recreat'l, or hunting purposes, why not also for eco. reasons? Why should we credit women with the capacity for developing soil cultivation out of the search for wild plants, & disallow to man a parallel capacity?

③ There're historic instances (in Asia, Wales, Algiers) of herders (pastoral nomads) settling down to agriculture.

④ It may be true that many prominent herders have used sheep & goats more than cattle & horses, but only a slight adjustment of emphasis would enable them to breed cattle (& horses) for use in dragging both wagon & plough. Besides, sheep & goats are as real factors in agriculture as [illegible] the larger animals.

The arable & meadow land was owned, so much by each family, & altho there might have been rotation of holdings, there was no redistribution of it until quite late in history.

Diminishing Returns, Increase in Production, Progress

hunting — domestication of animals — natural husbandry (cared naught for soil fertility) — fallowing — legume rotation — field grass husbandry — scientific rotation of crops.

General Economic Stages (Bücher, 1893)

Independent domestic economy —> [closed] town eco. —> national eco. Some have praised these stages because they take into ac't both production & consumption. But it is not very useful to sum up all eco. progress occurring before town eco. under one heading ind. dom. eco. Moreover, it is not accurate to do so. Several scholars have shown that in primitive times there was a good deal of trade. At any rate, there's no shadow of foundation for ind. dom. eco. as an eco. stage. Bücher's formulation of a closed town eco. has been often attacked, & with success. His conception of nat'l eco. as an actual organization of production has also been challenged, but it is generally accepted.

Hunting, Herding, Agriculture: Hahn's Objections

Hunting (direct appropriation, natural existence) —> pasturing —> agriculture. In the 1st c. A.D. Varro quoted Dicaearchus of the 4th c. B.C. as an authority for these famous 3 stages. Early in the 19th c., Humboldt concluded that the aborigines of South America had not passed thru the stage of pasturing. In 1874 Gerland asserted that plant culture preceded animal culture. H. Ling Roth in 1886 held that agriculture did not necessarily follow pastoral pursuits. In a Russian journal of 1890 Petri stated that the Japanese & Polynesians had never been nomads at all. Much impressed with American

⑤ Hoe culture & pasturing may be parallel devel'ts or alternating

A New Series of Stages Suggested

Our stages must be significant for production & must be related to distribution & consumption, tho' correlation may not be exact. They must be useful in c'ssn of eco. & general cultural data.

Collectional economy (hunting, fishing, grubbing, & so forth) → cultural nomadic eco. (pasturing or planting or both), → settled village eco. (developing a true agriculture) → town economy → & metropolitan eco.

Eco. Determinism

A. Smith, K. Marx, Richard Hildebrand (eco. interp. of various primitive institutions), L.T. Hobhouse, G. Wheeler & M. Ginsberg ("The Material Culture & Social Institutions of the Simpler Peoples" 1915), Grosse ("The Beginnings of Art" 1897, & devel't of family 1896), & Nieboer (growth of slavery). "Slavery as an Industrial System" 1900, 1910.

On ot. h., Durkheim, Wundt, & Freud attach little cultural importance to early (primitive) production. Hahn ascribes the domestication of animals to religious purposes. Giddings makes fun of an eco. interp. of history (Studies in the Theory of Human Society, p. 60)

Some Distinctions in Eco. Interp.

1. difference bet. motive & force, conscious plan & unconscious pressure.

2. " " technological & eco. interps. of general culture. Marett makes invention (technology) the basis of eco. progress. But after all fish-hooks & canoes, spears & tree traps, fire drills & bronze adzes, while constituting the techn. foundations of eco. activity, are in reality the tools & not life of eco. activity. If we are to take an eco., in contradistinction to a merely technological, view, the venerable series of stages — stone, bronze & iron — recedes into the background.

Eco. Interp. of Patriarchy & Matriarchy

Brentano (1893) maintained matriarchy prevailed in the hunting stage but was supplanted by patriarchy when hunting gave way to herding. It now seems patriarchy came first, & pasturing did not always follow hunting.

Grosse, Thurnwald, Schmoller, & Schwiedland, — matriarchy followed patriarchy when & where women developed plant culture, thereby assuring the group of a more continuous supply of food. Westermarck, difficult to generalize successfully about the human family.

Suggestions for Research in Eco. Anthropology

Selected References

Bücher, Karl. Industrial Evolution. 1893, 1897, 1901.

Hahn, E. Das Alter der wirtschaftlichen Kultur der Menschheit. 1905.

Die Haustiere und ihre Beziehungen zur Wirtschaft des Menschen. 1898.

Festschrift Eduard Hahn zum LX. Geburtstag 1917.

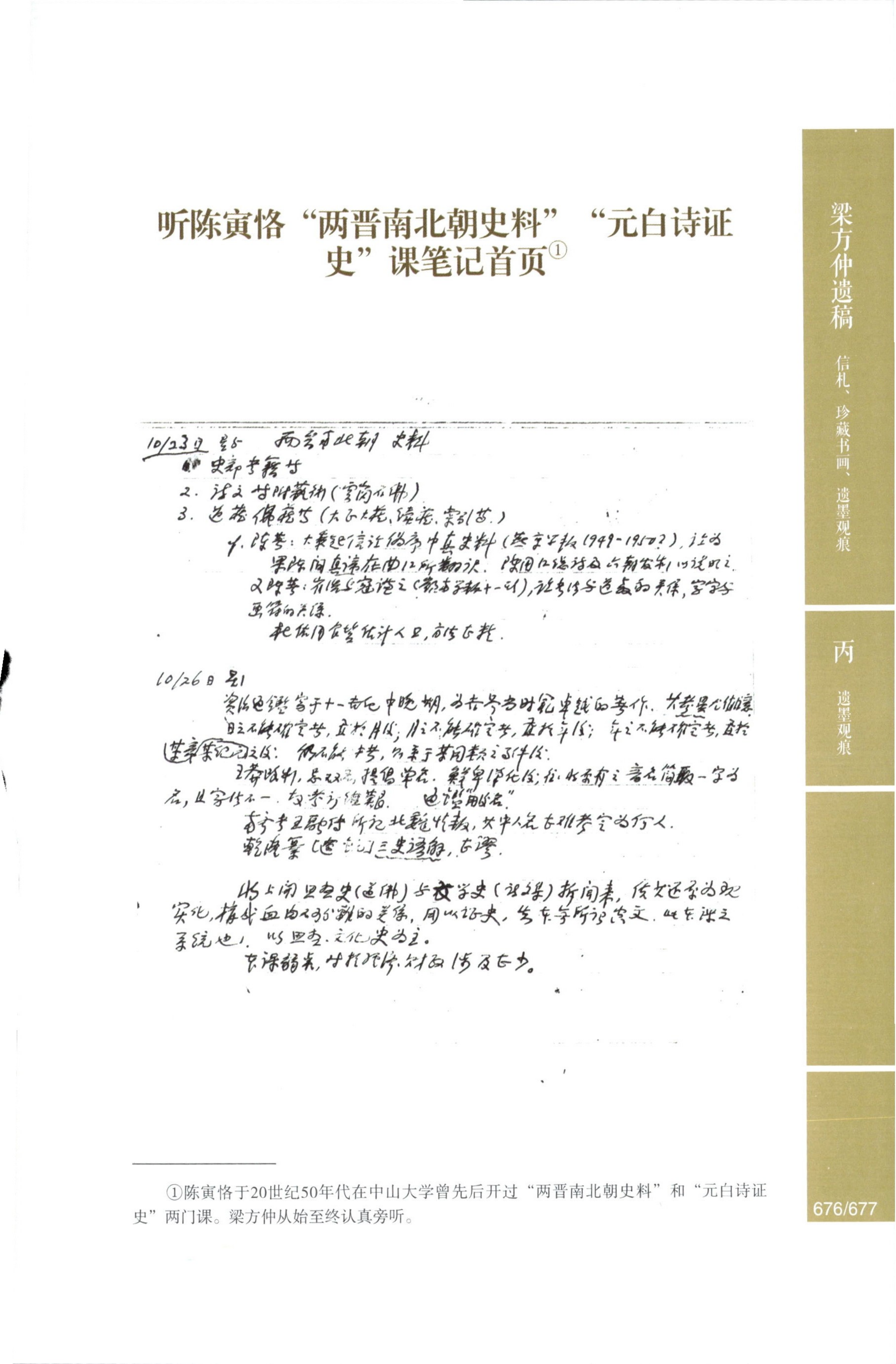

听陈寅恪“两晋南北朝史料”“元白诗证史”课笔记首页①

①陈寅恪于20世纪50年代在中山大学曾先后开过“两晋南北朝史料”和“元白诗证史”两门课。梁方仲从始至终认真旁听。

上课时　星2.5　第二时（9.20–10.05）
下〃　〃3.2　5.3

元白诗证史　　陈寅恪先生讲

1954.9月

宋人说莺莺是崔鹏的女儿，不对。

9.7（星二）

以诗证史，自宋以来大批，如计有功唐诗纪事。但专门做这工作的不多。对于每一诗，要注意：1.时间先后，2.空间距离，3.人事关系，4.比较，[illegible]（[illegible]）

9.10（星五）

国史补下：自云有河东之乾和（即蒲州）葡萄。　蒲州为当时之北京。

才调集卷五　元稹诗：离思　寻常百种花齐发，偏摘梨花与白人。今日江头两三树，可怜和叶度残春。

[illegible]有会真记（太平广记所载为最早）

[illegible]（元稹）[illegible]（[illegible]时人）。

[illegible]诗：[illegible]（全唐诗补遗）

张文成撰游仙窟（张鷟），其中主要男主角张郎，女主角崔娘。

徐[illegible]白雪记[illegible]，[illegible]以女为仙女。（[illegible]），[illegible]仙女[illegible]同义。（[illegible]）

宋玉神女赋，韩诗外传[illegible]汉水游女，曹植洛神赋，均以女为神。故初以神为女，后仅[illegible]之女。

以仙女（[illegible]之女）[illegible]。

[illegible]之[illegible]人之[illegible]。以仁[illegible]。

全唐诗载之集有[illegible]，但元集中无此，[illegible]之所作，[illegible]为[illegible]。莺莺[illegible]。但莺莺为"双文"则无疑。故疑为才调集5[illegible]九九之假名。（[illegible]九九，[illegible]之一）　两种说：

1.莺声恰似"九九"，　2.古时女名必[illegible]，[illegible]九九，[illegible]。

“辩证唯物主义”“历史唯物主义”“政治经济学”三门课笔记封面与首两页

中山大学

练习部

1956.2.23.星四下

第一部分　绪论

第一章　ML主义哲学的对象

I　哲学是什么？

1. 哲学的定义

"是世界观、存在规律、认识规律的统一理论，世界观的体系，是一种意识形态。

在[illegible]过程中每人存在一定的哲学思想。

工人阶级中不能自发的达到M.L.世界观，必须在斗争中、党的领导下，才可能自觉地达到。

L."我们为什么[illegible]？"

人们的世界观[illegible]

2. 哲学的两个基本派别：唯心与唯物

第一方面：存在对思维的关系问题（先后：第一性与第二性，[illegible]）

第二方面：唯物论认为世界是可认识，唯心论，不可认识（[illegible]）

两种派别的斗争是社会阶级斗争在思想上斗争的延续，[illegible]

唯物论与科学密切结合起来，唯心是反科学的，且反对科学。

对宗教的态度：唯物者宗教[illegible]。（Marx：宗教是人民的鸦片）[illegible]。上帝[illegible]乃压迫人民斗争的手段。[illegible]

3. 辩证方法和形而上学是两种对立的方法

[illegible]

哲学是社会阶级斗争[illegible]体系。

II. Dial.mat. 是无产阶级的世界观

1. ML认为哲学是[illegible]最一般的规律的科学。

[illegible]

2. ML主义哲学中辩证法和唯物论的统一

[illegible]

3. 辩证唯物主义和[illegible]科学的相互关系。

[illegible]

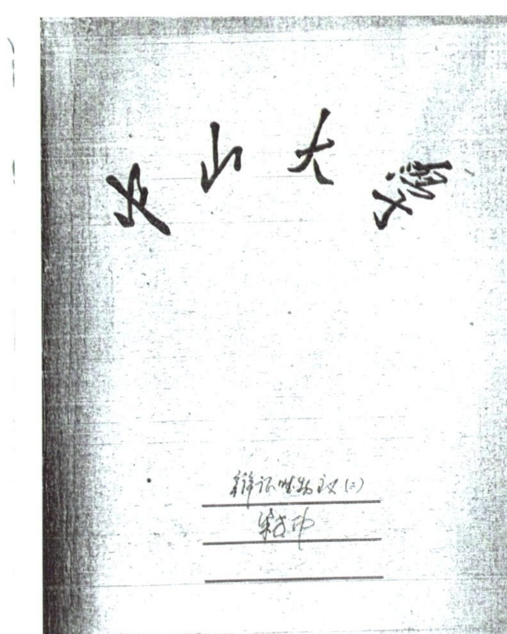

乙、从量变到质变的转化

1. 质量的统一

2. 从量变到质变的规律

1956.5.11

3. 飞跃形式的多样性

1956.9.7 星五

第一学 历史唯物论是科学

I. 历史唯物论是关于社会发展一般规律的科学

1. 历史唯物论的对象

各种Logic对它的定义：Constantinov：就是社会发展和历史的科学。Stalin：（联共党史）[illegible]社会发展[illegible]。

每一门社会科学的有它专门对象。

Hist. m. 是有关于整个社会发展一般规律的科学。

概括和分析。（必要性）

有了Hist. m. 便不需要个别科学的研究吗？一般的不等于个别完全包括了。它们都需要专门研究。

2. Dia. m. 与 Hist. m. 的关系（两者的联系）[illegible]。

Stalin 定义[illegible]。Stalin 定义的不确切性，由于两方[illegible]

1. 不易分割的统一性 —— [illegible] Hist. m. [illegible] Dia. m.

2. 理论与实践一致的原则

II. Hist. m. 的出现是科学中最伟大的革命

1. 资产阶级社会学和历史学的局限性。ML对唯心史观的批评。

唯心史观的基本错误：1. 仅仅只看到人们的历史活动，认为只有[illegible]意志自由。2. 夸大个人在历史上的作用，而无视劳动群众。

梁启超：中国历史[illegible]，否认历史规律性，历史[illegible]

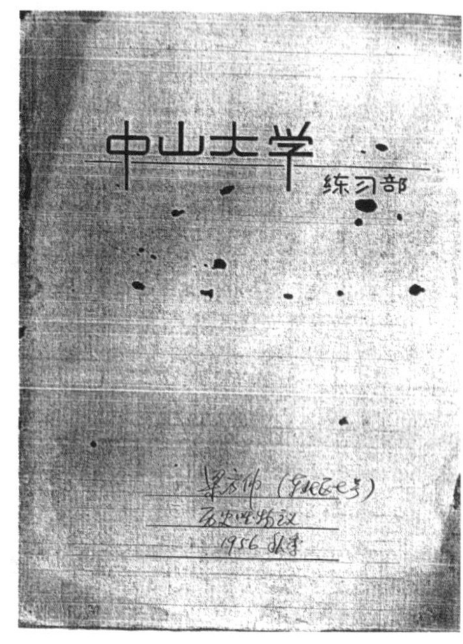

是在生产过程中起作用。Marx说[illegible]劳动生产率[illegible]。Geog. det. 的主要错误。

地理环境是经常性的条件（必要性），它对社会[illegible]。

地理条件外因，[illegible]内因。

Geog. det. 的目的。16-18世纪法国（Montesquieu）在反对封建神权时有一定进步作用。但亦有其局限性。[illegible]

[illegible]：1. 形而上学的[illegible]；2. 机械论，[illegible]；3. [illegible]。凡离开生产方式来谈历史的，都[illegible]史观。

[illegible]社会存在决定了地理环境的利用。[illegible]生产力的发展决定了地理条件的改造。

[illegible]中国[illegible]。（太平洋，Himalaya，etc.！）

III. 人口作用

1. [illegible]人口论（英Spencer，俄Bogdanov），[illegible]

2. Malthus 生活资料的增长赶不上人口增加率（1798）。批判：

① [illegible]。1500年[illegible]15：5千万。[illegible]，1105[illegible]1人。

② 英国： 1688 1913

人口 100 527.1%

生活资料 100 1,471.9%

③ 没有"绝对人口过剩规律"。Marx说在资本主义社会中有相对[illegible]

④ 社会对人口的影响，人口是[illegible]。[illegible]

Neo-Malthusianism 的反动本质。[illegible]

我们认为社会对人口[illegible]决定的作用。

Marx认为在阶级社会中[illegible]。

我国： 生 死

[illegible] 35% 25%

[illegible] 37% 17%

IV：生产方式是决定的力量。

1. 生产力和生产关系的概念。生产方式：

生产资料：1. 劳动工具 2. 劳动对象 3. 劳动资料

[illegible]

生产方式是生产力与生产关系的统一。

生产力：1. 人，2. 工具 [illegible]的统一。[illegible]生产力[illegible]。（[illegible]）

生产力的性质和水平：决定生产力性质的[illegible]。[illegible]生产方式[illegible]生产力性质，

“文化大革命”期间上交中山大学工作队、历史系审查之论著清单①

信三封

柳南遗集一本

明代粮长制度[illegible]题 译文一本

中国田赋史文选四篇

经典著作选读资本论第一卷第廿四章 改译本

以上译文四种合订一本

中国经济史（十四—十七章[illegible]）

中国经济史讲稿附年表一册

以上讲稿共二册

论明代里甲法与均徭法的关系 上下篇

中国历代户口、田地、田赋统计 原稿

中国历代度量衡之变迁及其时代特征 一九六〇年广东历史学会年会论文

以上三[illegible]合[illegible]

一九五二年前论文四篇及[illegible]前贴 合订本一册

解放前论文合订本一册

梁方仲 送上 1966.8.4日

① “文化大革命”开始后，基于配合运动接受革命群众的要求，1966年8月4日，梁方仲把自己的论著上交给广东省派驻工作队和中山大学历史系审查。“文化大革命”结束后，这批材料连同后来交出的一些信件（如吴晗、陶孟和等致他的信件），至今尚未找到。

临终前于病榻上忆记自作诗散页[①]

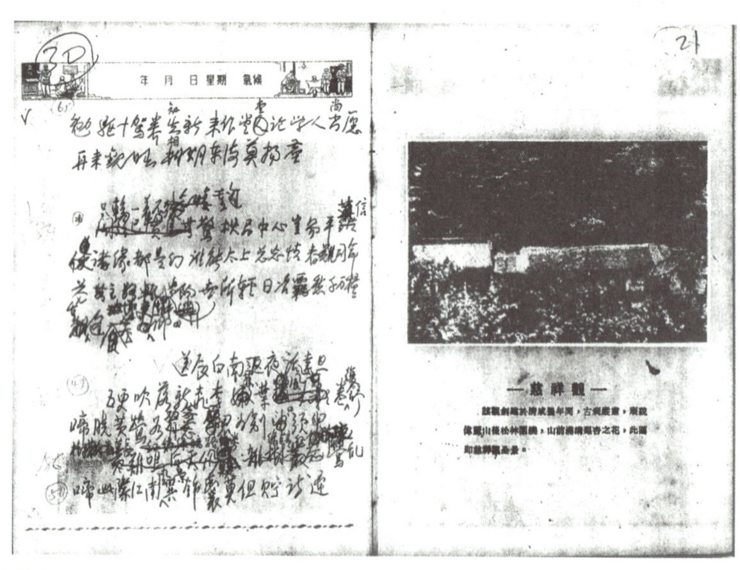

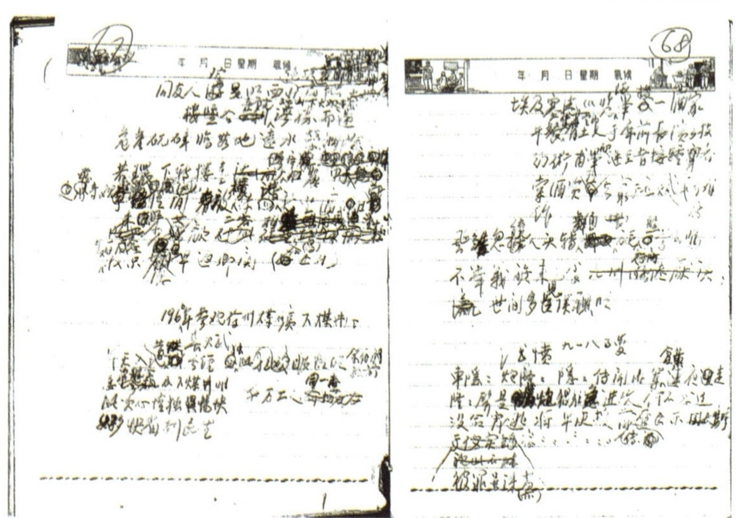

①1970年1月梁方仲已查出患上肝癌，痛苦地与病魔缠斗多月，终在5月18日辞世。辞世前一二十天，他于病榻上努力回忆记录自己的诗作近两百首，写于一日记本上（原来的诗稿在“抄家”盛行的日子里付之一炬）。由此散页之潦草难辨，可知当时梁氏身体与精神状况之恶劣，更看出他极其希望给后人留下自己诗作的苦心。